KB024519

사회복지
정책론

김보기
윤진순
이상원
이순주
이척희
정정자

Social Welfare Policy

박영story

한국사회는 물론 세계 각국은 사회복지정책에 대한 끊임없는 도전을 받고 있다. 기본적으로 사회복지는 이데올로기체제하에서 생성되었기 때문에 그 정책은 이데올로기를 무시하고 성립될 수 없다. 여기에 사회복지정책의 딜레마가 존재한다. 그동안 사회복지정책은 신자유주의와 사회주의, 선택제와 보편제의 기로에서 양 진영이 대립하여 왔다. 적대적 이데올로기를 타개하고자 '제3의 길'을 모색하는 시도도 의미 있게 진행되었다. 그 결과, 아직 뚜렷한 승자는 보이지 않는다. 이러한 격론 속에서 사회복지정책은 상대 이데올로기를 일부분 채택하는 단계에 이르고 있다. 즉, 신자유주의는 적극적 복지를 앞세우고, 보편제 국가에서는 단계적 보편제 주장이 늘고 있다. 매우 고무적인 현상이라고 할 수 있다. 특히, 한국사회는 진보와 보수정권이 번갈아 가며 사회복지정책을 수립함에 따라 국민들은 혼돈 속에 처해지기도 한다. 2012년 대선 당시 신자유자의인 집권 여당 박근혜 후보는 기초연금에 보편제를 도입하겠다고 공약했으나, 실제 70%의 노인만이 혜택을 보게 되었다. 또한 촛불혁명으로 집권한 문재인 정권은 보편제를 주장하는 진보정권이지만, 제5차 국민재난지원금 지급에 있어서 선택제를 수용하기도 하였다. 또한 2022년 3월 대통령선거를 맞아 집권 여당 후보는 보편제를, 야당 후보는 선택제를 주장하여 국민들에게 위화감을 조성하고 있다.

이렇듯 사회복지정책은 이데올로기를 떠나서는 성립될 수 없으며, 이데올로기를 매개변수로 하여 사회복지정책은 종속변수가 될 수밖에 없다. 따라서, 이 책은 이데올로기의 중요성을 인식하고, 그 내용을 최대한 할애하려고 노력하고 있다. 특히, 이 책은 대학에서 사용하는 교재임을 감안하여 어느 진영에만 국한하지 않고, 폭넓고 균형 있게 각 이론을 소개하려고 한다. 학습자 여러분의 열정을 기대해 본다.

이 책의 내용을 살펴보면 다음과 같다.

사회복지정책론을 학습하기 위해서는 인접 학문과의 교류는 필수적이다. 사회복지학은 이론과 현실을 접목해야 하는 학문이기 때문에 그 한 분야인 사회복지정책에 관한 연구는 다방면에 대한 학습이 뒤따라야 함을 주장하는 바이다. 특히, 사회사상에 대한 기초적인 토대가 쌓여 있어야만 이해도가 증가하면서 빨라질 수 있다.

이 책을 마감하고 보니 두려움이 앞선다. 대표저자로서는 30여 년을 사상연구에 몰두했으나, 별로 진척이 없다. 공저자님들의 노고에 숙연해질 뿐이다. 학습자 여러분의 질책과 조언을 아낌없이 받고 싶은 마음이다. 이 책이 나오기까지 출판사 임직원 여러분들께 진심으로 감사의 말씀을 드린다.

2022년 새해 아침
무성서원 남전마을 시산재에서
대표저자 김보기

PART Ⅱ   사회복지정책과 사회사상

PART Ⅳ   사회복지정책의 영역

CHAPTER 12 공공부조   ·380

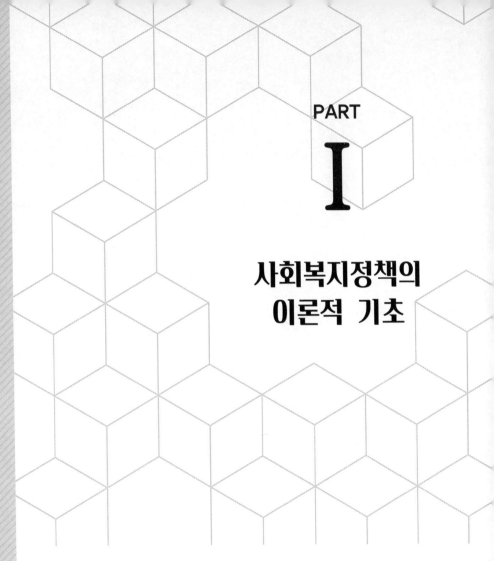

PART

I

사회복지정책의
이론적 기초

CHAPTER 01

사회복지정책의 이해

❖ 학습목표
1. 사회복지정책의 이론적 이해
2. 사회복지정책의 분석
3. 사회복지정책에 대한 적용

❖ 학습내용
1. 사회복지정책의 개념
2. 사회복지정책의 기능
3. 사회복지정책의 영역
4. 사회복지정책의 분석
5. 사회복지정책과 사회복지실천

❖ 개요
사회복지는 사람들이 인간다운 생활을 할 수 있도록 기본적인 욕구를 사회적으로 지원하는 제반 사회적 노력의 총화라고 정의할 수 있다. 사회복지정책은 이러한 노력, 즉 사회복지에 대한 정책적 활동이다. 사회복지정책 개념은 변화하는 개념으로 생각하면서 접근해야 한다. 여기에서는 사회복지정책의 서론적 측면을 학습하고자 한다.

1. 사회복지정책의 개념

1) 사회복지정책의 정의

사회복지정책에 대한 개념 정의는 결론이 쉽지 않다. 이는 학자들마다, 각나라마다 정치 사회적·경제적인 여건과 시대적인 상황을 반영하는 역사적결과물이기 때문이다. 따라서, 사회복지정책 개념은 변화하는 개념으로 생각하면서 접근해야 한다. 사회복지정책의 개념은 다음과 같다(조추용 외, 2021: 15-20 ; 김기원, 2020: 60-68 ; 현외성, 2009: 31-35).

(1) 어의적 개념

어의적으로 사회복지정책은 '사회복지'와 '정책'의 합성어이다. 사회복지는다시 '사회'와 '복지'의 합성어이다. 우선 사회복지는 사람들이 인간다운 생활을 할 수 있도록 기본적인 욕구를 사회적으로 지원하는 제반 사회적 노력의총화라고 정의할 수 있다. 사회복지정책은 이러한 노력, 즉 사회복지에 대한정책적 활동이다.

칸(Alfred J. Kahn)에 따르면, 정책은 목표의 결정, 대안의 검토, 전략의 수립과 같은 합리적인 과정을 거친 '일정한 계획'이다(Kahn, 1969). 또한 길버트와테렐(Neil Gilbert Paul Terrell, 2014)에 따르면, 정책은 공사의 기관에 있어서 행동의 방향이나 계획의 바탕을 이루는 제반 결정과 선택이다. 티트머스(Richard Morris Titmuss)에 따르면, 정책은 정해진 목적을 향한 행동을 결정하는 원칙에 관련된 것으로서, 이는 목적과 함께 수단과 연관된 행동을 의미한다. 이는 변화하는 상황, 체계, 실천 및 행동을 내포하고 있다(Titmuss, 1974).

그러므로 정책은 어떠한 목표를 향한 일련의 행동지침으로서, 무엇을 향하고 있으며, 왜 그렇게 해야 하는가, 그리고 누가, 어떤 원칙과 선택기준으로 행동하는가 하는 복잡한 질문이 함께 포함된 개념이다. 또 정책은 일단 연속적·논리적·합리적 단계와 과정을 내포하고 있는 집단적 행동의 원칙이다.

(2) 영국의 사회복지정책 개념

영국에서는 사회복지정책 개념보다는 '사회정책(social policy)'이란 용어를 선호한다. 우리나라에서 사용되는 사회정책 개념은 미국적인 전통을 다분히 이어받은 것으로서 영국과는 다른 개념을 사용하고 있다. 이는 영국의 사회정책이 오랜 구빈행정의 역사적 발전과 연결되어 있으며, 1950년대 말부터 시작된 사회행정(social administration)연구가 1980년대로 오면서 점진적으로 사회정책으로 확대, 변화되고 있는 데서 그 배경을 짐작할 수 있다.

영국 사회정책의 또 다른 특징은 학제적 성격에 있다. 영국의 사회정책을 독립된 학문분야로 보기보다는 다른 학문분야와 상호 의존하는 관계로 본다. 따라서, 영국의 사회정책 연구에는 사회철학, 사회학, 정치학, 경제학 등의 연구자들이 참여한다. 타운센드(Charles Townshend, 1725~1767)에 따르면, 사회정책은 공공행정과 관련된 정책이고, 이것은 일반적으로 인정된 특수한 사회문제를 해결하거나, 사회목적을 추구하기 위한 국가와 지방당국의 건강, 교육, 복지 및 사회보장서비스와 같은 서비스 개발과 관리에 관련된 정책이다.

(3) 미국의 사회복지정책 개념

미국의 사회복지정책 개념은 자유주의, 자본주의 정신이 강한 국가임을 반영하듯 매우 소극적인 개념을 사용하는 경향이 있다. 미국은 건국 배경에서 볼 수 있듯이 프런티어 정신이 강하게 남아 있고, 경제사회적으로도 개인의 노력으로 자립할 수 있는 기회가 다른 나라에 비하여 많은 국가이다. 따라서, 미국은 '사회사업(social work)'이 잘 발달된 국가이다. 이러한 맥락에서 사회복지정책 개념은 좁은 의미의 개념, 즉 스스로 사회적 적응이 어려운 사람들을 대상으로 하여 제한적으로 사회적 급여를 제공하는 정책을 선호하는 것이 주류를 이루고 있다.

　미국의 사회복지정책은 공공부문뿐만 아니라, 민간부문과 사회복지활동까지 포함하는 개념으로 사용되기도 한다. 길(David G. Gil)은 사회복지정책이라는 용어보다는 사회정책이라는 용어를 더 선호하는데, 사회복지정책은 빈곤, 아동학대, 주택 등과 같은 특수한 욕구나 문제에 대한 사회적 대응과 관계되는 것으로, 사회정책을 사회에서 전반적인 삶의 질, 사회구성원의 삶의 상태, 인간과 인간과의 관계, 인간과 전체 사회와의 관계를 형성하는 노력과 관계되는 것으로 보고 있다(Gil, 1992). 얀손(Bruce S. Jansson)에 따르면, 사회정책은 사회문제를 해결하기 위한 집단적 전략이다. 그는 사회정책이 해결해야 할 사회문제를 일곱 가지로 유형화하였다. 그것은 ① 물질적 자원의 박탈, ② 정신적 혹은 정서적 박탈, ③ 인지적 박탈, ④ 대인관계의 박탈, ⑤ 기회의 박탈, ⑥ 개인적 권리의 박탈 및 ⑦ 신체적 박탈 등이다(Jansson, 1884). 길버트와 테렐에 따르면, 사회복지정책 개념은 매우 유연하고 확장적인 개념을 내포하고 있다. 여섯 가지 사회제도-가족, 종교, 직업, 시장, 상호부조 및 정부-모두에게서 사회복지의 기능이 있고, 따라서 사회복지정책의 존재 역시 각각 가능한 것으로 이해된다.

(4) 독일의 사회복지정책 개념

　독일의 사회복지정책은 '사회정책(sozial politik)'이라는 용어를 사용한다. 독일의 사회정책은 독일제국 통일 이후 사회경제적 변화와 문제에 대처하는 대안으로 발전되었다. 1871년 국가를 통일한 독일은 급속한 산업화와 경제성장을 이루었으며, 그러한 과정에서 노동자들의 도시집중과 아울러 심각한 물

가인상, 열악한 노동조건, 주택난 등 생활난이 겹치면서 사회민주당과 노동조
합을 중심으로 강력한 사회주의운동이 발전하게 되었다.

여기에 마르크스주의가 새로운 사상적 조류로 등장하
였다. 이러한 사회적 혼란을 잠재우기 위하여 비스마르
크(Otto Eduard Leopold von Bismarck, 1861~1871)는
1878년 「사회주의자탄압법」을 제정하였다. 비스마르크의
사회정책은 종종 '채찍과 당근' 또는 '채찍과 사탕' 정책
으로 비유된다.

오토 폰 비스마르크

비스마르크의 「사회주의자탄압법」은 채찍정책으로 그
자체는 사회주의운동 가담자들을 엄하게 진압하기 위한
법이기에 사회복지와 관련된 내용을 직접 포함하지는 않
았지만, 한편으로 비스마르크가 사회주의운동에 가담하지 않은 노동자를 회
유하기 위한 정책으로서 사회보장 입법을 실행하는 계기가 되었다. 1881년
황제칙서에서 비스마르크는 "사회적 상처의 회복은 사회민주적인 폭동의 억
압뿐만 아니라, 노동자들의 복지를 적극적으로 장려하는 데서 찾아야 할 것"
이라고 밝히고, 회유정책의 일환으로 「질병보험법」의 초안과 「재해보상보험
법」의 수정안을 제출하였다. 나아가 「폐질 및 노령보험법」을 제정해 노령과
폐질로 노동 불능이 된 사람에게 국가구조를 요구할 권리가 주어져야 한다고
주장하였다.

독일의 사회정책은 크게 노사협조론과 노사비협조론으로 구분된다. 노사협
조론자인 바그너(A. Wagner)에 따르면, 사회정책은 분배과정에서 나타나는
여러 사회적 폐해를 입법 및 행정수단으로서 해결하려는 윤리적 조치이자 계
급 간 대립을 완화하기 위한 국가의 정책이다(Wagner, 1891).

계급투쟁론에 입각하여 자본주의를 부정하고 극복하려는 노사비협조론자
가운데 좀바르트(Werner Sombart, 1863~1941)에 따르면, 사회정책은 경제
적 생산력을 대변하는 사회계층의 이익을 적극적으로 지지하는 계급정책이
다. 따라서, 노동계급이 사회정책의 주체가 되어야 한다. 하이만(Eduard

Heimann, 1889~1957)에 따르면, 사회정책은 계급협조가 아니라, 자본주의에 대항하는 이념 및 운동이다. 사회정책은 보수적으로는 자본주의 경제질서를 유지하기 위한 산업정책이며, 혁명적으로는 대자본에 의해 매몰된 피억압자의 자유를 위한 저항운동으로 사회운동을 제도적으로 여과한 것이다.

(5) 일본의 사회복지정책 개념

일본에서는 오래 전부터 휼구규칙 등을 통한 빈민구제정책이 존재하였고, 구호법의 제정 등으로 근대적인 공공부조정책이 형성되기 시작하였다. 일본의 사회복지정책은 제2차 세계대전 이전에는 독일에서 행해지던 사회개량주의를 포함한 분배정책적 사회정책과 노동력 보전과 배양을 위주로 하는 노동정책 중심의 사회정책 등을 의미하였다. 전후에는 승전국인 미국이 일본을 점령한 이후 미국식 제도가 이식되기 시작하였으며, 미국식 사회복지정책 개념이 사용되고 있다. 전후 일본의 사회복지제도는 경제성장과 함께 커다란 발전과 변화를 이루었다. 이러한 사회복지제도의 기초적인 틀이 이루어진 시기는 1945년부터 1952년까지의 미군정시대라 할 수 있다. 일본이 제2차 세계대전 후에 미국사회보장조사단들의 권고를 받아 사회보장제도심의회를 구성하고, 이 심의회가 정부에 대하여 권고하는 형식으로 새로운 사회보장제도의 요강을 마련하면서 제정되기 시작하였다. 1950년대 이후에는 한국전쟁을 계기로 크게 성장한 경제력을 바탕으로 사회보장정책을 체계화해 왔다.

오하시(孝橋正一)에 따르면, 광의의 사회복지정책은 문화, 교육정책, 보건위생, 노동사회정책, 아동·여성 정책, 범죄정책의 상위개념으로, 보통 공공일반시책이라 불리는 사회정책과 사회복지의 모든 부문을 포함한다. 반면에, 협의의 사회복지정책은 자본주의 제도의 필연적인 문제인 다양한 사회문제를 해결하려는 합목적적인 공사의 모든 노력을 말한다. 후미오(三浦文夫)에 따르면, 광의의 사회복지정책은 사회복지의 추진과 진행에 관한 국가와 지방자치단체 또는 모든 공적·사적 단체와 기관의 프로그램인 반면, 협의의 사회복지정책은 국가와 지방자치단체가 설정하는 사회복지의 목적달성을 위한 방법과 수속 등을 포함하는 프로그램으로 한정한다(현외성, 2019: 38).

(6) 우리나라의 사회복지정책 개념

우리나라에서 사용하는 사회복지정책 개념은 영미계통의 개념과 유사하다. 그러나 학문적 개념과 관련 실정법 및 제도상 개념은 다소 차이를 보인다. 학문적 사회복지정책의 개념은 소득, 의료, 주택, 교육, 고용 및 개인적 서비스를 포함하는 광의의 사회복지 개념과 연관되어 있다. 즉, 이들에 대한 일련의 행동지침이나 이들을 통하여 인간다운 생활을 유지할 수 있도록 하는 제반 서비스 및 급여의 배분원칙이나 목표달성을 위한 행동지침으로 이해할 수 있다. 그러나 실정법상이나 제도상으로는 협의의 사회복지정책 개념이 사용되는 경향이 있는데, 이것은 공공부조와 사회복지서비스와 관련된 정책을 말하는 것으로 이들의 배분과 급여를 통하여 일정한 목적을 달성하려는 일련의 행동지침으로 볼 수 있다.

2) 사회복지정책의 목표

사회복지정책의 기본 목표는 인간의 존엄성을 유지하는 것이다. 인간의 존엄성 사상은 오래 전부터 현대사회에 이르기까지 중요시되고 있고, 사회복지의 기본적 목표로 자리 잡았다. 사회복지정책의 목표를 사회기능적으로 구분해 보면 다음 다섯 가지로 요약해 볼 수 있다(박경일, 2020: 46-48).

(1) 사회통합과 질서유지

사회복지정책은 사회적 약자들의 어려움을 해결하여 사회통합과 질서유지를 시도하면서, 한편으로 이들을 사회적으로 격리하고 억제하여 현 상태의 파괴를 방지하고 유지하려는 기능을 가진다.

(2) 경제성장과 안정화

사회복지활동은 인적자본의 질적 수준을 향상시켜 생산에서의 경쟁력을 확보함으로써 경제성장에 기여한다. 또한 사회복지는 경기가 호황일 때는 조세나 사회보장비의 부담을 증가시켜 경기를 진정시키고, 불황일 때는 조세나 사회보장비 부담을 감소시켜 경기를 자극하는 등 경기변동 시 조정을 통하여 경기안정화에 기여한다. 단기적으로 사회복지는 경제에 마이너스(-) 효과가 있지만, 장기적으로는 플러스(+) 효과가 있는 것으로 인정된다.

(3) 개인적 자립과 성장

개인이 스스로 자신의 생활을 결정하고 영위할 수 있는 데까지 이르도록 자립을 지원하는 역할과 모든 사람이 제각기 능력에 따라 성장하고 발달할 수 있는 잠재력을 발휘할 수 있도록 원조하는 기능을 한다. 즉, 사회복지는 인간의 잠재력과 성장가능성을 인정하고 '자기결정권(self determination)'의 원칙을 중시한다.

(4) 소득재분배에 의한 평등의 추구

소득재분배를 통하여 평등한 경향을 추구한다. 소득재분배란 개인이 취득하는 소득을 조정하기 위한 목적으로 시행되는 국가정책이다. 주로 누진세 등에 의한 조세정책이나 공공부조나 공적연금, 건강보험 등 사회보장급여를 통한 재정지출에 의해 이루어진다. 그리하여 소득재분배는 빈곤완화 효과와 소득불균형 완화효과 등으로 나타난다.

(5) 정상화 이념의 추구

정상화(normalization)는 1959년 덴마크에서 정신지체인을 대상으로 '정신지체인을 가능한 한 최대로 정상적인 생활조건에 가깝게 생존하도록 하는 것'이라고 정의한 「정신지체인법」에서 출발하였다. 이는 이후에 미켈슨(Mikelson)에 의하여 '정신지체인에게 주거, 교육, 일, 취미활동 등을 포함하여 다른 모든 시민들이 갖는 인간의 기본권을 제공하는 것'을 의미하는 개념으로 발전되었다. 1945년 이후 장애인을 위한 서비스 개발은 세 가지의 독특한 단계를 거치면서 발전하였다. 첫째, 보호차원의 배려에 중점을 두는 서비스 개발이다. 둘째, 훈련과 교육에 중점을 두는 서비스 개발이다. 셋째, 지역사회 내에서 통합된 생활에 초점을 두는 서비스 개발이다.

3) 사회복지정책의 특징

존스(Catherine Jones)는 1985년 그의 저서 『사회정책의 형태(*Patterns of Social Policy*)』에서, 사회복지정책의 특징을 다음과 제시하고 있다.

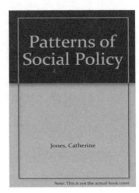

『사회정책의 형태』
(1985년 출판)

(1) 변화하는 정책

사회복지정책은 앞으로도 마찬가지로 사회변동에 따라 변화하는 개념이다. 사회복지정책이 다른 정책에 비하여 상대적으로 빠르게 변화하는 정책이라는 말은 자신이 스스로 인간다운 생활을 영위할 수 없는 사회적 약자에 대응하여 사회복지정책이 변화한다는 뜻이다.

(2) 가치 개입적 정책

사회복지정책 역시 다른 정책과 마찬가지로 합리성과 효율성, 효과성을 중시하고 여기에 따라 좌우되기도 하지만, 사회복지정책은 다른 정책에 비하여 상대적으로 가치와 이념에 관한 연관성을 지니고 있다.

(3) 희소성의 원칙이 지배하는 정책

사회복지정책은 사회 내의 한정된 자원으로써 충족되지 않고 존재하는 욕구를 해결하기 위한 정책이라는 의미이다.

(4) 이익집단의 힘이 약한 정책

사회복지정책은 다른 정책에 비하여 정책의 부산물인 사회복지서비스를 향유하는 대상집단이 이익집단화되는 경우가 많지 않다.

(5) 내용포착이 어려운 정책

사회복지정책은 경제적·화폐적 계량화가 어려우므로 사회복지정책의 개념화와 내용 포착이 용이하지 않다. 그리고 정책목표가 모호하게 설정되는 경우가 많으므로 복지정책의 내용과 영역이 불분명한 경우가 많다.

이 외에도 사회복지정책의 특성은 다음과 같다(박경일, 2020: 42-43).

(1) 인간 지향적 정책

어떤 사람이든 누구나 인간으로서의 존엄성을 지켜나가면서 인간으로서 대우받을 수 있는 생활을 보장하는 데 그 목적이 있으므로 인간의 존엄성을 기본 가치로 하는 정책이다.

(2) 재분배정책(소득의 일방적 이전 정책)

경제정책은 재화의 생산을 통한 소득의 증대가 그 목적이나 사회복지정책은 경제성장의 과실로서 나타나는 증대된 소득의 배분에 관한 것이다. 경제정책은 사회구성원들 사이에 시장기구를 통해 이루어지는 교환관계, 곧 쌍방적 이전을 전제로 하지만, 사회복지정책에서는 주로 급여제공이라는 소득의 일방적 이전을 내용으로 하여 수립된다는 점에서 그 특징이 있다.

(3) 정책형성 또는 집행에 있어 클라이언트의 참여를 필요로 하는 정책

사회복지정책의 대상은 클라이언트이며, 정책의 성과 역시 클라이언트에게 달려 있는 까닭에 그 어떤 다른 분야의 정책보다도 클라이언트의 참여가 요구된다.

2. 사회복지정책의 기능

1) 생존권의 보장

사회복지정책이 필요한 첫 번째 이유는 사회복지가 인간의 생존권을 보장해 주기 때문이다. 생존권은 기본적 인권의 하나로서 인간이 인간답게 살아갈 권리이며, 국가에 대하여 인간의 생존을 유지할 수 있는 생활에 필요한 서비스를 요구할 수 있는 권리를 말한다. 초기 자본주의 사회에서는 개인의 자유를 기초로 모든 인간은 서로 인권을 향유하는 자유로운 개인으로 간주되어 사람의 생활은 개인의 책임이라고 하는 '자조'의 원칙이 지배하고 있었다. 그러나 자본주의가 발전해 감에 따라 빈부격차가 심해지고, 일부 사람들이 생존의 위기에 처해지면서 이들의 생존과 생활보장에 대한 과제 해결의 일환으로 생존권 개념이 등장하였다. 최근에 와서 생존권의 개념은 더 포괄적으로 해석되어 자유스러운 사적 생활 유지를 위한 법적 권리에 그치지 않고, 이런 생활을 위협하는 각종 생활상의 사고와 상황에 대한 국가의 적극적인 생활보장을 의미한다. 즉, 생존권은 생존 또는 생활을 위해서 필요한 조건의 확보를 요구하는 권리를 말한다.

헌법상 '생존권'의 개념을 처음으로 언급한 것은 독일 '바이마르 헌법(Weimarer Verfassung, 1919)'이다. 대부분의 선진국가에서는 국민의 생존권을 보장하기 위한 입법 장치가 되어 있으며, 체계적인 제도로 확립되어 있다. 생존권 보장은 국민 전체를 평등하게 만드는 것을 의미하는 것은 아니며, 어떤 사람의 생활수준이 최저한도의 수준에 미달하는 경우, 생활비 지급 등을 통하여 인간다운 생활수준으로 끌어올리는 것을 말한다. 따라서, 국민 개개인에 대한 조사를 통해 개별적으로 보호가 행해져야 한다. 물론 자산조사에 대하여는 이데올로기에 따른 차이가 있다. 또한 인종, 신앙, 성별, 사회적 신분에 관계없이 누구든지 건강하고 문화적인 생활을 영위할 수 없게 된 경우에 즉시 국가의 보호를 청구할 수 있는 청구권을 가진다.

우리나라는 국민의 생존권을 보장하기 위해 헌법 제34조 제1항에 "모든 국민은 인간다운 생활을 할 권리를 갖는다."고 규정하고 있다. 따라서, 이 규정으로 인해 인간의 생존권에 대한 사회복지정책의 존재 이유를 상징적으로 제공해 주고 있다(박병현, 2015: 33-34).

2) 소득재분배

사회복지정책에서 소득재분배 기능이 대단히 중요한 이유는, 사회복지정책을 경제제도나 경제정책과 차별화시키는 것이 바로 이 소득재분배이기 때문이다. 웹과 시브(Webb & Sieve, 1971)에 따르면, 소득재분배는 개인 또는 한 집단으로부터 다른 개인이나 집단으로 이전되는 소득 또는 소득으로 간주되는 급여를 말한다. 티트머스(Titmuss, 1974)에 따르면, 소득재분배는 사회복지정책의 요체로 보는데, 소득재분배는 물질적·비물질적 자원을 부자에서 빈민에게로, 한 인종집단에서 다른 인종집단으로, 일하는 연령층에서 은퇴한 연령층에게로 이전하는 것이다.

소득재분배는 시장에서 일차적으로 분배된 자원의 상태를 다시 분배하여 계층 간, 위험 간 격차를 완화하는 것이다. 자본주의 경제체제에서 분배정책은 일차적으로 '능력의 원칙'을 토대로 하여 사회적 부가가치의 분배가 이루어질 수 있도록 하고, 이차적으로 사회적 약자의 보호차원에서 '필요의 원칙'에 입각하여 소득의 재분배가 되도록 실현되어야 한다. 특히, 사회민주주의적 복지국가에서는 소득재분배가 기본적 관심사이다(Gilbert & Terrell, 2014).

사회복지정책 중에서도 공공부조제도는 소득이 적은 사람들에게 재화와 서비스를 재분배함으로써 일차적인 분배 결과의 불평등을 완화시켜 준다. 사회보험제도에서도 우리나라의 국민연금은 소득재분배 기능이 있다. 급여 공식에 따라 기여에 완전히 비례적인 급여를 받는 것이 아니라, 저소득층은 기여금에 비해 높은 연금급여를, 고소득층은 기여금에 비해 낮은 연금급여를 받는다. 소득재분배는 사회복지정책뿐만 아니라, 더 많은 세금을 납부하고 소득이 적으면 면세 또는 낮은 세율의 세금을 납부하는 것 역시 소득의 재분배효과를 높일 수 있다.

 소득재분배는 소득계층 간 재분배인 수직적 재분배, 위험집단과 위험이 없는 집단 간 재분배인 수평적 재분배로 분류된다. 예를 들어, 수직적 재분배는 소득이 많은 집단으로부터 소득이 적은 집단에게로 일어나는 재분배이고, 수평적 재분배는 아동이 없는 집단에게서 아동이 있는 집단으로, 건강한 사람에게서 아픈 사람에게로 자원이 분배되는 형태이다. 노령세대와 근로세대 간 재분배와 같은 세대 간 재분배를 따로 구분하기도 한다(류연규, 2021: 27).

3) 빈곤문제 해결

 일반적으로 빈곤은 기본적 욕구를 충족할 능력이 부족한 상태로 정의할 수 있다. 즉, 빈곤은 재화와 서비스를 사용할 능력이 부족한 상태로 정의된다. 빈곤은 주로 경제적 측면에서 논의되고 있지만, 경제적 빈곤뿐만 아니라, 비경제적인 문화적 측면에서 논의되는 문화적 빈곤과 인간적 빈곤도 있다. 공공부조는 경제적 측면에서의 빈곤뿐만 아니라, 문화적 측면과 인간적 측면에서의 빈곤도 문제해결의 대상으로 삼고 있다. 경제적 측면에서 빈곤은 객관적인 비교기준이 있느냐에 따라 객관적 빈곤과 주관적 빈곤으로 나뉜다. 객관적 빈곤은 다시 객관적으로 측정되는 절대적 최저기준을 갖고 있느냐에 따라 절대적 빈곤과 상대적 빈곤으로 나뉜다. 객관적으로 결정된 절대적 최저한도보다 적게 가지는 것을 절대적 빈곤이라고 하고, 사회구성원 가운데 다른 사람들보다 상대적으로 적게 가지는 것을 상대적 빈곤이라고 한다. 주관적 빈곤은 자신이 충분히 갖고 있지 않다고 주관적으로 느끼는 것이다.

 빈곤의 역사는 인류의 역사와 함께한다. 인류 역사에 있어서 빈곤은 언제나 존재해 왔고, 사회복지의 역사는 빈곤을 퇴치하기 위한 노력의 역사라고 할 수 있을 정도로 빈곤은 사회복지의 첫 번째 연구주제였다. 초기 농경사회에서는 자연발생적인 상부상조에 의해, 중세 봉건사회에서는 봉건영주와 농민 간의 계약관계에 의해, 근세 자유주의 사회에서는 구빈법에 의해 빈곤을 경감시켜 왔으나, 현대산업사회에서는 소득의 재분배를 목적으로 하는 사회복지정책을 통해서 빈곤을 경감시키려고 노력하고 있다. 따라서, 구빈이란 국가의 가장 근본적이고, 최우선적인 목적 가운데 하나이다. 구빈을 위한 사회복지정책 대안인 공공부조는 빈곤이 사회문제로 대두된 이래, 오랫동안 국가가 빈곤문제를 해결하기 위한 시책으로 행하여 왔다.

영국 복지국가의 형성에 크게 공헌한 베버리지(William Henry Beveridge)는 그의 「보고서(Social insurance and allied services, 1942)」에서 '빈곤으로부터의 해방(Freedom from Poverty)'을 주창하였고, 미국의 존슨(Lyndon Baines Johnson, 1908~1973) 대통령(제36대)은 '대빈곤전쟁(War on Poverty)'을 선포하면서 빈곤을 뿌리째 근절시키려고 하였다. 우리나라에서도 노후소득을 보장함으로써 빈곤을 예방하려는 국민연금제도를 비롯한 사회보험제도와 빈민들의 소득을 일정수준으로 유지시키는 것을 목적으로 하는 국민기초생활보장제도를 통해 빈곤을 경감시키고 있다(박병현, 2015: 34).

빈곤문제를 해결하기 위한 대표적 사회복지정책인 공공부조는 국가가 규정한 공적인 '빈곤선(poverty line)' 이하에서 경제적으로 빈곤한 생활을 하고 있으며, 자신의 능력으로 독립적인 생활이 불가능하고 부양의무자의 도움을 받을 수 없어 보호를 필요로 하는 상태, 즉 요보호상태에 있는 자를 대상으로 한다. 신청에 근거하여 또는 직권으로 자산조사와 상태조사를 실시한 후 자활능력이 있는 자와 자활능력이 없는 자로 구분해 판정하고, 자활능력이 없는 자로 판정되었을 때는 이들에 대해 건강하고 문화적인 최저한도의 기초생활을 유지할 수 있도록 급여를 제공해 준다. 반면, 자활능력이 있는 자로 판정되었을 때에는 이들의 자립자활을 촉진하는 데 필요한 원조를 제공해 주거나, 근로와 연계하여 원조를 제공(workfare)한다. 이는 수혜자의 비용부담 없이 국가나 지방자치단체가 전액 공비로 부담하는 무기여·보충적 원조이며, 자본주의 사회의 공적인 최후의 안전망 역할을 수행한다(김기원, 2020: 48-49).

4) 사회문제 해결 및 사회안정

사회문제를 해결하는 것은 사회복지정책의 가장 기본적인 기능이다. 산업화가 진행되면서 발생되는 각종 사회문제들(빈곤, 실업, 주택, 가족해체, 비행

등)을 해결하기 위해 국가가 제도적으로 개입하는 것이 사회복지정책의 시작
이었다. 사회문제는 개인문제와 달리 사회구성원들이 바람직하지 않다고 규
정하고 사회구성원 모두가 협력해서 해결하려고 노력하는 문제를 말한다
(Blaswick & Morland, 1990). 사회구성원 모두가 사회문제를 해결하기 위해서는
정부 또는 사회공동체의 체계적 개입이 필요하다.

사회문제는 시대와 지역에 따라 규정되는 문제들이 달라진다. 산업혁명 이
후 산업화에 따른 사회문제와 최근 4차 산업혁명이라 불리는 산업적 변화와
연관된 사회문제는 그 양상이 다르다. 저출산과 고령화, 불안정 노동의 문제
는 비교적 최근의 사회문제이며, 1930년대와 2010년 후반 실업문제의 구체적
양상 또한 서로 다르다. 어떤 국가에서는 기아나 질병 문제보다 약물중독, 정
신건강, 자살 등이 더 심각한 사회문제일 수 있다. 사회복지정책이 사회문제
해결이라는 기능을 제대로 발휘하기 위해서는 사회문제 원인에 대한 정확한
진단과 그에 따른 적절한 정책개입이 수반되어야 한다(류연규, 2021: 28).

5) 사회통합과 사회적 배제 극복

사회복지정책은 자본주의 경제체제에서 발생이 불가피한 불평등의 문제를
해소함으로써 사회통합 기능을 한다. 사회복지정책의 개입이 없이는 시장을
통한 자원분배는 계층 간의 격차를 심화시킨다. '부익부 빈익빈' 현상은 궁극
적으로 사회를 분열시키고 갈등을 조장한다. 현대사회에서는 자본가—노동자
계급 간, 경제적 계층(고소득층, 중산층, 저소득층 등) 간 갈등뿐만 아니라,
세대 간, 성별, 인종별, 지역별 갈등과 대립도 사회균열지점으로 나타난다. 이
에 대해 사회복지정책은 공적연금, 의료보험, 실업급여, 노동시장정책, 일가
족양립정책, 다문화정책 등을 통해 계층 간, 집단 간 격차를 완화하고, 사회통
합과 연대감을 증대시키는 기능을 한다. 사회복지정책은 갈등과 대립에 수반
되는 사회혼란을 사전에 방지함으로써 사회분열을 사전에 예방하는 선제전략
으로 실시된다(류연규, 2021: 27 - 28).

'사회적'이라는 말과 결합된 '배제(exclusion)'라는 단어의 사전적 의미는 어

떤 대상으로의 진입 혹은 대상과의 교류가 차단되는 것을 말한다. 그리고 그 대상에는 이웃, 고용, 자산, 소득, 주거, 교육, 기술 등의 구체적인 영역이 포함될 수도 있고, 또한 시민권, 법 앞의 평등, 존경, 인간적 대우, 국가와 기회 등 추상적 영역이 포함되기도 한다. 기든스(Giddens, 2021: 451)에 따르면, 배제의 개념에 대해, 집단들을 사회의 주류로부터 격리시키는 일종의 메커니즘으로서, 배제의 극복이란 빈곤계층에 초점을 맞춘 사회복지 프로그램이 공동체를 중심으로 이들의 민주적 참여를 중시하는 방향으로 재조정될 때 가능하다.

빈곤을 이해하기 위한 새로운 개념으로 등장한 사회적 배제는 기존에 빈곤을 설명하던 협소한 관점에서 벗어나, 새롭게 재편되고 있는 경제구조와 정책변화를 말한다. 이와 같은 변화 속에서 이루어지는 특정 개인 및 집단에 대한 소외 등 다양한 요인을 포함하고 있다. 그리고 무엇보다 빈곤의 문제가 사후조치적인 대책으로 해결될 수 있는 것이 아닌 시민권에 기초한 사회구성원 간의 연대의식이 공유되었을 때 해결이 가능하다는 합의가 기초를 이루고 있다. 이것은 또한 근대사회가 성취한 시민권이 물적 성장의 결과에도 불구하고, 진전되지 않고 있다는 데 따른 위기감의 공유와도 관련되어 있다. 즉, 배제에 대한 시민들의 각성과 행동, 정치적·경제적·문화적 생활에 대한 참여의 권리를 주장하는 것이 배제를 극복하고 시민권을 회복하기 위한 구체적인 방법이라는 데 대한 합의가 사회적 배제를 현시대 빈곤문제를 포괄하는 원인으로 제시하는 배경인 것이다.

사회적 배제의 반대 개념은 사회통합이다. 사회통합이란 모든 사람들이 사회생활에 적극적으로 참여하며 살아가는 것을 의미한다. 따라서, 통합된 사회란 사회적 배제가 '배제된' 사회라고 할 수 있다. 사회복지의 발달과정을 살펴보면 빈민이나 장애인, 혹은 노인이나 아동과 같이 생산적이지 못한 계층들을 도와줄 가치가 없는 인간으로 낙인찍고 사회에서 제거하려는 노력이 있어 왔다. 그러나 현대사회에서의 사회복지정책은 요보호자를 사회에서 제거시키려는 것이 아니라, 경제적으로 자립시키거나 신체적으로 재활시켜 생산적인 인간으로 만들어 사회통합을 이루려는 데 목적을 두고 있다(박병현, 2015: 35-36).

3. 사회복지정책의 영역

1) 사회복지정책의 영역 구분

사회복지정책의 영역 구분은 여러 학자가 다양하게 구분하고 있다. 사회복지정책의 영역을 좁게 본다면, 인간의 최소한의 생활유지에 필요한 욕구를 충족시키기 위한 정부의 정책으로 볼 수 있다. 따라서, 사회복지정책의 주요 영역은 소득보장, 의료보장, 그리고 주택보장이 될 것이다. 영국 「베버리지 보고서」는 결핍(want), 질병(disease), 불결(squalor), 무지(ignorance), 태만(idleness)을 5대 사회악으로 지적하고, 이를 퇴치하기 위한 방법으로 사회정책을 제시하면서, 사회정책의 영역으로 사회보장정책, 의료보장정책, 교육보장정책, 주택보장정책, 고용보장정책을 포함시켜 사회복지정책의 영역을 보다 넓게 보고 있다. 타운젠드(Townsend, 1979)는 소득보장, 건강, 교육, 주택, 대인서비스 등으로 나누었고, 디니토(DiNitto, 2010)는 미국의 사회복지정책 영역을 소득보장, 영양, 건강, 사회서비스 등 네 가지 영역으로 나누어 설명하고 있다.

그러나 사회복지정책을 보다 넓게 보는 사람은 조세정책(Titmuss, 1974)이나 노동시장정책(Kahn, 1979)을 사회복지정책 영역에 포함시키기도 한다. 그 이유는 조세정책의 경우, 비록 소득보장정책과 같이 직접적인 급여를 통하여 소득을 보장하지는 않는다 하더라도, 직접적으로 소득재분배에 크게 기여하여 실질적으로는 소득보장의 기능을 하기 때문이다. 또한 노동시장정책의 경우에도 이들 정책들이 저소득계층이 시장에서 얻는 일차소득을 높이는 데 크게 기여하기 때문에 전체적인 소득보장이라는 차원에서 본다면, 이자소득과 관련된 소득보장정책과 더불어 필요하다. 즉, 노동시장정책과 소득보장정책은 밀접한 관련을 갖고 있으므로 소득보장정책이 성공하기 위해서는 노동시장정책의 성공이 필수적이기 때문이다.

사회복지정책의 고유 영역을 설정하는 작업은 궁극적으로 공공행정상의 편의를 고려할 때 가능한 것으로서, 절대적인 구분은 사실상 불가능하다. 그렇지만 사회복지정책의 영역에 사회보장 또는 소득보장, 대인적 사회서비스 및 보건 또는 건강을 포함시키는 데에 아무런 이의를 제기하지 않는다. 따라서, 사회복지정책은 좁게 해석하면, 소득보장, 건강보장, 대인적 사회서비스, 주택정책의 네 가지 영역으로, 넓게 해석하면 소득보장, 건강보장, 대인적 사회서비스, 주택정책, 교육정책, 조세정책, 노동정책, 사법정책 등 8대 영역으로 구성되어 있다고 할 수 있다(박경일, 2020: 50).

  사회복지정책의 영역 및 내용은 다음과 같다.

▌표 1-1 사회복지정책의 영역 및 내용

사회복지 정책의 영역		사회복지정책의 내용
협의의 사회복지정책	소득보장정책	사회보험, 공공부조, 각종 사회수당제도, 보육수당, 장애수당, 양육수당 등
	건강보장정책	국민보건서비스, 건강보험 의료급여, 공비부담제도 등
	대인적 사회서비스	영유아복지, 아동·청소년복지, 노인복지, 모부자복지, 장애인복지 등
	주택정책	주택담보 대출제도, 영구임대주택, 주거환경개선사업 등
광의의 사회복지정책	교육정책	저소득 중·고등학교 재학생 학비지원, 학교급식, 산업체 부설학교, 장학금 등
	조세정책	부(負)의 소득세(Negative Income Tax, NIT), 근로소득공제제도(Earned Income Tax Credit, EITC) 등
	노동정책	고용정책, 초저임금제도, 산업복지 등
	고용정책, 초저임금제도, 산업복지 등	보호관찰제도, 갱생보호제도, 법률구조제도 등

자료: 박경일(2020: 49).

2) 개념에 따른 영역

사회복지정책의 영역 구분 문제는 여러 가지 방향에서 논의될 수 있다. 먼저, 흔히 말하는 개념의 범위와 연관하여 협의의 사회복지정책 영역은 협의의 사회복지개념과 대응되는 것으로서, 소위 사회사업정책이다. 여기에는 사회생활상의 어려움을 가진 사람들에 대한 기본적 생활보장을 위한 정책이 포함된다. 협의의 사회복지정책 영역에는 사회적 취약계층에 속하는 아동, 장애인, 노인, 여성, 부랑인 등을 위한 보호, 육성, 지도, 치료 및 재활 등의 사회복지서비스정책이 해당된다. 내용의 주류는 비화폐적 서비스이며, 이는 전문사회복지사를 위시한 관련 전문직업인의 대인적 서비스(personal service)가 중요한 매개체가 된다. 앞으로 사회가 발달함에 따라 이러한 정책에 대한 요청이 더욱 높아질 것이다.

광의의 사회복지정책은 협의의 사회복지정책에 더하여 사회보장(소득보장), 보건의료, 주택, 고용, 교육 등이 포함되는 서비스정책으로서 국가에 있어서 최저수준 또는 평균적 욕구가 충족되지 않은 개인, 가족 또는 집단 등에 제공되는 서비스정책이다. 광의의 사회복지정책에서 말하는 사회보장은 사회보험과 사회부조를 포함하는 의미로 볼 수 있고, 나머지 영역이 사회복지정책적인 의미를 가지기 위해서는 인간의 기본적인 욕구를 충족시키려는 데에 제공되는 각종 서비스정책이라고 할 수 있다. 예컨대, 공공정책으로서 주택정책과 사회복지정책으로서 주택정책은 같은 주택정책이라고 하더라도, 그 내용과 목적에 따라 공공정책과 사회복지정책으로 구분될 수 있다(조추용 외, 2021: 26).

3) 정책 주체에 의한 영역

사회복지정책의 영역 설정에서 일반적으로는 공적인 주체, 즉 중앙정부 및 지방정부가 사회복지정책의 주체라는 입장이 보편적이다. 그리고 이들이 사회복지정책을 주도하고 있으며, 사회 전체의 사회복지 총량에서 차지하는 비중이 가장 높다. 이것은 국가복지의 확대에 의한 결과이기도 하다. 그러나 복지국가의 위기 이후, 민간복지부문의 확대와 공적복지부문의 축소 경향으로 다양한 형태의 사회복지가 활성화되고 있다. 예컨대, 민간복지 활력을 도모하기 위해서 공적복지 영역에 수익자 부담원칙이나 시장원칙을 부분적으로 도입한 것이 사회서비스이다.

기존의 정부 주도 사회복지정책에서부터 시장원칙에 따른 개인이나 기업(특히, 재단법인 혹은 사단법인 형태)의 사회복지정책, 종교기관이 주체가 되는 각종 사회복지정책, 그리고 비영리 민간 주체의 사회복지정책 등으로 구분할 수 있다.

4. 사회복지정책의 분석

사회복지정책을 정책학적으로 보면, 국가 또는 민간기관이 주체가 되어 시민들의 복지를 향상시키기 위해 시행하는 정책들의 집합체라 할 수 있다. 사회복지정책의 전문가가 되기 위해서는 정책의 내용을 분석하고, 정책이 형성되는 과정을 파악할 수 있어야 한다. 즉, 사회복지정책에 대한 분석방법까지도 이해해야 한다. 사회복지정책에 대한 분석은 크게 볼 때, 두 가지가 있다. 하나는 사회복지정책을 해부하듯이 몇 개의 차원으로 나누어 분석하는 것(차원분석)이고, 다른 하나는 사회복지정책이 만들어지는 제반 과정을 분석하는 것(정책형성과정 분석)이다.

사회복지정책의 연구와 실천 영역에 있어서 가장 중요한 것 중의 하나가 바로 정책분석이다. 정책분석을 위해서는 정책분석의 개념과 유형, 그리고 정책의 분석틀을 이해해야 한다. 그 내용은 다음과 같다(오세영, 2020: 39-44 ; 현외성, 2009: 321-349).

1) 정책분석의 개념

정책분석은 문제해결을 위해 개발된 각 대안들 가운데 최적의 대안을 선택하기 위해 각 대안의 효과 및 비용을 분석하는 과학적 방법론을 말한다. 정책

분석은 다음과 같은 특성을 지니고 있다.

첫째, 정책목표와 정책목표의 달성수단을 명확하게 규정한다는 점에서 목표 지향적이다.

둘째, 정책분석은 사회과정의 여러 가지 요인이 정책현상에 상호 관련되어 있다는 점에서 체계적이다.

셋째, 정책분석은 정책시행을 예측하고 서술할 뿐만 아니라, 필요한 조치를 제언한다는 점에서 행위 지향적이다.

넷째, 정책분석은 정책목표를 달성하기 위한 방법을 구체적으로 검토한다는 점에서 조작적 성격이 강하다.

다섯째, 정책분석은 다양한 성격을 지닌다.

여섯째, 정책분석은 문제의 접근방법도 학제적 성격이 강하다.

효과적인 정책분석을 위해서는 다방면의 지식이 필요하다. 정책분석가가 정책분석 시에 반드시 고려해야 할 점은 다음과 같다.

첫째, 대안들에 대한 조사나 검토는 조사도구에 의해 체계적인 방식으로 행해져야 한다.

둘째, 분석결과는 실제로 이용될 수 있도록 구체적이고 실현 가능해야 한다.

구체적으로 정책분석가의 역할을 살펴보면 다음과 같다.

첫째, 정책분석가는 정책에 대해 객관성을 유지하면서도 해당 정책에 대해 설득력 있는 옹호자가 되어야 하는데, 그 이유는 정책결정자에게 간단하게 정책을 설명하고 옹호할 수 있어야 하기 때문이다.

둘째, 정책분석가는 자신이 분석한 내용의 정책 반영 여부는 자신의 권한 밖이라는 것을 인식해야 한다.

셋째, 정책분석가는 프로그램을 수행하는 기관이 기관 자체의 대안들을 고려하지 않으려는 경향이 있다는 것을 고려해야 한다.

넷째, 정책분석가는 분석이 직접적인 실행과 연계되기 위해서는 상위기관 및 협력기관까지 분석범위를 넓혀야 한다는 것을 인지하고 있어야 한다.

다섯째, 정책분석가는 장기적인 안목에서 실현 가능한 대안을 제시하여야 한다.

여섯째, 정책분석가는 정부 외부에서 행해진 학술적 정책분석은 즉각적인 정책대안으로 채택될 가능성이 적다는 것을 알아야 한다.

일곱째, 정책분석가는 분석이 끝난 후에도 정책분석 결과가 어떻게 활용되는지를 계속 주시해야 한다.

2) 사회복지정책의 분석 유형

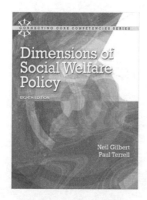

『사회복지정책의 차원들』
(2012년 출판)

길버트와 테렐(Neil Gilbert and Paul Terrell)의 저서 『사회복지정책의 차원들(*Dimensions of Social Welfare Policy*, 2014)』에 따르면, 사회복지정책의 분석유형 중에서 일반적으로 사용되는 3P는 과정(Process), 산출(Product), 성과(Performance) 분석을 말한다. 이들 세 가지 접근방법은 각각은 사회복지정책의 문제들 중 주로 정책의 계획과 정책의 운영(행정), 그리고 정책에 관한 조사연구와 관련된 문제들을 다루는 것이다. 물론 이러한 분석적 접근방법은 상호 관련되어 있고, 때로는 서로 중첩되기도 한다. 그 내용은 다음과 같다(Gilbert and Terrell, 2014: 13−15).

(1) 과정분석

과정분석(studies of process)은 사회복지정책 형성의 '역동성(dynamics)'을 사회정치적 변수와 기술적·방법적 변수를 중심으로 하여 분석하는 접근을 말한다. 정치학과 역사학이 과정분석의 주요 이론적 기반이 된다. 과정분석은 계획과 관련된 각종 정보가 정책형성에 어떻게 영향을 미치는가, 그리고 다양한 정치조직, 정부조직, 기타 이익집단들 간의 관계와 상호작용이 어떻게 영향을 미치는가에 관심을 둔다. 따라서, 과정분석은 주로 정책결정과 관련된 정치적·기술적 투입요소를 파악하는 사례연구의 형태를 띠게 된다. 즉, 과정 분석은 분석수준에 있어서 사회복지제도 전체를 대상으로 할 수도 있고, 특정 한 제도 한 가지만을 대상으로 할 수도 있다. 또한 시간차원에 있어서도 장기 간에 걸친 제도의 발달을 다룰 수도 있고 그보다 단기간을 다룰 수도 있는 것 이다.

과정분석은 연구자의 관점, 가치, 혹은 편견이 개입될 소지가 있지만, 과정 분석을 통해 사회복지정책 형성에 영향을 주는 사회적·정치적·경제적 배경 요인 등을 파악할 수 있는 장점이 있다.

(2) 산출분석

산출분석(studies of product)은 정책선택에 관한 프로그램, 관련 법, 기획 안 등을 분석하는 것이다. 산출분석은 '정책선택(policy choices)'에 초점을 두고 있는데, 다음의 세 가지 문제를 분석한다.

① 정책을 구성하고 있는 정책선택의 형태와 내용은 무엇인가?
② 그러한 선택이 이루어짐으로 해서 선택에서 배제된 대안들은 어떤 것인가?
③ 그러한 선택의 근거가 되는 가치와 이론, 가설은 무엇인가? 즉, 산출분 석은 과정을 통해 선택된 정책의 내용을 특정기준이나 분석틀을 통해 분석하는 것이다.

(3) 성과분석

성과분석(studies of performance)은 정책프로그램이 실행된 결과나 영향 을 평가하는 것이며, 과정분석이나 산출분석에 비해 더 객관적이고 체계적인 분석을 요구한다. 따라서, 성과분석은 주로 정책의 조사연구에 관한 문제들은 다룬다. 성과는 질적·양적 자료의 수집을 통해서 다양한 학문분야에서 개발 된 방법론적 도구를 통해서 측정될 수 있다. 조사방법론은 성과를 측정하는 데 관련된 중요한 기술적·이론적 지식과 기법을 제공하고 있다.

성과분석에서 연구자는 두 가지 질문을 던질 수 있다. 첫째, 프로그램이 얼마나 잘 수행되었는가? 둘째, 프로그램을 실시하여 얻은 영향이 무엇인가? 하는 질문이다. 첫 번째 질문과 관련해서는 ① 프로그램이 무엇으로 구성되어 있는가? ② 원래 목표로 한 대상집단에게 프로그램이 잘 전달되었는가? 비용은 얼마나 들었는가? 등을 분석하는 것이다. 두 번째 질문에서 말하는 영향과 관련해서는 프로그램 실시 전·후의 행위, 조건의 차이를 분석하는 것이다.

3) 사회복지정책 분석틀

많은 학자들이 사회복지정책의 내용(산출)을 분석하기 위한 분석틀을 개발했는데, 그중에서도 가장 많이 활용되고 있는 것이 길버트와 테렐의 분석틀(a framework for social welfare policy analysis)이다. 길버트와 테렐은 다음과 같은 네 가지 질문을 통해 사회복지정책 분석의 '기본 틀(basic framework)'을 제시하고 있다.

① 사회적 배분의 기반은 무엇인가?
② 사회적 급여의 형태는 무엇인가?
③ 사회적 급여를 전달하기 위한 전략은 무엇인가?
④ 사회적 급여에 필요한 재원조달 방법은 무엇인가?

길버트와 테렐에 따르면, 사회복지정책은 이 네 가지 질문, 즉 '선택의 차원(dimensions of choice)'에 대해 어떤 선택을 할 것인가를 결정하는 것이라고 규정한다. 이 네 가지 질문에 대한 대답을 통해 사회적 배분, 사회적 공급, 전달체계, 재정의 네 가지 분석틀을 제시하고 있다. 그 내용은 다음과 같다 (Gilbert and Terrell, 2014: 76-77).

첫째, 사회적 배분(social allocation)은 '사회복지급여를 누구(who)에게 제공해야 할 것인가'에 관한 것이다. 즉, 급여대상의 문제를 말한다. 여기서 중요한 것은 사회복지급여를 특정의 사람 또는 특정의 집단에 국한시킬 것인가, 아니면 전 국민에게 제공할 것인가 하는 문제이다.

둘째, 사회적 공급(social provisions)은 '사회복지 대상자들에게 무엇(what)

을 제공할 것인가, 어떤 종류의 급여를 전달할 것인가'에 관한 것이다. 즉, 급여형태의 문제를 말한다. 예컨대, 현물급여(in kind)로 할 것인가, 현금급여(in cash)로 할 것인가 하는 것이다. 현물과 현금 이외에도 권력(power), 바우처(voucher), 기회(opportunity)와 같은 다른 여러 가지 방법들이 있다.

셋째, 전달체계(delivery system)는 앞의 두 가지가 결정되고 난 후, '어떠한 방식으로 전달할 것인가'에 관한 것이다. 즉, 사회복지급여를 제공하는 주체와 그 수급자 간의 조직체계를 말한다. 여기서는 서비스 전달체계의 전체적인 구조, 서비스 전달 단위들 간의 연결, 전달 단위의 지리적 위치, 서비스 전달을 담당할 인력의 자질과 능력 등이 관건이다.

넷째, 재정(finance)은 '어떤 재원을 사용하는가'에 관한 것으로 재원조달방식을 의미한다. 예컨대, 공공재원을 사용할 것인지, 민간재원을 사용할 것인지, 아니면 두 가지 재원 모두 선택할 것인지와, 정부를 어느 정도 개입시킬 것인지, 어떤 형태의 조세를 징수할 것인지에 관한 문제이다.

이상의 네 가지 분석틀은 사회복지정책에 있어서 누구에게(급여대상), 무엇을(급여내용), 어떻게 전달하고(전달체계), 거기에 소요되는 재정을 어떻게 마련할 것인가(재원조달)라는 질문에 대한 응답이라고 할 수 있다.

5. 사회복지정책과 사회복지실천

일반적으로 사회복지학은 실천과 정책 부문으로 구분하는데, 각각은 서로 다른 이론적 체계와 내용을 갖고 있다. 즉, 실천은 인간 존엄성과 정신분석이론에 근거하는 인간행동의 이해를 강조하는데, 근래에는 개체와 환경 양면을 동시에 강조하는 것이 하나의 흐름이다.

사회복지정책과 사회복지실천은 사회적 욕구의 충족과 사회문제 해결이라는 공통적인 목적을 갖고 있지만, 그 접근방법에는 차이가 있다. 사회복지정책은 주로 거시적 접근방법(macro approach)을 사용하는 반면, 사회복지실천은 주로 미시적 접근방법(micro approach)을 사용하고 있다. 그러나 양자는 사회적 욕구충족과 사회문제 해결이라는 목적을 달성하는 데 상호 대립적이라기보다는 상호보완적으로 작용한다.

사회복지정책과 사회사업실천은 서비스영역과 개입대상에서 구분이 된다. 서비스영역에서 사회복지정책은 직접적 서비스 제공을 기획하고 지원하는 간접적인 서비스영역(indirect service sector)에 속하는 데 반하여, 사회복지실천은 서비스를 필요로 하는 개인이나 집단에 직접적으로 제공하는 직접적인 서비스 영역(direct service sector)에 속한다.

개입대상을 기준으로 구분할 때, 사회복지정책은 개인이나 가족, 소집단 등을 개입대상으로 하는 전통적인 전문적 사회복지(professional social work)에 해당하는 개별사회사업, 집단사회사업, 지역사회조직과 같은 사회복지실천과는 달리, 사회 전체나 국가 또는 특정 지방 전체를 개입대상으로 함으로써 개입규모가 보다 광범위하고 복잡한 내용을 포함한다(김기원, 2020: 68).

그러므로 거시적이고 간접적으로 개입하는 사회복지정책은 미시적이고 직접적으로 개입하는 사회사업실천과 유기적으로 연계되어 있다. 사회복지정책은 법률이나 시행령 등의 형식으로 표현되어 사회사업실천을 이루는 전반적인 틀을 제공함으로써 사회복지실천의 방향, 내용, 방법 및 기준이 되어 막대한 영향을 미치고 있다.

▌표 1-2 사회복지정책과 사회복지실천의 비교

구분	사회복지정책	사회복지실천
관점	거시적 개입	미시적 개입
클라이언트	이웃, 근린, 공식적 조직, 지역사회, 전체 사회	개인, 가족, 소집단
목표	조직, 지역사회, 전체 사회의 변화	사회기능의 향상: 개인, 가족, 소집단을 위한 사회문제의 경감
기초가 되는지식	대규모 체계변화이론: 사회학, 경제학, 정치학, 산업 관계학	개인변화이론: 발달심리학, 인간발달이론
변화전략	지역사회조직, 사회행동, 로비활동, 조정, 지역사회분석	직접적인 상담, 위기개입, 개별 클라이언트를 위한 옹호
공통으로 필요한 지식	소집단 사회학, 커뮤니케이션이론	

자료: 박병현(2015: 44).

  사회복지정책은 사회복지실천과 밀접하게 연관되어 있다. 그 내용은 다음과 같다(조추용 외, 2020: 29-30).

  첫째, 사회복지정책은 사회복지실천이 이루어지는 전반적인 틀을 제공한다. 추상적인 사회복지정책은 구체적으로는 사회복지 법률, 행정지침 등으로 표현되어 사회복지실천의 기본적 바탕이 된다. 따라서, 사회복지정책은 결국 사회복지실천의 방향, 방법 및 기준이 되고 있어 그 영향력이 지대하다. 사회복지사가 속한 사회복지시설과 기관의 목표는 사회복지 행정지침에 연결되고 그것은 다시 사회복지 법률과 정책에 연관되기 때문에 이러한 연계를 적절하게 파악해야 한다. 그리하여 실천가는 올바른 사회서비스를 제공할 수 있다. 특히, 사회복지정책은 변동되는 사회와 그 욕구에 민감하게 반응하여 지침과 기준을 제시함으로써 실천현장에 직접적·간접적으로 연결되어 있다. 따라서, 사회복지학에서는 사회복지실천과 함께 사회복지정책이 학습된다.

  둘째, 사회복지실천은 사회복지정책과 연결되어 있으나, 실제 삶의 현장에서 사회복지사는 사회복지실천을 수행하는 과정에서 정책이나 법적 내용 및 기준과 다른 점을 종종 만나게 된다. 이러한 경우, 기존의 사회복지정책을 현실에 맞게 적절하게 변경, 개선하기 위하여 사회복지사는 사회복지정책과 법률에 대한 지식이 필요하다. 따라서, 사회복지정책에 대한 학습이 요청된다. 현실적으로 중앙정부나 지방정부의 정책지침은 매우 경직되어 있는 것이 사실이다. 반면에, 사회복지 전문직은 그 특성상 자유재량이 필요한 직업이다. 이로 인해 사회복지 전문직의 직무수행에는 갈등의 소지가 있는 것도 사실이다. 이른바 사회복지실천윤리와 전문적 재량과 행정적 관료주의의 충돌이 그것이다. 이때 사회복지사는 사회복지정책에 대한 이해를 바탕으로 정책지침의 변화를 도모하는 기술을 체득해야 한다. 더욱이 사회복지실천기관이 민간기관인 경우, 공공행정기관과의 충돌은 매우 민감하고 자주 생기기도 한다. 이러한 상황에서 사회복지정책의 이론과 기술은 충돌을 유연하게 해결하고 새로운 서비스를 만들거나 개선하는 데 유용하게 이용될 수 있는 잠재력을 제공할 수 있다. 최근 사회복지정책 분야에서는 사회복지정책 실천의 중요성을 강조하고 있고(Jansson, 1994), 앞으로는 사회복지정책의 실천을 위한 현장실습이 이루어져야 할 것이다.

셋째, 사회복지학과를 졸업하는 학생들은 처음에는 사회복지기관에서 직접적 실천가로서 활동하지만, 점차 경험을 쌓고 경력이 높아짐에 따라 슈퍼바이저, 행정가 및 정책결정권자로 발전하게 된다. 이러한 과정에서 사회복지정책에 대한 이해는 매우 중요하다.

1. 사회복지정책의 특성에 관한 설명으로 옳지 않은 것은?

① 가치판단적 특성을 가진다.
② 국민의 최저생활을 보장한다.
③ 개인의 자립성을 증진시킨다.
④ 능력에 비례한 배분을 원칙으로 한다.
⑤ 경제의 자동안정장치(built-in-stabilizer)기능을 수행한다.

2. 사회복지정책의 기능으로 옳지 않은 것은?

① 사회통합   ② 최저생활 유지
③ 능력에 따른 배분   ④ 개인의 잠재능력 향상
⑤ 소득재분배

3. 웹(Webb)의 소득재분배 효과에 대한 설명으로 옳은 것은?

① 웹은 소득재분배의 효과를 수직적 재분배, 수평적 재분배, 우발적 재분배, 장기적 재분배, 단기적 재분배로 구분하였다.
② 수평적 재분배는 특정한 우발적 사고로 고통받는 자로의 소득이전을 말한다.
③ 우발적 재분배는 유사한 총소득을 가진 가족 간의 소득이전이다.
④ 장기적 재분배는 생애에 걸쳐 발생하는 재분배를 말한다.
⑤ 수직적 재분배는 부자로부터 빈민으로의 소득이전을 말한다.

4. 다음 중 사회복지정책과 사회복지실천이 관련된 것이 아닌 것은?

① 사회복지정책은 사회복지실천의 전반적인 틀 제공
② 사회복지정책은 사회복지 법률, 행정지침 등으로 사회복지실천의 기본적 바탕
③ 사회복지정책은 사회복지실천의 방향, 방법 및 기준이 되어 영향력이 지대
④ 사회복지정책은 변화하는 사회와 그 욕구에 반응하여 실천현장에 직접적으로 연결
⑤ 민간사회복지실천기관은 공공 행정기관과의 충돌이 거의 발생하지 않음.

정답 1. ④ 2. ③ 3. ⑤ 4. ⑤

CHAPTER 02

사회복지정책의 역사

❖ **학습목표**
1. 역사에 대한 기본적인 이해
2. 각국 사회복지정책 역사 탐색
3. 각국 사회복지역사 비교 분석

❖ **학습내용**
1. 영국 사회복지정책의 역사
2. 미국 사회복지정책의 역사
3. 한국 사회복지정책의 역사

❖ **개요**
사회복지정책은 논리적으로 등장하기보다는 역사적 상황으로 인한 경우가 많다. 즉, 사회복지정책은 역사적 산물이며, 과거부터 계속되어 온 정치적 · 사회적 · 경제적 환경이 서로 얽혀서 현재의 모습으로 나타난 경우가 대부분이다. 따라서, 현재의 사회복지정책을 올바르게 이해하기 위해서는, 사회복지정책이 역사적으로 어떻게 등장하였고, 또한 그 후에 어떻게 발전되어 오늘에 이르렀는지를 논의할 필요가 있다. 여기에서는 사회복지정책의 역사를 학습하고자 한다.

사회복지정책의 역사

사회복지정책은 논리적으로 등장하기보다는 역사적 상황으로 인한 경우가 많다. 즉, 사회복지정책은 역사적 산물이며, 과거부터 계속되어 온 정치적·사회적·경제적 환경이 서로 얽혀서 현재의 모습으로 나타난 경우가 대부분이다. 따라서, 현재의 사회복지정책을 올바르게 이해하기 위해서는, 사회복지정책이 역사적으로 어떻게 등장하였고, 또한 그 후에 어떻게 발전되어 오늘에 이르렀는지를 논의할 필요가 있다. 사회복지정책의 역사는 다음과 같다.

1. 영국 사회복지정책의 역사

1) 중세의 사회복지정책

중세 초기는 로마제국의 붕괴로 시작된 대략 6세기에서 10세기에 걸치는 기간으로 볼 수 있다. 영국의 각 지방은 장원제도에 따라 영주와 기사·평민·농노 등의 신분을 가지고 있었으며, 가장 하층계급인 농노들의 생활은 극도로 열악하였다. 농노들은 영주의 토지에 귀속되어 토지와 함께 매매되어 그들의 생활은 영주의 관리하에 놓여 있었다. 따라서, 농노들의 삶의 환경은 전적으로 자신이 소속된 영주의 지배형태에 따라 좌우되었다.

중세 영국의 공식적인 사회서비스 활동은 대부분 교구를 중심으로 주로 이루어졌다. 각 교구마다 지역 내 가난한 사람들에게 구제활동을 실시하였다.

또한 중세 상인들의 길드제도는 상호부조의 기능을 수행하였고, 민간자선단체에 의하여 구빈원 등 임시보호시설들이 설치되어 가난한 이주자들에게 무료숙식을 제공하거나 응급구호 서비스 등을 실시하였다.

15세기 노동자들의 실제 임금은 영국 역사에 있어 가장 높은 수준이었으며, 14세기부터 15세기에 걸친 백년전쟁(Hundred Years' War, 1337~1453)과 장미전쟁(Wars of the Roses, 1455~1485)에 참전했던 많은 군인들에게 적절한 지원이 이루어지지 않아 이들은 부랑인과 빈민으로 전락할 수밖에 없었다.

이러한 현실로 인하여 국민들의 자유와 노동력을 통제하기 위하여 관련 제도들이 출현하게 되었는데, 노동능력이 있는 사람들에게 노동을 강요하는 내용들로 이루어졌다. 노동능력이 없는 노인이나 빈민의 구호신청을 조사하고 걸인을 등록하도록 하여 구걸허가증을 발급하기에 이르렀다. 이와 같이 구걸과 자선은 노동능력이 없는 사람들에게만 허용되었다.

결론적으로 중세 영국의 복지역사는 교회를 중심으로 자선과 구호로 시작하였으나, 흑사병 등과 같은 일련의 현상으로 인해 점차 국가가 개입하여야 하는 대상으로 바뀌는 전환점에 이르게 된다. 물론 당시 국가개입 또는 책임의 의미는 오늘날 국민의 권리와 국가 의무라는 측면에서 해석될 수 있는 특징과는 거리가 멀다. 그럼에도 불구하고, 빈민에 대한 접근이 국가를 통해 이루어져야 할 필요성이 등장했다는 점은 후일 등장하게 되는 본격적인 구빈제도의 견인차가 되었다는 점에서 중요한 의미가 있다(박태정, 2020: 51).

2) 엘리자베스 구빈법

영국에서는 일찍이 「엘리자베스 구빈법」 이전에 구빈법이라는 일련의 계도들이 만들어졌다. 엘리자베스(Elizabeth I, 1553~1603) 여왕은 그동안 제정되고 실시되어 온 구빈관련법들을 집대성한 「엘리자베스 구빈법(the Elizabethan Poor Law of 1601, 빈민법)」을 제정하게 되었다. 이 법에서는 구빈사업을 교구단위의 자선행위로부터 국가가 구빈세에 의한 재정과 행정지원으로 시행하게 되는 계기를 만들었다. 당시 부랑자 수가 꾸준히 늘어났기 때문에 국가가 이에 대한 가시적인 조치를 취할 수밖에 없었다. 「구빈법」은 문자 그대로 빈곤한 사람의 구제를 목적으로 만들어졌다. 이 법은 정치적·경제적·종교적인 변화의 시기에서 빈곤에 대한 정부의 조치에 일반 국민의 여론을 수렴한 법이라고 할 수 있다. 이 법은 주로 농촌사회에 초점을 맞춘 것으로, 가족이나 친족으로부터 부양받지 못하는 빈곤한 사람들의 생활유지는 그 지방의 공동체인 교구가 책임진다는 것을 확인하였다(장갑수 외, 2019: 101).

이 법은 모든 교구에 무급의 구빈감독관을 임명·배치하여 치안판사의 동의를 얻어 교구 내의 부자에게 적당한 금액의 구빈세를 부과하여 징수할 수 있도록 하였다. 또한 교구 내에 있는 빈민들을 위해 구제를 제공할 만한 재정이 부족한 경우, 다른 교구에 지원을 요청할 수 있도록 제도화하였다(박태정, 2020: 53). 이 법의 가장 중요한 원칙은 무능력자에 관한 사항이다. 무능력자들은 최저임금노동자 이하의 능력이라는 조건하에서만 도움을 받을 수 있다. 이 원칙은, 구빈원(workhouse)에 들어오기 어렵게 만들어져 있다. 구빈원에서는 공통의 기준을 두도록 시도하고 있지만, 매우 가혹한 곳도 있다.

「엘리자베스 구빈법」은 시행과정에서 여러 가지 부작용을 낳았다. 교구들은 교구 내 결혼을 가능한 한 억제했다. 새로 결혼한 부부 사이에 태어난 아이의 경우, 교구가 보살펴야만 하는 부랑자가 될 가능성이 컸기 때문이다. 이에 따라, 다수의 사생아가 출생했다. 또한 빈곤아동들은 토지노동, 가사노동 및 숙련노동의 고역을 도맡아야만 했고 거의 노예에 가까운 비참한 대우를 받았다. 모든 형태의 빈민을 구제할 능력을 가진 교구는 극소수였다. 무보수 구빈감독관은 자신의 일에 성실하지 않았고 부패하기까지 하였다(원석조, 2019: 49).

「구빈법」은 20세기 초 사회적 서비스망의 설립을 통하여 허물어지기 시작하였다. 이러한 발전을 위한 많은 공적은 웹 부처(Webbs)와 같은 사회개혁가의 힘에 기인한다. 이들은 영국법률위원회(Royal Commission on the Poor Laws, 1905~1909)에 의해 취해진 「구빈법」 운영의 재검토를 위해 중요한 역할을 하였다. 「구빈법」은 1949년에야 폐지되었다.

본래 이 법은 빈민통제에 목적을 두었기 때문에 대상자 선정의 엄격성을 견지하였고, 원외구호를 일정 수준 인정하면서도 본연의 방식은 원내구호를 기본 원칙으로 유지해 강제노동과 처벌 등 빈민억압정책을 주로 적용하였다. 특히, 빈민에 대한 가족 및 친족의 우선 책임을 명시하고, 대상자 선정에서도 엄격한 자산조사를 하였다는 점에서 공공부조제도의 시초라 할 수 있다. 그럼에도 불구하고, 빈민구제에 대한 국가(지방정부)의 책임을 최초로 규정하고 행정체계를 마련한 것은, 빈민에 대한 공적 개입과 지방정부 중심의 행정체계 구축의 시도라고 할 수 있는데, 이는 향후 근대적인 사회복지제도를 도입할 때 행정적 기반이 되었다고 평가되기도 한다(심상용 외, 2021: 59).

3) 정주법

「구빈법」에 따른 빈민구제의 책임은 전적으로 교구 중심의 지방정부에 있었다. 따라서, 만일 구제해야 할 빈민이 많을 경우에는 그만큼 교구민으로부터 더 많은 구빈세를 거둬야 하였다. 1660년대부터 농촌인구, 특히 빈민들이 대규모로 도시로 유입되면서 빈민을 구제해야 할 책임이 있던 교구 입장에서는 자신의 교구에 빈민들이 유입되어 구빈세가 증가하는 것을 달갑지 않게 여겼다. 그중에서도 재정 형편이 어려운 교구에서는 가능하다면 빈민의 수를 줄이거나 구빈의 수준을 낮추려고 하였고, 그 결과 빈민에 대한 처우는 매우 열악해질 수밖에 없었다. 이 같은 열악한 처우는 빈민이 보다 나은 생활환경 또는 일자리 형편과 재정 형편이 좋은 교구를 찾아다니게 만드는 문제를 불러왔다. 반면, 귀족계급은 자신의 농지에 유입해 온 농촌 빈민에게 더는 관대하지 않았다. 이에 「엘리자베스 구민법」이 제정된 지 약 60년의 시간이 흘러 구빈세를 부담하는 귀족과 교구에서는 빈민들의 거주이전을 보다 엄격히 제한하는 법률의 필요성을 제기하기 시작하였다(심상용 외, 2021: 64).

1662년 찰스 2세(Charles II, 1630~1685) 제위 시 제정된 「정주법(Settlement Act)」은 영국에서 성립된 부랑자 금지법을 말한다. 「정주법」은 빈번한 인구이동을 금지시키고, 빈민들을 농촌에 정착시키며, 구빈세(poor rate) 증가를 억제시킬 목적으로 제정하였다. 「정주법」은 「엘리자베스 구빈법」의 거주에 관한 규정을 독립법으로 분리·강화한 것으로, 교구로 하여금 구빈의 관할지역에 새로운 빈민들이 들어올 경우, 특별한 사유가 없는 한 이전의 거주지로 송환할 수 있도록 한 법이었다.

그러나 「정주법」은 빈민에게는 거주이전의 자유를 통제하는 것이 되었고, 임금노동자를 필요로 하는 상공업 신흥자본가들에게 노동력의 확보를 어렵게 하였으며, 일할 수 있는 노동자들에게는 실업의 원인이 되는 결과를 낳았다. 이 법령은 빈민의 자유로운 이동을 금지하여 선의의 빈민의 거주선택의 자유와 정의에 대한 뚜렷한 침해라는 비판을 받았다.

하지만 「정주법」도 산업화의 불가피한 현상인 대도시로의 노동력 유입을 막을 수는 없었다. 경제가 확대되는 사회에서 많은 노동력이 필요했기 때문에 「정주법」이 실제에서는 엄격하게 적용되지는 않았지만, 지방정부의 책임을 강조하고 복지혜택을 받기 위해서는 거주조건을 충족해야 한다는 원칙은 오늘날에도 지속되고 있다. 지방주의의 극단을 보인 「정주법」은 1795년 폐지되었다(원석조, 2019: 51).

4) 신구빈법

1832년에 「구빈법」의 조사를 위한 왕실위원회(royal commission)가 발족하게 되었다. 왕실위원회의 보고에 따라 1834년 「구빈법」이 전면적으로 수정됨으로써, 이 수정된 법을 1601년 「엘리자베스 구빈법」과 비교하여 「신구빈법(New Poor Law)」이라고 한다. 「구빈수정법」이라고도 일컫는다. 1601년 이래의 「구빈법」이 교구를 단위로 하고 지방행정을 지주로 하고 있는 데 반하여, 국가통제로 빈민처우의 전국적 통일화와 구빈행정의 중앙집권화를 위하여 3명의 정부위원 밑에 각 지방의 선거에 의한 구빈위원회를 설치하였다. 조직의 특색은 중앙에 3명의 위원, 지방에는 구빈위원을 두어 교구연합을 통괄했고, 중앙위원은 국왕에 의해 절대권을 가졌다.

19세기 초 영국의 사회복지제도는 높은 구빈세 부담으로 자본가들의 기존 제도에 대한 불만이 커졌다. 또한 나폴레옹전쟁의 패배에 따른 실업자의 증가와 식료품을 비롯한 생활용품비의 폭락으로 인해 많은 영세농들이 몰락함으로써 기아가 급증하고 구제를 요구하는 사람들의 수는 폭발적으로 늘어났었다.「신구빈법」의 목적은 구빈비용을 최소화하는 데 있었으며, 균일처우의 원칙, 열등처우의 원칙, 작업장 활용의 원칙 등 3대 원칙이 강조되었다.

「원외구제법」을 폐지하고, 원내의 구빈 기준도 낮추고「정주법」도 완화하여 노동능력이 있는 자에게 노동을 강제하는 것을 목표로 하였다. 즉, 공적구빈제도는 빈곤을 해결하지 못한다는 주장으로 빈곤의 자주 해결을 요구하고 원외구호를 최소화 내지 폐지, 재원은 구빈세로 하나 종전의 지방자치단체에서는 관리하지 못하고 중앙정부에 의한 전국 획일적인 구제를 기도하였다. 그러나 자본주의의 모순이 심화되고 사회문제의 심각화로 파탄되어 1948년「국민부조법」이 공포됨에 따라 폐지되었다.

결론적으로「신구빈법」은 영국 사회정책 역사에서 하나의 분수령이 되었다.「신구빈법」이후 빈민에 대한 어정쩡한 자비심이 완전한 억제로, 빈곤은 재발되는 문제가 아니라, 가차 없이 제거되어야 할 문제로 인식이 바뀐 것이다(원석조, 2019: 73).

5) 자선조직협회와 인보관운동

(1) 자선조직협회

민간자선기관과 단체 간의 연락·조정·협력의 조직화와 구제의 적정화를 시도하기 위하여 1869년에 자선조직협회(Charity Organization Society, COS)가 설립되었다. 자선조직협회는 자원봉사자인 우애방문원(friendly visitor)을 통해 빈민의 생활상태를 조사하기 위하여 가정방문과 면접을 실시하고, 구호신청자들에게 협회에 등록하게 하여 구호의 중복을 방지하고자 하였다. 이러한 자선조직협회의 활동은 이후 사회사업방법론인 개별사회사업과 지역사회조직론의 발전에 기초를 마련하게 되었다. 또한 우애방문원의 구성원은 대부분 여성으로 되어 있었는데, 단기간의 공식적인 교육과 훈련을 통하여 사회사업가의 자질을 확보하여 전문사회사업가의 양성이 이루어지게 되었다.

자선조직협회의 활동과 함께 당시 민간자원봉사운동이 발생하게 되는데, 도시빈민을 위한 조직적인 자선사업의 하나로서 옥스퍼드대학교와 케임브리지대학교의 학생들을 중심으로 시작된 인보관운동을 들 수 있다. 이들은 도시빈곤지역에서 빈민들과 함께 거주하면서 도시빈곤지역의 문제를 실제로 조사하여 도시빈민의 생활실태를 자세히 파악하고, 교육과 계몽 그리고 집단활동을 통하여 지역사회의 환경을 개선하고 빈민들의 자활능력을 향상시켜 빈곤의 문제를 해결하려 하였다.

(2) 인보관운동

경제적 상류층에 의하여 주도된 것이 자선조직화운동이라면, 급진적이고 개혁을 지향하는 대학생과 지식인들을 중심으로 이루어진 것이 인보관운동 (Settlement Movement)이다. 인보관운동은 대학생을 중심으로 지식인들이 빈민지역에서 빈민들과 함께 공동생활하면서 빈민들에게 교육과 문화수준 향상을 목적으로 하는 사회개량운동으로, 집단사회사업, 사회행동, 지역사회조직의 사회사업 기술발전에 기여하였다(박태정, 2020: 93).

영국의 유명한 인보관으로 토인비 홀 (Toynbee Hall, 1884)이 있다. 또한 인보관운동과 동시에 이루어진 것은 빈곤에 대한 사회조사활동이었다. 자선조직협회에서 활동하던 우애방문원들이 빈곤의 원인을 개인에게서 찾았던 것과는 대조적으로, 인보관운동에 참여한

토인비 홀(Toynbee Hall, 영국 런던)

사람들은 주거환경과 사회제도의 결함에 관심을 두었다(박원진 외, 2018: 57).

도시노동자들의 빈곤문제에 관심이 있었던 찰스 부스(Charles Booth, 1840~1916)를 비롯한 사람들이 런던시민 생활실태에 관한 조사를 통하여 직업, 생활 및 노동조건, 작업시간 및 임금, 실업상태 등을 조사하였다. 그 결과, 런던 인구의 30%가 빈곤선(poverty threshold, 빈곤소득선) 이하의 생활을 하고

있음을 발견하였고, 빈곤의 원인이 개인의 책임보다는 불충분한 임금, 부적절한 주택, 불결한 위생시설 등이라고 지적하였다.

이러한 조사결과들은 빈곤의 원인이 개인에게 있기보다는 사회구조적 결함에 의해 발생하는 것이기 때문에 사회문제에 대하여 범사회적인 대책이 필요함을 입증한 것이다. 이러한 사회조사활동들은 합리적인 조사를 통한 사회복지의 과학화에 기여하였다고 볼 수 있다.

6) 베버리지 보고서와 사회보장제도의 발전

영국의 처칠(Winston Leonard Spencer Churchill, 1874~1965) 정부는 제2차 세계대전 이후 붕괴된 사회복구에 필요한 조치를 강구하게 되었다. 경제학자인 베버리지(William Henry Beveridge, 1879~1963)를 위원장으로 하는 '사회보험과 관련 서비스에 관한 정부부처 간 조사위원회'를 설치하고, 1942년 「사회보험 및 관련 서비스(Social Insurance and Allied Services)에 관한 보고서」를 작성하여 국회에 제출하였다(원석조, 2020: 152-153).

「베버리지 보고서(Beveridge Report)」의 주요 내용은 국민생활의 불안요인이 되고 있는 5대 사회악으로 결핍(want) · 질병(disease) · 불결(squalor) · 무지(ignorance) · 태만(idleness)을 규정하였다. 이 가운데 사회보장의 궁극적 목표로 '빈곤'을 최우선적으로 제거해야 할 사회악으로 간주하고 '빈곤'한 국민들을 경제적 빈곤에서 벗어날 수 있도록 소득을 보장하는 사회보장제도의 기준을 제시하였다. 핵심적인 내용으로는 사회보험제도로서 사회보험제도의 원칙을 체계적으로 확대하여 적용하면 모든 국민의 빈곤문제를 해결할 수 있다고 주장하고 있다. 사회보험제도는 소득이 중단되거나 부수적인 비용지출이 생기는 경우, 사망 · 질병 · 재해 · 노령 · 결혼 · 출산 · 실업 등에 대비하여 일정 소득액을 보장하는 것을 내용으로 하고 있다(김영화 외, 2020: 63).

베버리지는 사회보험이 성공하기 위해서는 세 가지 기본 전제조건이 필요하다고 주장하였다. 즉, 가족수당(family allowances), 포괄적인 보건서비스(comprehensive health service), 완전고용(full employment)이 그것이다. 가족수당은 가족의 크기와 소득을 고려하여 결정되어야 하고, 보건서비스는 치료적일 뿐만 아니라, 예방적이어야 한다. 실업은 실업수당의 비용과 그에 따른 임금 손실을 감안하면 가장 낭비적인 문제이므로 완전고용은 매우 긴요한 전제조건이다(원석조, 2019: 238).

7) 대처리즘과 제3의 길

1960년대까지 영국은 세계적인 경제적 호황에 힘입어 「베버리지 보고서」에서 제시한 복지국가를 안정적으로 발전시켜 나갔다. 그러나 1970년대 이후 불어 닥친 세계석유파동에 따른 경기침체로 영국은 경제적 위기를 맞게 되었고, 1970년대 후반에는 소위 '복지국가 위기론'이 등장하게 되었다. 따라서, 「베버리지 보고서」가 제시한 전 국민을 대상으로 한 복지서비스를 국가의 책임으로 하였던 보편주의 원칙을 포기하고, 욕구대상자를 중심으로 한 선별주의적 사회복지정책으로 선회함으로써 제도적 서비스에서 보충적 서비스로 전환하게 되었다.

신자유주의의 이념을 국정목표로 삼았던 마가렛 대처(Margaret Hilda Thatcher, 1925~2013) 수상의 보수당 정부(1979~1990)는 사회복지의 공공재정 지출을 축소하고, 사회보장과 사회서비스 전달체계를 변화시켰으며, 대인적 사회서비스 영역에서는 지역 내의 사회보호서비스를 강조하였다. 그리고 지방정부 사회서비스의 조직과 운영을 개혁하여 서비스 전달체계에서 정부 및 공공부문 중심의 역할을 축소하고, 민간부문의 역할을 강조하는 정책을 단행하게 되었다(박태정, 2020: 162).

대처 수상은 신자유주의 경제학자 하이에크(Friedrich August von Hayek, 1899~1992)의 이론인 경쟁을 강조하는 자유시장 경제체제 이론을 바탕으로 사회복지를 공격하면서 「신구빈법」이 번창했던 "빅토리아 시대로 돌아가자."라는 슬로건을 세우고, 복지에 대한 국가책임 대신 자조(self-help)와 개인주의의 원칙을 강조하였다. 대처 정부에서 복지수급자가 되기 위해서는 자산조사를 거쳐야 했는데, 지나친 엄격함으로 인해 복지수급자에게 엄청난 수치심을 갖게 했다. 특히, 실업자들에게 유례없는 가혹한 조치들을 취했는데, 이들을 '일할 능력이 있음에도 불구하고, 일하지 않는 자, 국가복지에 기생하려는 복지의존자들'이라고 공격하면서 집권기간 내내 실업급여를 삭감하고 통제하는 정책으로 일관했다. 또한 노동유인을 강화하기 위해 실업급여를 받기 위한 근속기간 규정을 강화하는 한편, 남용을 방지한다는 명분 아래 자격규정을 까다롭게 함으로써 사실상 자격 있는 실업자 역시 굴욕감으로 수급을 포기하도록 유도했다.

대처 수상은 1983년과 연이어 1987년 총선에서도 승리하였고, 1990년 사임하기까지 11년 반 동안 영국 수상으로 재임하면서 성공한 정치가였다. 그러나 복지국가시대에 구축되었던 복지에 대한 합의를 파괴하고, 강력한 복지감축정책을 실시하였으며, 시민권으로 주어지는 국가복지 대신 능력에 따른 시장에의 의존을 고무함으로써 작지만 강한 정부를 달성하고자 하였다. 대처 수상은 자조원칙을 외치면서 "스스로 돕고 싶지만 여러 가지 장애로 스스로 도울 수 없는 사람들이 많다."는 사실을 애써 외면했다. 이런 점에서 대처 집권기는 복지의 암흑기였다(박병현, 2015: 128-129).

결국 대처 정부의 등장은 영국의 사회보장 및 사회복지역사에 있어서 전환점을 이루는 대 사건이다. 즉, 전후시대를 지배했던 베버리지적 복지원칙은 자유주의적, 빅토리아적 복지원칙으로 대체되었다. 이는 국가에 의한 국민적 최소생활의 유지와 연대적 공동체의 형성이라는 제2차 세계대전 이래의 복지국가 대원칙을 무너뜨리고, 그 자리에 자유경쟁과 적자생존의 논리를 채워 넣은 복지국가의 새로운 단계를 의미하는 것이다. 그러나 대처의 신자유주의 이념의 복지정책은 이후 보수당 정권에서 뿐만 아니라, 노동당 정권에서도 답습되었다(박진화, 2020: 216).

1997년 정권을 창출한 노동당의 토니 블레어(Tony Blair, Anthony Charies Lynton Blair) 수상은 과거 보수당 정부에서 추진하였던 복지축소정책을 고수할 것인지에 대해 딜레마에 빠지게 되었다. 복지개혁을 추진함에 있어 이전

보수당 정부의 선별주의 복지정책을 추진하느냐, 아니면 노동당의 전통인 보편주의 복지를 추진하느냐 하는 딜레마 속에서 블레어는 사회학자인 기든스(Anthony Giddens)가 주장하는 '제3의 길(the third way)'이라는 새로운 복지정책노선을 채택하게 되었다. 즉, 고복지－고부담－저효율로 요약되는 사회민주주의 복지국가 노선(제1의 길)과 고효율－저부담－불평등으로 정리되는 신자유주의적 시장경제 노선(제2의 길)을 지양하고 새로운 정책노선으로서, 시민의 사회경제생활을 보장하는 동시에, 시장의 활력을 높이자는 신노동당 프로젝트, 즉 구식 사회민주주의와 신자유주의로부터의 차별화 전략이었다(원석조, 2019: 339).

블레어 정부는 대처 정부에서 추진했던 복지축소정책의 틀에서 교육과 노동을 통합한 복지, 그리고 개인의 저축을 강조하는 방법론을 선택하고, 적극적인 서비스, 소비자중심 서비스, 전산 서비스를 통한 투명적 서비스 전달체계, 사회서비스 남용을 근절하기 위한 통합복지 시스템 구축, 서비스조직 간의 협력과 서비스전달의 효율을 강조하는 효율적 서비스를 구축하는 정책을 시행하였다.

2. 미국 사회복지정책의 역사

1) 초기의 사회복지정책

19세기 초 미국은 주로 영국에서 이주해 온 식민지 개척자들이 대부분 사회의 각 분야에서 중추적인 활동을 하였는데, 그들은 영국의 법제나 관습을 그대로 가져와 미국의 정책에 적용시키려고 하였다. 청교도 윤리(puritanism)가 지배적이었기 때문에 노동을 미덕으로 여기고 나태는 죄로 여겼는데, 빈곤의 책임은 개인의 책임이라는 생각을 뒷받침하였다. 따라서, 이 시기의 빈민에 대한 구호활동도 이러한 빈곤관에 입각하여 시행되었다. 또한 활동의 주요범위는 최소한의 범위로 이루어졌고, 대상도 고아, 과부, 병자, 장애인 등 노동능력이 없는 자와 일시적으로 노동능력이 상실되어 구제를 필요로 하는 자

로 제한하여 시행되었다. 1886년 뉴욕
에 근린조합이 설립되었으며, 이것은
미국 최초의 인보관이었다. 그 후 시
카고에서 아담스(Jane Adams, 1860~
1935)에 의해 헐 하우스(Hull House)
가 세워졌는데, 이곳에는 오늘날의 지
역사회복지관이 제공하는 서비스가

헐 하우스(Hull House, 미국 시카고)

존재하였고, 노동조합의 활동공간이자 각종 사회문제를 토론하는 공간이기도
하였다(박원진 외, 2018: 65).

뉴딜정책과 사회보장제도

제1차 세계대전에 이어 1929년 시작된 경제 대공황은 10월 주식시장의 붕
괴로 이어지면서 상품의 가격은 떨어지고, 실업자의 급증을 초래하여 약
1,200만 명에서 1,500만 명에 이르는 노동자들이 직장을 잃게 되었다. 이로
인해 1920년대에는 실업과 빈곤이 급증하고 노동자, 소작인, 흑인 및 미망인
등의 불평등이 표출되었다.

대량의 빈민과 실업자들을 구제하기 위한 민간단체나 주정부의 자원과 재
정이 고갈되어 이러한 사회문제를 해결하기 어려운 상황에 봉착하게 되었다.
이에 루즈벨트(Franklin Delano Roosevelt, 1882~1945) 대통령(제26대)은 뉴
딜정책(New Deal)을 발표하여 실업자를 구제하기에 이르렀다. 뉴딜정책의
목적은 정부의 개입과 규제력에 의해 자본과 노동을 조직화하고, 이것을 통하
여 산업에서는 일정한 이윤을 보증하게 함과 동시에, 다른 한편으로는 실업이
나 저임금이 더 이상 확대되지 않도록 하자는 데 있다(김영화 외, 2020: 61).

루즈벨트 대통령은 1933년 「연방긴급구호법」을 제정하고 연방긴급구호청
을 창설하여 연방정부의 실업대책으로 구제사업을 위한 보조금을 주에 교부
하고 대규모의 노동력을 투입하고 공공사업을 단행하였다. 1935년 8월 14일
에 제정·공포된 「사회보장법」은 강제적 사회보험과 공공부조를 양축으로 하
고 세 부분으로 구성되어 있는데, 그 내용은 다음과 같다.

① 사회보험 프로그램으로 연방노령보험체계와 연방정부와 주정부가 함께
하는 실업보장제도
② 공공부조 프로그램으로 노령부조, 요보호 시각장애인 부조, 요보호아동
부조 등을 포함시키는 3개 집단을 위한 연방정부지원제도
③ 사회복지서비스 프로그램으로 모자보건서비스, 아동복지서비스, 지체장
애아동 서비스, 직업재활 및 공중보건서비스 등에 대한 연방정부의 보조
금 지급

그 후 1943년 「직업재활법」과 1944년의 「공중보건서비스법」, 1946년에는
사회보장의 단일행정기구로서 사회보장청이 설립되었다. 미국의 사회보장제
도의 특징을 살펴보면 다음과 같다.
① 연방정부가 직접 운영·관리하는 노령연금제도
② 각 주정부의 실업보험, 공공부조, 사회복지서비스에 대한 지원제도

이처럼 여기에서 특기할 점은 종전의 영국의 사회보험제도는 사회보험만을
대책으로 하고 있으나, 미국에서는 공공부조, 사회복지사업을 포함한 종합적
인 대책이라는 점에서 다르다.

2) 복지국가 지향

미국의 사회복지는 베트남 전쟁으로 인해 후퇴하지 않을 수 없었다. 존슨
대통령은 막대한 전쟁비용을 충당하기 위해 케인즈(John Maynard Keynes,
1883~1946)의 수정자본주의를 사회복지에 적용할 수 없었다(원석조, 2018: 32).
케인즈의 복지이론은 소극적 복지에서 적극적 복지로, 작은 정부에서 정부개
입으로의 전환을 의미한다.
미국의 경우, I960년대와 1970년대 베트남 전쟁 후 경제적 호황과 유가파동
으로 인한 불황 등 사회적 변화가 복지정책에 끼친 영향은 다음과 같다.
① 유가파동에 의한 경기침체로 실업과 빈곤대책을 강구하기 위한 많은 정

책들의 수립

② 흑인과 여성의 인권운동, 반전운동, 학생운동, 복리권 시위 등 시민의 권익옹호운동으로 사회사업 분야에서도 많은 법령을 새로 제정하거나 개정하였고, 관대한 사회복지정책 시행

1980년대에는 복지국가 위기론이 대두되면서 신보수주의 성향의 정책이 시행되었다. 이로 인해 복지국가는 사회보장제도의 내용과 양적인 측면에서 모두 축소되는 경향을 보였다. 즉, 이러한 변화는 정부의 복지비용의 삭감 및 지출구성의 변화, 공공서비스를 포함한 공공부문의 민영화 및 기업에 대한 규제의 완화, 지방정부의 역할축소, 노조를 포함한 사회세력의 역할 등의 정책기조를 취하는 등 최소 정부를 지향하게 되는데, 이를 '레이거노믹스(Reaganomics)'라고 한다. 결과적으로, 레이건 행정부(1981~1988)의 정책은 인플레이션을 감소시키고 미국경제의 일시적인 호황을 가져왔지만, 영국의 대처리즘(Thatcherism)과 같이 불평등의 증대를 큰 한계로 남기게 되었다. 이는 사회복지 지출을 감소하고 역진적 조세를 부과한 결과로 발생한 것이며, 실질적으로 불로소득과 자본이득의 증대로 노동자계층이 소외당하고 실질임금이 감소하고 실업이 증가하는 격심한 불평등을 발생시켰다. 이렇듯 레이거노믹스는 자본의 새로운 축적구조를 형성하지 못한 채 한계를 안고 있었다(박진화, 2020: 218). 사회복지의 세계사적 의미에서 볼 때, 동시대에 이루어진 레이거노믹스와 대처리즘으로 인해 사회복지는 신자유주의의 엄청난 파도에 휩쓸리게 되어 후퇴의 길을 겪게 되었다.

1992년 민주당의 빌 클린턴(Bill Clinton)이 대통령에 당선되면서 보편주의에 입각한 사회복지 프로그램을 제안하였으나, 여소야대의 의회에서 거부되었다. 그리고 과거 빈곤층에 대한 일률적인 복지정책이 빈곤층의 고착화를 야기하였다는 야당인 공화당의 빈곤정책 재검토의 요구에 의하여 빈곤층에 대한 대책으로 일자리창출에 '근로자연계형 복지(welfare to work)'제도를 도입하여, 생활보호대상자가 일을 할 경우 일정 금액을 정부가 지원해 주는 방식

으로 관련법을 전면 개정하였다(홍봉수 외, 2017: 106).

1990년대 미국 의회는 상원과 하원 모두 보수성향이 높은 공화당이 다수를 확보함으로써 사회복지정책은 단계적으로 축소되었다. 그 결과, 부양아동이 있는 빈곤가족에 대한 보조제도인 공공부조 등의 자격요건을 강화시켰고, 생산적 복지를 강조하게 되었다.

미국의 사회복지는 자유주의 시장경제 이념에 기초한 정책을 지속적으로 유지하고 있다. 미국은 개인주의와 지방분권주의를 중시하는 자조를 강조하는데, 이런 차원에서 공공부조의 의존도를 낮추고 자조능력을 갖춘 자에 대한 빈곤대책을 활발히 전개하고 있다. 그리고 지방분권주의에 입각한 제도의 운영이 기본적으로 각 주의 자치에 맡겨진 결과, 주정부마다 급부조건에 큰 차이가 있다는 특징을 지니고 있다.

미국과 영국의 사회복지를 역사적인 관점에서 비교해 볼 때, 서로 상반되는 면을 볼 수 있다. 영국은 사회제도정책을 발전시켜 왔으나, 오늘날은 이에 못지않게 직접적 대인서비스와 사회복지방법론적 접근에도 역점을 두고 있는데 반하여, 미국은 역사적인 특수성이나 개인존중이라는 민주주의의 특징으로 대인적 서비스, 즉 사회방법론의 발달에 큰 성과를 거두어왔으나, 최근에는 보다 바람직한 제도와 사회정책 및 계획의 과제연구가 활발히 전개되고 있음을 알 수 있다.

20세기 말 이후 영국과 미국을 포함하여 서구의 복지국가들은 조정단계에 있다고 할 수 있다. 전후 복지국가들이 시행하고 있는 사회복지제도들은 대부분 대량생산방식에 기반을 둔 산업사회의 구조에 맞는 제도들이었다. 그러나 세계화, 탈산업화, 정보화 등이 진행되면서 국가 간 경쟁이 심화되었고, 이러한 국가 간 경쟁의 심화는 과거 국가단위 사회복지체제에 변화를 요구하게 되었다.

일찍 세계화와 정보화에 성공한 영국과 미국 등 영미계 국가들은 1990년대 이후 동서냉전이 끝나고 정치적 이데올로기가 무너져가고 있던 상황에서, 새로운 무역·금융 질서와 경제체제(WTO, FTA)로 세계질서를 재편해 나가기 시작하였다. 즉, 정치적 이데올로기에 의하여 유지되었던 균형이 시장을 중심으로 한 신자유주의적 경제질서로 대체되었던 것이다. 그리고 이러한 변화에서 상대적으로 뒤떨어진 독일, 프랑스, 스웨덴 등 전통적인 유럽의 복지국가들은 국가경쟁력이 상대적으로 약화되면서, 사회민주주의적 이데올로기를 지닌 국가 중심의 사회복지체제에서 벗어나 국가경쟁력을 확보하고자 하는 노력들이 나타나고 있다.

3. 한국 사회복지정책의 역사

한국의 사회복지정책은 정부수립 전까지 큰 성과를 내지 못하고 있었다. 과거 봉건국가체제에서는 시혜적 성격이 있었다고 한다면, 일제강점기에는 식민지통치의 성격이 강했다고 할 수 있다. 미군정 역시 일시적이고 과도기적인 형태에 불과했다. 따라서, 정부수립 전까지는 국가적 차원의 사회복지정책이라고 하기에는 미흡한 점이 많았다. 이런 면에서 한국의 사회복지정책 시행은 정부수립 이후로 보는 것이 타당하다. 그 내용은 다음과 같다.

1) 이승만 정부

1948년 8월 15일 대한민국 제1공화국 이승만 정부(1948.8~1960.6.)가 수립되어 보건후생부 및 노동부가 사회부로 통합됨에 따라 보건, 후생, 노동 및 부녀 등에 관한 행정을 관장하였다. 그 후 1949년 3월에 보건부가 창설되어 사회부에서 관장하던 보건행정을 분할하여 주관하였으나, 1955년 2월에 보건 및 사회 양부는 다시 보건사회부로 통합되었다.

정부수립 당시 제정된 헌법 제19조에는 "노령, 질병, 기타 근로능력이 없는 자는 법률이 정하는 바에 의하여 국가의 보호를 받는다."라고 하여 국민의 생존권을 명문으로 규정하였다. 그러나 이 헌법이 규정한 국민의 생존권을 보장하는 관계 법률이 제정되기도 전인 1950년에 한국전쟁이 발발하여, 신생 대한민국으로서는 도저히 물적으로나 인적으로나 감당하기 곤란한 일대 궁지에 빠지게 되었다. 즉, 요구호자는 일시에 엄청난 수로 급격히 증가하는 반면, 소요 물자와 자금은 극히 제한되어 있어서, 전쟁 중에는 주로 요구호자들의 최소한의 생명유지를 위한 응급구호에 치중할 수밖에 없었다.

1952년 3월 현재 전국에 3,935,152명의 피난민과 4,583,974명의 이재민 및 1백만 명의 전·사상자가 발생했다. 그중에서도 요보호아동의 구호와 보호문제는 당시의 여러 가지 사회문제와 더불어 긴급히 해결해야 할 문제로 제기되었다. 정부는 재정 부족 때문에 요구호자 구호를 위해 외국 원조단체들의 협조를 받게 되었다. 미군정 때부터 한국을 원조하고 있던 국제원조처, 경제협력처, 전시 긴급원조 한국민간구호단체, 유엔한국재건단(UNKRA) 등의 외국 원조단체는 중앙구호위원회를 조직하여 긴급구호를 실시하였다. 지방에서도 각급 구호위원회를 조직하여 중앙구호위원회의 지휘감독 아래, 부산지역에 우선 피난민수용소를 설치하여 수용·보호하는 한편, 거제도와 제주도에는 집단수용소를 설치하여 피난민 응급구호를 하였다(손병덕, 2020: 85-86).

한국전쟁으로 시설수용보호를 필요로 하는 난민이 다수 생겨났다. 이와 같은 사회적 요구에 따라 고아시설, 양로시설, 모자원 등의 각종 후생시설이 휴전협정 성립 후에 급속히 증가하여, 1959년에는 총 686개의 각종 시설이 설립되었다.

한국전쟁은 사회복지정책에 두 가지 큰 변화를 가져왔다.

첫째, 정부수립 후 단계적·계획적으로 준비해 오던 사회부의 모든 정책이 무산되고 임시적·응급적 정책으로 전락하였다.

둘째, 막대한 외국 원조로 인해 한국사회에 의존적 구제방식을 심화시켜 놓았다.

이 시기에는 한국전쟁 발발로 수많은 전쟁이재민, 고아와 미망인, 부상자 등이 발생하여 미국을 중심으로 한 외국 민간원조단체가 주축이 된 공공부조적인 구호활동이 주로 이루어졌다. 당시 정부는 사회복지정책을 추진할 적극적 의사는 물론 능력도 없었다. 따라서, 사회복지에 대한 법률로는 「근로기준법」과 「공무원연금법」 제정 외에는 특별한 입법이 없었다. 그리고 이러한 사회복지입법은 사회복지법의 개념적 정의를 아직까지 내리지 못한 상태에서 실시되었다. 즉, 사회복지에 관한 입법이 법률적·입법적 근거에 의해 시행된 것이 아니라, 정부 관계 부처의 행정명령에 의해 시행되었던 것이다. 물론 제헌 헌법에 생존권을 명문화하였으나, 하위조항이 없어서 실제로 생존권은 보장되지 못하였다(박진화, 2020: 261).

이와 같이 정부수립 이후 1950년대의 사회복지는 임시응급구호와 전후 복구에 급급하였으며, 근대적인 사회복지제도가 제대로 자리 잡지 못하였다.

2) 박정희 정부

박정희 정부는 제3·4공화국(1961.5~1981.3.)을 이끌었다. 1960년 4·19혁명에 의해 이승만 정부가 붕괴된 후 탄생한 제2공화국 민주당 정부(1960.6~1961.5.)는 나름대로 자주적이고 민주적인 발전의 길을 모색하였다. 그러나 반목과 대립 속에서 정치적·사회적 혼란이 그칠 줄 몰랐고, 그 와중에 무정부적 혼란을 청산한다는 명분으로 1961년 5월 16일 군부가 쿠데타를 일으켰다. 군사정부는 절대 빈곤을 해소한다는 혁명공약의 실천을 위해, 1962년부터 제1차 경제개발 5개년 계획을 추진하였고, 1963년에는 박정희 대통령을 중심으로 한 제3공화국이 출범하였다. 사회복지제도가 그나마 형식을 갖추게 된 것은 이때부터이다(박태정, 2020: 218).

1962년부터 시작한 경제개발로 도시화 및 산업화 현상이 나타나고, 도시빈곤층, 가출 및 비행, 미혼모, 주택 부족 등 과거와는 다른 여러 가지 사회문제들이 드러나기 시작하였다. 그러나 당시 군사정부는 한정된 재원을 경제개발에 집중하기 위해 사회복지에 대해서 소극적이었다. 한편, 노동자계층의 미성숙으로 노조의 조직력이 미약했고, 그들의 권익을 추구하기 위한 이익 표출은 거의 없었으며, 일반 국민의 경우도 사회복지에 대한 이해나 주장이 거의 없었다.

군사정부 시절에는 국민의 지지를 얻기 위해 여러 가지 사회복지 관련법들이 제정·공포되었다. 사회보험 부문에서 「공무원연금법」(1960), 「선원보험법」(1962), 「군인연금법」(1963), 「산업재해보상보험법」(1963), 「의료보험법」(1963)이 제정되었고, 공공부조 부문에서 「생활보호법」(1961), 「군사원호보상법」(1961), 「재해구호법」(1962), 「국가유공자 및 월남 귀순자 특별보호법」(1962) 그리고 사회복지 서비스 부문에서 「아동복리법」(1961), 「윤락행위 등 방지법」(1961), 「자활지도에 관한 임시조치법」(1968) 등이 제정되었다. 그 밖에 1963년에는 「사회보장법」이 제정되었다.

이와 같이 1960년대는 전례 없이 사회보험 및 생활보호를 중심으로 한 근대적인 사회복지법제를 마련하였다. 이와 같은 사회복지법제는 그 내용상으로는 비교적 장기적인 안목과 효율적인 합리성을 가지고 있었지만, 형식적인 사회복지법제의 도입이라는 의견이 많았다. 이는 사회복지제도가 구빈적·단편적 성격으로부터 벗어나 국가 중심의 체계적인 사회복지제도로 자리 잡는 계기는 되었으나, 그 시행은 성공적이지 못하였다.

1960년대 사회복지의 특징 중 하나는 공무원, 군인 등 사회적 지배계층을 위한 사회보장제도가 우선적으로 제정되었다는 것이다. 이는 후진적 사회복지 발달의 한 형태로서, 사회보장제도의 확충이 복지적인 측면보다는 정치적 지배의 편의성을 위해 이루어졌다는 것을 말해 주고 있다. 1972년 박정희 대통령이 유신헌법을 만들어 대통령의 권한을 대폭 강화하고 유신체제를 유지하자, 이에 대한 체제 도전이 끊임없이 일어났다. 따라서, 체제의 정통성 확립을 위해 무언가 최소한 국민들의 지지를 받을 수 있는 유인을 제공하지 않으면 안 되는 정치적 상황이었다.

당시 사회경제적 상황을 보면, 1960년대 제1차 및 제2차 경제개발 5개년 계획이 성공적으로 수행됨으로써 산업화·도시화 현상이 나타나기 시작했고, 절대빈곤에서 탈피하여 고도의 경제성장을 이룩하게 되었지만, 산업화·도시화 현상은 필연적으로 각종 사회문제를 가져왔다. 특히, 빈부의 격차가 심해져 상대적 박탈감 및 위화감이 사회에 팽배하여 사회적 불안이 조성되었다.

이런 상황에서 1972년부터 시작된 제3차 경제개발 5개년 계획부터는 본격적으로 사회개발정책을 수행하게 되었다.

1970년대의 사회복지 관련법들을 보면, 사회보험 부문에서는 「사립학교 교원연금법」(1973), 「국민복지연금법」(1973), 「개정 의료보험법」(1976), 「공무원 및 사립학교 교직원 의료보험법」(1977), 「월남귀순자 특별보상법」(1978)이 제정되었으며, 사회복지서비스 부문에서는 「사회복지사업법」(1970)이 제정되었다. 이 가운데 「사립학교 교원연금법」과 「공무원 및 사립학교 교직원 의료보험법」은 국가 건설과 유지에 필수적인 공무원과 교직원에 대한 특별한 배려로 통치수단의 일환이라고 볼 수 있다. 「국민복지연금법」은 법만 제정해 놓고 실시하지 못하였는데, 그 이유는 제도의 수립목적이 중화학공업을 위한 내자조달의 수단으로 국민들이 인식하게 됨으로써, 국민의 지지와 호응을 받지 못했기 때문이다.

3) 전두환 · 노태우 정부

1979년 10 · 26사건으로 박정희 대통령의 유신체제가 종말을 고하고, 1980년 5 · 17 군사 쿠데타의 성공으로 전두환 정부(1981.3~1988.2.)의 제5공화국이 출범하였다. 전두환 정부는 민주주의의 토착화, 정의사회 구현, 교육혁신 및 문화창달과 더불어 복지사회의 건설을 국정지표로 내세웠으며, 1982년부터 시작된 '제5차 5개년 개발계획'에서도 경제와 사회의 균형적인 발전을 기본 목표로 삼았다.

전두환 정부는 부족한 체제 정통성을 확보하기 위하여 일단의 사회복지 입법을 단행하였다. 사회복지 서비스 부문에서는 「사회복지사업기금법」(1980), 「심신장애자복지법」(1981), 「노인복지법」(1981)을 제정하였고, 「아동복리법」을 「아동복지법」(1981)으로 개정하였으며, 「사회복지사업법」(1983)을 전면 개정하여 사회복지종사자를 사회복지사로 그 명칭을 변경하고 사회복지사 자격을 1급, 2급, 3급으로 구분하였다. 그리고 공공부조 부문에서는 「생활보호법」(1983)을 개정하여, 생활보호 유형에 자활보호와 교육보호를 추가하였고,

「최저임금법」(1986)을 제정하였다.

전두환 정부 후반부터는 '한국형 복지모형'이 논의되기 시작하였다. 한국형 복지모형이 등장하게 된 배경은 1970년 중반 이후 선진복지국가에서 복지국가 위기론이 대두되고 있었기 때문에, 한국에서도 자칫 잘못하면 복지병을 유발할 수 있다는 정책 관련자들의 우려 때문이었다. 이는 엄밀한 의미에서 당시 영국 등의 사회주의 복지정책에 대한 반감과 복지재원마련의 곤란을 이유로 한 복지 후퇴의 성격이 짙다고 할 수 있다.

이러한 한국형 복지모형은 제6차 경제사회발전 5개년 계획(1987~1991)과 맥락을 같이하고 있다. 제6차 계획의 기본 방향은 ① 우리 경제·사회 발전 수준에 맞는 복지시책이어야 하고, ② 가족과 지역사회의 복지기능을 최대한 조장하며, ③ 자립정신에 입각한 복지시책을 전개하고, ④ 민간의 복지자원을 최대한 동원한다는 것 등이다. 그리하여 1980년대 후반부터는 시설수용 위주의 복지사업으로부터 탈피하여 지역복지와 재가복지가 강조되기 시작하였다.

1988년 출범한 노태우 정부(1988.3~1993.2.)는 제5공화국의 사회보험제도를 대부분 확대 시행하여, 국민연금제도(1988), 전국민의료보험제도(1989), 최저임금제도(1988)를 시행하였다.

제6공화국 정부에서 제정 또는 개정된 사회복지 관련법은 「모자복지법」(1989) 제정, 「심신장애자복지법」을 「장애인복지법」(1989)로 개정, 「노인복지법」(1989) 개정, 「장애인 고용촉진 등에 관한 법률」(1990) 제정, 「의료보호법」(1991) 개정, 「영유아보육법」(1991) 제정, 「고령자고용촉진법」(1992) 제정, 「사회복지사업법」(1992) 개정 등이었다.

노태우 정부의 사회복지제도 발전의 특징은 다음과 같다.

첫째, 국민연금제도, 최저임금제도, 전국민의료보험제도 실시 등 소득 및 의료보장의 확대가 이루어지기 시작하였다.

둘째, 1988년 '서울 장애자 올림픽' 이후 장애인 종합대책을 수립하였으며, 이어서 '장애인 고용촉진 등에 관한 법률'을 제정하여 장애인복지에 대한 변화를 시도하였다.

셋째, 지역복지의 중추적인 서비스 전달체계인 사회복지관을 전국적으로 확대 실시하였다.

넷째, 「아동복지법」과는 별도로 「영유아보육법」이 제정되면서 영유아 보육 사업이 크게 부각되었다.

다섯째, 재가복지를 중시하여 재가복지봉사센터가 급격하게 증가, 1987년 부터는 사회복지 전문요원을 영세민 밀집지역의 동사무소에 배치하기 시작하였다.

4) 김영삼 정부

김영삼 대통령의 '문민정부(1993.3~1998.2.)'가 등장한 1990년대는 세계화라는 흐름이 새로운 국제질서로 자리 잡아 가고 있었다. '우루과이라운드(UR)' 협상 타결에 이은 세계무역기구(WTO)체제가 세계경제를 규정하는 요소로 등장하면서 국가경쟁력이 중요한 국가적 과제로 떠올랐다. 이와 함께 독일의 통일, 동구 공산권의 몰락, 복지국가 위기론 이후 신보수주의 이데올로기의 확산 등 세계는 빠른 속도로 변화하고 있었다. 공산권이 몰락하면서 제2차 세계대전 이후 유지되어 오던 동서대립의 양극체제가 무너진 공간을 미국은 유일한 강대국으로서 세계화와 정보화라는 새로운 기준으로 세계를 재편해 나갔다.

김영삼 정부는 1993년 아시아태평양경제협력체(APEC) 정상회담 이후 개방과 무한경쟁을 의미하는 세계화를 정책목표로 설정하였으나, 1960년대 이후 계속된 관 주도 압축성장은 많은 문제점을 내포하고 있었다. 이 중에서도 가장 취약한 부문은 외환금융 부문이었다. 외환금융 부문에서 시작된 외환위기로 인하여 김영삼 정부는 국제통화기금(IMF)의 구제금융을 요청할 수밖에 없었고, 한국경제는 최악의 침체와 함께 상당부분을 외국자본에 의존하게 되었다.

김영삼 정부는 1993년 신경제 5개년계획의 사회복지 부문에서 '제7차 경제 사회발전 5개년 계획'에서 복지정책의 기본 방향을 국가발전 수준에 부응하는 사회복지제도의 내실화에 두고, 국민복지를 증진시킬 것을 제시하였다. 또한 1995년에는 성장 위주의 정책에서 벗어나 삶의 질과 생산적인 국민복지에 적극적인 관심을 기울여야 할 것이라고 강조하였다. 그러나 실질적인 성과는 미미하였다.

김영삼 정부에서 제정 또는 개정된 사회복지 관련법들을 보면, 사회보험 부문에서는 「고용보험법」(1993) 제정, 사회복지서비스 부문에서는 「정신보건법」 (1993) 제정, 「사회복지공동모금법」(1997)을 제정하였다. 또한 「사회보장에 관한 법률」을 폐지하고, 「사회보장기본법」(1995)을 제정하였다. 김영삼 정부의 사회복지제도에서 가장 큰 변화는 사회보험 부문으로, 전 국민 대상 국민연금제도의 확대 실시와 더불어 전 사업장에 대한 고용보험제도의 적용, 전 국민 의료보험의 실시 등으로 기존의 산재보험제도를 포함한 4대 보험체계를 완성하였다.

1980년 이후 보수정권인 전두환·노태우·김영삼 정부의 주요 사회복지정책은 다음과 같다.

▎표 2-1 전두환 · 노태우 · 김영삼 정부의 주요 사회복지정책

	5공 · 전두환 정부 (1980.8~1988.2.)	노태우 정부 (1988.2~1993.2.)	김영삼 정부 (1993.2~1998.2.)
목표와 기본 정책	• 복지사회 건설(5대 국정 목표) • 제5차 경제사회발전 5 개년 계획(1980~1985) 실시 • 제6차 경제사회발전 5 개년 계획(1986~1991) 실시 • 1986.2. 국민복지증진 대책	• 보통사람들의 시대 • 6차 계획 실시 • 제7차 경제사회발전 5개 년 계획(1992~1996) 책정	• (삶의 질의) 세계화 • 제7차 계획 대신으로 신 경제 5개년 계획(1993~ 1997) 책정, 중지 • 1995.12. "삶의 질의 세 계화를 위한 전략" 발표
주요 복지 성과	• 생활보호제도의 외형적 정비에 의한 영세민대책 (구호체계의 답습) • 아동, 노인, 장애인 대 상복지법의 제정(선언적) • 『보건사회백서』의 창간 (1981)	• 의료보험 및 국민연금의 확대 • 노인수당과 장애수당의 도입 • 복지예산의 미증	• 고용보험의 도입 • 사회보장기본법 제정과 보 편적 복지의 참여형 구상 • 보건사회부를 보건복지 부로 개칭(1994.12) • 복지예산은 상대적으로 정체
사회보험	• 1988.1. 농어촌에 의료 보험 실시	• 1989.1. 국민연금법 시행 • 1989.7. 도시지역에 의료 보험 실시(전 국민 가입)	• 1995.7. 고용보험법 시행
공공부조 및 복지서비스	• 1981.4. 아동복리법을 아동복지법으로 전문 개 정(1981.11.) • 사회복지사업기금법 제 정(1997.3. 개정) • 1981.12. 노인복지법 제정, 심신장애자복지법 제정 • 1982.2. 영세민 보호대책 • 1982.12 생활보호법 전 문 개정(자활보호 신설)	• 1988.12. 최저임금법 시행 • 1989. 노인복지법 전문 개정, 모자복지법 제정, 심신장애자복지법을 장 애인복지법으로 개정 (1991년부터 노령수당 · 장애수당 지급 개시) • 1990. 장애인 고용 촉 진 등에 관한 법률 제정	• 1995.4. 장애인 고용대책 • 1995.6. 사회취약계층 복지증진 대책, 고령자 고용대책 • 1995.12. 사회보장기본법 및 여성발전기본법 제정 • 1996.6. 자활지원센터 시범사업 실시 • 1996.5~11. "삶의 질 세계화를 위한 국민복지 기획단" 설치: "국민복 지 기본 구상" • 1997.12. 생활보호법 개정

자료: 조성은(2019: 181).

5) 김대중 · 노무현 정부

1997년의 이른바 'IMF 외환위기'하에서 출범한 김대중 대통령의 '국민의 정부(1998.3~2003.2.)'에서는 대량실업 사태로 인해 사회안전망이 취약하다는 분석과 함께 사회복지제도의 발전에 중요한 전기가 마련되었다. 주목할 만한 조치와 입법으로는 노사정위원회 출범(1998), 고용보험의 모든 사업장으로 확대(1998), 「사회복지공동모금회법」 제정(1998), 「국민건강보험법」 제정(의료보험 전체 통합, 1999), 전 국민 연금 실시(1999), 「국민기초생활보장법」 (1999) 제정 등 사회안전망 구축에 힘을 쏟았다. 특히, 이른바 '생산적 복지'의 근간이 되는 국민기초생활보장제도는 지난 40년간의 시혜적 단순보호차원의 생활보호제도로부터 국가책임을 강화하는 현대식 복지제도로 대전환했다는 점에서 한국에서 복지국가의 출범을 가져다 준 획기적인 것으로 평가되고 있다(박진화, 2020: 282).

국민의 정부에 의한 적극적 사회복지정책에 힘입어 한국은 비록 OECD국가들의 복지수준에는 뒤지지만, GNP 대비 10% 이상을 사회복지에 투자하는 이른바 '후진복지국가'의 대열에 진입하게 된 것이다.

국민의 정부를 승계한 노무현 대통령의 이른바 '참여정부(2003.3~2008.2.)'에서는 '참여복지'가 주창되었다. 참여복지의 핵심은 '선성장 후분배'의 기조를 유지해 왔던 역대 정부들과는 달리, 경제성장과 분배정의 간의 균형발전을 모색하는 것이었다. 참여복지의 이념은 복지에 대한 국가의 책임 강화, 복지정책의 수립 · 집행 · 평가과정에서의 국민참여를 무엇보다 강조하였다. 그리고 참여복지의 시각에서는 복지와 경제, 분배와 성장의 선순환관계를 강조하였다. 즉, 복지증진을 통해 경제가 성장하고, 경제성장을 통해 복지증진을 꾀할 수 있다(박태정, 2020: 228).

참여정부는 참여복지 이념을 실현하기 위해 '참여복지 5개년 계획'을 수립하였다. 참여복지 5개년 계획은 「사회보장기본법」에 의거하여 2004년부터 2008년까지 추진될 '사회보장장기발전계획'이었다. 이는 보건복지부 주관 아래 민간 전문가와 5개 관계부처(문화관광부, 정보통신부, 노동부, 여성부, 건설교통부)가 공동으로 참여하여 수립된 범정부 차원의 장기복지종합정책이었다. 이 계획은 제1차 사회보장장기발전계획(1999~2003)에 의해 그 기본틀이 갖추어진 사회안전망의 내실화를 목표로 하였다. 그리고 저출산·고령화 등 사회경제적 변화에 대응한 복지인프라 구축 및 복지서비스의 확대를 도모하였다. 나아가 전 국민에 대한 보편적 복지서비스 제공, 상대빈곤의 완화 등을 통해 풍요로운 삶의 질이 구현되는 참여복지공동체 구축을 목표로 하였다.

이러한 목표에 따라 참여정부는 기초생활수급자와 의료급여수급자를 확대하는 등 기초보장의 확대를 추진하며, 장애수당 대상자를 확대하거나, 노인일자리를 확대하고, 빈곤아동에 대한 지원을 확대하는 등 사회서비스의 개선에도 노력하였다.

그 외 기존 복지제도로 대처하기 어려운 위기상황에 대처하기 위한 「긴급복지지원법」(2005)을 제정하였고, 24시간 긴급지원을 위한 '보건복지통합콜센터129'를 운영하기 시작했다.

새로운 지방의 복지수요 증대에 대처하여 사회복지재정의 지방 이양과 함께 지역복지인프라 확충에 노력하였다. 그 결과, 전국 시·군·구에 지역복지협의체가 구성되어 '지역사회복지계획'을 수립하고, 지역

대통령직속 저출산고령사회위원회 현판

복지시책을 심의, 의결하는 기능을 하고 있다. 저출산대책으로 대통령이 위원장을 맡는 저출산·고령사회위원회를 출범시켜(2005년 9월) 5개년 기본계획을 마련하였다(박진화, 2020: 284).

참여정부가 실시한 새로운 사회복지제도는 2007년 노인장기요양보험과 2008년 기초노령연금(2014년 기초연금으로 변경)이다. 노인장기요양보험은 노인케어비용을 사회보험화한 고령화 대비책이었다. 우리나라 고령화 수준에 비해 다소 이른 감이 있었지만, 세계 최고속도로 진행 중인 고령화에 선제적으로 대응한다는 의미가 있었다. 기초노령연금은 국민연금에서 배제된 노인을

위한 소득보장제도라는 점에서 의미를 부여할 수 있다(원석조, 2019: 422-423).

6) 이명박 · 박근혜 정부

이명박 정부(2008.3~2013.2.)는 사회복지의 기조를 '능동적 복지'로 정했는데, 능동적 복지란 일할 능력이 있는 사람에게 일자리를 주고, 도움이 필요한 사람에게 국가가 따뜻한 손길을 제공하는 것이다. 정부는 이를 달성하기 위하여 평생복지 기반 마련, 예방 · 맞춤 · 통합형 복지, 시장기능을 활용한 서민생활안정, 사회적 위험으로부터 안전한 사회를 위한 성장과 분배 등 네 가지를 전략으로 내세운 사회복지정책을 추진하였다(원석조, 2019: 423).

이 시기에 사회복지 관련 법률에는 「다문화가족지원법」(2008), 기존의 「고령자고용촉진법」을 폐지하고 「고용상 연령차별금지 및 고령자고용촉진에 관한 법률」(2008) 제정, 「실종아동 등의 보호 및 지원에 관한 법률」(2008), 2005년 제정 당시는 한시법이었던 「긴급복지지원법」을 영속법으로 개정(2009), 기존의 「청소년의 성보호에 관한 법률」을 폐지하고 「아동 · 청소년의 성보호에 관한 법률」(2009) 개정, 「장애인연금법」(2010)을 제정하였다. 1994년에 제정된 「성폭력 범죄의 처벌 및 피해자 보호 등에 관한 법률」이 '성폭력 범죄의 처벌 등에 특례'와 성폭력 범죄의 피해자 보호 등에 관한 사항'을 함께 규정하고 있어서, 이에 대한 효율적 대처에 한계가 있음을 인식하고, 2010년 4월 15일 「성폭력범죄의 처벌 등에 관한 특례법」과 「성폭력방지 및 피해자보호 등에 관한 법률」로 분리하여 제정하였다. 그리고 「장애인활동지원에 관한 법률」(2011) 제정과 사회복지사의 처우향상을 위하여 「사회복지사 등의 처우 및 지위향상을 위한 법률」(2011)을 제정하였고, 「노숙인 등의 복지 및 자립지원에 관한 법률」(2011)과 「장애아동복지지원법」(2011)을 제정하였고, 「사회보장기본법」(2012.1.26.)의 전면 개정과 인화학교 아동 성폭력문제로 「사회복지사업법」(2012)이 대폭 개정되었다. 또한 「가족친화 사회환경의 조성촉진에 관한 법률」(2012)과 「장애인 · 고령자 등 주거약자 지원에 관한 법률」(2012)을 제정 · 시행함으로써 사회복지를 한 단계 더 성숙시켰다.

 이명박 정부가 추진했던 '사회안전망'정책은 세 가지로 분류할 수 있다.
 첫째, 보편적 복지정책으로 빈곤층뿐만 아니라, 중산층 이하의 일반 국민 대다수를 국가복지정책의 직접적 수혜대상으로 확대한 것이다.
 둘째, 예방적 복지정책으로 실직이나 교육사각지대에 놓인 사람들이 적시에 도움을 받을 수 있도록 하는 정책을 표방하였다.
 셋째, 맞춤형 복지정책으로 각각의 취약계층에게 맞춤형 복지혜택의 지속적인 제공이 가능하도록 사회복지 전달체계를 획기적으로 개선한 정책이다.

 박근혜 정부(2013.4~2017.3.)는 2013년 1월부터 시행된 「사회보장기본법」의 전면 개정에 맞추어 '사회보장기본계획(2014)'을 수립하였는데, 사회보장의 비전을 '더 나은 내일, 국민 모두가 행복한 사회'로 하였으며, 생애주기별 맞춤형 사회안전망 구축, 일을 통한 자립지원, 지속가능한 사회보장기반 구축의 3대 정책방향을 제시하였다. 이는 이전에 수립되었던 사회보장 장기발전방향과는 달리, 개별 계획보다 우선한다고 명시함으로써 기본 계획으로서 구속력을 강화하였으며, 소요재원 및 조달방안을 포함하여 구체성을 강화하였다.
 박근혜 정부에서 사회복지 관련 법률로는, 기존의 「기초노령연금법」(2007)을 폐지하고 「기초연금법」(2014)을 제정하였다. 이는 노인세대를 위한 안정적인 공적연금제도를 마련하여 소득과 재산을 환산한 소득인정액이 보건복지부장관이 정하여 고시한 금액 이하인 65세 이상의 노인 중 소득 기반이 취약한 70%의 노인에게 기초연금을 지급함으로써, 노인 빈곤문제를 해소하고 노인의 생활안정과 복지증진에 기여하게 되었다.
 2014년에는 「국민기초생활보장법」을 개정하여 탈수급의 경우, 지원이 전무한 상황에서 사각지대가 발생하고 있으므로 맞춤형 빈곤정책으로 전환하여 지원대상을 확대하고, 개별 맞춤형 급여체계를 마련함으로써 탈수급 유인을 촉진하고 빈곤예방기능을 강화하였다. 따라서, 절대적 빈곤선인 최저생계비 기준을 폐지하고, 상대적 빈곤선의 기준인 중위소득에 의한 보장대상자 선정 기준에 따라 급여종류별로 다층화한 맞춤형 급여체계를 도입하였다. 또한

「사회보장급여의 이용·제공 및 수급권자 발굴에 관한 법률」(2014)을 제정하여 「사회보장기본법」에 따른 사회보장급여의 이용 및 제공에 관한 기준과 절차 등 기본적 사항을 규정하고, 지원을 받지 못하는 지원대상자를 발굴하여 지원함으로써 사회보장급여를 필요로 하는 사람의 인간다운 생활을 할 권리를 최대한 보장하고, 사회보장급여가 공정하고 효과적으로 제공되도록 하며, 사회보장제도가 지역사회에서 통합적으로 시행될 수 있도록 그 기반을 구축하는 것을 목적으로 하였다. 특히, 공공전달체계를 확립하였다.

2016년 「정신건강증진 및 정신질환자 복지서비스 지원에 관한 법률」은 1995년 제정된 「정신보건법」을 대체하였다. 이 법은 정신질환의 예방·치료, 정신질환자의 재활·복지·권리보장과 정신건강 친화적인 환경조성에 필요한 사항을 규정함으로써, 국민의 정신건강증진 및 정신질환자의 인간다운 삶을 영위하는 데 기여하기 위하여 제정하였다. 이 법은 정신질환자의 범위를 중증 정신질환자로 축소 정의하고, 전 국민 대상의 정신건강증진의 장을 신설하며, 비자의 입원·퇴원을 강화하고 정신질환자에 대한 복지서비스 제공을 추가하였다.

박근혜 정부의 중요한 복지정책은 다음과 같다.

첫째, '국가책임보육'의 명제 아래 소득수준에 관계없이 보편적으로 0~5세 무상보육과 양육수당정책의 도입이다.

둘째, 2014년 7월 1일부터 기초노령연금을 기초연금으로 확대 개편하여 65세 이상 노인에게 상향된 연금을 지급하는 정책이다.

셋째, 4대 중증질환에 대한 건강보험 지원율에 대해 일부 급여항목을 대상으로 국가부담을 확대한 정책이다.

박근혜 정부 출범 시 사회복지정책은 과거의 지속적인 노력에도 불구하고, 여전히 해결해야 할 많은 문제점이 내재하고 있었다. 즉, 양극화 문제와 저출산·고령화 문제해결이 시대적 요청이었다. 박근혜 정부의 복지정책은 보수정권임에도 진일보하여 잔여적 복지모델에서 벗어나 보편적 복지정책의 시도가 많았다는 평가이다. 그럼에도 불구하고, 대선공약으로 기초연금을 65세 이상 노인 전부에게 지급하겠다는 보편주의 도입은 집권 후 전체 노인인구의 65% 만을 수급대상으로 국한시킴으로써 신자유주의적 발상에서 벗어나지 못했다는 평가가 있다. 특히, 노인복지를 빙자한 정권재창출이라는 불명예를 얻기도 하였다.

그러던 중 2017년 3월 10일 박근혜 대통령은 탄핵으로 인해 헌법재판소에서 파면이 결정되었다. 이는 한국 헌정사상 초유의 사태로, 이 과정에서 사회는 혼란을 가져오게 되었고, 사회복지정책에서도 새로운 정책이 요구되었다.

7) 문재인 정부

박근혜 대통령의 탄핵으로 2017년 5월 10일에 문재인 대통령의 진보정권이 출범함에 따라 보편적 사회복지정책의 추구로 사회복지정책에 있어서 근본적인 변화가 일어나게 되었다. 즉, 신자유주의에서 사회민주주의의 요소를 추가하는 방향으로 정책기조가 변경됨으로써, 사회복지 각 분야에서 획기적인 전환이 이루어지게 되었다.

문재인 정부는 경제성장률 이상으로 정부지출을 더 늘리는 '확장적 재정정책'을 천명하고 일자리 창출과 복지서비스 수혜범위의 대폭 확대를 강조하였다. 2017년 8월 29일에 발표된 '2018년 예산안'과 '2017~2021년 국가재정운용계획'에 따르면, 2018년 복지예산은 2017년보다 12.9% 증가한 146조 2천억 원으로, 전체 지출 429조 원의 34%에 해당하는 사상 초유의 규모이다. 대통령 임기 중 연평균 9.8%씩 늘릴 계획이며, 2021년 전체 예산 중 38%까지 올릴 것으로 계획·발표하였다. 그러나 2019년 12월 중국 우한(武漢)에서 처음 발생한 후, 전 세계로 확산된 새로운 유형의 코로나19(COVID-19, corona virus disease 19)로 인한 막

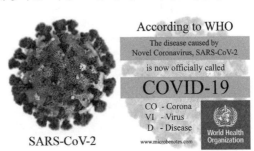

코로나 19

대한 재정지출은 문재인 정부의 보편적 복지정책에 대해 선택제로의 정책 선회를 요구받기에 이르렀다.

문재인 정부의 사회복지정책은 '포용적 사회복지체계의 구축'에 있다. 문재인 정부는 이를 통해 국민의 삶의 질 수준을 2040년까지 세계 10위 수준으로 높이겠다는 목표를 제시했다.

2019년 2월 12일 국무회의에서 확정된 '제2차 사회보장 기본계획은 다음과 같다.

❑ 그림 2-1   제2차 사회보장 기본계획

자료: 연합뉴스(2019.2.12.).

21세기에 들어와서 한국 사회복지정책은 대상, 내용, 범위, 실시체계의 측면에서 복지국가에 진입한 것으로 평가되고 있다. 그러나 고부담 고복지에 대한 각계의 합의가 이루어지지 못하고 있고, 일단 증가된 복지지출은 감소할 수가 없어 재정위기를 겪은 국가의 대부분은 복지예산을 방만하게 운영하다가 어려움에 빠졌다는 지적이 있는 만큼, 경제와 복지의 균형발전에 정부, 기업, 민간부문의 합의가 요청되고 있다.

결론적으로 한국 사회복지정책의 역사를 살펴보면 빈곤, 질병, 전쟁, 국가의 경제적 위기 등과 같은 상황에서 국민복지의 책임을 강조하고 대처해 왔음을 발견할 수 있다. 대처방안으로서 사회복지 관련법을 제정함은 물론, 변화되고 다양한 국민의 복지욕구에 따른 법령의 제·개정을 통해 한국 실정에 맞는 사회복지정책을 수립하고, 사회복지서비스를 통해 사회통합을 추구함으로써 국가위기를 극복해 왔음은 매우 고무적인 현상이라고 할 수 있다. 그러나 막대한 복지재정지출로 인한 국민부담에 직면하여 보편제와 선택제의 논쟁은 앞으로 한국사회가 해결해야 할 과제로 남게 되었다.

1. 영국의 복지국가 발달과정에 관한 설명으로 옳지 않은 것은?

① 1930년대 경제공황으로 경제문제에 대한 국가개입의 필요성이 증대되었다.
② 베버리지는 강제적인 사회보험을 국민최저선 달성을 위해 가장 중요한 제도로 보았다.
③ 1950년대와 l960년대는 복지국가의 황금기에 해당된다.
④ 베버리지는 결핍(궁핍), 질병, 무지, 불결, 나태를 5대 악으로 규정하였다.
⑤ 영국의 구빈법이 공식적으로 폐지된 것은 1차 대전 이전의 일이다.

2. 독일 비스마르크의 사회입법에 관한 설명으로 옳은 것은?

① 1883년 제정된 질병(건강)보험은 세계 최초의 사회보험이다.
② 1884년 산재보험의 재원은 노사가 반씩 부담하였다.
③ 1889년 노령폐질연금이 전 국민을 대상으로 시행되었다.
④ 사회민주당이 사회보험 입법을 주도하였다.
⑤ 질병(건강)보험은 전국적으로 일원화된 통합적 조직에 의하여 운영되었다.

3. 한국 사회복지정책의 역사에서 가장 나중에 나타난 일은?

① 일반적 공공부조제도의 실시
② 산재보험의 전 사업장 확대
③ 통합주의 건강보험 실시
④ 기초노령연금 실시
⑤ 생산적 복지 추진

4. 1970년대 복지국가 위기 이후 일어난 일이 아닌 것은?

① 신자유주의 정치 이념의 확대
② 새로운 사회적 위험에 대한 관심 증가
③ 복지에 대한 시민권 강조
④ 복지의 민간공급 확대
⑤ 사회투자국가모형 대두

정답 1. ⑤ 2. ① 3. ④ 4. ③

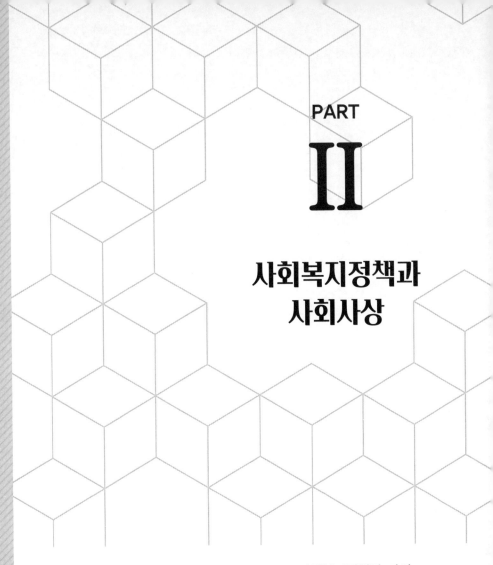

PART

II

사회복지정책과
사회사상

CHAPTER 03

사회복지정책의 가치

❖ 학습목표

1. 가치이론에 대한 이해
2. 각 가치이론의 철학적 사고 토론
3. 가치이론 간 비교 분석

❖ 학습내용

1. 인간의 존엄성
2. 자유와 평등
3. 정의, 연대, 공공성
4. 사회적 적절성
5. 효율성
6. 국민적 최저기준
7. 사회복지정책 사고틀의 변화

❖ 개요

사회복지정책은 가치 지향적이다. 사회복지정책은 사회복지정책이 중요하다고 생각되는 가치가 사회에서 실현될 수 있도록 하기 위한 활동이다. 즉, 가치는 사회복지정책의 목표가 되는 것이다. 여기에서는 사회복지정책의 가치를 학습하고자 한다.

사회복지정책의 가치

가치는 귀중함의 정도 또는 중요함의 비중을 구분하는 것과도 연관된다. 또한 가치는 주관적이며, 개인마다 다른 비중을 가지며, 연령과 자신이 살아가는 상황에 따라 변화될 수 있다. 사회구성원들의 완전히 일치되는 가치는 존재하기 힘들지만, 공공정책을 수행하는 데 있어서 사회적 자원을 사회구성원에게 어떻게 배분할 것인가에 대한 합의를 만들어 내는 가치분석과 선택은 매우 중요하다. 예를 들어, 정책목표가 이중적이거나 애매할 경우 정책목표를 명확히 밝히는 것이 매우 중요하기 때문에 가치는 사회복지정책의 형태나 모형을 결정짓는 중요한 역할을 한다(고광신 외, 2017: 23).

그렇다면 가치는 무엇이고, 사회복지정책이 추구하는 가치는 무엇인가? 가치는 일상생활에서 필요와 욕구를 충족시킬 수 있는 것을 뜻한다. 그런 의미에서 상품은 모두 가치이다. 그러나 이런 경제적 가치 외에 육체적인 쾌적·건강도 가치 있는 것이며, 나아가 인간의 정신적 활동에 만족을 주는 가치가 있다. 즉, 논리적 가치와 도덕적 가치, 미적 가치, 종교적 가치로 생각할 수 있다. 물론 가치란 인간을 떠나 실재하는 것이 아니다. 가치를 느껴서 아는 인간의 존재가 있어야 비로소 존재한다. 또한 가치가 생기기 위해서는 대상에 관계하는 자기의 일정한 태도, 즉 평가작용이 예상되며 그러한 평가작용의 주체인 자기 성격에 따라 가치 자체에도 개인적, 사회적, 자연적, 이상적이라는 구별이 생긴다(박주현, 2021: 51).

사회복지정책은 가치 지향적이다. 사회복지정책은 인간의 존엄성을 유지시켜주고 인간다운 생활을 영위할 수 있도록 최소한의 생활을 보장해 주는 것을 목적으로 하는 활동이라는 점에서 그렇다. 따라서, 사회복지정책은 사회복지정책이 중요하다고 생각되는 가치가 사회에서 실현될 수 있도록 하기 위한 활동이다. 즉, 가치는 사회복지정책의 목표가 되는 것이다.

 가치(value)라는 말은 라틴어 '*valere*'인데, 이는 '강함, 승리, 혹은 그럴만함'을 의미한다. 가치의 정의에 대한 설명으로는 ① 선(good)이나 바람직한(desirable) 것이며, 정서를 가진 질적인 판단, ② 사람에 관하여 그리고 사람을 다루는 적절한 방법에 대하여 전문직이 갖고 있는 신념, ③ 믿음과 같은 것으로 좋고 바람직한 것에 대한 지침이며, 적절한 행동의 선택에 대한 지침, ④ 어떤 선택을 하도록 영향을 미치는 이념 등이다.

 이와 같이 가치에 대한 정의는 달리 표현될 수 있지만, 공통적인 의미가 담겨 있다. 즉, 가치는 바람직하다고 생각하는 삶의 방식이나 기준, 신념을 의미한다. 가치는 사회복지정책의 수립과 집행의 준거가 되고 또한 사회복지정책의 분석 기준이 된다. 말하자면 가치는 사회복지정책이 추구해야 하는 방향성을 제시한다(오세영, 2020: 46). 따라서, 사회복지정책의 가치를 파악하는 것이 매우 중요하다. 사회복지정책의 가치는 다음과 같다.

1. 인간의 존엄성

 인간의 존엄성은 인간이 신분이나 직업, 경제상태나 신체적 조건, 출신지역이나 민족, 피부색, 성별, 연령 등을 이유로 해서 차별하거나 차별받거나 인간성이 부정되어서는 안 된다는 가치이다.

 인간의 존엄성은 인간 사회에서 절대적인 가치이자 최고의 목적적 이념이다. 인간의 몸에서 인간으로 태어난 이상, 인간은 존엄하다. 이 이념이 왜 절대적인가 하는 데에는 논란의 여지가 없다. 그것은 우리가 인간이기 때문이다. 다시 말해서 현대사회에서 인간의 존엄성은 "인간의 몸에서 태어난 모든 인간은 인간으로서 살아갈 존엄한 가치가 있으며, 권리가 있다."는 사실을 인정하는 것이다. 현대사회에서는 이러한 인간의 존엄성을 전제로 한 복지라는 이념이 중요한 가치로 추구된다. 모든 인간은 인간으로서 살아갈 존엄한 가치가 있으며 권리가 있다는 사실을 전제로 만약 누구든 기본적 욕구가 충족되지 못하거나 못할 가능성이 있는 경우, 이를 사회 또는 국가가 도와주어야 한다는 사상이 사회복지사상이다.

사회복지는 인간의 존엄성을 기본 가치로 하는 인간 지향적인 제도와 활동이라는 데 그 특징이 있다. 즉, 사회복지는 인간이면 누구나 인간으로서의 존엄성을 지켜나가면서 인간다운 삶을 보장하는 데 그 목적을 둔다.

대부분의 현대국가는 나름대로 '국민에게 건강하고 문화적인 삶의 수준을 보장하는 것이 국가의 의무'라고 헌법에 명시하고 있다. 국가는 국민의 생존권 보장을 위해 국민최저기준(national minimum)의 확보를 위해 노력해 왔는데, 그 내용은 사회보장제도의 충실화로 대변된다. 생존권이 보장되기 위해서는 국민최저수준의 생활을 영위하지 못하는 국민이 자신의 삶의 수준을 향상시켜 주도록 국가에 요구하는 권리, 즉 사회권으로서의 생존권이 보장되어야 하는 것이다. 그러나 사회보장제도에 의한 최저생활보장은 인간존엄성의 가치를 실현하기 위한 필요조건일 뿐 충분조건은 아니다. 이 가치는 사회문화 차원에서 노력이 병행되어야 한다. 그 노력이란 편견과 차별이 없는 사회를 만들기 위한 노력이며, 그것에 의해서 인간존엄의 완전한 실현이 비로소 가능한 것이다. 정상화(normalization)의 실천과 그 문화의 보급은 그 노력으로서 평가되는 것이다.

인간의 존엄은 인간이 주체적인 존재라는 사실과 적극적인 자극과 기회제공에 의해 반드시 바람직한 변화를 가져오는 존재라고 하는 사실을 인식한다. 전자의 인식에 의해 '자기결정의 가치'가, 후자의 인식에 의해 '발달보장의 가치'가 생성되는 것이다. 인간의 존엄과 가치가 사회복지에 의해 어떻게 구현되는가는 사회의 지배적 가치체계에 의해 결정된다(오세영, 2020: 47-48).

2. 자유와 평등

1) 자유

사회복지정책에서 고려해야 할 중요한 가치 중의 하나가 자유(freedom)이다. 자유는 사회복지정책의 확대를 비판하는 사람이 중요하게 생각하는 가치이기도 하면서 사회복지정책의 확대를 지지하는 사람들 또한 사회복지정책을 통해 추구하는 가치라는 점에서 흥미롭다.

이러한 자유(freedom)의 개념은 두 가지로 나누어 논의된다. 하나는 소극적 자유(negative freedom)이며, 다른 하나는 적극적 자유(positive freedom)이다(Berlin, 1969). 여기서 소극적 자유란 다른 사람의 간섭 혹은 의지(will)로부터의 자유를 말하는 반면, 적극적 자유는 자신이 원하는 것을 할 수 있는 자유를 말한다. 전자는 자유의 '기회(opportunity)'의 측면을 강조하는 반면, 후자는 자유의 '능력(capacity)'의 측면을 강조한다(양정하 외, 2020: 82).

벌린의 『자유론』
(2002년 출판)

벌린(Isaiah Berlin, 1909~1997)은 그의 저서 『자유론(*Liberty Incorporating Four Essays on Liberty*, 2002)』에서, 이를 적극적 자유라고 하였다. 벌린은 일체의 억압으로부터의 자유라는 소극적 자유의 중요성을 강조하면서 적극적 자유를 비판적으로 검토하고 있다. 또한 소극적 자유는 홉스(Hobbes, Thomas, 1588~1679), 로크(John Locke, 1632~1704) 이래 전통적 고전적 자유의 개념으로, 외적 강제가 없는 상태를 의미하며, 언론과 사상의 자유, 종교의 자유 등 소위 국가로부터의 자유, 자유권의 내용이 이에 해당된다. 이에 반해, 적극적 자유는

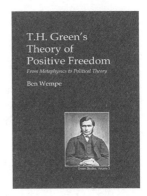

『그린의 적극적 자유』
(2017년 출판)

자주적으로 혹은 타인과의 협동에 의해 인격의 성장에 노력하는 자유인데, 그린(Thpmas Hill Green, 1836~1882)은 적극적 자유를 강조한다. 그린(Green,

2017)에 따르면, 인간에게 있어 목적은 인격의 성장이며, 자유는 그 목적을 달성하기 위한 수단이므로 공공의 복지를 위해서는 개인 자유의 제한이 있을 수 있다는 적극적 자유라는 새로운 관념을 확립시켰다. 그린이 자유의 의미를 변경한 것은 정부의 적극적 기능을 정당화하기 위한 것이다.

사회복지정책의 확대를 비판하는 사람들이 지지하는 자유의 개념은 '개인의 생각·행위에 대한 억압이나 통제가 없는 상태'를 의미한다. 이는 소극적 자유이다. 자유의 가치를 신봉하는 사람들은 시장에서의 '자유로운 선택'에 의한 자원분배가 가장 바람직하다고 본다. 이들은 국가가 시장에 개입하여 사람들의 자유로운 선택을 제한하는 것은 비효율적인 자원분배를 초래한다고 생각한다. 소극적 자유는 강요와 강압의 부재를 의미하기 때문에 침해당할 수 있는 경우가 간혹 존재하게 되는데, 대표적 예가 사회복지사의 가정방문을 받게 된다거나, 아동이 학교를 다니지 않으면 안 되는 경우이다.

현대복지국가에서 사회보험은 강제적 가입을 기본 요건으로 한다. 소득이 있는 사람들은 세금과 마찬가지로 사회보험료를 납부해야 하는 것이다. 빈곤층의 기본적 생활을 보장하는 공공부조제도 역시 세금을 재원으로 한다. 이때 소극적 자유를 지지하는 사람들은 자신의 재산권을 침해하는 사회보험료, 소득세, 재산세 등을 비판한다.

그러나 사회복지정책을 통해서 자유를 이룰 수 있다고 주장하는 사람도 있다. 이때 자유의 개념은 위에서 설명한 자유 개념과 다르다. 사회복지정책을 통해 추구하는 자유는 '사람들이 자신이 원하는 것을 적극적으로 할 수 있는 자유'를 의미한다. 자유를 누릴 여건이나 상황이 안 되는 상태에서는 소극적 자유가 주어진다 해도 실제로 누릴 수 있는 자유는 크게 줄어든다. 자신이 원하는 것을 할 수 있는 자유(적극적 자유)가 어떻게 보면 소극적 자유의 전제조건이라고 할 수 있다.

소극적 자유의 가치를 지지하는 사람들은 사회복지정책의 확대를 위하여 세금을 늘리는 것을 반대하고, 적극적 자유를 지지하는 사람들은 사회복지의 확대를 주장한다. 어떤 자유의 개념이 더 중시되는가는 사회구성원의 가치관에 따라 달라진다.

사회복지정책의 확대를 지지하는 사람들은 소극적 자유를 침해함으로써 감소하는 효용이 다른 사람들의 적극적 자유를 신장시킴으로써 증가하는 효용보다 작다고 주장한다. 이것은 사람들이 자유를 누릴 때 발생하는 한계효용은 자유가 커질수록 줄어든다는 논리(한계효용 체감의 법칙)에 근거하고 있다. 가난한 사람들을 위하여 사회복지정책을 확대하고자 부자들에게 세금을 부과할 때 부자들의 소극적 자유가 침해되어 효용이 감소한다. 그러나 부자들은 일반적으로 많은 양의 자유를 향유할 수 있기 때문에 이러한 효용의 감소는 크지 않다고 보는 것이다. 반면에, 사회복지정책으로 급여나 서비스를 받는 가난한 사람들의 적극적 자유가 커짐으로써 나타나는 효용의 증가는 부자가 잃게 되는 효용의 양보다는 크다는 것이다(류연규, 2021: 33-34).

자유를 이데올로기 측면에서 분류한다면, 고전적 자유주의와 사회주의로 나누어 설명할 수 있다. 그 내용은 다음과 같다(박주현, 2021: 54-55).

고전적 자유주의는 인간이 그의 이익을 추구하고, 그 행동 결과에 대한 책임을 질 수 있도록 어느 누구의 간섭도 받지 않고 자유를 누려야 한다고 보기 때문에 국가개입도 반대한다. 즉, 어떤 개인이 다른 사람이나 국가의 부당한 강제로부터 자유롭다면, 그는 그 자신과 국가의 이익을 위하여 그의 능력을 최대한 발휘하게 될 것이며, 따라서 자유는 개인주의와 밀접하게 관련되어 있다.

반면, 사회주의는 자유의 개념에 경제적 자유를 포함한다. 개인이 법적·정치적 자유를 누린다고 하여도 경제제도에 발이 묶여 있다면, 자유롭지 못하기 때문에 진정한 자유는 경제적 불평등과는 결코 함께 존재할 수 없다. 따라서, 진정한 자유를 위해 국가의 정책이 필요하다. 이러한 이유로 사회주의자들은 개인의 경제활동에 대한 국가개입이 개인의 자유를 침해한다는 자본주의자들의 주장을 받아들이지 않는다. 특히, 개인의 부, 재산, 권력 등의 축적에 대한 자유는 공적인 조치가 없을 경우, 소수의 권력집단만이 이러한 자유를 누리게 되기 때문이다. 따라서, 이 권력집단의 법적·정치적·경제적 자유를 제약하고, 자유 대다수를 보장하기 위한 국가의 행위가 필요하다.

사회복지정책은 다분히 사회주의적 자유의 개념에 입각해 있다. 국가의 조세를 통한 소득보장, 교육, 건강프로그램 등은 정부의 기능과 역할에 대한 고전적 자유주의자의 견해로부터 벗어나는 것을 의미한다. 그러나 사회복지정책에는 자유주의의 영향도 많이 남아 있다. 즉, 사회문제의 원인을 개인의 잘못으로 보고, 자산조사를 통하여 최소한의 급여나 서비스를 제공하거나, 개인의 자조를 강조하는 것 등은 고전적 자유주의의 잔재라고 볼 수 있다.

2) 평등

평등(equality)에는 태어날 때부터 평등하다는 관념과, 실제적으로 평등한 대우를 받아야 한다는 규범적인 측면이 포함되어 있다. 이 이념은 인간의 존엄성과 관련시켜 논의할 수 있다. 인간의 존엄성과 평등의 개념을 연관시켜 볼 때, 평등의 이념에 기본적으로 내재되어 있는 것이 인간의 존엄성이다. 곧 사람의 능력, 그리고 사람이 처해 있는 환경 역시 각각 다르지만, 인간으로서의 가치나 존엄성은 모든 사람에게 태어날 때부터 절대적으로 평등하다. 따라서, 어떠한 사람도 사람의 몸에서 태어난 이상, 인간으로서 대우받을 권리가 있다. 인간으로서 대우받는다는 것은 인간이 수단이 아니라, 인격 그 자체로 대우받아야 한다는 것을 뜻하며, 이러한 대우는 누구에게든지 평등하게 보장되어야 한다.

평등은 일체의 차별을 부정한 균형의 상태를 의미하며, 조화라는 의미와도 상통한다. 사회복지가 생각하는 이상적인 사회의 모습 중의 하나는 바로 인간다운 삶의 질이 보장된 조화로운 사회이다. 인간다운 삶의 가장 기본적인 조건은 차별 없는 사회이다. 어떤 사람이라도 인종이나 출신지역, 신체적·정신적 조건, 사상적 신조, 학력이나 직업, 소득수준 등에 의하여 인간성이 무시되거나 경시되는 일이 없는 사회를 일컫는다. 또한 인간다운 삶이 보장되는 사회의 조건은 사회구성원들 간에 삶의 질의 격차가 심하지 않은 사회, 즉 조화로운 사회이다. 조화란 심각한 불평등이 없는 상태이다. 경제와 사회의 조화,

남녀의 조화, 지역의 조화, 연령의 조화, 장애를 가진 사람과 그렇지 않은 사람 간의 조화, 정규직 노동자와 비정규직 노동자의 조화 등이 실현된 사회가 삶의 질이 높다(오세영, 2020: 49).

일반적으로 평등에는 세 가지 유형이 있다. 그 내용은 다음과 같다(박경일, 2020: 59-60).

첫째, 기회의 평등(equality of opportunity)은 오늘날 자본주의 사회에서 가장 널리 퍼져 있는 평등의 범주이다. 이것은 각 개인은 자신의 소질과 능력을 자유롭게 계발할 평등한 권리와 기회를 가질 뿐 아니라, 동일한 업적에 대해서는 동일한 보상이 주어진다는 입장이다. 또한 모든 사회적 제도에 대한 접근을 모든 사람에게 균등하게 열어 놓는다는 입장을 밝히고 있다. 거기에는 혈통, 종교, 가문 등의 객관적 조건이 아니라, 개인의 주관적 능력이 결정적인 규정 요소로 등장한다. 예를 들어, 모든 사람을-신체장애인, 건강한 청년, 부유층의 자녀, 철거민의 아이든 가리지 않고-100m 출발선 위에 똑같이 세워 놓고 자유롭게 달리기 경주를 시키는 경우와 흡사하다. 즉, 평등한 출발이라고 할 수 있는 뛸 수 있는 기회를 똑같이 제공하는 것이다. 이와 같이 기회의 균등은 가장 소극적인 평등 개념으로 결과가 평등한가 아닌가를 완전히 무시한 채 결과를 얻을 수 있는 과정상의 기회만을 똑같이 평등하게 해주는 것이다. 따라서, 과정상의 기회만 평등하다면 그로 인한 결과의 불평등은 아무런 상관이 없다는 것이다. 결과적으로 이러한 평등 개념을 취한다면, 기회의 평등이라는 이름 아래 수많은 결과의 불평등 존재를 합법화할 수 있을 것이다. 대표적인 예로, 1960년대 미국의 '대빈곤전쟁(War on Poverty)' 시기에 강조되었던 각종 빈곤층 대상의 교육 및 훈련 프로그램이다. 우리나라의 대표적인 기회평등정책으로서는 '드림스타트(Dream Start)' 프로그램이 있다. 드림스타트 사업은 취약계층 아동에게 맞춤형 통합서비스를 제공하여 아동의 건강한 성장과 발달을 도모하고 공평한 출발기회를 보장함으로써, 건강하고 행복한 사회구성원으로 성장할 수 있도록 지원하는 사업이다. 이는 0세(임산부) 이상 만 12세(초등학생 이하) 아동 및 가족을 대상으로 아동 양육환경 및 발달상태에 대한 사정을 통해 서비스 대상 아동을 선정한다. 이때 국민기초수급 및 차상위계층 가정, 법정 한부모가정(조손 가정 포함), 학대 및 성폭력피해아동 등에 대해서는 우선 지원된다.

두 번째, 조건의 평등(equality of condition)은 기회의 평등과 연결되는 것으로 사회적 기회를 획득하려는 자유경쟁의 출발 조건을 평등하게 정비하고자 노력한다. 따라서, 순수하게 개인의 능력에 모든 것을 맡기는 것이 아니라, 개인의 능력부족을 사회적으로 메워주는 작업이 필수적이라고 인식한다. 예컨대, 100m 달리기에서 신체장애인은 얼마쯤 앞에서 출발하도록 하는 것이다. 이러한 조건의 평등은 사회적 약자에게 호의적 조치를 취함으로써 실질적 평등을 이루려는 것으로 볼 수 있으므로 이것은 긍정적 조치, 적극적 조치 또는 차별철폐행동(affirmative action)이라고 말할 수 있다.

세 번째, 결과의 평등(equality of outcome)은 출발점이나 자연적 능력은 고려하지 않고 법적 조치나 정치적 수단을 이용하여 마지막 결과의 평등만을 얻고자 한다. 즉, 출발단계의 불평등을 마지막 단계의 사회적 평등으로 뒤바꾸어 놓으려 한다. 따라서, 이 경우 자유로운 경쟁이나 개인적 역량의 발휘는 억제되거나 무시된다. 예를 들어, 100m 달리기에서 모든 사람을 똑같이 골인시키는 것과 같다. 이러한 결과의 평등은 가장 적극적인 평등개념으로, 모든 사람에게 그들의 욕구나 능력의 차이에는 관계없이 사회적 자원을 똑같이 분배하는 것을 말한다. 그러나 수량적 평등의 개념이 의미하는 결과의 완전한 평등은 어떠한 사회에도 존재하지 않으며 현실적으로도 존재할 수 없다. 그렇지만 사회복지에는 완전한 수량적 평등은 아니더라도, 부분적인 수량적 평등을 가치로 삼고 있으며, 대표적 예로 공공부조를 들 수 있다.

3. 정의, 연대, 공공성

정의, 연대, 공공성은 다음과 같다(조추용 외, 2021: 43–47 ; 박경일, 2020: 57–58).

1) 정의

정의(justice)는 공정함을 말하며, 아리스토텔레스(Aristoteles, B.C 384~B.C 322)는 평균적 정의와 배분적 정의로 나누었다. '평균적 정의'는 '같은 것을 같게'를 이르는 것으로 절대적 평균을 이른다. 예를 들어, 한 나라의 국민이라면 모든 사람에게 똑같이 선거권을 인정해 주어야 한다는 것이다. 영국이나 프랑스의 경우, 100여 년 전에는 여자와 노동자, 농민에게는 선거권을 주지 않았기 때문에 정의롭지 않은 사회였다고 할 수 있을 것이다. 배분적 정의는 '다른 것은 다르게'를 이르는 것으로 이는 각각의 사람들에게 각자의 몫을 나누어주라는 것으로, 급여나 성적을 줄 때 다른 사람보다 더 열심히 일한 사람이나 더 열심히 공부한 사람에게는 그에 상응하는 만큼의 대가를 주는 것이다.

롤즈(John Bordley Rawls, 1921~2002)는 1971년 그의 저서 『정의론(*A Theory of Justice*)』에서 정의로운 상태에 관해 언급하였으며, 정의와 관련해 두 가지 원칙을 주장하였다. 하나는 '평등의 원칙'으로 모든 사람은 자유와 권리를 평등하게 갖는다는 것과, 다른 하나는 '차등의 원칙'이다. 즉, 사회적·경제적으로 불평등이 존재한다면, 그 사회에서 가장 혜택을 받지 못하는 사람에게 가장 큰 이익을 줄 때 정의가 실현된다.

존 롤즈

예컨대, 저소득층에게만 문화비를 지원해 주는 '문화 바우처'가 있다면, 그 혜택을 받지 못하는 사람들은 상대적으로 불평등하다고 느낄 수도 있을 것이다. 그러나 그러한 불평등이 그 사회에서 경제적인 어려움을 겪고 있는 사람에게 이익을 주는 것이라면 모든 사람에게 공평하지 않다고 하더라도 정의롭다고

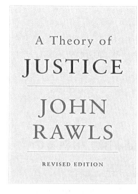

『정의론』
(1999년 출판)

할 수 있다. 다른 하나는 '사회정의'로 공리주의는 최대 다수의 최대행복을, 롤즈는 '무지의 베일(veil of ignorance)'에서 선택할 최소극대화 원칙을 말하고 있다. 정의로운 사회의 기준은 사회의 최소 수혜자, 즉 소외계층에 대한 사회적 역할이 중요하다는 결론을 내리게 된다. 공리주의는 사회적 약자인 소외계층에 대해서는 희생을 강요할 수 있다는 비판을 받고 있다. 롤즈의 정의론은 공리주의 대안으로 소외계층의 자유까지도 포함할 수 있는 정의의 원칙을 제시한다.

(1) 분배적 정의

분배적 정의는 어떤 것을 나눌 때 어떻게 하는 것이 공정한 것인가와 관련된 것을 말한다. 특히, 분배는 이익이 되는 것과 부담이 되는 것으로 나눌 수 있다. 예컨대, 이익이 되는 것은 임금이나 용돈, 성적, 선거권 같은 것이며, 부담이 되는 것은 숙제, 세금, 청소나 집안일 같은 노동, 벌 등이다. 아리스토텔레스나 롤즈에 따르면, 분배 시에 '같은 것은 같게', '다른 것은 다르게'의 원칙을 적용하면, 정의로운 분배가 될 것이다. 어떤 것을 받기 위해 노력한 정도나, 그것을 받을 만한 일을 했다거나, 꼭 그것을 받아야 할 필요가 같은 사람이 있다면 서로 같도록 분배하고, 다르다면 서로 다르게 분배하는 것을 이르는 것이다.

(2) 교정적 정의

교정적 정의란 어떤 잘못이나 피해에 대한 대응이 공정한가와 관련된 것이다. 예컨대, 수업시간에 교실에 있지 않고 운동장에 있다가 친구와 싸워서 친구를 다치게 했을 때, 수업시간에 자리를 이탈한 것과 친구와 싸운 것은 교칙을 위반한 잘못을 한 것이며 교칙위반과 상관없이 친구를 다치게 한 것은 피해를 입힌 것이라고 할 것이다. 즉, 교정적 정의는 '잘못'에 대해 어떤 처벌을 할지, '피해'에 대해 어떤 배상을 할지를 결정하는 것이다. 이때 정의로운 해결을 하려면, 당연히 잘못은 교칙에 따라 공정하게 처벌하여야 할 것이며, 피해에 대해서는 합당한 배상을 받아야 할 것이다.

(3) 절차적 정의

절차적 정의란 어떤 것을 결정하고 판단하기 위해 필요한 정보를 모으는 방법이 공정했는지, 결정과 판단 과정의 공정 여부와 관련한 정의이다. 예컨대, 어떤 재판에서 재판 결과를 바꿀 만한 결정적인 증거를 새롭게 확보하였다고 했을 때, 새로운 증거확보과정에서 법으로 금지된 도청이나 불법으로 개인정보를 확보한 경우는 증거의 효력이 없는 경우와 같다. 이는 과정이 정의롭지 못했기 때문이므로 절차적 정의에 위배되었다고 할 수 있다. 또 다른 예를 살펴보면, 학교시험에서 부정행위한 학생을 어떻게 처벌할지를 두고 열린 회의에서 부정행위를 했다고 의심되는 학생 당사자에게 자신의 의견을 말할 기회도 주지 않고 감독자의 견해만으로 처벌을 한다면, 이 또한 정의롭지 못하다는 것이다. 따라서, 절차적 정의는 어떤 것을 결정하거나 판단할 때의 과정이 공정한지를 판단하는 것으로, 사회복지정책에서 말하는 사회정의(social justice)는 모든 국민이 인간다운 생활을 누리도록 보장하는 윤리라고 할 수 있다.

롤즈의 사회정의론은 공정성으로서의 정의(justice as fairness)를 강조한다. 즉, 어떠한 불평등도 가장 불리한 입장에 있는 사람들에게 최대의 이익을 부여하는 경우에는 허용이 가능하지만, 기타의 경우에는 모든 결과가 평등해야 한다. 예컨대, 부, 권위, 사회적 기회가 모든 사람을 위해 골고루 수혜되거나, 특히 사회적으로 가장 불리한 구성원을 위해 혜택이 주어질 경우에만 정당하다.

2) 연대

연대(solidarity)는 개인 간의 상호의존에 근거한 결합의 총칭을 의미하며, 사회연대는 사회구성원 상호 간 또는 구성원과 사회 간의 상호의존을 지탱하

는 의식, 또는 같은 사회구성원으로서 공통적으로 나누어 가지는 귀속의식을
말하며, 서로에 대한 책임감을 강조한다.

　사회연대 의식은 사회구성원들이 사회에 대하여 가지고 있는 소속감 및 연
대감을 말한다. 자본주의 사회가 개개인의 능력이나 경쟁을 지나치게 강조한
나머지 사회적 불평등과 인간소외 현상을 가져왔다고 보고, 사회복지정책은
사회구성원 간의 따뜻한 정과 협동정신을 강조한다. 사람들은 공통의 위험에
빠지게 되면 이를 제거하기 위해 협동하는 것이 필요하고, 이러한 협동과 상
호부조를 통하여 위험을 제거하거나 예방하게 된다. 오늘날 대표적인 사회적
위험이라고 할 수 있는 빈곤, 질병, 노령, 사망, 재해 등에 대해 국가적인 차
원에서 마련되고 있는 사회보험제도들은 바로 이러한 사회적 위험에 대한 공
동의 협동과 책임을 전제로 한 사회적 연대의식이라는 가치의 실현이다.

3) 공공성

　공공성(public)은 실제로 다양한 측면에서 해석되기 때문에 하나의 간단한
명제로 표현하기는 쉽지가 않다. 사전적 정의로는 어떤 사물이나 기관이 널리
사회 전반에 이해관계나 영향을 미치는 성격이나 성질을 이르며, 사회구성원
전체에 두루 관련된 것으로 어떤 실체가 아닌 사생활이나 사적인 것과 구분
되는 공동의 공개된 성질을 이른다.

　사회구성원 각자의 생각과 이해관계가 다르기 때문에 내용만이 아니라, 성
질을 밝히는 과정이 중요하다. 공공성은 개인과 사회가 함께 시민의 삶을 지
속해 나갈 구조를 만들어 가는 과정이자 가치로써 다수의 사람과 두루 연관
된 문제라면 개인에게만 맡기거나 바라만 보고 있을 것이 아니라, 다 함께 해
결해야 한다는 것이 공공성의 논리이다.

　신자유주의의 등장으로 자유로운 경쟁이 중요시 되고 개인, 기업, 국가 차
원에서 경제성장과 경쟁력 강화가 핵심이 되는 사회적 분위기가 만연해 있다.
이러한 사회가 다양성과 자유를 보장해 주는 것처럼 보일 수도 있겠으나, 실
제로는 그 반대의 경우가 될 수도 있다. 이는 의견의 다양성, 기회의 균등, 사

회적 약자의 보호 등은 오히려 소홀히 다루어질 수도 있음을 간과해서는 안 된다. 즉, 공공성을 내세우지만, 각 집단마다 규정하는 공공성의 의미와 대상은 매우 다르고, 다수의 집단들은 공공성의 의미를 자신들의 입장에서 남용하는 경우가 있기 때문이다. 공공복리는 어떻게 규정하느냐에 따라 다르다. 특히, 권력이 있는 집단에 의해 그 의미가 달라질 가능성도 있기 때문이다. 따라서, 논의과정을 공개하고 자유롭고 평등한 합의가 이루어지는 의사소통이 공공복리를 실현할 수 있는 바탕이 될 것이다.

공공성의 예는 다음과 같다.

(1) 재산권의 공공성

재산권이 보장된다고 하여도, 재산권은 이미 근대 초기에 생각하고 있었던 바와 같은 신성불가침의 권리는 아니다. 20세기에 들어오면서 자본주의의 발달로 인한 사회적 모순과 여러 폐해가 발생함에 따라, 재산권의 신성불가침사상에 대한 반성과 수정이 불가피하게 되었다. 1919년 독일의 바이마르 헌법은 제153조에서 "…소유권은 의무를 수반한다. 그 행사는 공공복리를 위하여 하여야 한다."라고 규정하여 소유권의 의무성(사회성)을 선언하게 되자, 모든 현대 헌법이 이를 본받아 재산권의 의무성을 규정하게 되었다. 우리나라 헌법도 재산권의 내용과 한계를 법률로 정하며, 그 행사는 공공복리에 적합하도록 하여야 한다고 선언하고 있다(제23조 제2항).

(2) 방송의 공공성

방송의 공공성은 방송전파의 소유권과 방송활동의 주권이 수용자에게 있다는 전제에서 나온다. 방송의 공공성은 어떤 행위주체도 반박할 수 없는 절대성을 지닌 개념이다. 일반적으로 방송의 공공성은 방송자원의 소유적 근거, 전파자원의 제한성 근거, 국가이익적 근거, 사회문화적 근거로 발생한 개념이다. 그 내용은 다음과 같다.

첫째, 방송자원의 소유적 근거는 방송국이 국민이 소유하고 있는 재산의 일부인 전파를 대여하여 사용함으로써 공공성이 의무화된다는 것이다.

둘째, 전파자원의 제한성 근거는 방송이 제한되어 있는 전파자원을 이용함으로써 운용되기 때문에 강력한 공공성을 발휘하도록 규제되어야 한다는 것이다.

셋째, 정부에게서 방송을 국가이익을 위해 이용할 수 있는 근거가 주어져 있다는 것이다.

넷째, 국민의 이익적 근거로, 이는 방송을 성립하게 해 주는 재정적 부담이 궁극적으로 국민에 의존한다는 사실 때문에 방송은 국민의 이익을 적극적으로 모색하여 충족시켜 줄 의무가 있다는 것이다.

다섯째, 사회문화적 근거로, 이는 방송에 접하는 시간이 생활의 일부가 되어가고 있으며, 방송의 내용은 필연적으로 공공성에 부합해야 한다는 것을 의미한다.

4. 사회적 적절성

적절성(adequacy)의 가치는 사회복지급여수준이 그 사회에서 바람직한 생활수준을 유지할 수 있을 만큼 적정한가의 문제이다. 「사회보장기본법」 제10조 1항에서 "국가는 모든 국민이 건강하고 문화적인 생활을 유지할 수 있도록 사회보장급여의 수준 향상을 위하여 노력하여야 한다."라고 규정하고 있어, '건강하고 문화적인 생활을 유지할 수 있는 수준'을 사회적 적절성이라고 볼 수 있다.

「국민기초생활보장법」 제2조에서는 "'최저보장수준'이란 국민의 소득·지출 수준과 수급권자의 가구 유형 등 생활실태, 물가상승률 등을 고려하여 제6조에 따라 급여의 종류별로 공표하는 금액이나 보장수준을 말한다."고 규정하여 사회복지정책의 종류에 따라 보장하는 사회적 적절성의 수준이 다른 것으로 보이기도 한다(류연규, 2021: 37-38).

적절성의 가치는 사회복지급여 할당이 평등한가 혹은 그의 업적에 따른 비례적인 것(형평)이냐 하는 것과는 달리, 급여수준이 신체적·정신적 안녕에 적절한 정도가 되어야 한다는 것을 말한다. 즉, 사회복지급여는 개인이 살아가고 있는 사회적 수준에 적절한 정도의 수준이어야 한다는 것을 말한다. 이 사회적 수준에 적절성의 가치는 시장과 환경에 따라 변화하는 성격을 지닌다. 이와 같이 적절성은 최저생계비 혹은 최저임금, 빈곤선 등으로 구체화된다. 사회복지정책과 관련하여 사회복지의 목적이 삶의 질 향상과 인간다운 삶의 보장에 있으므로 적절성의 가치가 많이 관련되어 있다고 할 수 있다. 사회적 적절성은 급여수준이 높을수록 실현 가능성이 높다. 이런 점에서 사회보험의 사회적 적절성 실현 정도가 공공부조나 사회수당보다 높다고 볼 수 있다. 왜냐하면 공공부조는 최저생활 수준에 맞추어 급여를 주기 때문이고, 사회수당은 대상자가 아주 많아서 1인당 급여가 낮다는 점에서 사회적 적절성을 달성하기에 한계가 있기 때문이다(박경일, 2020: 61-62).

사회적 적절성의 기준은 시대와 상황에 따라서도 다르다. 2004년에는 4인가구 최저생계비가 110만 원 정도였는데, 2015년에는 167만 원, 2021년에는 292만 원으로 상승하였다. 최근에는 최저임금 인상에 대한 찬반 논의가 매우 뜨거운데, 사회를 바라보는 가치관에 따라 사회적 적절성의 수준이 달라지기도 한다.

5. 효율성

효율성(efficiency)은 최소한의 자원을 투입하여 최대의 결과를 만들어 내는 것으로, 사회복지정책에서 효율성은 제한된 국가예산으로 사람들의 욕구를 최대로 해결할 수 있도록 하는 데 관심을 갖는다. 이러한 효율성은 수단으로서의 효율성과 배분적 효율성으로 구분할 수 있다. 그 내용은 다음과 같다(고광신 외, 2017: 24-25).

1) 수단적 효율성

사회복지정책에서 수단적 효율성은 특정 목표를 달성하는 데 있어서, 가능한 한 적은 인적·물적 자원을 투입(input)하여 최대한의 정책효과를 산출(output)해 내는 것을 의미하며, 목표효율성과 운영효율성으로 나눌 수 있다.

목표효율성은 정책에서 목표하는 대상자에게 자원이 얼마나 집중적으로 할당되는가를 판단하는 기준이다. 사회보험과 공공부조를 비교하면, 공공부조가 상대적으로 저소득층에게 집중적으로 자원을 할당한다는 측면으로 볼 때, 목표효율성이 높다고 할 수 있다.

운영효율성은 정책집행과 운영과정에서 투입되는 비용 여부의 효율성을 판단하는 기준이다. 사회보험의 경우, 우리나라의 4대 사회보험의 통합시스템 구축은 운영효율성이 높은 반면, 공공부조의 자산조사나 개별욕구조사 등은 막대한 행정비용이 소모되어 운영효율성이 낮다고 볼 수 있다.

2) 배분적 효율성

배분적 효율성이란 사회 전체 효용(만족감)이 높을 수 있도록, 더 이상의 개선이 불가능하도록 최적의 사회적 자원배분을 하는 것으로 '파레토 효율(Pareto efficiency)'이라고도 한다. 사회적 자원이 가장 효율적으로 배분되었을 때를 '파레토 최적(Pareto optimal)'이라고 하는데, 다른 사람의 효용을 줄이지 않고서는 특정 사람의 효용을 높일 수 없는 상태를 말하는 것이다. 현실에서 시장을 통한 자원배분이 비효율적인 경우가 발생하며, 파레토 효율적인 사회적 자원배분은 불가능하다.

6. 국민적 최저기준

국민적 최저기준(national minimum)은 국가가 사회보장, 기타의 공공정책에 의해 모든 국민에게 보장하는 최저생활 수준을 말한다. 원래는 국민적 효율(national efficiency)과 연계되어 주장된 것으로, 영국 국민이 국민적 효율에 적합한 생활을 유지하는 것이 가능한 정도의 최저한을 의미한다. 페이비언주의자(fabianist)인 영국의 웹(Webb) 부부는 고한산업(sweating industry)에서 근로자의 열악한 생활환경을 보고 처음으로 국민적 최저기준을 제창하였고, 국민적 최저기준은 1942년의 베버리지 사회보장계획에서 구체적인 정책목표로 설정되었다. 이것은 국민적 합의를 얻은 기준이라는 의미로 규범적 니드(normative need)로서, 규범적 개념으로 사용되는 경우도 있고, 베버리지 계획처럼 구체적인 정책 개념으로 쓰이는 경우도 있다. 국민적 최저기준이 구체적으로 나타난 것이 최저생계비이지만, 그 수준은 국가나 사회에 따라 서로 다르거나 변하기도 한다.

앳킨슨(Atkinson, 1991)에 따르면, 국민적 최저수준을 보장하는 목적은 급여수준을 결정하는 주요 요인이기 때문이다. 그러나 그는 영국의 사회보장 발달사에 비추어 보면, 국민적 최저기준이 급여수준을 결정하는 데 있어서 애매모호(ambiguity)하다고 하였다.

한편, 최근 지방분권화가 추진되면서 지역적 최저수준(regional minimum)이나 시민적 최저수준(civil minimum)이 강조되고 있다. 시민적 최저수준은 1970년대 전후에 논의된 것으로 복지영역뿐만 아니라, 교육, 여가 등 넓은 생활영역에 관계되어 있다. 시민적 최저수준은 생활권과 도시의 정책기준의 두 가지 측면으로 구성되어 있다. 생활권은 시민의 권리이고 그 권리가 보장되지 않을 경우, 시민은 이의를 제기하고 그 실현을 요구할 수 있다. 또 생활기준의 측면은 정책기준의 실현이 자치단체의 의무로 부여되어 있고 수치화되어 표시되는 것이 바람직하다. 예를 들어, 인구당 복지시설 수, 전담공무원당 수급자 수, 인구당 의료병상 수, 인구당 공원면적 등과 같이 목표치로 나타내고 있다.

7. 사회복지정책 사고틀의 변화

사고틀(paradigm)은 어떤 한 시대 사람들의 견해나 사고를 지배하고 있는 이론적 틀이나 개념의 집합체와 한 학문분야의 지배적인 접근방법이나 관점을 말한다. 이러한 패러다임은 연구자들로 하여금 그 분야의 현상을 바라보는 세계관을 형성해 줌으로써 문제선정과 해답의 방향과 일관성을 갖게 해 준다. 이러한 패러다임이 성립된 분야의 과학활동을 '정상과학(normal science)'이라고 부른다. 결론적으로 패러다임이란 한 시대 특정 분야의 학자들이나 사회 전체가 공유하는 이론, 법칙, 지식, 가치, 심지어 믿음이나 관습 같은 것을 통틀어 일컫는 개념을 말하는 것이다. 최근 사회복지의 이념이나 대상 주체, 방법 등에서의 변화를 이야기할 때에도 사회복지 패러다임의 변화라는 용어가 자주 사용되고 있다.

최근 사회복지정책의 패러다임 변화를 살펴보면 다음과 같다(박경일, 2020: 66-67).

① 보편화 : 빈곤자, 저소득자에 한정되어 온 사회복지의 이용자가 일반계층으로까지 포함되어 확대된다.

② 다원화 : 국가, 지방자치단체, 사회복지법인을 중심으로 구성된 복지서비스의 공급조직에 복지공사, 상호부조단체, 생활협동조합 등의 다양한 비영리민간조직이 참여하는 것이다.

③ 분권화 : 기관위임사무의 단체위임 사무화, 조치, 권한의 시·군·구로의 이양에 의해 지방자치단체 가운데에서도 시·군·구의 권한과 책임이 확대되는 것이다.

④ 자유화(선택화) : 이용자들이 사회복지서비스를 자유롭게 선택하는 것이다.

⑤ 계획화 : 사후 대처적인 성격이 강한 사회복지행정 가운데 노인보건복지는 계획의 법제화로 강화되는 것이다.

⑥ 통합화 : 종래 독자적으로 전개된 사회복지에 보건, 의료, 고용, 주택, 교육, 인권옹호 등의 제휴와 조정이 이루어졌다.

⑦ 전문직화 : 휴먼 서비스(서비스 노동)의 전문직화가 이루어졌다.

⑧ 자조화 : 자조노력의 촉진, 응익부담주의 도입, 친족에 의한 부양, 상호
　부조의 확대, 민간 활력의 활용 강화 등을 총칭해서 사람들에게 자기책
　임이나 자조조직을 중시하는 경향이 있다.
⑨ 주체화(참가화) : 이용자나 지역주민의 관점에서 포착, 복지서비스의 이
　용과정에 있어 이용자의 참가나 자기결정권, 선택권이 화제로 되고, 복
　지계획 책정 등 행정에의 주민참가가 촉진되었다.
⑩ 지역화 : 서비스 제공의 거점으로서 생활형 시설을 만들어 지역복지형의
　사회복지로 전환되었다.

　한편, 우리나라의 '국가비전 2030'(2006)에서는 미래를 위한 새로운 패러다
임의 모색으로서 '선성장 후복지'의 기존 패러다임으로는 성장 자체가 한계에
봉착할 뿐 아니라, 분배개선도 곤란하다고 판단하여 성장과 복지가 함께 가는
'동반성장'으로 패러다임을 전환해야 한다고 하였다. 또한 보건복지부(2011
연두업무보고)는 국민의 기본생활을 국가가 충실하게 보장하는 기본 토대 위
에서 '복지확충과 지속가능성의 균형'이 가능하도록 향후 보건복지정책의 패
러다임을 전환해야 한다고 하면서 다음 네 가지를 제시하였다.
① 그간의 소극적 보호 위주의 사회안전망을 적극적인 탈빈곤지원을 강화
　하는 체계로 전환하기 위해 복지사업 재편
② 가족의 책임하에 복지확대를 국가가 선도하는 시스템에서 사회 전반의
　나눔문화 확산 등 공동 책임을 강화하는 방향으로 균형 있게 발전
③ 양적 인프라 확충 성과를 바탕으로 고령화로 인한 보건복지 수요 증가에
　대응한 내실화 및 지속가능성 제고
④ 보건복지 분야의 높은 고용창출력과 성장과의 선순환 구조를 고려한 적
　극적인 정책 추진

연습문제

1. 소극적 자유에 대한 설명으로 틀린 것은?

① 국가권력의 간섭을 받지 않을 자유를 의미한다.
② 개인의 기본 인권 및 정치적 자유를 의미한다. 즉, 시민적 자유를 말한다.
③ 신체의 자유, 양심의 자유, 언론과 사상의 자유, 신앙의 자유 등이다.
④ 소극적 자유와 권리를 보장해줄 수 있는 제도로는 법원이다.
⑤ 사회적·경제적 자유를 의미하기도 한다.

2. 사회복지정책의 가치에 관한 설명으로 옳은 것은?

① 결과의 평등정책보다 기회의 평등정책은 빈자들의 적극적 자유를 증진하는 데 유리하다.
② 적극적 자유는 타인의 간섭이나 구속으로부터의 자유를 의미한다.
③ 결과의 평등정책은 부자들의 소극적 자유는 침해하지 않는다.
④ 열등처우의 원칙은 형평의 가치를 반영한 것이다.
⑤ 긍정적 차별(positive discrimination)은 형평의 가치를 저해한다.

3. 사회복지정책 관련 원칙과 가치를 연결한 것으로 옳지 않은 것은?

① 보충성 원칙-자력구제 우선
② 열등처우 원칙-비례적 평등
③ 보험수리 원칙-개인적 형평성
④ 소득재분배 원칙-능력에 따른 부담
⑤ 최소극대화(maximin) 원칙-개인적 자유

4. 사회적 적절성에 관한 설명으로 옳은 것은?

① 사회적 적절성은 '원하는 것(want)을 얼마나 얻을 수 있게 할 것인가'에 관한 것이다.
② 사회적 적절성에 기초하여 자원을 배분하는 데에는 시장이 국가보다 효율적이다.
③ 사회적 적절성과 형평성은 상충하는 개념이다.
④ 기여의 크기에 따라 보상의 수준도 비례하여 커지는 것은 사회적 적절성의 개념에 따른 것이다.
⑤ 사회적 적절성은 욕구의 객관성보다 주관성을 중시한다.

정답 1. ⑤ 2. ④ 3. ⑤ 4. ③

사회복지정책의 발달이론

❖ 학습목표

1. 발달이론에 대한 이해
2. 각 발달이론의 시대적 배경
3. 발달이론 간 비교 분석

❖ 학습내용

1. 산업화이론　　　　　　　　2. 독점자본이론
3. 사회민주주의이론　　　　　4. 이익집단정치이론
5. 국가중심이론　　　　　　　6. 확산이론
7. 시민권론　　　　　　　　　8. 사회양심론
9. 음모이론

❖ 개요

사회복지정책이론의 역사적 변천과정을 분석하는 것은, 사회복지정책의 역동적인 변천과정을 명확히 이해하는 데 도움이 된다. 사회복지정책이 형성되고 집행되며 평가되는 과정에는 직간접적으로 이해관계가 있는 사회집단들이 자신들에게 유리한 정책이 수립되고 집행될 수 있도록 하기 위해 온갖 노력을 기울인다. 여기에서는 사회복지정책의 발달이론들을 학습하고자 한다.

CHAPTER 04

사회복지정책의 발달이론

사회복지정책이론의 역사적 변천과정을 분석하는 것은, 사회복지정책의 역
동적인 변천과정을 명확히 이해하는 데 도움이 된다. 사회복지정책이 형성되
고 집행되며 평가되는 과정에는 직간접적으로 이해관계가 있는 사회집단들이
자신들에게 유리한 정책이 수립되고 집행될 수 있도록 하기 위해 온갖 노력
을 기울인다. 한편으로는, 시민사회단체나 종교집단들도 일반 대중이나 소외
집단의 이익을 대변하기 위해 다양한 노력을 전개한다. 이러한 집단들의 노력
과정을 통해서 그 시대의 사회적 욕구와 사회문제는 어젠다의 지위에 오르게
되고, 적절한 정책대안이 마련되어 사회복지제도가 정립되는 데 기여하게 된
다(김기원, 2020: 181). 여기에서는 공통적으로 논의되고 있는 발달이론들을 중
심으로 살펴보기로 한다.

1. 산업화이론

산업화이론(industrialization theory)은 사회복지와 관련된 이론으로, 수렴
이론(convergence theory) 또는 기술결정론(technological determination)이
라고도 한다. 윌렌스키(Harold L. Wilensky), 르보(Charles N. Lebeaux) 등의
학자가 주장하였다. 산업화이론은 기술과 산업화에 의한 경제수준이 사회복
지의 수준을 결정한다는 이론이다. 산업화이론의 요체는 서로 다른 정치이념

과 정치문화를 가진 국가들도 산업화만 이룩되면 복지국가로 발전되어 유사한 사회복지체계를 갖게 된다고 보는 점이다(오세영, 2019: 181).

일반적으로 산업화이론은 사회복지를 산업화의 산물로 간주한다. 다시 말해서 선진 산업사회의 복지체계와 내용은 이데올로기나 법적·정치적 제도, 사회적 양심이나 권리 등이 아니라, 오로지 기술과 산업화의 수준에 달려 있다고 주장한다. 이 이론에 따르면, 자본주의체제이든 사회주의체제이든 정치적·경제적 체제에 관계없이 경제발전 수준이 비슷하면 사회복지의 수준 또한 비슷해진다.

산업화이론은 복지국가의 발전을 설명하는 이론들 가운데 가장 먼저 등장하였고, 또한 가장 많이 논의되고 따라서 가장 많이 비판받는 이론이다. 산업화이론에 따르면, 복지국가의 발전은 산업화된 사회에서 발생하는 욕구에 대한 대응이 산업화로 인해서 가능해진 자원을 통해서 이루어진다고 본다. 이이론은 크게 사회적인 관점과 경제적인 관점에서 설명이 이루어진다(김태성외, 2019: 144-148).

첫째, 사회적 관점에서 보면, 산업화는 산업화 이전에 없었던 새로운 사회문제를 야기하며 사회복지의 대상을 증가시켰다. 즉, 산업화는 산업재해의 문제, 대규모의 실업문제, 노동자의 대규모 도시이동으로 인한 도시화에 따른 범죄, 주택문제 등 여러 문제, 빈곤층 집중화 현상 등의 문제를 초래하여 사회복지의 필요성이 커져 국가는 이에 대응해야 한다. 또한 산업화는 가족구조와 인구구조의 변화를 초래하였고 복지에 대한 국가의 역할을 더욱 증가시켰다.

둘째, 경제적 관점에서 보면, 산업화는 노동인구(labour force)의 속성을 이전 시대에 비하여 크게 변화시켰다. 즉, 산업화는 이전과 달리 노동력을 팔아야만 생계를 유지할 수 있는 사람들의 수를 크게 증가시켰는데, 이들의 소득이 질병, 노령, 실업, 산업재해 등으로 중단될 때, 그들의 삶은 크게 위협받게되어 국가가 이러한 문제들의 해결에 적극적으로 나설 수밖에 없다. 그리고 산업사회에서는 새롭고 전문적인 기술이 중시되고, 숙련되고 건강한 노동력의 지속적인 공급이 필요해지는데, 산업화된 사회에서 분열된 가족이 이러한 기능을 맡기에는 한계가 있기 때문에 국가가 적극적으로 개입하게 된다. 또한 산업사회에서는 노사관계를 비롯한 다양한 계층의 이해관계가 첨예하게 대립하는 경향이 있는데, 이를 해결하기 위해서 국가개입이 필요하다. 무엇보다 중요한 것은 산업화는 경제성장을 가져와 국가가 사회복지에 사용할 수 있는 자원을 축적시킨다는 것이다.

산업화에 의해서 사회복지 욕구도 증가하고 이것을 해결할 수 있는 경제적 자원이 있다고 해서 반드시 복지국가 발전이 이루어지는 것은 아니다. 여기에는 산업화 이외의 다른 변수, 특히 정치적 변수(예를 들어, 좌익정당 혹은 우익정당의 세력, 이익집단의 활동 등)들이 더 중요할 수도 있다. 즉, 산업화가 복지국가 발전을 비교적 잘 설명할 수 있는 것도 국가들의 경제적 수준이 일정 이하까지의 단계이며, 그 이상의 수준에서는 다른 변수들이 복지국가의 발전을 더 잘 설명한다.

산업화이론은 많은 한계를 가지고 있는데, 그 비판은 다음과 같다(김태성 외, 2019: 148－153).

첫째, 산업화이론은 산업화로 인하여 증대된 사회복지에 대한 욕구가 왜 증가할 수밖에 없는가를 설명하였지만, 이러한 욕구가 사회복지제도로 나타나는 구체적인 과정을 설명하지 못한다. 산업화이론에 의하면, 복지욕구만 있으면 자동적으로 그리고 결정론적으로 복지제도는 나타난다고 보는데, 여기서 욕구와 사회복지제도와의 인과관계에 대한 설명이 부족하다. 왜냐하면 욕구가 있어도 제도가 나타나지 않을 가능성도 매우 크기 때문이다. 사회복지제도가 왜 도입되었는가를 알기 위해서는 사회문제화하는 과정에서 어떤 사회집단들이 포함되었고 그들의 가치와 이념이 무엇이고, 이해집단들 간의 갈등의 속성이 무엇인지 등에 관한 이해가 필요하다. 산업화이론은 이러한 욕구와 사회복지 제도상의 인과관계를 무시했다는 비판이다.

둘째, 산업화이론의 가정은 복지욕구가 복지제도로 나타나는 것을 사회적 합의에 의한 것으로 본다. 즉, 사회구성원 모두가 사회복지의 확대를 원한다고 단순화시킨다. 실제로 이러한 설명은 제2차 세계대전 후부터 1970년대 초까지의 사회복지발전의 팽창기에는 어느 정도 맞아들어간다. 그러나 그 이후의 서구 선진산업사회에서는 복지국가에 대한 많은 비판과 문제점들이 발생하여 복지국가 발전상의 이른바 '위기의 시대'가 오는데, 산업화이론으로 이러한 현상을 설명하는 데 한계가 있다.

2. 독점자본이론

복지국가에 관한 독점자본이론은 전통적 마르크스주의 이후 자본주의의 속성이 독점자본주의로 변화되고 국가의 개입이 강화되자 이러한 변화에 부응하기 위해 새로이 개발된 신마르크스주의(neo-marxism)이론이다. 전통적 마르크스주의에 따르면, 지배계급의 이익만을 추구하는 착취적인 자본주의 사회에서는 다수의 복지가 보장될 수 없으며, 진정한 복지국가가 이루어지기 위해서는 생산수단의 사회화를 통하여 생산은 사회적 기준에 의해 이루어지고, 분배는 인간의 욕구에 따라 이루어져야 한다고 주장한다(김기원, 2020: 124).

그러나 전통적 마르크스주의 이후, 자본주의 사회는 커다란 변화가 이루어지기 시작했는데, 자본주의는 고전적인 경쟁적 자본주의로부터 점차 독점적 자본주의로 변화하기 시작하였다. 이러한 현상은 특히 2차 세계대전 이후에 더욱 뚜렷이 나타났다(Baran & Sweezy, 1966). 또한 이 시기에 국가의 역할도 바뀌어 소극적인 역할에서 점차 적극적으로 자본주의 경제에 개입하여 국가의 역할이 매우 중요하게 됨에 따라 일반 국민들의 복지도 책임지는 '복지국가'가 등장하였다. 이러한 상황에서 전통적 마르크스주의를 수정, 발전시키는 이른바 신마르크스주의가 등장하여, 변화된 자본주의(고도의 독점자본주의)를 분석하기 시작하였다. 이러한 가운데 복지국가의 발전을 독점자본주의의 속성과 연결시켜 설명하게 된 것이다.

복지국가 발전을 설명하는 신마르크스주의는 여러 형태가 있으나, 계급갈등과 국가의 역할의 두 면을 기준으로 하면, 크게 세 가지로 분류할 수 있다(Skocpol, 1980).

첫째, 도구주의(instrumentalism) 관점과 구조주의(structuralism) 관점에서는 복지국가를 독점자본의 기능적인 필요성에 대한 대응으로 보는 것에서는 유사하나, 복지국가에서의 국가의 역할에 관하여는 다른 시각을 가지고 있다. 도구주의 관점에 따르면, 국가는 자본가계급의 이익을 결정하는 도구에 지나지 않기 때문에 주요한 복지정책은 자본가계급에 의해서 제안되고 결정된다.

둘째, 구조주의 관점에 따르면, 국가는 자본가계급의 단기적인 이익을 희생하더라도, 자본주의 경제의 장기적인 안정과 강화를 위하여 어느 정도의 자율성을 갖고 자본가계급에 반하는 복지정책을 추진하고 또한 자본축적의 역할을 적극적으로 수행한다.

셋째, 이러한 두 가지 관점과 달리, 정치적 계급투쟁의 관점에서는 복지국가가 장기적이든 단기적이든 반드시 자본가계급의 이익만을 위하여 존재하는 것이 아니고, 복지국가는 자본가계급과 노동자계급의 정치적·계급적인 투쟁에 따라 그 성격이 결정된다고 본다. 따라서, 노동자계급의 세력이 강하면 복지국가는 진정으로 노동자계급을 위한 형태가 될 수 있는 것이다. 복지국가의 발전을 자본가계급과 노동자계급 사이의 투쟁에서 노동자계급의 승리로 보는 사회민주주의 관점은 이러한 측면에서 정치적 계급투쟁의 관점에 속한다 할 수 있다.

독점자본이론에 대한 평가는 다음과 같다(김태성 외, 2019: 166-167).

복지국가의 발전을 설명하는 독점자본이론은 기여한 바가 크다.

첫째, 이것은 산업화이론이 무시한 자본주의의 문제(계급문제, 노동력 재생산 등)를 분석하여 복지국가 발전을 설명한 점이다.

둘째, 이러한 분석을 통해 누가 복지국가로 인해 이익을 보느냐는 문제에 대한 답을 명확히 해주었다. 산업화이론은 이러한 문제에 대해 모호하여 복지국가에서는 사회전체의 이익이 확대되는 것으로 보았다.

셋째, 이러한 관점을 통해 복지국가의 성격을 좀 더 거시적으로 볼 수 있게 한 점이다.

넷째, 이 이론을 통하여 국가의 역할에 대한 이해를 더 높일 수 있다. 산업화이론에서는 국가의 역할을 산업화로 야기된 문제에 대한 피동적인 대응으로 본 반면, 독점자본이론에서는 왜 국가가 적극적으로 자본주의 발전단계에서 경제체계에 개입해야 하는가를 보여준다.

다섯째, 이러한 관점을 통해 구체적인 복지국가정책의 내용을 분석하는 데 도움을 준다. 예를 들어, 오늘날 고도로 발전된 복지국가에서도 여전히 구빈법의 잔재를 갖고 있는 복지 프로그램이 존재하는 이유를 규명하는 데 기여한다.

이러한 긍정적인 면에 반하여, 독점자본이론은 다음 몇 가지의 한계를 갖고 있다.

첫째, 이 이론은 복지국가의 발전을 설명하는 데 지나치게 자본주의 구조로부터의 경제적 결정론(economic structural determinism)에 의지한다.

둘째, 민주정치에서 여러 행위자들의 역할은 무시한 점이다.

셋째, 이러한 이론이 고도 산업자본주의에 모두 적용될 수 있느냐의 문제가 있다. 고도 산업자본주의에서의 복지국가의 발전 정도는 큰 차이가 있는데(예를 들어, 미국과 스웨덴), 독점자본이론으로는 이러한 차이를 설명하는 데 한계가 있다. 다시 말해서 자본주의 경제의 구조만으로는 설명이 안 되는 '자유'의 영역을 간과하였다.

넷째, 이러한 이론에서 사용하는 개념틀이 너무 거시적이며, 경험적 조사에 사용하기가 어렵기 때문에 이러한 이론을 지지 혹은 반박할 실증적 연구에 어려움이 있다.

3. 사회민주주의이론

사회민주주의(social democracy)는 생산수단의 사회적(공적) 소유와 사회적(공적) 관리에 의한 사회의 개조를 민주주의적인 방법을 통해서 실현하려

고 하는 주장 또는 운동으로 19세기 말부터 제1차 세계대전까지 제2인터내셔
널(1889~1914)에 집결한 사회민주당의 이론과 정책의 총칭이다. 19세기 말
자본주의하의 노동자에게도 참정권이 주어져 정치적·형식적 민주주의는 달
성되었지만 경제적 민주주의는 아직 달성되지 않았는데, 이것을 획득하는 것
이 노동자계급의 과제라는 발상으로부터 사회민주주의란 용어가 생겼다.

산업화이론과 독점자본이론은 각 이론들이 배경으로 하는 이념적 틀이 크
게 달라, 산업화이론은 복지국가의 발전을 설명하는 데 있어서 자본주의 사회
에서 계급갈등의 문제를 무시하는 반면, 독점자본이론은 계급갈등의 문제에
초점을 맞추었다. 그러나 이러한 두 이론의 유사성은 복지국가 발전을 어떤
기능적 필요성(functional imperatives)에 대한 대응으로 필연적으로 결정된
다고 설명한다는 것이다. 즉, 산업화이론에 의하면, 산업화만 되면 그것의 기
술발전으로 인하여 국가의 지배적 이념에 상관없이 복지국가의 확대는 필연
적이라는 것이다. 독점자본이론 역시, 자본주의가 독점자본의 단계에 가면 자
본축적 혹은 노동력 재생산의 필요성 때문에 복지국가는 필연적으로 확대되
어야 한다는 것이다.

이와 같이 두 이론은 "정치는 무관하다(Politics does not matter)."고 주장
하는 반면에, 사회민주주의이론은 '정치'를 중요시 여긴다. 사회민주주의이론
은 독점자본이론처럼 자본주의에서의 계급갈등에 초점을 맞추었지만, 독점자
본이론이 이러한 계급갈등에서 자본의 일방적인 이익추구라는 관점으로 설명
한 것과 달리, 사회민주주의이론은 노동의 정치적 세력 확대의 결과로 설명한
다. 다시 말해서 복지국가는 노동자계급을 대변하는 정치적 집단의 정치적 세
력이 커질수록 발전한다. 복지국가는 자본과 노동의 계급투쟁에서 노동이 획
득한 승리의 전리품으로 본다(김태성 외, 2019: 167-168).

사회민주주의이론은 복지국가의 전개에 대한 계급투쟁적 관점이라고 할 수
있는데, 이것은 노동운동의 요구라는 측면이 강하다. 이 이론은 서구 유럽 자
본주의의 발전과정에서 노동운동이 수행한 역할에 초점을 맞추면서 노동계급
의 조직화 정도와 조직된 노동세력의 정치적 동원 정도를 그 지표로서 중시한

다. 즉, 복지국가의 발전은 노동조합 등을 통하여 노동계급이 얼마나 조직되어 있으며, 또한 노동계급정당을 통하여 얼마나 정치적으로 동원될 수 있는가에 따라 주로 결정된다는 논리이다. 사회민주주의이론은 노동계급이 가진 권력자 원과 정치적 동원이 사회주의의 이행에 핵심적 변수라는 입장을 취한다. 우선, 특정국가의 자원분배구조는 시민사회 내의 계급갈등과 계급 간 권력배분구조 의 산물임을 중시하고, 생산영역에서의 계급적 분화가 갈등의 일차적 조건임 을 받아들인다. 이러한 입장을 취하는 학자들(Gøsta Esping—Andersen, Walter Korpi, John Stephens 등)은 노동자계급과 자본가계급의 권력 불균등은 항구 적인 것이 아니며, 노동계급은 노동조합과 정당을 통해서, 즉 동력자원의 동 원기제로서 노동조합의 조직률 확대와 노동자 정당에의 지지를 통하여 자본 에 대한 힘의 열세를 어느 정도 만회할 수 있다고 본다(고세훈, 2000: 52-53).

20세기에 들어서서 절차적 민주주의의 확대가 대세로 되면서 의회를 통한 사회주의로의 개혁적 이행이 가능하다는 낙관이 확산되었고, 이러한 개혁적 입장은 제1차 세계대전 이후 서유럽 사회민주주의의 확고한 노선으로 자리 잡았다. 주목할 만한 점은 사회민주주의가 비록 변혁의 형식으로 의회주의를 택하였다 하더라도, 실현되어야 할 궁극적인 목적가치로서의 사회주의는 견 지하여 왔다는 점이다. 사회민주주의이론에서 사회주의의 달성은 정치적 힘 의 확보를 통해 평등한 정책을 추진해 나갈 때 달성될 수 있는 목표이며, 사 회복지정책의 확대는 사회주의로 가는 하나의 과정으로 평가될 수 있다.

사회민주주의이론에 대한 평가는 다음과 같다(김태성 외, 2019: 172-173).

사회민주주의이론은 복지국가 발전을 설명하는 데 몇 가지의 장점을 가지 고 있다.

첫째, 사회민주주의이론은 전술한 산업화이론과 독점자본이론이 무시한 '정 치적' 요소들에 대한 분석이 중요하다는 것을 보여준다. 특히, 이 이론은 의회 민주주의에서의 계급들 간의 힘의 역학관계가 변할 수 있다는 면을 보여주는 데서 뛰어나다.

둘째, 사회민주주의이론은 독점자본이론과는 달리, 사회복지 발전을 설명하는 데 있어서 실증적인 연구에 의하여 뒷받침된다는 점이다. 특히, 이 이론은 실증적인 연구를 통해 산업화이론을 비판하고 그 한계를 극복한다. 예를 들어, 이 이론에 따른 선진산업국가들의 복지국가의 발전에 관한 설명을 보면, 경제발전 변수로는 한계가 있고 정치적 변수들(특히, 좌익정당 혹은 강한 노동조합 조직률 등)에 의해 설명하는 것이 더 적절하다는 것을 보여준다. 즉, 사회민주주의이론에 의해 복지국가의 발전을 설명하게 되면, 경제적 변수(산업화이론에 의한 경제발전, 독점자본이론에 의한 자본주의 경제의 구조적 문제 등)에만 지나치게 의존하는 것에서 탈피하고 설명의 폭을 넓혔다고 할 수 있다.

이러한 장점에도 불구하고, 사회민주주의이론은 한계를 갖고 있다.

첫째, 많은 나라에서의 복지국가 프로그램들(특히, 복지국가의 발전의 초기 단계)은 사회민주주의 세력에 의해서보다는 그 반대세력(자유주의자 혹은 보수주의자, 예를 들어 독일에서의 비스마르크의 사회입법, 미국의 사회보장법)에 의하여 시작되었다. 오히려 사회민주주의 세력(특히, 노동조합)은 복지국가의 확대를 반대하였는데, 그 이유는 사회복지의 확대는 노동조합의 자율권과 통합성을 약화시킬 수 있거나, 혹은 임금을 억제하기 위한 수단으로 보았기 때문이다. 따라서, 사회민주주의이론은 특정한 몇 나라의 사회복지 발전을 설명하는 데 적합할 뿐(예, 스웨덴) 일반화하기에 어렵다.

둘째, 사회민주주의이론의 가정은 노동자계급의 계급의식이 강해서 그들의 조직력이 강하고, 따라서 그들의 이익을 대변하는 뚜렷한 정당이 있어서, 이러한 정당이 집권하면 노동자계급의 이익을 대변하는 사회복지의 확대가 이루어진다는 것이다. 그러나 많은 연구들은 이러한 가정을 비판하여 노동자들의 계급의식의 동질성은 비교적 약하고, 또한 순수 노동자계급을 위한 정당이 집권을 하기에는 그들의 지지세력이 많지 않아 집권을 위해서는 다른 계급(특히, 중산층)의 이익도 반영해야 하기 때문에 순수한 전통적인 노동자계급만을 위한 정당이 존재하기 어렵다고 본다. 따라서, 다른 계급과 연합전선을 펴야만 집권을 하게 되는데 이를 위해서는 순수한 노동자계급의 이익을 추구하는 정책은 타협의 대상이 된다. 또한 이와 유사하게 오늘날의 정당은 전통적인 계급구분을 뛰어넘어 인종적·언어적·종교적·문화적 차이가 더 중요한 결정요인이 될 수 있기 때문에 사회복지에 대한 정당들의 정책 차이는 적다. 따라서, 사회민주주의 정당 이외의 정당도 집권을 위한 득표를 위하여 복지국가의 확대정책을 표방할 수 있어서 정당들 간의 복지국가정책의 차이가 별로 없다는 결론에 이른다.

4. 이익집단정치이론

이익집단은 공통의 목적을 가지고 공공정책에 영향을 미치기 위해 노력하는 개인들의 조직체를 말한다. 이익집단정치이론(interest group politics theory) 또는 이익집단론(interest group theory)에 따르면, 사회복지정책은 이러한 이익집단들 간의 갈등과 타협의 산물로 간주한다. 즉, 이익집단정치이론은 각종 이익집단들의 정치적 힘이 사회복지정책 발달에 영향을 미친다는 것이다. 국가들은 많은 정책을 둘러싸고 다양한 이해집단들이 자신의 정치적 힘을 통해 이익을 반영하기 위해 노력한다. 이 이론에 따르면, 1945년 이후 복지국가는 계급이익이 아니라, 압력집단정치의 영향력으로 발전되었으며, 또한 계급적 구분을 초월하여 사회의 다양한 집단들의 욕구와 요구에 대응하였다(Janowitz, 1976). 즉, 다양한 복지이해집단의 움직임에 따라 사회복지정책이 발달한다고 보는 견해이다.

경제발전과 민주주의의 진전과 함께 이익집단들의 요구가 커지고 다양화되는 것은 세계 어느 나라에서나 나타나는 공통된 현상이다. 이익집단이라고 하면, 노동조합이나 경영자단체, 그리고 의사나 변호사와 같은 직능단체가 먼저 떠오르지만, 오늘날 이익집단은 계급이나 직능을 넘어 연령, 인종, 언어, 종교를 중심으로 결성되기도 한다. 퇴직한 노년층의 이익집단화가 좋은 예이다.

이들은 숫자도 많고, 투표율도 높으며, 정치적으로 활동적이다. 이익집단은 경제적 다양화와 정치적 민주화의 결과로만 결성되는 것이 아니라, 역동적인 집단행동으로도 조직되고 또 조직력이 강화된다. 공통의 이익을 중심으로 집단이 형성되고, 이들 집단의 행동을 통해 이익을 관철시키게 되면, 집단 역동성은 더욱 강해진다.

이익집단의 성장은 정부지출의 증대를 가져오는 경향이 있다. 다시 말해서 이익집단이 구성원들의 집단이익을 실현하기 위해 국가에 대해 가하는 압력은 결국 복지비의 증대를 가져온다는 것이다. 자유민주주의는 선거를 통한 경쟁을 통해 제도적 질서를 만들어가는 체제라고 할 수 있다. 정당은 정책을 형성하는 집단이라기보다는 선거에서의 승리를 위해 모인 느슨한 연합체에 가깝다. 이때 잠재적인 이익집단이 정치지도자를 중심으로 조직화되고, 그 대표자를 통해 자신들의 이익을 실현시키고자 선거에 조직적으로 참여한다면 상당한 힘을 발휘하게 된다. 이런 점에서 정부지출은 이익집단들이 자신의 이익을 실현하기 위해 벌이는 정치적 단체활동의 정치적 과정이다(Pampel and Williamson, 1992: 38−40).

한편, 이익집단정치이론에서 중시하는 것이 정부의 역할이다. 이익집단정치이론은 기본적으로 사회는 안정되어 있고, 권력은 분산되어 있어 한 집단(또는 계급)이 지배적인 권력을 행사할 수 없다고 전제하는 다원주의를 기반으로 하기 때문에 다양한 이익집단들의 이익 상충을 조정하는 데 있어 정부의 역할이 중요하다. 예컨대, 보건의료 분야에서 의료소비자인 국민과 그 생산자인 의료전문직 간의 갈등을 중재하여 타협에 이르게 하는 게 국가의 임무인 것이다. 이때 국가는 중립적이어야 함은 물론이다. 따라서, 국가가 비중립적이고, 국가가 중재하는 경우라도 대중의 이익보다는 국가 자체의 이익을 더 중시한다는 비판과 권력이 분산되어 있지 않다는 반론이 제기될 수 있다(Lowe, 1993: 27−28).

이익집단정치이론은 제도를 놓고 서로 다른 이해를 가진 집단들이 행사하는 영향력을 분석하고 각 집단들의 이해관계를 적절히 폭로함으로써 정책과 이익집단들의 관계를 근본적으로 파악할 수 있으며, 나아가 이익집단들의 영향력 행사양상을 생동감 있게 포착할 수 있게 해주는 장점이 있다. 그러나 계급과 대비해보면 취약점이 드러난다. 즉, 이익집단정치이론에 의하면, 권력은 적대적인 계급으로 구분되는 것이 아니라, 국가와 정권을 포함한 권력을 둘러싸고 경쟁하는 여러 집단으로 구성된다. 이는 권력의 한 범주로서의 계급을 경영자, 노동조합, 정당, 정부기구 등으로 대치한다는 것을 의미한다. 이것은 계급 간의 갈등이나 투쟁이 압력집단 간의 소전투로 환원되는 결과를 낳는다. 다시 말해서 복지국가와 복지국가 내의 다양한 사회복지정책들은 자본과 노동 간의 대립이 아니라, 관련된 다양한 이익단체 간의 대립과 타협의 산물로 해석되는 것이다. 예컨대, 보건의료 분야에서의 위기는 의사나 약사 등 몇몇 집단이 행사하고 있는 지배력과 전문적 지식 및 제도적 통제를 통해 자기권력을 제도화하여 자기이익에 가장 적합한 환경을 조성하려는 데서 오는 것으로 간주된다. 계급을 이익집단으로, 계급갈등을 이익집단 간의 갈등으로 대치하는 것은 대중의 관심을 특정 쟁점(예컨대, 보건의료 부문)에만 집중하게 만들어 위기에 처한 것은 그 부분만이 아니라는 사실을 망각하게 만든다. 결국 상황을 이렇게 인식하면, 자본주의의 계급권력관계를 초월하여 자본주의를 강화하는 데 자신도 모르게 봉사하게 된다(원석조, 2020: 255).

이익집단정치이론에 대한 평가는 다음과 같다(김태성 외, 2019: 179-180).

이익집단정치이론이 다른 이론과 비교하여 복지국가 발전을 설명하는 데 있어 기여한 것은, 복지국가 발전을 전통적인 계급관계(자본 대 노동)를 넘어서 다양한 집단의 정치적 경쟁에 초점을 맞춘 점이다. 이것은 현대산업사회에 존재하는 다양한 이익집단들, 그리고 이 이익집단들 사이의 치열한 경쟁을 볼 때 적절하다. 또한 이 이론은 오늘날의 선진산업사회 민주주의제도에서의 정당정치의 현실을 좀 더 명확히 파악했다고 볼 수 있다. 마지막으로 이 이론은 특히 노인들을 위한 복지국가 프로그램의 확대를 설명하는 데 적합하다. 그러나 이익집단정치이론은 세계의 많은 나라의 복지국가 발전을 설명하는 데는, 즉 일반화하기에는 한계가 있어서 주로 선진 산업국가들(특히, 이 가운데서도 정치적으로 다원화된 민주주의 국가. 예, 미국)에만 적합하다고 할 수 있다. 이 이론은 민주주의제도가 발전 안 된 국가들 혹은 민주주의제도에서도 이익집단들의 정치적 힘이 상대적으로 중요하지 않은 국가들의 복지발전현상을 설명하는 데 어려움이 있다. 전자의 예는 민주화 이전의 국가조합주의(state corporatism) 성격이 강한 남미 국가들이고, 후자의 예는 사회민주적 조합주의의 성격이 강한 스칸디나비아 국가들이다. 이익집단정치이론은 사회복지지출이 선거에서의 득표를 위한 경쟁에서 결정된다고 주장하는데, 이러한 선거정치(electoral politics)에 의한 복지국가 설명도 한계가 있다. 일반적인 정부지출은 점증적으로 변화하는 경향이 있기 때문에 선거에서의 득표경쟁으로 인한 정부지출의 차이는 많지 않다는 것이다. 또한 사회복지 지출은 경제적·사회적 여건에도 어떤 한계가 있기 때문에 단순한 선거정치에 의한 사회복지지출증가 설명은 한계가 있다.

5. 국가중심이론

지금까지 사회복지 발전을 설명하는 네 가지 이론은 사회복지에 대한 수요의 증대에 초점을 맞추었다. 산업화이론이나 독점자본이론은 각기 산업화나 독점자본축적에의 기능적 필요성 때문에 사회복지에 대한 수요가 증대한 것이고, 이익집단정치이론이나 사회민주주의이론은 각기 이익집단이나 노동자계급의 정치적인 힘의 증대로 인한 사회복지에 대한 수요가 증대하여 확대된 것으로 본다. 이와 달리, 국가중심이론(state-centered approach)은 사회복지를 제공하는 공급(supply)의 측면에서 복지국가의 발전을 설명한다. 이 이론은 사회복지에의 수요의 변화에도 불구하고, 국가는 국가 나름대로 사회복지 확대가 필요한 이유들을 갖고 있다고 본다. 다시 말해서 유사한 사회복지에의 수요에 처해 있어도 국가에 따라 특정한 국가구조의 차이에 따라 대응하는 것이 다르다는 것이다(김태성 외, 2019: 181). 또한 이익집단정치이론에서는 국가와 관료조직을 사회복지정책 도입의 중개자(transferring media)로 간주하고, 계급투쟁론(신마르크스주의 이론)에서는 국가를 지배계급의 도구로 보는 데 반해, 국가중심이론에서는 사회복지정책에 대해 독립된 주체인 국가가 스스로 문제를 인식하고 해결하려고 하는 노력의 산물(특정 집단의 요구를 반영한 게 아니라)로 파악한다. 그런 의미에서 '국가론(the statist approach)'이라고도 한다.

국가중심이론이 가장 중시하는 것은 문제를 발견하고 해결책을 찾아내며 그것을 수행하는 정부관료조직의 역할이다. 국가중심이론에서는 사회적 쟁점과 그 해결책은 점차 복잡해지는 경향이 있으며, 정치인과 이익집단의 역할은 약화되는 반면에, 관료와 전문가의 역할은 더욱 중요해진다(원석조, 2020: 268). 국가중심이론은 국가나 관료기구의 주도성에 초점을 둔다. 사회복지정책 발달에 정당이나 이익집단이 중요한 역할을 하기도 하지만, 지속적으로 영향을 미치는 것은 공공관료들이라고 본다. 즉, 복지정책이 사회의 필요와 다양한 세력들의 이해관계를 반영하기도 하지만, 궁극적으로 국가 엘리트들과 관료집단의 의지와 능력에 의해 결정된다고 보는 것이다. 각 국가의 복지수준과 복지제도의 차이는 국가구조나 정치제도 혹은 관료기구의 차이에 있다는 것이다(김영화 외, 2020: 128).

국가중심이론은 산업화, 독점자본, 이익집단, 노동자계급 등의 요인들이 복지국가의 발전에 영향을 준다는 점은 인정하지만, 이 이론의 강조점은 이러한 영향들이 독립적인 국가조직에 의해서 매개가 된다는 점이다. 이 이론에 따르면, 지금까지의 4이론들은 복지국가 발전에서의 국가의 역할은 단순시행자(산업화이론)나 자본가의 하수인(독점자본이론), 다양한 이익집단들의 요구의 중재자(이익집단정치이론), 혹은 노동자계급의 요구에 대한 타협자(사회민주주의이론)로서의 소극적인 역할이었다. 반면에, 국가중심이론은 국가의 적극적인 역할을 강조하여 복지국가의 발전을 설명하는 거시적이고 사회적인 배경적 원인과 구체적인 한 국가의 사회복지정책 사이의 관계는 각 국가들이 갖고 있는 국가구조의 특이성에 의하여 결정된다고 본다(Evans et al., 1985).

『연령, 계급, 정치, 그리고
복지국가』
(1992년 출판)

팜펠과 윌리암슨(Fred C. Pampel & John B. Williamson)
은 1989년 그들의 저서 『연령, 계급, 정치, 그리고 복지
국가(*Age, Class, Politics, and the Welfare State*)』에서,
국가의 역량(state capacity)은 국민의 요구에 대한 국가
의 대처능력을 좌우한다는 점에서 국가의 성격이 사회복
지수준을 결정한다고 하면서 국가중심이론을 뒷받침하고
있다. 그 이유는 다음과 같다.

첫째, 국가의 중앙집권화와 조합주의자(corporatist) 조
직은 집권자들이 원하는 정책의 시행을 위해 복지비 확
대를 가져온다. 정부, 기업, 노조의 엘리트들이 집중화되
어 있으면(조합주의, corporatism), 복지확대를 반대하는 분파들의 저항을 효
과적으로 제압할 수 있다. 그리고 복지확대에 대한 국민적 합의를 이끌어내기
도 용이하다.

둘째, 행정기관 관료제의 확대는 복지비 지출을 증대시킨다. 행정조직의 확
대는 인건비 지출과 자체 예산의 확대를 가져온다.

셋째, 국가조세구조도 복지비 지출과 관계가 있다. 직접세와 사회보장세의
비중이 높을 경우, 복지비 지출이 상대적으로 어렵다. 간접세에의 의존도가
높을 경우, 복지비 지출의 증대에 필요한 조세의 증액에 대한 반대가 상대적
으로 적다.

넷째, 선거의 시점도 복지비 지출의 시점에 영향을 줄 수 있다.

다섯째, 국방비와 같이 경쟁관계에 있는 지출항목이 복지비 지출을 억제할
수 있다. 전쟁 중이거나 국가 간 군사적 긴장도가 높을 경우, 군사비는 복지
비에 우선한다.

이익집단정치이론에 대한 평가는 다음과 같다(오세영, 2020: 200-201).

국가중심이론의 장점은 다음과 같다.

첫째, 사회중심적 접근에서 벗어나 사회복지를 제공하는 공급자로서의 국가를 강조함으로써 사회복지정책 발달에 대한 설명의 폭을 넓혔다.

둘째, 사회복지정책 발전에 있어서의 각 국가들이 갖고 있는 국가 구조적 특이성을 역사적인 발전과정의 맥락에서 분석하고 있다.

셋째, 지금까지의 소극적인 국가 역할에서 벗어나 적극적인 행위자로서의 국가를 강조한 점도 사회복지정책 발달에 대한 이해의 폭을 넓히고 있다.

그러나 국가중심이론은 다음과 같은 한계를 지니고 있다.

첫째, 각 국가의 구조적 특이성을 강조하기 때문에 이 이론을 통해 사회복지정책의 발달을 설명하는 데에는 일반화하기 어려운 점이 있다. 즉, 많은 국가들을 대상으로 적용될 수 있는 체계화된 그리고 구체적인 가설을 정립하기 어렵다.

둘째, 국가중심이론은 사회복지의 욕구가 어떻게 하여 발생하는가를 설명하기보다는 그러한 욕구에 대한 대응을 국가에 따라 어떻게 하는가에만 초점을 맞추었기 때문에 사회복지정책의 발전에 대한 본질적인 원인에 대하여는 등한시할 수 있는 한계가 있다.

6. 확산이론

확산이론(diffusion theory)은 사회복지가 국제적 모방과정으로서 한 나라의 사회복지정책이 다른 나라에 영향을 미친다는 데 초점을 둔 이론이다. 확산이론에 따르면, 근대국가들이 발전하면서 그 발전이 확산되어 전통적 국가들에게 영향을 미친다. 이 이론은 서구사회의 발전모형을 기초로 근대화를 사회발전의 가장 중요한 요소로 강조하며, 진화론적 입장을 취한다. 확산이론의 논리적 핵심은 사회복지정책의 도입을 모방과정의 결과로 인식한다는 점이다.

콜리어와 메식(Collier & Messick, 1975)에 의하면, 확산은 두 가지 유형으로 구분된다.

첫째, 위계적 확산(hierarchical diffusion)이다. 이는 기술혁신이나 새로운 제도가 선진국에서 후진국으로 확산되는 경우를 말한다. 일반적으로 근대화가 먼저 진행된 국가들로부터 늦게 진행된 국가로 위계적 확산이 진행되는데, 개발도상국은 근대화의 수준이 낮은 상태에서 사회복지제도와 프로그램을 도입한다.

둘째, 공간적 확산(spatial diffusion)이다. 이는 어떤 국가에서 만들어진 기술이나 제도가 우선 인접 주변국을 중심으로 하여 점차적으로 확산되는 경우를 말한다. 1880년대의 독일 비스마르크의 사회보험제도가 점차적으로 유럽 전역으로 확산된 경우가 그 예이다.

확산이론을 주장하는 학자들은 사회복지정책의 발전과 국가의 지리적 위치가 밀접한 관계에 있다고 주장한다. 즉, 서로 지리상으로 인접한 국가나 긴밀한 관계에 있는 국가 간에 정책이 확산되어 간다. 유럽대륙 국가들은 다른 선진국이나 비유럽 국가보다 먼저 사회보장 프로그램을 구축했을 뿐만 아니라, 더 많은 복지비를 지출하고 있었는데 이는 유럽대륙 국가들의 지리적 근접에 기인한다. 이런 관점에서 보면, 독일에서 처음 도입된 사회보험이 빠른 시일 내에 유럽의 인접 국가로 퍼져나간 경우가 있다.

확산이론은 기존의 이론들이 사회복지정책의 발달을 국내적인 요인을 가지고 설명하려는 것에서부터 벗어나 국제적인 관계와 범위로 그 영역을 넓혀 설명했다는 점에서 의의가 있다. 특히, 현대사회와 같이 교통과 통신이 잘 발달되고 최근에 와서는 인터넷 등으로 인하여 명실상부한 지구촌이 된 상황에서 확산이론은 설명력이 훨씬 높아지고 있다.

그러나 확산이론은 다음과 같은 한계들이 지적되고 있다(오세영, 2019: 184).

첫째, 산업국가에서 정부가 시행하는 사회복지정책에 있어서 확산이론에 의한 확산효과는 미미하며, 그보다는 각 국가의 내부적인 사회경제적·정치적 요인이 더 중요하다.

둘째, 이 이론은 국제적인 환경변수가 구체적인 사회복지정책으로 전환되는 역동적인 과정을 설명하지 못하고 있다. 단순히 특정 국가와 인접하고 있다는 지리적 위치나 피식민지적 지배와 경험 자체는 중요한 요인이기는 하지만, 이와 같은 요인이 왜, 어떻게 영향을 미쳐 정책화되는가에 대한 구체적인 설명이 부족하다.

셋째, 이 이론은 선진국가에서 후진국가로 사회복지정책이 확산되어 간다고 주장하고 있으나, 그렇지 않은 경우도 있다. 때로는 후진국가에서 선진국가로의 역 확산(up a hierarchy)도 존재하는데, 근대화가 영국에 비해 뒤진 독일의 사회보험이 영국에 뒤늦게 도입된 것이 그 예이다.

넷째, 한 국가가 새로운 복지제도를 도입하려 할 때 다른 나라, 특히 선진 복지국가의 제도를 참고하는 것은 분명하지만, 확산이론은 사회복지제도의 국가 간 확산 여부를 떠나 복지의 원인이 복지가 된다는 논리적인 취약점을 가지고 있다. 제도를 단지 참고만하는 것을 그 원인이 된다고 간주할 수는 없다.

7. 시민권론

시민권론(citizenship theory)은 사회복지정책의 발달을 시민권의 변천이라는 측면에서 진화론적으로 설명하는 이론으로, 사회복지정책이 발달하는 것은 시민권의 수준이 높아지기 때문이라고 보는 이론이다. 대표적인 학자로는 마셜(Thomas Humphrey Marshall)이 있다. 마셜은 1963년 그의 저서『교차로와 에세이에서의 사회학 (*Sociology at The Crossroads and other Essays*)』에서, **시민권**(citizenship)은 공동체의 완전한 사회구성원에게 부여된 여러 가지의 권리와 권력을 향유할 수 있는 지위로 보았으며, 시민권의 요소를 공민권, 정치권, 사회권으

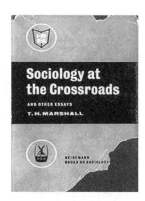

『교차로와 에세이에서의 사회학』
(1963년 출판)

로 분류하면서 시민권의 변천을 진화론적 입장에서 분석하고 있다.

공민권(civil right)은 산업혁명을 통해 봉건주의 체제가 붕괴되고 자본주의

가 도래하던 18세기에 형성되었으며, 인간의 기본권적인 자유권을 비롯, 평등권을 보장받는 권리 및 이와 관련된 권리이다. 개인의 자유와 법 앞에서의 평등을 보장받을 권리를 말한다.

정치권(political right)은 19세기에 발달한 권리로서, 한 사람의 성원으로서 투표할 수 있는 권리뿐만 아니라, 대의기구에 선출될 수 있는 권리이며, 국가의 정치에 적극적으로 참여할 수 있는 권리이다.

사회권(social right)은 20세기에 확립된 권리로 적정 수준의 경제적 복지로부터 사회적 유산을 공유하고, 그 사회의 보편적 기준에 따라 문명화된 삶을 살 수 있는 권리이며, 생존권적 기본권이라고도 한다. 사회권은 자본주의 및 시민사회 성장의 토대였던 공민권과 민주주의의 확대를 가능하게 했던 정치권의 변증법적 상호작용의 결과물이다.

그러므로 시민권 중 첫 번째인 공민권은 기본적으로 법률제도를 통해 구현되고, 두 번째의 정치권은 정치제도에 의해 구현되며, 세 번째인 사회권은 사회서비스를 통해 구현된다.

마셜의 궁극적 관심은 시민권과 사회적 불평등의 관계, 구체적으로 양자의 공존관계에 있었다. 그는 시민권과 사회적 불평등은 양립 가능한 것으로 보았다. 사회권은 소속감을 창조하지만, 계급 간 불평등을 폐지하는 것과는 별 관련이 없다고 보았다. 시민권은 계급불평등을 감소시키기는커녕, 어떤 의미에서는 사회적 불평등의 구조가 더욱 견고하게 유지될 수 있도록 조건의 평등이라는 상황을 만들어낸다는 것이다. 이러한 의미에서 복지국가는 불평등을 참을 수 있을 만한 것으로 그리고 정당한 것으로 만든다. 하지만 마셜은 시민권의 평등이라는 요소와 자본주의의 불평등이라는 요소 사이에는 일정 정도의 긴장이 있다는 것은 인식하였다. 즉, 불평등이 심할 경우 사회적 소요나 폭동이 일어날 수 있기 때문에 사회적 효율을 해치지 않으면서 사회적 불평등을 완화시키기 위한 노력이 필요하다고 보았던 것이다. 사회적 불평등의 완화제가 바로 사회복지정책이었다(Mishra, 1981).

시민권론은 주로 보편적이고 포괄적이며, ‘권리로서 주어지는’ 사회복지정책과 정책서비스와 원칙을 정당화하는 데 적절한 개념으로, 사회복지 정책과 정책서비스의 정당성을 부여하는 데 큰 의의가 있다.

시민권론의 문제점은 다음과 같다(정영숙 외, 2019: 61).

첫째, 법률적 복지에 한정되므로 사회봉사 등의 복지형태를 포괄하기 어렵다.

둘째, 시민권 이론의 적용범위는 서구민주사회에만 제한된다. 사회주의 국가에서의 국가복지에 대해 시민권적 견해에서 이해가 될 수 없다.

셋째, 시민권론은 공민권과 정치권, 사회권을 사회구조의 변화와 연결시켜 설명하지 못하고 있다. 사회변동에 대한 전체적이고 진화론적 접근을 취함으로써 집단의 행위와 집단갈등이 초래할 수 있는 영향, 산업화의 영향 등은 고려되지 못하고 있다.

8. 사회양심론

사회양심론(the social conscience theory)은 1950년대 영국 사회복지정책학의 통설로서 애용되었고, 그 이후 오늘날에 이르기까지 사회사업가들은 물론 박애주의자들에게 큰 영향을 미치고 있다. 이 이론의 대표적인 저작으로는 홀(M. Penelope Hall)의 저서 『현대 영국 사회서비스(*The Social Services of Modern England*, 1952)』가 있다(Higgins, 1981).

『현대 영국 사회서비스』
(2013년 출판)

사회양심론은 인도주의에 기초하고 있다. 사람은 인간에 대한 기본적인 연민과 동정을 가지고 있으며, 국가 역시 이타주의(altruism)에 기반을 둔 사회적 책임이 있음을 가정한다. 사회양심은 개인적인 차원에서는 상호부조 정신과 기부문화가 발달할 수 있는 근거가 되고, 사회적인 차원에서는 지역사회나 공동체, 지방자치단체, 중앙정부 등에서 인도주의에 입각한 사회적 의무감이 복지정책을 확대할 수 있다고 보는 것이다.

이러한 사고는 오래 전부터 인간사회에 존재하고 있어서, 복지마인드의 가장 근본적인 인식 틀을 형성해 왔다. 사회양심론에 따르면, 사회복지정책의 발달은 타인의 고통을 해소하려는 개인의 이타적 양심이 사회적·국가적 정책으로 표현되는 것이다(김영화 외, 2020: 113).

사회양심론은 정부의 사회복지정책을 국가의 자선활동으로 간주한다. 즉, 국가의 복지활동을 동정주의적 관점(sympathetic view)으로 보는 것이다. 그리고 사회복지제도에 대한 연구를 다른 사회제도에 대한 연구와 구별하고 있으며, 사회복지정책의 발전에 대한 정치적 요인을 무시하고 사회복지정책을 이상주의(realism)와 인간사회에 관한 지식·정보의 발전의 결과로 본다(원석조, 2020: 269-270).

사회복지정책의 발전을 아동의 성장과정에 유추하고 있는 진화론적 관점을 취하고 있으며, 진화적 관점은 당연히 사회복지정책 발전의 역전 불가능성(사회복지정책 발전의 필연성)과 발전에 대한 낙관주의를 내포한다. 그러나 최근의 공공정책들의 잇따른 실패와 사회문제의 재발로 인해 사회양심론의 설득력은 매우 약화되었다.

베이커(Baker, 1979)는 사회양심론을 다섯 가지로 요약하고 있다.

첫째, 사회복지정책이란 인간이면 누구나 갖기 마련인 타인에 대한 사랑을 국가를 통해 발현시키는 것이다.

둘째, 사회복지정책은 사회적 의무감(social obligation)의 확대와 욕구에 대한 국민들의 지식향상이라는 두 요인에 의해 변화된다.

셋째, 변화는 축적적이며, 관대함과 관심영역의 증대방향으로 물론 균일적 변화폭은 아니지만 줄기차게 진화한다.

넷째, 개선은 불가피하며, 현행 서비스는 지금까지의 것 중 최선의 것이다.

다섯째, 역사적으로 볼 때, 현행 서비스가 완전한 것은 아닐지라도, 사회복지의 주된 문제는 이미 해결되었고, 사회는 안정 기반 위에 구축되어 있기 때문에 지속적 발전을 기대할 수 있다.

이상 다섯 가지 내용 중 전부나 일부를 직설적으로나 묵시적으로 인정하면 일단 사회양심론의 부류에 속하게 된다고 볼 수 있다.

하긴스(Joan Higgins)는 1981년 그의 저서 『복지국가: 사회복지정책의 비교분석(*States of Welfare: Comparative analysis in social policy*)』에서, 영국 사회복지행정의 특성에서 잘 나타나듯이 사회양심론은 낙관적이고 문제해결중심의 시각이란 점이 장점이 될 수도 있지만, 단점을 열거했는데, 그중에서도 특히 다음 세 번째의 단점 지적은 그녀의 비교연구적 시각이 날카롭게 적용된 것이다. 왜냐하면 사회복지정책의 생성과 변화가 사회양심론자들의 주장대로 인간의 기본 가치인 이타심의 발현이라면,

『복지국가』
(1981년 출판)

이러한 가치의 표현은 모든 형태의 인간사회에서 유사하게 나타나야 할 것이지만, 실제는 그렇지 않다는 것이다. 그 내용은 다음과 같다.

첫째, 사회복지정책의 자비적 특성을 너무 강조한 나머지, 국가의 역할에 관한 왜곡된 견해를 갖게 하여 사회적 과정의 정확한 이해를 방해하고 있다.

둘째, 특정의 문제가 특정의 시기에 하필이면 문제로 인식되어 해결의 시도를 받게 되는 사회적 맥락에 관한 설명이 불가능한 것과 같이 사회복지정책의 형성 및 변화에 미치는 압력 및 영향에 관한 분석이 너무 협소하다.

셋째, '지속적 발전이 있다' 혹은 '근본문제의 해결은 끝났다'와 같이 사회복지정책의 변천과정을 직선적 그리고 낙관적으로만 봄으로써 피상적인 국가 간의 비교가 쉽사리 수렴이론으로 비약될 여지가 많다.

영국 사회복지정책의 발달과정에서 외국과의 비교가 없었던 것은 아니지만, 그것이 어디까지나 자국의 조건개선이나 문제해결을 위한 수단에 지나지 않았으며, 보다 고차원적인 사회복지정책론의 개발이 목적이 될 수 없었던 이유 중에는 사회양심론의 영향도 크게 작용했다고 볼 수 있다. 인간본성의 일부인 선이란 동서고금에 존재해 왔는데도 사회복지를 유독 현대사회의 산물

로만 설명하는 것은 무리이다. 그리고 선행을 가장한 위선의 존재를 이 이론으로써는 파악해 내지 못할 뿐 아니라, 사회복지제도 발달사에 나타나는 진보와 퇴보의 교차현상을 적절히 설명할 수 없으며, 채택되지 않은 정책의 대안들이 분석의 대상에서 제외되고 있는 점들이 사회복지정책 발달이론으로서의 사회양심론의 큰 약점이 되고 있는 것이다(김상균, 2000: 88－89).

9. 음모이론

음모이론(the conspiracy theory)은 사회양심론에 정면으로 도전하는 입장을 취하고 있는데, 이 이론에 따르면, 사회복지정책의 주 목적은 인도주의나 인정(compassion)의 실현이 아니라, 사회안정 및 질서유지와 사회통제이다. 따라서, 사회복지정책의 변화 시기를 지배계층이 기존의 사회질서가 위협을 받고 있다고 느끼는 때라고 주장하면서 사회복지정책의 변화를 줄곧 진화의 과정을 밟아 발전만 되는 것이 아니라, 개선과 악화의 양면이 언제라도 교차될 수밖에 없는 성질의 것으로 본다.

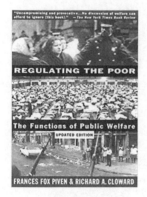

『빈곤층 규제』
(1993년 출판)

피본과 클로와드(Frances Fox Piven & Richard Cloward)는 1971년 그들의 저서 『빈곤층 규제: 공공복지의 기능(*Regulating the Poor: The Functions of Public Welfare*)』에서, 전통 사회복지정책론에서는 별로 다루어지지 않던 계급갈등과 정치적 편의주의의 중요성을 강조하면서 이를 뒷받침하기 위해 대공황 이후의 미국사회복지사를 분석했다. 그 결과, 그들은 대량실업에서 파생되는 시민소요사태가 발생하면 공공복지제도가 시작되거나 확장되며, 반대로 정치적 안정이 회복되면 그러한 프로그램은 폐지되거나 감축되어 버린다는 사실을 발견했다. 사회보험의 원조로 알려진 비스마르크(Bismarck) 입법 동기에 대해 당시 격화일로에 있던 노동자계급

중심 사회주의 운동을 저지시켜 기존 질서를 유지하기 위한 속셈으로 보는
견해 역시 이 부류에 속한다.

조지와 윌딩(Victor George & Paul Wilding)은 이러한 속셈으로부터 실시
되는 복지제도를 일컬어 복지국가의 '마키아벨리적 관점'이라고 하면서 이 관
점은 지배계층이 예상되는 근로계층으로부터의 엄청난 요구를 사전에 봉쇄할
목적으로 원하든 원하지 않든 간에 미리 선수를 쳐서 양보하는 것이 사회복
지정책이라고 해석한다.

음모이론의 또 다른 시각은 마르크스주의자들에 의해 제공된다. 사빌레
(Saville, 1957–1958)는 사회복지정책을 자본주의에 절대 필요한 안정과 효율의
유지를 위한 물리적 강압책의 대안으로 보고 있다. 오코너(O'Conner, 2017)에
의하면, 정부의 사회복지 지출액은 시장의 법칙에 의해 결정되는 것이 아니
라, 계급 또는 집단 간의 사회, 경제적 갈등에 의해 구조적으로 결정된다. 결
국 마르크스주의자들은 사회복지정책을 단기적으로는 폭력사태의 방지를 위
한 자본주의자들의 방편으로, 그리고 장기적으로는 노동자계급의 혁명에 대
한 정열을 식히는 전략으로 보고 있다. 그리하여 핀커(Pinker, 1974)는 사회복지
정책이 빈곤자들의 성공기회를 개선시킬 수 있고, 혁명의 변화 없이도 사회정
의의 요구를 충족시킬 수 있는 가능성을 과시하고 있기 때문에 마르크스주의
자들의 눈에는 함정, 환상 또는 이단으로 비치고 있다고 주장한다.

음모이론에 대한 비판은 다음과 같다(Popper, 2002 ; Muraskin, 1975).

첫째, 정책결정자의 의도를 너무 중시한 나머지, 정치적 현실을 과소평가하
고 있다. 즉, 사회복지정책은 많은 경우에 있어서 복잡한 행정과정의 결과인
데, 그러한 과정 자체는 사전에 예측하지 못했거나 또는 의도하지 않았던 결
과를 초래할 수 있는 것이다. 물론 사회복지정책의 경향이 빈곤자를 해방시키
기보다는 통제하려는 의도를 우선적으로 내포하고 있을지 모르지만, 현대정
치의 다원화 특성과 민주정치의 압력과 제한 때문에 발단에서부터 시행에 이
르는 정책과정이 일사분란하게 움직이는 것처럼 일반화시킬 수 없다. 뿐만 아
니라, 대중소요가 있을 때 사회복지정책을 통한 간접적 사회통제가 아니라,

경찰이나 군 병력을 이용한 보다 직접적인 통제를 얼마든지 가할 수도 있다는 점이 지적된다.

둘째, 사회안정에 대한 위협을 조성하지 않는 집단이면서도 사회적 서비스의 확충으로 인한 혜택을 입고 있는 사례를 설명할 수 없다. 예컨대, 노인, 아동 그리고 환자들과 같이 노동시장에서 제외되는 대상들은 정책입안자들에게 위협적인 존재라고 보기 힘들다.

셋째, 음모가 도사리고 있음은 사실이지만, 그렇게 자주 있는 것도 아니고 또 반드시 음모가 성공하는 것도 아니다.

넷째, 권력에 대한 견해가 모순적이다. 한편으론 지배 엘리트가 빈곤자의 압력에 반응하여 행동하는 것처럼 가정하고, 또 다른 한편으론 전체 권력을 장악하여 구호체계의 모든 확대 및 축소를 결정하고 있는 것처럼 본다는 것이다. 덧붙여 복지에 대해 대부분 회의적이거나 거부적인 태도를 갖고 있는 중간계층의 정책결정에 미치는 영향을 고려하지 않고 있다.

1. **사회복지정책 발달이론에 대한 설명으로 옳지 않은 것은?**

   ① 산업화론은 산업화에 따른 욕구 증가에 대한 대응으로 사회복지정책이 발달했다는 것
   이다.
   ② 산업화론에 따르면 경제성장과 산업화는 복지국가로 수렴한다.
   ③ 독점자본주의 이론에서는 복지정책이 자본가의 도구라고 한다.
   ④ 권력자원론에 따르면, 노동자의 경제적 권력이 복지정책 발달을 이끌었다고 주장한다.
   ⑤ 다원주의론에서는 계급정치보다 이익집단 정치를 중시한다.

2. **복지국가의 발달을 설명한 이론으로 옳지 않은 것은?**

   ① 사회양심론은 복지정책을 낙관적으로 접근한다.
   ② 음모이론에 따르면 사회복지정책은 인도주의에 기반을 둔다.
   ③ 시민권의 발달에서 사회권은 가장 최근에 획득되었다.
   ④ 사민주의 입장에서 노동자계급의 정치적 영향력은 중요한 요인이다.
   ⑤ 이익집단이론에서 노동조합은 수많은 이익집단 중 하나이다.

3. **복지국가 발달이론을 올바르게 설명하지 않은 것은?**

   ① 국가중심주의 이론은 국가 관료들의 자기이익 추구 행위가 복지국가 발전을 가져온다
   고 본다.
   ② 수렴이론은 산업화로 인해 발생된 사회문제 해결을 위해 사회복지가 발달한다고 본다.
   ③ 수렴이론은 산업화와 이로 인한 인구사회구조의 변화에 주목한다.
   ④ 확산이론은 한 나라의 사회복지정책이 다른 나라에 미치는 영향을 강조한다.
   ⑤ 시민권론은 정치권의 실현을 통해서 완전한 시민권의 실현이 가능하다고 본다.

4. **국가중심이론을 올바르게 설명하지 않은 것은?**

   ① 사회복지 수요측면에서 사회복지정책 발달을 설명한다.
   ② 국가발전의 장기적인 안목에서 형성된다.
   ③ 정책형성과정을 중시한다.
   ④ 국가의 적극적인 역할을 강조한다.
   ⑤ 국가의 구조적·제도적 요인에 따라 복지정책이 달라진다.

정답 1. ④ 2. ② 3. ⑤ 4. ①

CHAPTER 05

사회복지정책과 이데올로기

❖ 학습목표
1. 이데올로기에 대한 이해
2. 각 이데올로기의 시대적 배경
3. 이데올로기 간 비교 분석

❖ 학습내용
1. 사회복지정책과 이데올로기의 상관성
2. 고전적 자유주의   3. 구식 사회주의
4. 마르크스주의   5. 페이비언주의
6. 사회민주주의   7. 케인즈주의와 국가개입주의
8. 신자유주의   9. 제3의 길
10. 생태주의   11. 페미니즘

❖ 개요
사회복지 이데올로기는 인간의 현실생활을 규제하며, 인간의 복지구현을 위해 사회적으로 추구되어야 할 것과 지양해야 할 것을 구분하는 이념적 기준 또는 준거를 제공함으로써 사회구성원의 현재와 미래의 삶에 영향을 미친다. 복지와 관련하여 이데올로기는 대개 시대적 이념과 제도화된 가치로 정의되며, 모든 사회는 그 사회에 관한 신념과 개념의 체계를 만들어낸다. 여기에서는 사회복지정책에 나타난 이데올로기를 학습하고자 한다.

사회복지정책과 이데올로기

1. 사회복지정책과 이데올로기의 상관성

'사회복지 이데올로기'는 사회복지에 대해 사회구성원이 공유하고 있는 유사한 생각의 결합체로 일관성, 역사성, 유토피아성 등의 특징을 갖는다(김성이, 2006: 16). 또한 사회복지 이데올로기는 인간의 현실생활을 규제하며, 인간의 복지구현을 위해 사회적으로 추구되어야 할 것과 지양해야 할 것을 구분하는 이념적 기준 또는 준거를 제공함으로써 사회구성원의 현재와 미래의 삶에 영향을 미친다.

사회복지를 포함한 사회전반에 대한 사유의 기조라는 면에서 보면 사회사상은 사회복지 이데올로기의 일부로 이해할 수 있다(박광준, 2013: 155). 따라서, 사회복지 이데올로기는 사회복지에 대한 사상으로서, 사회복지의 개념과 범위에 따라 사회복지 이데올로기의 개념과 영역이 결정되어진다. 한 사회의 사회복지제도 혹은 사회정책은 그 사회의 가치 혹은 사상(thought)의 표현물이라고 할 수 있다(김상균: 2004: 15).

사회복지는 이론적 관점의 차이에 따라 사회현상과 사회문제에 대한 대응방식에 차이가 있을 수 있으며, 복지 이념으로부터 직접적인 영향을 받을 뿐만 아니라, 그 가치와 원칙, 방법까지도 결정된다. 또한 사회복지는 관점의 차이에 따라 그 정의도 차이가 있다. 복지에 대한 관점은 이념에 따라 영향을 받는다. 즉, 이데올로기에 의하여 사회복지의 가치와 원칙 및 방법 등이 상이하게 나타나며, 이데올로기는 궁극적으로 개인과 사회 또는 자유와 평등이라는 이념의 연속선에서 중간에 상이한 가치관에 따르는 많은 형태의 이념이 존재할 수 있다(김태진, 2012: 193).

이데올로기라는 말은 프랑스 철학자 드트라시(Antoine Louis Claude Destutt de Tracy, 1754~1836)가 그의 저서에서 '관념의 기원을 결정하는 과학'이라는 의미로 처음 사용한 것으로 보인다(Baradat & Phillips, 2019, 10). 'ideologie'의 어원은 idea(이념)와 logie(논리)의 합성어이다. 즉, 생각과 이념이 논리적으로 뭉쳐진 덩어리, 다시 말해서 이념의 논리'라고 볼 수 있다. 이데올로기는 순간순간 떠오르는 생각이나 아이디어가 아니다. 오히려 인생에 대한 개인의 태도, 사회에서의 개인행위를 설명할 수 있는 사상과 신념의 일관된 패턴이며, 그리고 그와 같은 사상과 신념에 상응하는 행동패턴을 지지·주장하는 것이다. 따라서, 같은 이데올로기를 가진 사람들은 사회와 세계를 바라보는 시각에서 유사성이 있다. 아울러 이데올로기는 일시적인 기분, 감정, 판단과 달리 일관성과 체계성을 담고 있는 특징이 있다(김영화 외, 2020: 141). 또한 이데올로기란 용어는 관념체계, 가치판단을 의미하고 있으며, 개인, 집단 및 문화의 특성에 관한 일관성 있는 이론 및 그 사회에 의해 발생한 사회이념 및 가치체계라고 할 수 있다(김태진, 2012: 193).

기든스(Giddens, 2021: 97)에 따르면, 이데올로기는 갈등과 조화 간의 상호관계를 분석하는 데 도움을 주는 유용한 개념이며, 그것은 약한 집단을 희생시켜서 강한 집단이 지위를 확보하게끔 도와주는 가치와 신념이다. 테일러(Taylor, 2006: 18)에 따르면, 이데올로기는 사회현실을 묘사하고 그것을 변화시키는 방법을 제시한다. 따라서, 이데올로기는 한 개인 혹은 한 집단이나 계층의 구성원들에 의해 공통적으로 소유되는 신념체계라고 할 수 있다. 이데올로기는 정책결정에 중요하게 작용할 수 있다. 즉, 이데올로기는 사회복지정책 등의 방향 설정에 기본이 되는 노선을 제시한다고 볼 수 있다.

그러므로 복지와 관련하여 이데올로기는 대개 시대적 이념과 제도화된 가치로 정의되며, 모든 사회는 그 사회에 관한 신념과 개념의 체계를 만들어낸다.

사회복지 이데올로기의 근원이 되는 근대적 가치는 서구 근대사의 시민정
신인 민주주의, 개인주의, 실용주의 등을 들 수 있다. 영국의 경우, 1601년 「엘
리자베스 구빈법」 시행 이후 약 300년간의 역사를 통하여 빈곤의 책임이 개
인성에 의한 것이 아니라, 국가와 사회에 있다는 복지의식이 생겨났다(박병현,
2012: 113). 이는 산업혁명 이후 불평등문제 해결을 위한 국가와 사회의 책임인
식 등에서 비롯된 것이다. 사회복지 이데올로기는 시대적으로 제도화된 가치
이며, 각 사회에 따른 개념 체계를 만들어 내고, 사회복지정책은 주도되는 이
념에 따라 성격이 달라진다(김태진, 2012: 194).

사회복지 이데올로기의 유형에 대하여 조지와 윌딩(George and Wilding, 2013)
은 반집합주의(anti−collectivism), 소극적 집합주의(reluctant collectivism),
페이비언주의(fabian Socialism), 마르크스주의(marxism)의 4가지 모형을 제
시하여 구분한 바, 이들은 자본주의가 점진적으로 사회주의 복지국가로 나아
감을 확신하는 페이비언주의자들의 관심을 강조하였다. 즉, 사회복지 이데올
로기는 복지국가의 발달과 복지국가에 대한 태도, 이상사회, 평가 등에 관하
여 설명되고 있다고 볼 수 있으며(박병현, 2012: 43), 이는 사회복지정책이 이념
의 영향을 많이 받기 때문이다. 또한 1970년대 후반 복지국가의 재편, 세계화
와 신자유주의 도래로 복지의 시장화와 지방분권화 등의 과정에서 복지는 이
념을 반영하고 있으며, 복지 이론과 이념은 공공과 민간, 제3섹터를 포함한
종교기관의 복지실천과도 밀접한 관련성이 있다.

이데올로기를 가치의 정향으로 볼 때, 가장 대표적인 도식화는 '좌'와 '우'의
구분이다. 그런 만큼 좌파와 우파의 특징을 비교해 보면, 복지정책에 대한 '좌
파'적 관점과 '우파'적 관점을 잘 파악할 수 있다. 좌파와 우파의 정치적 행동
지향성을 살펴보면, 대체로 우파는 점진적·보수적인 가치에 중심을 두는 반
면에, 좌파는 급진적·진보적인 속성을 가지고 있다. 이러한 속성이 경제영역
과 만나게 되면 좌파적 이데올로기는 대체로 집합주의 내지 사회주의를 지향
하게 되고, 우파는 자유주의나 자본주의를 좀 더 옹호하는 양상으로 나타난

다. 한편, 노르베르토 보비오(Norberto Bobbio, 1909~2004)에 따르면, 좌파
와 우파를 구분하기 위해 가장 흔히 사용되는 기준은 사회 속에서 살고 있는
사람들이 평등이라는 이상에 대해 어떤 태도를 가지고 있느냐에서 찾을 수
있다고 하면서, 좌파는 평등을 지향하는 것이고, 우파는 자유를 지향한다는
점에서 그 차이를 설명하고 있다(김영화 외, 2020: 142).

좌파와 우파의 차이는 복지정책 및 시장경제체제에 대한 태도에서 좀 더
분명한 차이가 나타난다. 18세기 산업혁명 이후 현대에 이르기까지 정치경제
적 변화를 거쳐 오면서 자유주의적 시장경제와 정치질서가 지배적인 체제로
형성되었고, 이 과정에서 복지국가는 거의 대부분의 국가에서 '보편적으로 추
구하는 모델'로 자리 잡게 되었다. 이러한 과정에서 좌·우파 이데올로기는
복지국가를 어떻게 이해하는지 그리고 기존 복지 제도와 정책에 대한 태도가
어떠한지를 구분할 수 있는 기준으로서 작동되고 있다. 특히, 복지정책에 있
어서 좌파는 평등을 지향하는 특징이 있는 반면, 우파는 개인의 자유와 역량
개발에 의한 성장과 발전을 강조하며, 국가의 지나친 개입은 지양되어야 한다
고 본다.

오늘날 후기 현대사회의 특성은 복지사회를 추구함에 있어 사회정책을 통
하여 국가책임과 평등을 추구하는 사회주의적 성격과 공공과 민간, 제3섹터
를 통한 복지혼합(welfare mix) 및 자유주의가 공존하는 현상 등에 대하여
사회복지 이데올로기가 유형화 되고 있다.

이데올로기는 사회복지정책과 관련된 사회적 가치를 반영하고 있다. 즉, 이
데올로기가 달라지면, 사회복지정책의 내용도 달라질 수 있다. 무엇보다도 사
회복지정책과 관련된 여러 영역에서 이데올로기마다 차이가 있기 때문에 각
각의 이데올로기를 따르는 집단은 사회복지정책의 결과에 크게 영향을 미치
기를 원하고 있다. 따라서, 사회복지정책은 이데올로기의 영향으로부터 벗어
나기 어렵다. 이데올로기가 사회복지정책에 미치는 영향은 다음과 같다(노병
일, 2021: 86).

① 사회구성원에게 무엇을 제공하여야 하는지와 관련해 영향을 미치고 있다.
② 사회에서 잘하지 못하는 사람들을 어떻게 다루어야 하는지에 대해서 영향을 미치고 있다.
③ 서비스를 제공하는 방식과 관련해 영향을 미치고 있다.

2. 고전적 자유주의

고전적 자유주의(classical liberalism)는 경제적 자유에 중점을 두고 법치주의 아래에서 시민자유를 옹호하는 정치 이데올로기이자 자유주의의 분파이다. 경제적 자유주의와 밀접하게 관련되어 있으며, 19세기 초 도시화와 산업혁명에 대응하여 이전 세기의 아이디어를 바탕으로 만들어졌다. 고전적 자유주의에 기여한 사상가는 존 로크(John Locke, 1632~1704), 장바티스트 세이(Jean-Baptiste Say, 1767~1832), 토머스 로버트 맬서스(Thomas Robert Malthus, 1766~1834), 데이비드 리카도(David Ricardo, 1772~1823) 등이 있다. '고전적 자유주의'라는 용어는 19세기 초에 발생한 사회자유주의와 구별하기 위해 사용되기 시작했다.

고전적 자유주의는 봉건주의에서 시민계급의 탄생과 함께 시작된 사상이다. 18세기 산업혁명과 함께 자본을 배경으로 급성장한 시민계급은 왕과 봉건 제후들이 가진 절대적 권력과 경제적 기득권을 유지하려는 정치경제적 환경을 극복할 필요가 있었다. 따라서, 자본주의 생성기에 중상주의에 반대하는 프랑스의 중농주의자들이 시장과 국가를 분리하여 국가가 시장에 개입하지 않는 자유방임 경제관을 강조하기 위해 '자유방임(laissez-faire, 하게 내버려 두다)' 이념에 토대를 둔 고전적 자유주의를 표방하였다. 즉, 자유방임주의는 국가의 경제적 간섭과 규제 없는 자유로운 경제활동을 주장하는 사상이다.

고전적 자유주의는 아담 스미스(Adam Smith, 1723~1790)가 『국부론Ⅰ (*An Inquiry Into the Nature and Causes of the Wealth of Nations, Volume*

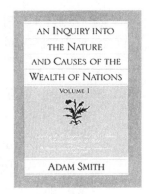

『**국부론**』
(1982년 출판)

1, 1776)』에서 옹호한 경제사상과 자연법, 공리주의, 사회진보에 대한 믿음을 바탕으로 정립되었다. 아담 스미스는 그의 『국부론』에서 '보이지 않는 손'으로 표현되는 시장은 시장이 알아서 하도록 맡겨 둬야 한다고 보면서, 국가가 경제주체로서 경제활동에 직접 참여하는 것을 반대하며, 심판자로서의 역할을 하여야 한다고 보았다. 반면에, 군수산업 등 국가의 보호가 필요한 시장은 바람직한 시장상태를 유지하기 위하여 국가의 개입이 적극적으로 필요하다고 보았다. 즉, 아담 스미스는 경제적 영역에서 국가 간섭이 제한적으로 이루어지고 개인의 자유가 보장될 때, 시장은 '보이지 않는 손'에 의해 최고의 경제적 결과를 확보할 수 있다고 주장한 것이다. 그는 '작은 정부'에 의한 자유방임주의, 순수 자본주의 시대가 필요함을 역설하였다. 이러한 영향으로 산업혁명, 분업, 대량생산에 따라 누구나 저렴한 가격으로 양질의 상품을 구입할 수 있는 시장이 활성화되면서, 본격적인 시장경제체제의 확산이 이루어졌다.

이처럼 19세기 고전적 자유주의는 자본주의 확산에 따른 시장경제체제의 확립에 기여한 것으로 평가할 수 있다. 그러나 최소의 국가 역할이 최대한의 경제성장을 보장한다는 논리로 국가의 불간섭원칙을 여러 방면에서 주장한 까닭에 산업사회의 결과, 빈부의 격차, 노사문제, 권력을 가진 자의 착취 등 다양한 형태로 제기되는 사회복지적 문제들을 대처하기에는 역부족이었다. 고전적 자유주의자들이 자유방임주의 관점에 기초하여 노동자, 농민의 빈곤생활을 전적으로 개인의 책임으로 돌리고 사회적인 책임을 거부한 자유방임주의에 대한 사회일반의 비판을 피할 수 없었다(손병덕, 2020: 54-55).

이러한 자유방임주의는 사회복지에 전반적으로 영향을 미쳤다. 아담 스미스의 자유방임주의에 영향을 받아 「구빈법」에 대한 새로운 관념이 대두되었다. 그는 노동력의 이동과 임금은 수요와 공급의 법칙에 의해 결정되어야 하며, 임금은 노동자의 결핍이나 기대에 의해서가 아니라, 고용주의 지불능력에 의해 정해져야 한다고 주장했다. 이를 가로막는 가장 큰 장애가 「정주법」과 스핀햄랜드제도였다. 이처럼 자유방임주의는 「구빈법」 개정에 큰 영향을 미쳤던 경제·정치사상이었다(최혜지, 2008: 84).

오스트리아 태생의 미국 경제학자인 루트비히 폰 미제스(Ludwig Edler von Mises, 1881~1973)는 신자유주의라는 개념은 사회주의와의 타협으로 규정하여 고전적 자유주의를 변형할 필요에 대해 부정적이었다. 하지만 신자유주의자들은 19세기에 고전적 자유주의의 실패, 즉 대기업의 카르텔의 독점과, 가난의 문제에 대해 대답을 주지 못함을 강조하여 누진세나, 기업의 규제방안을 내 놓았다.

3. 구식 사회주의

전후 초기에 많은 국가들의 사회민주주의자들은 유사한 시각을 폭넓게 공유하고 있었는데, 이것을 구식 또는 고전적 사회민주주의(old-style or classical social democracy)라고 한다. 여기서 사회민주주의라는 말은 영국 노동당을 포함하여 개혁적 좌파 정당과 집단을 의미한다(Giddens, 2008: 6).

구식 사회민주주의는 자유시장 자본주의를 마르크스가 진단한 수많은 문제를 낳는다고 보았으나, 국가의 시장개입을 통해 그 문제들이 완화 또는 극복될 수 있다고 믿었다. 국가는 시장이 조달할 수 없거나 왜곡된 방식으로만 조달할 수 있는 공공재를 제공할 의무를 가지고 있다. 경제, 그리고 사회의 다른 부문들에도 강한 정부의 존재는 정상적이며 바람직하다. 왜냐하면 민주사회에서 공공의 힘은 집단 의사를 대표하기 때문이다. 정부, 기업과 노조가 관여하는 집단적 결정이 부분적으로 시장 메커니즘을 대체한다.

고전적 사회민주주의에서 가족생활에 대한 정부의 개입은 필수적이며 긍정할 만하다. 국가의 혜택은 궁핍한 가계를 구제하기 위해 없어서는 안 될 만큼 중요하다. 그리고 국가는 개인이 이런저런 이유로 자활할 수 없는 곳에는 어디에나 간여해야만 한다. 몇 가지 현저한 예외가 있기는 하지만, 구식 사회민주주의자들은 자발적 결사를 의심의 눈으로 바라보는 경향이 있다. 이러한 집단들은 흔히 선보다 악을 행하는 경우가 종종 있으며, 국가가 제공하는 사회복지서비스와 비교해 볼 때, 비전문적이고 즉흥적이며 그들이 상대하는 사람들에게 시혜적인 경향이 있기 때문이다(Giddens, 2008: 9).

전후 '복지에 대한 합의'를 경제적 측면에서 고취한 케인즈는 사회주의자가 아니었으나, 마르크스와 사회주의가 강조한 몇 가지 점에 공감했다. 케인즈는 마르크스가 그랬던 것처럼 자본주의가 불합리한 문제점을 갖고 있다고 생각했다. 다만, 케인즈는 이런 문제점들을 통제하여 자본주의를 그 자체로부터 살려낼 수 있다고 믿었다.

마르크스와 케인즈는 모두 자본주의의 생산성을 당연한 것으로 보았다. 케인즈이론이 경제의 공급 측면에 비교적 주의를 기울이지 않은 사실은 사회민주주의의 우선적 관심사와 잘 부합한다. 케인즈는 시장자본주의가 수요관리와 혼합경제의 확립을 통해서 안정될 수 있는 방법을 보여주었다. 비록 그가 찬성한 것은 아니었으나, 영국에서 혼합경제의 한 면모는 국유화로 나타났다. 어떤 경제 부문들은 시장의 결함뿐만 아니라, 국익에 중요한 산업이 개인의 손에 매달려서는 안 되기 때문에 시장으로부터 제외되어야 했다.

평등 추구는 영국 노동당을 비롯하여 모든 사회민주주의자들의 주요 관심사이다. 다양한 수평화 전략으로 더 많은 평등이 성취될 수 있다. 예를 들어, 복지국가에서 시행되는 누진세는 부유한 사람들에게 받아서 가난한 사람들에게 준다. 복지국가는 두 가지 목표가 있다. 더욱 평등한 사회를 창조하는 것과 인생의 주기에 맞춰 개인들을 보호하는 것이다. 19세기에 시작한 초기의 복지 조치들은 자유주의자나 보수주의자들이 도입하였고, 종종 조직된 노조가 이에 반대하였다. 그러나 전후 복지국가의 강력한 기반은 일반적으로 육체노동계급이었으며, 이 계급은 대처 등장 전까지 선거에서 사회민주주의 정당을 위한 지지의 핵심적 근원이었다.

1970년대 말에 쇠퇴의 길을 걷기까지 사회민주주의는 어디서나 단선적 근대화 모형, 즉 '사회주의의 길(the path of socialism)'을 추구하였다. 영국에

서 복지국가 등장에 대한 가장 저명한 해석가인 사회학자 마셜(T. H. Marshall)
은 이런 모형에 대해 설득력 있는 설명을 제시했다. 복지국가는 시민권이 진화
하는 장기적 과정에서 높은 지점을 차지하고 있다. 전후 초기에 마셜은 다른
사람들과 마찬가지로 복지제도가 점진적으로 확장되고 경제적 발전과 병행하
여 사회적 권리를 더욱 충실하게 보장할 것으로 기대하였다.

　대체로 구식 사회민주주의는 생태적 관심사에 적대적 태도를 갖지는 않았
으나, 그것에 순응하기는 어렵다는 것을 알았다. 구식 사회민주주의는 코퍼러
티즘(corporatism)적 강조, 전 고용 지향, 그리고 복지국가에 우선적으로 역
점을 두었기 때문에 당면한 생태계 문제에 체계적으로 대처하기가 어려웠다.
또한 실제적으로 강력한 세계적 전망도 갖고 있지 못했다. 사회주의는 지향에
있어서 국제주의적이었고, 세계적 문제 그 자체들에 정면으로 부딪치기보다
는 서로 뜻을 나누는 정당들 사이의 연대를 창출하려고 하였다. 그렇지만 사
회민주주의는 양극적 세계에 강하게 묶이게 되었고, 미국의 복지최소주의와
공산주의의 통제경제 사이에 자리 잡게 되었다.

4. 마르크스주의

마르크스주의(marxism)는 마르크스(Karl Heinrich Marx,
1818~1883)가 엥겔스의 협력으로 만들어 낸 사상과 이론의
체계를 말한다. 레닌(Vladimir Il'ich Lenin, 1870~1924)에
따르면, 마르크스의 사상과 학설의 체계인 마르크스주의는
19세기의 3가지 정신적 주요 조류인 독일의 고전철학, 영국
의 고전경제학 및 프랑스의 혁명적 학설과 결합된 프랑스
사회주의를 그 원천 또는 구성부분으로 하고 있다.

칼 마르크스

　　　마르크스는 유대계 독일인으로 당시 프로이센의 수도 베
를린으로 건너가 헤겔(Georg Wilhelm Friedrich Hegel, 1770~1831)에게서
변증법을 배웠고, 프랑스 파리에서 사회주의 사상을 접했으며, 그 무렵에 만

난 평생 친구이며 동지인 프리드리히 엥겔스(Friedrich
Engels, 1820~1895)의 권유로 영국의 정치경제학을 연
구하고 그의 필생의 대작『자본론(*Das Kapital*)』을 완성
했다. 이 책의 원제는『자본: 정치경제학 비판(*Das Kapital:
Kritik der politischen Ökonomie, Capital: Critique of
Political Economy*)』으로 마르크스가 독일어로 집필하고
엥겔스가 편집한 방대한 정치경제학 논문으로서 1867년
에 제1권이 출간되었다. 또한 이 책은 주로 영국의 고전
파 경제학 및 자본주의와 영국사회에 대한 비판을 담고

『자본론(Ⅰ)』
(2017년 출판)

있는데, 그 내용은 1859년 발간된 마르크스의 저서『정치경제학 비판을 위하
여』의 연장선상에 놓여있다. 이 책은 총 3권으로 구성되어 있고, 1권은 자본
의 생산과정, 2권은 자본의 유통과정, 3권은 자본주의적 생산의 총과정이 부
제로 붙어 있다. 1권은 1867년에 나왔으며 2, 3권은 프리드리히 엥겔스가 마
르크스의 유고를 모아 집필, 각각 1885년과 1894년 발간되었다.

마르크스가 활동할 무렵인 19세기 중·후반에는 근대적인 사회복지정책
(1880년대 독일의 비스마르크 사회입법)이 등장하기 전이어서 오늘날과 같은
사회복지정책에 대한 마르크스의 정확한 입장은 확인할 길이 없다. 즉, 마르
크스주의는 복지제도라고 부를 수 있는 것들에 대한 분석에 직접적으로 관련
된 것은 아니다. 이는 무엇보다도 마르크스가 살아 있을 당시에는 현재와 같
은 복지제도-특히 사회서비스가 거의 발달되어 있지 않았기 때문이었다
(Mishra, 1981). 그러나 자본주의체제와 자본주의 국가에 관한 마르크스의 견해
로부터 유추할 수는 있다. 즉, 그에게 자본주의는 프롤레타리아트에 의해 지
양되어야 할 착취체제였으며, 자본주의 국가는 부르주아지의 계급적 이해를
수호하기 위한 위원회에 불과했다. 따라서, 자본주의 국가가 행하는 일체의
활동은 사회주의 혁명에 이로울 리가 없다. 사회복지정책도 예외가 아니다.
이 말은 사회복지정책이 비록 노동자계급이나 빈민을 위한 것이라고 하더라
도, 부르주아지(bourgeois) 국가가 시행하는 한 구조적으로 부르주아지의 계

급이해에 반하는 것이 될 수 없고, 노동자계급은 이를 수용해서는 안 된다는 것을 의미한다(원석조, 2020: 242).

마르크스주의에서는 자본주의 경제를 계급갈등과 착취로 간주한다. 이때 그 정도는 국가와 시대별로 차이가 있지만, 자본주의라는 공통적인 구조 속에서는 없어지지 않는다. 복지국가는 자본가의 요구에 부합하는 국가활동의 연속이자 노동자계급의 반발에 대한 대응책, 그리고 노동자계급의 급진적 투쟁을 조절하기 위한 국가장치로 나타난 산물로서 이해한다. 그런데 마르크스주의가 처음 태동될 당시와 비교해 본다면, 현재의 계급 혹은 계급갈등은 마르크스가 직시했던 것보다 훨씬 더 복잡하게 변화하고 있다. 따라서, 복지국가의 연원을 마르크스주의자들이 주장하는 자본과 노동의 대립구도에 따른 국가적 대응책으로만 이해하는 것은 충분하지 않다.

한편, 마르크스주의자들에 따르면, 자본주의체제의 논리는 생산 및 사적 이윤을 극대화하는 것이다. 그러나 그 과정에서 과잉생산, 인플레이션, 투자부족, 과도한 실업에 의해 스스로 위기와 문제를 초래한다. 따라서, 자본주의가 생존하기 위해서는 끊임없는 부양책과 교제가 있어야 하며, 방어되어야 할 필요가 있다(George and Wilding, 1994: 104). 이러한 이유로 자본주의체제가 주장하는 복지국가는 모순적인 사회구성체이며, 선과 악이 공존하며, 노동자계급의 이익을 증대시키는 것처럼 보이지만 오히려 제한하게 된다. 따라서, 복지국가는 자본주의체제의 방어막이다. 또한 복지급여를 실시하는 것이 일부 노동자계급에 대해서는 현물 혹은 현금을 통한 도움이 될 수 있을지라도, 급여 실시의 목적이 노동자계급을 지지하기 위해서가 아니라, 자본가계급을 보호하기 위함이기 때문이다. 자본주의체제에서 복지급여는 일정 수준까지는 받아들여지겠으나, 높은 공공지출이 경제성장을 위축시키고 물가상승을 부추길 수 있다는 논리에 의해 결국 복지급여가 확대될 수 없다. 결국 노동자계급의 풍요와 정치적 각성, 발달된 선진기술단계에 도달하지 않는다면, 자본주의를 통한 이상적 사회구현은 불가능할 것으로 여기고, 자본주의는 계급체계를 파괴하고 평등주의적 공산사회로 이행하는 한 단계에 불과할 것이다. 따라서, 마르크스주의자들은 생산수단의 사회화를 통한 모든 국민의 복지를 향상시키는 것이 마르크스주의의 이상사회로 본다.

오늘날 대부분의 마르크스주의자들은 사회주의의 미래에 대해 대체로 의회 민주주의가 될 것으로 인정하지만, 시장이 소멸되고 국가가 모든 국민의 욕구를 충족시킨다는 고전적 마르크스주의 이론에는 전적으로 동의하지 않는다. 또한 대기업 문화를 종식하게 되면, 그로 인한 부의 불평등 또한 감소될 것으로 전망하고 있으며, 생산 및 재분배의 주요 수단을 사회화시키는 것이 궁극적인 사회주의 실현에 절대적이라고 간주한다. 마르크스주의는 지나치게 자본가와 노동자계급의 갈등만 주목한 나머지 노동자계급 내부의 갈등과 이해관계를 간과했다는 한계점이 있다. 또한 복지국가의 등장을 노동자계급의 투쟁으로 보았던 것 역시 같은 지적을 할 수 있다(김영화 외, 2020: 149-150).

결론적으로 마르크스주의의 주된 약점은 복지국가의 기능을 고려할 때, 복지국가가 전적으로 자본주의에 기여했다는 것을 지나치게 강조했다는 점이다. 그 이유는 마르크스주의에게는 자본주의가 멸망한다는 전제조건이 있기 때문이다. 이는 대중의 지지를 받는 데 어느 정도의 영향을 미쳤는지는 의문으로 남는다. 또 하나의 약점은 이상사회의 성격과 이상사회를 건설하는 데 요구되는 수단이다. 즉, 마르크스주의가 주장하는 복지국가의 이상사회는 극단적으로 유토피아적일 뿐만 아니라, 실현할 수 없는 모형이라는 심각한 모순을 안고 있다(George and Wilding, 1994: 129).

5. 페이비언주의

페이비언주의자(fabianist)들은 자본주의의 폐해에 대한 문제점을 인식하고, 사회주의(socialism)에도 도덕적인 면이 있다는 것을 자각하였다. 조지와 윌딩(George and Wilding, 2013: 69)은 사회주의적 복지이념을 페이비언주의(fabianism)와 마르크스주의(마르크스 사회주의)로 구분하고 있는데, 페이비언주의는 소극적 집합주의와 마르크스주의 사이의 다소 모호한 중간영역에 위치한다. 페이비언주의는 페이비언 사회주의(fabian socialism)라고도 한다.

페이비언주의의 배경에 대하여 시대적 · 사상적 배경으로 살펴보면, 먼저 페이비언주의는 19세기 말 기존의 절대적 세계관과 사상체계가 심각하게 도전받은 사상적 전환기에 영국식 진보 개념을 발전시키도록 하였을 뿐 아니라, 국민을 위한 복지정책을 발전시킨 매우 중요한 사상이다. 페이비어니즘은 특정한 사상체계가 공식으로 정해진 것이 없는데다가 80년 이상 활동해 온 페이비언협회의 주장도 시대에 따라 변화하였기 때문에 한마디로 정의하기는 어렵지만, 협회 창설 당시의 지도자인 조지 버나드 쇼(George Bernard Shaw)와 그의 친구 시드니 웹(Sidney Webb), 애니 베전트(Annie Besant) 등의 사회주의사상, 즉 의회정치의 방법으로 점진적으로 사회개량을 진행하면서 생산수단의 공공적 소유라는 관점을 견지하는 사회주의 이데올로기로 정의된다. 페이비언주의는 마르크스주의와는 달리, 특정의 역사관 · 경제이론 · 정치학설을 가지고 있지 않지만, 초기 지도자의 저작을 살펴보면 그 역사관은 점진적 진보의 낙천론 위에 서 있다. 즉, 사회는 기술적 발달과 물질적 부의 증대에 의한 구성원의 행복의 증진이라는 방향으로 진보해 가는데, 그 과정에서 사회의 내부에 그 존속을 위협할 만한 파괴적 요소가 나타나면, 그것을 극복하는 조치가 취해지게 된다는 것이다.

페이비언주의를 주창한 페이비언협회의 활동은 사회 다방면으로 확대되어 노동조합, 중산계층, 자유당, 보수당 등에 크게 영향을 끼쳤고, 특히 후일 자유당이 1901년에 실시한 양로연금제도 제안과 영국 사회보장제도의 기초 형성에 공헌하였다. 페이비언협회의 기원은 스코틀랜드 철학자인 데이비드슨(Thomas Davidson)이 1882년에 결성한 '신생활회(Fellowship of New Life)'였다. 원래 신생활회가 추구하였던 이상은 '개인 성품의 교양과 완성을 통한 사회개선'이었으며, 그 궁극적 목표는 기독교윤리를 바탕으로 한 공동체였다. 이 단체의 초기 활동은 모든 개혁의 기초를 개인의 도덕적 개혁에 두려고 하였다(고세훈, 2011: 137). 이후 점차 입법에 의한 사회개혁이 개인의 도덕적 개혁 못지않게 중요하다는 입장에서 1884년 1월 4일 새로이 사회문제 연구의 사상단체인 페이비언협회를 탄생시켰다(고세훈, 2011: 138). 페이비언협회가 결성되기 시작한 19세기 후반은 기존의 절대적 세계관과 사상체계가 심각하게 도전을 받은 사상적 전환기였다. 경제적 불황과 함께 시작된 노동조건의 악화와 실업자가 증대되어 노동운동이 활발해지고 차티스트 운동(chartist movement, 1838~1848년 노동자층을 주체로 하여 전개된 영국의 민중운동)의 종식 이래 사회주의 운동은 1880년대에 급속히 부활했다. 또한 마르크스주의의 흐름에 따라 하인드만(H. M. Hyndman)의 '사회주의연맹(Socialist League)' 등 사회주의 단체가 계속 출현했다. 이러한 사회적 상황에서 도덕성과 금욕, 사회 재건을 목표로 하는 페이비언협회가 발족되어 페이비언주의라는 새로운 사상이 대두된 것이다.

당시 페이비언협회의 주요 인물인 웹(Sidney Webb)이 주장한 사회개혁은 민주적일 것, 도덕적일 것 그리고 합법적이어야 한다는 것으로 페이비언협회의 핵심사상이 되었다(김성이, 2006: 173 재인용). 사회복지 측면에서 본 페이비언협회는 점진적인 사회주의로 향하는 영국의 사회보장의 기초가 되었으므로 그 의의가 크다. 협회의 초기에는 쇼(George Bernard Shaw, 1856~1943)와 웹 부처(Sidney and Beatrice Webb) 등 16명이 참가하였고, 80여 년을 활동하였다. 이들은 초기에는 노동운동과 거리를 두었다. 그러나 1918년 노동당 노팅엄(Nottingham) 전당대회에서 당 강령작성에 시드니 웹이 핵심적 역할을 하면서 페이비언주의는 노동당의 기본 노선이 되었으며, 2차 세계대전 후에는 노동당이 복지국가를 건설하는 데 있어서 가장 유력한 이념이 되었다(원석조, 2020: 216). 이 협회는 단체 출발 시부터 뚜렷한 역사관이나 이론 혹은 학설을 설정했던 것은 아니나, 점진적으로 사회주의를 실현하되, 이 과정에는 노동자뿐만 아니라, 착취의 폐지를 주장하는 누구나 참여할 수 있다고 보았다. 또한 독일, 프랑스 등지에서 정통적 마르크스주의자들이 급진적 혁명을 주장할 때, 이 협회는 영국사회에 적절한 사회발전 형태는 혁명이 아닌 점진적 개혁에 의한 진보로 판단했던 인물들이 모여서 만든 조직이다.

페이비언협회의 주요 활동의 특징은 항상 노동자들이 스스로의 정당을 조직할 것을 강조하여 왔는데, 1892년 총선거에서 하아디(H. K. Hardie) 등의 노동자 출신이 당선된 것을 계기로 자유당으로부터 독립된 노동자 정당의 결성이 추진되어 독립노동당이 성립되었다(Shaw, 2018: 35-36). 페이비언협회의 활동은 각 방면으로 확대되고 그 이념은 노동조합, 중산계급, 자유당 또는 보수당에까지 영향을 미쳤다. 특히, 자유당이 1909년에 실시한 '양로연금제도(old age pension scheme)'는 전적으로 페이비언협회가 제안한 정책을 실천한 것이었다(The Fabian Society, 1983: 3-5). 이는 오늘날 영국 사회보장제도의 기초가 되었다. 페이비언주의는 의회정치를 활용하여 재정정책과 사회보장 및 노동입법 등에 의한 부와 소득의 평등화 정책을 추진함으로써 사회주의는 실현될 수 있는 것으로 보았다. 페이비언주의의 공헌은 영국의 '노동당'이 이 사상을 기본 강령으로 채택함으로써 사회정책적 개입의 기초로 삼았다는 점에 있다. 노동당이 결성된 것은 1906년의 일이지만, 사실상 그 사상적 토대는 1880년대부터 구축된 것이라고 할 수 있다.

페이비언협회의 회원은 최전성기였던 1946년에도 지지자가 8,400여 명 정도로 숫자는 많지 않았지만, 하원의 노동당 지도부는 물론 노동당 출신 의원의 상당수가 페이비언협회 출신이었던 만큼 그 영향력은 지대했다. 협회의 주요 활동은 강연, 토론회를 통해 대중에게 페이비어니즘을 홍보하고, 소책자와 정기간행물 등 출판물을 간행하며 정치적·사회적·경제적 문제에 대한 조사를 실시하는 것이었다.

이처럼 페이비언주의는 자본주의의 정치제도와 경제제도를 그대로 유지하면서 자본주의의 일부 수정을 통해 계급모순을 완화시키되, 자본주의를 수호하려는 목적이 있었다. 페이비언협회는 이후 1945년 영국 노동당 창건과 활동에 적극 참여하여 페이비언주의의 국가책임주의를 바탕으로 노동당 정부의 국유화정책(영국은행 1946년, 석탄 1947년, 전기 1948년, 가스 1948년, 철도 1948년), 복지국가의 실현을 향한 사회복지정책(「국민보험법」1946년, 「국민보건서비스법」1946년, 「국가부조법」1948년, 「아동법」1948년 등) 실현에 큰 영향을 미쳤다. 또한 페이비언주의의 영향으로 1930년대의 대공황의 공포를 종식하고 제2차 세계대전을 이끌어 나가기 위한 사회적 결속을 위해 국유화, 완전고용, 사회보장제도 확대는 페이비언주의에 기반을 둔 노동당의 기여라 할 수 있다. 이처럼 페이비언주의는 비록 점진적 개혁을 통한 사회주의의 완성을 추구하였으나, 그 주체는 교육받고 계몽된 시민들에 의하여 조직된 공동사회를 말하므로 결국 대중민주주의가 아닌 민주적 귀족주의였다는 비판을 받는다. 1960년대 영국에서 실업과 인플레이션의 증가, 1970년대 세계불황으로 인한 공공지출 삭감, 감세, 보조금과 장려금을 폐지할 수밖에 없는 상황에서 노동당 정부는 1979년 보수당 대처 정권에게 권력을 넘겨주었다. 대처 정부는 페이비언 노동당 정부의 국유화, 사회보장제도와 반대로 정부의 역할 축소 및 복지비의 삭감을 단행하고, 신보수주의, 신자유주의적 정책을 실시하여 복지국가의 위기를 가져오게 하였다(손병덕, 2020: 67). 그 후 페이비언협회의 지속은 사회민주주의와 영국 노동당의 복지정책에 가장 큰 영향을 미쳤으며, 최근 '제3의 길'을 제시하고, 토니 블레어(Tony Blair) 수상 및 내각의 주요 인물들을 배출하여 오늘에 이르고 있다.

페이비언주의의 의의는 다음과 같다(최혜지 외, 2008: 206).

첫째, 페이비언협회는 국가의 역할에 큰 의미를 부여하여, 국가는 자본주의 체계에서 가장 큰 문제점의 하나인 실업을 방지할 의무가 있으며, 생산과정에서 발생하는 이익을 사유의 상태에서 공공재정으로 유인하여야 한다고 보았다. 이를 통해 이들은 얻어진 부를 사회의 전반적인 생활수준 향상에 사용하는 역할을 하는 초기 복지국가 모델을 마련하였다. 이는 향후에 베버리지 보고서 및 케인즈에 의한 국가개입주의로 발전하여 제2차 세계대전 후의 복지국가에 대한 이론적 기반을 마련하였다.

둘째, 복지국가에 대한 페이비언들의 입장은 적극적 지지였다. 이들은 점진주의와 침투작전을 통하여 기존의 자본주의 시장경제체제 안에서 모순된 국가를 수정이 아닌 극복을 통해서 개혁시킬 수 있다고 보았다. 이는 현재 영국 노동당 정책의 기본을 이루고 있는 사상으로, 복지국가주의(welfare statism)의 시초라고 할 수 있다.

셋째, 페이비언들은 토지와 상업자본을 개인과 계급지배로부터 해방시켜 공동체에 귀속시키는 등 기존의 자본주의 제도를 재조직하여 일반 복지에 보다 충실한 사회를 지향하려 하였다. 이는 향후에 국민최저수준(national minimum), 산업민주주의, 재정에 의한 평등한 소득분배 등으로 대변되는 제도적 재분배모델(the institutional redistributive model)의 기초를 만들었다.

마르크스주의와의 구분

페이비어니즘과 마르크스주의는 모두 평등, 자유, 우애로 대표되는 근본적인 사회주의의 가치는 동일하지만, 다음과 같은 차이점이 있다(최혜지 외, 2008: 205-206).

첫째, 마르크스주의는 실천보다는 이론을 중요시하지만, 페이비어니즘은 실천을 더 중요시한다.

둘째, 마르크스주의는 사회를 집합주의적으로 재구성하는 정치기구를 만들기 위해서 기존의 국가를 부인하며 계급투쟁을 강조하고 혁명을 시도하는 반면에, 페이비어니즘은 사회주의 실현을 위해서 국가가 사회개혁사상을 수용해야 하며, 보통선거 기반의 민주정치에서 국가가 언제나 다수파에 의하여 지배되어야 하고, 의회민주주의적인 수단을 통한 사회주의의 발전을 도모해야 한다고 본다.

셋째, 페이비어니즘은 복지국가가 시장요소의 자유로운 활동을 수정하는 사회정책을 사용하여 시장경제와 공존할 수 있다고 믿었지만, 마르크스주의는 자본주의가 완전히 붕괴되는 것을 목적으로 한다.

넷째, 페이비어니즘은 복지국가를 지향하는 데 있어서 마르크스주의보다 더 열정적이고, 복지국가의 완성을 그들 활동의 상당한 성취로 간주하였다.

6. 사회민주주의

사회민주주의(social democracy)는 독일의 철학자이자 정치인인 베른슈타인(Eduard Bernstein, 1850~1932)이 수정마르크스주의(revision marxism)를 발전시켜 확립한 이념으로, 마르크스주의가 자본주의 경제체제를 혁명으로 변혁하자는 주장을 배제라 하고, 점진적 사회주의 및 민주주의적 소득재분배 정책을 주장한 사회적·정치적·경제적 이념이다. 혁명적 사회주의의 폭력성을 배제하고 정치적 자유와 평등가치를 신봉하는 민주주의 체제하에서 경제적·정치적·사회적 평등을 달성하자는 것이다. 자본주의란 기본적으로 개인의 이윤을 목적으로 하고 개인경쟁에 의해 운영되기에 자본주의적 민주주의는 자유평등을 방해하는 원인이 된다고 본 것이다. 따라서, 자유평등이 보장되는 민주사회를 실현하려면 자본주의의 핵심인 개인주의를 사회주의로 바꾸되, 마르크스주의자들처럼 폭력적 방법이 아닌 민주주의적 방법을 통하여 사회체제를 건설하자는 것이다. 스웨덴의 사회민주당(1889년 창당)과 생산직 노동조합 총연맹은 1930년대부터 1960년대 말까지 스웨덴 특유의 경제사회운영 모델을 발전시켜 스웨덴이 사회민주주의를 정책으로 정착시키는 데 주도적인 역할을 하였다. 사회민주주의는 모든 사회구성원을 대상으로 하는 보편주의적 복지, 공적복지 및 공적 재정 기반 복지, 성평등 및 사회적 책임과 개인적 책임의 조화를 추구하는 복지정책을 지향한다(손병덕, 2020: 65).

사회민주주의는 계급투쟁에 의해 자본주의를 사회주의로 대체시키려는 고전적 사회주의가 아니라, 온건하고 의회주의적인 사회주의로, 시장경제의 병폐와 분배상의 문제점을 국가개입에 의해 해결하려는 사회이념이다. 사회민주주의는 국가통제를 받아들이면서 타협을 선호하는 온건 좌파, 좌파 자유주의, 복지자유주의 등으로도 불린다. 서구에서 말하는 사회주의는 복지국가의 기틀 위에 세워진 사회민주주의이다. 20세기 페이비언들은 사회민주주의 국가가 '사회조직의 집합적 원칙과 시장원칙(collective and market principles of social organization)'을 조화시킬 수 있다고 믿었다(Hewitt, 1992: 26).

사회민주주의는 포디즘(Fordism)적 생산체제에 따른 케인즈주의적 계급타협체제 내에서 발전한다. 포디즘(Fordism)적 생산체제는 일관된 공정시스템, 노동의 분업화, 반숙련 노동자계층 등에 기초한 소품종 대량생산체제를 말하는데, 사업장이 대규모화되고 생산직 노동자층이 대규모로 집결됨에 따라 대규모 파업 등 노동쟁의 가능성이 상존한다. 노동쟁의는 자본가와 노동자 모두에게 커다란 경제적 손실을 가져온다. 따라서, 파업을 예방하고 통제하기 위해 자본가계층과 노동자계층의 계급적 협력체제를 구축할 필요가 있다.

사회민주주의체제는 계급 간의 타협을 추구하는 조합주의(corporatism)다. 이 체제는 계급타협체제의 구축에 찬성한 자본가계층과 계급 타협을 추구하는 대중노조지도부가 지배블록을 구성하여 노사 간의 사회적 동반자관계(social partnership) 수립을 추구한다. 사회민주주의체제는 노동자계층과 신중간계층이 자본주의를 무너뜨리려는 것이 아니라, 자본주의를 인정하는 가운데서 '복지동맹'을 이룩하려는 체제이다.

사회민주주의체제하에서는 계급 간 대립과 갈등이라는 고전적인 사회주의 문제가 복지정책상 어젠다의 지위에서 물러나고 분배와 복지 및 고용창출이 정책어젠다의 지위를 획득하는 변화가 발생하였다. 노동운동 역시 자본주의 체제를 붕괴시키려는 체제변혁을 시도하지 않고, 자본주의 지배질서를 인정하는 가운데 변혁을 추진하는 제도혁신운동으로 전환되어 체제 종속적으로 변화하였다.

사회민주주의의 핵심적 특징은 고전적 사회주의와 달리, 생산수단의 개인적 소유권을 불법화하지 않으며, 모든 생산수단의 사적 소유까지도 수용한다. 반면, 생산수단의 소유자는 그의 생산수단의 사용으로 얻을 수 있는 소득의 전부를 정당하게 소유하지 못하며, 생산소득의 일부는 정당하게 사회에 귀속되고, 사회에 인도되어야 하고, 평등주의 또는 분배정의의 사상에 따라 사회의 각 구성원에게 재분배된다.

분배적 측면에서 사회민주주의는 롤즈의 정의론에 기초하고 있다(Rawls, 1999). 롤즈의 정의론은 자유민주주의의 기틀 아래서 적극적인 부의 재분배정책을 시도한다. 롤즈는 사회를 협동과 갈등의 양면성을 띤 체제로 인식한다.

사회를 사회구성원들이 상호 간의 이익을 위해 노력하는 협동체계임과 동시에, 이익의 분배과정에서 상호 간의 이해가 대립되고 갈등이 불가피하게 발생하는 체제로 본다. 따라서, 적정한 분배를 위한 사회적 합의를 유도할 수 있는 기본 원칙이 필요하다.

사회민주주의의 계급타협체제는 계급타협을 위한 고용창출과 경제성장 유지 등을 명분으로 생산력주의와 성장제일주의 등을 관철했다. 복지국가를 지탱할 수 있는 재원의 대부분은 건실한 노동시장으로부터 충당되기 때문이다. 다른 한편으로는 계급문제와 관련이 없는 선거혁명, 부패방지, 범죄예방, 청소년 보호, 환경, 문화 등과 관련된 '신사회운동'이 계급운동을 대신하여 사회운동의 중심으로 자리매김했다.

사회민주주의자들은 복지국가를 적극적으로 지지한다. 특히, 이들은 모든 국민에게 중간계층의 삶을 보장해 주는 사회민주주의 복지국가를 지향한다. 사회민주주의자들은 복지국가는 사회적 빈곤을 완화시키고 사회적 욕구를 충족해 줄 뿐 아니라, 사회복지급여나 서비스는 경제성장을 촉진하고, 사회적 투자가 되며, 모두가 인간다운 삶을 구현하는 수단이 되고, 사회를 하나로 통합시켜 준다는 점에서 정당성을 부여한다. 이처럼 사회민주주의는 마르크스주의의 혁명적 사회변혁 방법을 비판하고, 자유와 평등이 민주적인 방법의 정착을 목적으로 하여 사회 내 기득권을 감소시키고, 사회구성원 간 평등(사회적 연대 강화)을 지향한 결과, 사회보장의 확대, 적극적인 재분배정책을 펼쳐 사회일반의 삶의 질이 향상되는 결과를 가져왔다(김기원, 2020: 77).

그러나 사회민주주의는 평등의 확대를 주장한 나머지 사회의 자율성이 약화되도록 하였고, 노사관계의 문제점을 개선하기보다는 양자 간 타협에 초점을 둔 까닭에 근본적 불평등을 극복하지 못하는 한계가 있다는 비판을 받는다. 또한 사회민주주의하의 복지국가는 지나친 세금부담과 국가재정적자, 비대해진 국가관료제와 지나친 중앙집권제, 국민의 노동의욕 감소 및 국가 경쟁력의 하락 등으로 이른바 '복지국가 위기론(crisis of welfare state)'에 직면하게 된다.

7. 케인즈주의와 국가개입주의

아담 스미스가 중상주의를, 마르크스가 자본주의를 비판했다면, 케인즈는 자유방임주의를 비판했다. 케인즈 경제이론은 1929년에 시작된 세계적인 대공황 이후 20세기 전반에 걸쳐서 경제학자는 물론 정치인과 공공정책수립자의 사고에 엄청난 영향을 미쳤다. 자본주의 경제는 국가가 적절히 개입해야만 그 건강성을 유지할 수 있다는 그의 경제관념은 2차 세계대전 후의 복지국가에 대한 이론적 기반이 되었음은 물론, 정치적 지지를 이끌어내는 데에도 결정적인 역할을 했다.

케인즈는 실업, 저축, 이자, 불평등에 대해 고전파 경제학과는 전혀 다른 생각을 했다. 고전파에 의하면, 실업은 기업주와 노동자 사이의 임금계약에 좌우된다. 다시 말해서 개별 노동자가 요구하는 임금수준이 높으면, 사용자는 고용을 거부하게 되는데, 이러한 경우가 많으면 실업률이 높아진다는 것이다. 케인즈는 이를 부정하고 실업은 '유효수요(투자＋소비, 유효수요의 개념은 케인즈이론의 키워드에 해당한다.)'에 좌우된다고 주장했다. 즉, 총고용은 총수요에 좌우된다. 고용이 증가하면, 소득이 증가한다. 소득이 증가하면 소비행위, 즉 유효수요가 증가한다(고용증가→소득증가→유효수요 증가). 반대로, 유효수요가 감소하면 소득이 감소하고(유효수요의 감소는 경기불황을 가져온다.), 소득이 감소하면 실업이 증가하는 것이다(유효수요 감소→경기불황→소득감소→실업증가).

그런데 실질소득의 향상은 소비를 촉진시키지만, 소비의 증가율은 항상 소득의 증가율보다 낮다는 데 문제가 있다. 소득의 일부가 저축의 형태로 '퇴장' 되기 때문이다. 고전파는 저축의 증가는 이자율을 인하시키고, 이자율의 인하는 투자를 촉진시킨다고 보았다. 그러나 케인즈는 고전파가 말하는 저축이란 '퇴장'을 의미하며, 퇴장은 투자를 증가시키는 게 아니라, 실업을 증가시킨다고 보았다(저축증가→투자감소→고용감소). 그 내용을 도표를 나타내면 다음과 같다.

❏ 그림 5-1 케인즈 경제 이론: 고용, 유효수요, 소득, 경기, 투자의 관계

자료: 원석조(2020: 221).

케인즈는 개인들이 채권이나 주식보다는 화폐나 은
행예금 등 현금을 선호하는 이른바 '유동성 선호(liquidity
preference)'가 투자감소와 대량실업의 증대와 같은 반사
회적 결과를 가져올 것이라고 확신했고, 그의 이론은
1929년 대공황으로 증명되었다. 따라서, 일정한 고용
수준을 유지하기 위해서는 이 간격을 줄이기 위한 국
가정책, 즉 실질적인 투자증가를 위한 정책이 반드시
필요하다. 이는 자유방임주의에 대한 완전한 부정이다.

존 메이너드 케인즈

케인즈는 부와 소득의 불평등도 부정적으로 보았다. 불평등은 도덕적으로
서가 아니라, 경제적으로 국가에 큰 해악이 되는 문제이다. 즉, 이런 불평등은
부유층이 소비하고 남은 부분인 저축을 증가시키고, 저축의 증가는 소비의 감
소를, 소비의 감소는 투자의 감소를, 투자의 감소는 실업의 증가를 가져오기
때문이다. 케인즈에게 자본주의는 현명하게 관리된다면 가장 능률적인 체제
임에 틀림없지만, 부와 소득의 거대한 불평등을 야기한다는 점에서 관리되어
야만 할 존재이다. 이렇게 소득의 불평등이 새로운 부의 창출의 장애물이라고
본 케인즈의 생각은 부의 축적이 소득의 잉여에서 나오는 저축에 의존한다는
고전파의 관념과 다르다.

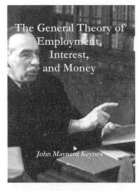

『**일반이론**』
(2018년 출판)

그런데 케인즈가 실업과 불평등을 반대한 이유가 경제적인 데 있었던 것만은 아니었다. 그의 주저 『고용·이자 및 화폐의 일반이론(*The General Theory of Employment, Interest and Money*, 1936 ; 또는 일반이론)』의 결론에서 밝혔듯이 책을 쓰게 된 동기가 실업과 소득분배의 불평등을 해소하여 자본주의를 유지해야 할 급박한 시기에 '자본주의를 보호하기 위한 훌륭한 조치들을 볼셰비즘(Bolshevism, 볼셰비키주의)으로 간주하고 있는' 완고한 지도자들을 계몽시키기 위함에 있었다(김수행, 1986: 134).

이와 같이 케인즈 이전의 사회민주주의적 평등주의자들은 소득분배의 평등화가 정치적·사회적으로 옳은 일이긴 하지만, 그것이 저축의 감소와 경제발전의 둔화를 가져온다는 자유주의적 논리에 대한 대응논리를 결여하고 있었는데, 케인즈에 의해 저축의 증대가 오히려 경제발전의 정체와 실업을 야기한다는 사실이 밝혀짐으로써 자신들의 주장에 상당한 힘을 얻게 되었다(김수행, 1986: 136). 바로 이 점 때문에 케인즈이론을 사회민주주의자들이 복지국가의 이론적 무기로 적절히 활용할 수 있었다. 나아가 일국 보수주의(one nation conservatism)를 신봉한 보수당의 주류들까지 케인즈주의를 수용하여 사회적 약자를 위한 국가의 사회복지활동의 확대를 정당화했다.

케인즈는 또 인플레이션(inflation)과 디플레이션(deflation) 모두를 반대했지만, 적당한 인플레이션은 비교적 해악이 덜하다고 생각하였다. 인플레이션, 즉 화폐가치의 하락은 과거에 축적된 부(은행예금 등)의 가치를 하락시키고 항상 새로운 투자를 자극하기 때문이다. 반면에, 디플레이션(deflation), 즉 화폐가치의 상승은 금리생활자에게만 유리할 뿐 사회 전체의 복지를 위협하는 것이었다.

그리하여 케인즈가 제시한 고용증진을 위한 국가정책은 사회의 소비성향을 증대시키기 위한 누진과세(소득재분배정책), 민간투자의 부족을 채우기 위한 공공투자(인플레이션을 다소 유발해도 좋다.), 화폐공급을 통제하고 이자율을 인하시키기 위한 화폐당국 등이었다. 이 중 사회복지정책과 직접 관련된 것이 소득재분배정책이다.

자본주의에서 누진과세와 함께 소득재분배를 위한 가장 대표적인 제도가 사회보장이다. 사회보장은 유효수요를 증대시키고, 또 그 수준을 유지하는 데 매우 효과적인 국가정책이다. 바로 여기에 복지국가를 '경제학적으로' 정당화 하는 근거가 있다. 이로써 보수적인 사람들도 사회복지정책을 사회주의가 아 닌 자본주의를 강화시키는 제도로 수용하게 되었던 것이다.

한편, 케인즈 사상을 국가개입주의(state interventionism)라고도 한다. 국가 개입주의란 자유주의와 같이 자본주의의 기본 가치인 자유, 개인주의, 경쟁적 사기업에 대한 신념을 신봉하되, 자본주의의 자기규제적이지 못한 결함을 직 시하고, 이의 해결을 위해 일정한 수준에서의 국가개입이 불가피하다고 보는 실용주의적 입장을 말한다. 이를 '소극적 집합주의(reluctant collectivism)'라 고도 하는데, 베버리지와 갤브레이스(John Kenneth Galbraith, 1908~2006) 등이 거기에 속한다. 이들에 있어 자본주의는 최선의 경제체제임에 틀림없지 만, 공정하고도 효율적으로 기능하기 위해서는 적절한 규제와 통제가 필요하 며, 자본주의의 결함이 심각하지만 근본적인 것은 아니며 수정될 수 있다.

케인즈이론에 따르면, 정부의 복지지출 증가는 국민소득을 향상시키는 데 긍정적인 영향을 미친다. 즉, 정부가 복지지출을 증가시키면, 유효수요가 증 가하고 생산량을 증가시켜 고용을 증대시키며 궁극적으로 국민소득을 증가시 킨다. 따라서, 불경기일 때 공공복지지출의 증가는 국민의 삶을 풍요롭게 하 는 데 기여한다. 반면, 호경기일 때는 불경기 때 발생한 재정적자를 보전하기 위해 정부의 복지지출을 감소시켜야 한다. 미국의 경우, 케인즈이론에 입각하 여 '검은 목요일(Black Thursday)'로 불리는 1929년 10월 24일 뉴욕 증권시 장의 붕괴로 시작된 대공황(Great Depression) 위기를 맞아 국가의 적극적 개입에 의한 수요의 창출을 통하여 경제를 회복시키기 위한 뉴딜정책(New Deal Policy)을 실시함으로써 극복하였다. 케인즈이론은 정부의 재정지출 확 대는 유효수요를 증가시켜 소비를 증가시키고, 소비의 증가는 생산을 증가시키고, 생산의 증가는 생산시설에 대한 투자의 증가를 가져오고, 투자의 증가는 고용의 증가를 가져온다고 주장한다. 미국은 당시 대규모 공공사업과 함께 뉴딜정책의 3R's[(부흥(Recovery), 구제(Relief), 개혁(Reform)] 가운데 Relief (구제) 대안의 하나로 1935년 「사회보장법(Social Security Act)」을 제정하여 사회보장에 대한 재정지출을 증가시켰으며, 연방정부는 노령연금을, 주정부는 실업보험, 아동부조, 장애인부조, 노령부조를 주도하였다(김기원, 2020: 76).

1929년 미국에서 시작된 세계적인 대공황 이후 케인즈주의와 국가개입주의는 1973년과 1979년의 오일쇼크로 인한 스태그플레이션(stagflation) 앞에서 무너졌다. 원래 자본주의 경제에서는 호황기에는 물가가 상승하고 불황기에는 물가가 하락하는 것이 일반적인 현상이다. 그러나 1970년대의 오일쇼크는 불황과 인플레이션을 동시에 발생시켰다. 이는 인플레이션이 경제를 활성화시키고, 경제활성화는 실업률을 낮춘다는 케인즈이론으로는 설명이 되지 않는 것이었다. 그리하여 신자유주의적인 통화주의 경제학이 힘을 얻게 되었다. 즉, 실업률이 높은 상황에서 인플레이션이 발생하면, 장래의 예상 인플레이션도 뒤따라 상승하게 되는데, 재정·금융정책에 의한 긴축으로 이것을 억제하여 현재의 인플레이션을 떨어뜨려도 예상 인플레이션이 그 뒤를 따르기 때문에 안정되기까지는 높은 실업률과 높은 인플레이션이 공존하는 스태그플레이션이 된다. 신자유주의자들은 스태그플레이션의 극복을 위해서는 케인즈주의 경제사회정책을 포기하고, 화폐 공급을 억제하여 경제의 자율성을 회복시키는 방법밖에 없다고 보았다. 결국 영국 대처 수상의 등장과 함께 케인즈주의는 프리드먼(Milton Friedman)으로 대표되는 시카고학파(Chicago School, 신자유주의학파)가 주장하는 통화주의(monetarism)로 대체되었다.

8. 신자유주의

신자유주의(neoliberalism)는 1970년대부터 부각하기 시작한 '자본의 세계화(globalization of capital)' 흐름에 기반을 둔 경제적 자유주의 중 하나이며,

반집합주의(anti-collectivism)라고도 한다. 신자유주의는, 19세기의 자유방임적인 자유주의의 결함에 대하여 국가에 의한 사회정책의 필요를 인정하면서도, 자본주의의 자유기업의 전통을 지키고 사회주의에 대항하려는 사상이다. 윌슨 미국 대통령(Thomas Woodrow Wilson, 1856~1924 ; 제28대 1913~1921)이 1920년대 제창했던 '새로운 자유(The New Freedom)' 정책, 그리고 정치적·문화적 자유에도 중점을 두었던 자유주의와는 다른 고전적 자유주의에 더 가까운 것이며, 사회적인 면에서는 보수자유주의적인 가치를 지향한다.

1980년을 즈음하여 영국과 미국에서 신자유주의가 지배적인 정책기조로 등장함으로써 역사의 시계추는 케인지안(Keynesian)의 개입주의에서 다시 자유방임주의로 기울어졌다. 1979년에서 1990년까지 집권하였던 영국의 대처 총리와, 1980년에서 1988년까지 재임하였던 미국의 레이건 대통령은 이러한 신자유주의에 입각하여 규제철폐, 공기업의 민영화, 노동시장의 유연화, 공공복지 축소 등의 정책을 실시하였다. 이는 세계화를 등에 업고 현재 전 세계를 풍미하고 있다. 역사적으로 볼 때, 구미의 자본주의 역사에서 자유방임주의와 개입주의가 교대로 등장하는 현상이 반복되어 왔다. 대략 16세기에서 18세기까지는 전형적인 개입주의인 중상주의, 19세기에는 자유주의, 20세기에 들어와서 1970년대까지는 다시 개입주의인 신중상주의, 1980년대부터는 또다시 자유방임주의인 신자유주의가 지배적 조류가 되어 오늘에 이르고 있다(이근식, 2009: 41).

신자유주의는 시장질서와 개인의 자유를 최고의 가치로 내세우기 때문에 이를 침해하는 국가의 인위적 개입에는 비판적인 태도를 보인다. 복지국가는 국방과 외교 등 최소한의 역할만 수행하도록 축소되어야 한다고 주장한다. 평등을 실현하는 재분배정책과 복지급여 확대에도 부정적인 입장을 가진다(김영화 외, 2020: 144). 이와 같이 신자유주의는 국가권력의 개입증대라는 현대복지국가의 경향에 대하여 경제적 자유방임주의 원칙의 현대적 부활을 지향하는 사상적 경향이다. 고전적 자유주의가 국가개입의 전면적 철폐를 주장하는 데 비해, 신자유주의는 강한 정부를 배후로 시장경쟁의 질서를 권력적으로 확정하는 방법을 취한다. 신자유주의는 1980년대의 영국 대처 정부에서 보는 것처럼 권력기구를 강화하여 치안과 시장 규율의 유지를 보장하는 '작고도 강한 정부'를 추구하며, "시장은 좋고 정부는 나쁘다."는 말이 된다(원석조, 2020: 230).

『대처리즘과 영국정치』
(1987년 출판)

카바나(Dennis A. Kavanagh)는 1987년 그의 저서 『대처리즘과 영국정치: 합의의 종말론?(*Thatcherism and British Politics: The End of Consensus?*)』에서, 신자유주의 대표로 지목되는 대처 수상의 복지국가에 대한 관념을 다음과 같이 설명한다(Kavanagh, 1987).

첫째, 요람에서 무덤까지의 복지국가는 비용이 너무 많이 든다. 복지비 증가는 그 재원이 되는 국민소득의 증가를 상회하였다. 이제는 복지비를 줄여 조세감면을 기하고, 복지자원을 꼭 필요한 사람에게만 집중시켜 효율성 (이는 보편주의에서 선별주의로의 선회를 의미한다.)을 기해야 한다.

둘째, 국가책임의 과잉은 개인의 책임의식, 가족과 공동체의 연대의식, 사적 자원의 가치를 약화시킨다. 국민 개개인은 자신의 문제를 스스로 책임져야 하며, 국가지원은 극빈층에 대한 사회안전망에 한정되어야 한다.

셋째, 복지윤리는 시장의 위험을 제거하고, 실패에 대한 쿠션(cushion)을 제공하며, 열망의 인센티브(incentive)를 약화시킴으로써 기업에 해롭다.

신자유주의의 기본 방향은 단순하다. 사적인 것이 더 좋다는 것이다. 그러나 많은 사람들은 국가를 여러 분야에 걸친 기본적인 복지제공자로 인식하게 되었다. 따라서, 신자유주의는 이러한 현실과 현재의 상태를 변화시키기에는 정치적으로나 현실적으로 많은 어려움이 있기 때문에 복지국가를 변화시키는 데 유연적인 입장이다. 그러나 신자유주의의 목표는 분명하다. 모든 사상적 학파들처럼 신자유주의는 이상주의와 실용주의를 양끝으로 하는 연속선상에 배열되어 있다. 그러나 신자유주의가 원하는 일련의 광범위한 사회정책들은 확대된 시장, 축소된 정부 그리고 다원적인 국가를 강조하고 있는 것은 분명하다(최혜지 외, 2008: 252).

　한국에서 신자유주의의 기원은 대체로 김영삼 정부의 후반기로 소급되는데, 이명박·박근혜 정부가 뒤를 잇고 있다. 주로 작지만 강한 정부, 자유시장경제의 중시, 규제 완화, 자유무역협정(free trade agreement, FTA ; 무역 장벽을 제거·완화하는 협정)의 중시, 노동시장의 유연화 등의 형태로 나타나고 있다.

9. 제3의 길

　기든스(Anthony Giddens)는 영국의 사회학자로, 런던 정치경제대학(London School of Economics and Political Science, LSE) 학장을 역임했다. 기든스가 주창한 '제3의 길'은 1990년대 이후 영국의 블레어(Tony Blair) 정부, 독일 슈뢰더(Gerhard Schröder) 정부, 프랑스의 조스팽(Lionel Josepin) 정부 등 중도좌파 정부가 들어서면서 그들의 정치 이념으로 내세웠다. 헤이우드(Heywood, 2021)에 따르면, 제3의 길은 자본주의와 사회주의 모두에 대한 하나의 대안이라고 할 수 있다. 즉, 구식 사회민주주의와 신자유주의에 대한 대안이다.

앤서니 기든스

　기든스는 1988년 그의 저서 『제3의 길: 사회민주주의의 재생(*The Third Way: The Renewal of Social Democracy*)』에서, '제3의 길'은 경제관리체제로서의 사회주의의 사망, 생태적 관점, 세계화를 포함한 새로운 문제의 출현, 구식 사회민주주의와 신자유주의의 한계, 정치적 지지구조의 변화가 발생하는 등 정치적·사회적 환경이 급변하는 세계에서, "구식 사회민주주의(old−style democracy)와 신자유주의를 뛰어넘는 시도"(Giddens, 2008: vii)라고 주장한다. 기든스는 "현대 사회민주주의의 부활과 성공으로 가

『제3의 길』
(2008년 출판)

는 길이다. 구좌파(the old left)는 변화에 저항했다. 신우파(the new right)는

변화를 관리하려고 하지 않았다. 우리가 그 변화를 관리하여 사회적 연대와 번영을 창출해야 한다."(Giddens, 2008: 14)는 블레어의 주장을 직접 인용하면서 제3의 길의 실현을 위한 방법의 일만을 밝히고 있다. 그것은 중도좌파의 본질적 가치를 유지하고, 그 가치들을 근본적인 사회경제적 변화가 일어난 세계에 적용하고자 하며, 낡은 이데올로기로부터 벗어나는 것, 다시 말해서 '사회민주주의의 현대화 프로젝트'이다.

기든스는 이러한 논의를 바탕으로 급진적 중도, 새로운 민주국가(적이 없는 국가), 활발한 시민사회, 민주적 가족, 신혼합경제(new mixed economy), 통합으로서의 평등, 적극적 복지, 사회투자국가(the social investment state), 세계주의적 민족, 세계적 민족주의 등의 제3의 길 프로그램을 제시하고 있다.

'제3의 길'의 핵심은 케인즈주의(Keynesian) 복지국가의 근본적인 개혁에 있다. 기든스는 그 이유를 다음과 같이 세 가지 차원에서 제시하고 있다.

첫째, 새로운 사회적 변화들로 인해서 전통적인 형태의 복지국가가 더 이상 유지되기 어렵게 되었다. 복지국가는 과거에 어떤 사회적 조건하에서 자본과 노동의 계급타협의 결과로 형성된 것이지만, 세계화와 개인주의의 진전에 따라 그러한 타협은 더 이상 지속될 수 없게 되었다고 한다. 이와 비슷한 맥락에서 전 세계적인 경제전쟁에 따라 국민 국가들이 경제효율성을 저해하는 조세 및 사회보험료를 늘리기가 어렵게 되었다는 점도 보편주의 복지국가의 유지를 불가능하게 만드는 요인으로 작용한다(Giddens, 1991).

둘째, 복지국가는 보장되어야 할 사회적 위험들이나 가장 도움을 받아야 할 집단들이 지금의 것들과는 달랐던 시절에 발전되었다. 과거에는 개인이 직면하는 사회적 위험들의 성격이 외부적인 것이었지만, 최근으로 올수록 점차 내부적인 것으로 변화하고 있으며, 경제적 차원의 불평등이 아니라, 개인의 전 생애에 영향을 미치는 사회적 배제의 상태가 보다 시급한 과제로 부상하고 있다. 이에 따라, 전통적인 복지국가는 시민들의 복리증진을 위해 점점 더 비효율적으로 되어가고 있다는 것이다(Giddens, 2008).

셋째, 전통적인 복지국가는 빈곤구제나 불평등의 해소를 위해 그다지 효과

적이지 않았다. 사회서비스에 대한 공공지출은 많은 경우 빈곤층보다 중산층
에게 더 집중적으로 분배되기도 하였으며, 전통적인 복지국가는 그 수급자들
에게 복지 의존적인 태도와 가치관을 조장함으로써 오히려 사회적 빈곤의 영
속화에 기여한 것이다. 기든스에 따르면, "사회적으로 배제된 수많은 사람들
은 복지의존의 덫에 빠져있다는 점에서 어느 정도는 복지국가 그 자체의 희
생자들"이라고 한다(Giddens, 2013).

　이상과 같이 기든스에 따르면, 2차 세계대전 이후 서구에서 발달해 온 보편
주의 복지국가는 그 자신의 존재목적을 위해 효과적으로 기능해 오지 않았고,
새롭게 등장하고 있는 다양한 복지욕구를 충족시키지도 못하며, 정치적 지지
기반과 재정기반을 상실하고 있다. 이런 점에서 기든스는 보편주의 복지국가
를 지지하고 확대하고자 하는 정책은 시대착오적인 것일 뿐 아니라, 사회민주
주의 정당의 집권 가능성을 원천적으로 봉쇄하는 위험한 것이라는 점에서 전
면적으로 재검토되어야 한다고 주장한다.

　기든스는 이러한 새로운 복지국가를 사회투자국가(social investment state)
로, 그리고 새롭게 구성되어야 할 복지모형을 적극적 복지(positive welfare)
로 명명한다. 인적 자본에 대한 투자를 강조한다는 점 이외에도 사회투자국가
는 복지제공에 있어서 개인과 비정부단체들의 역할을 강화하고 시장의 역동
성을 중시하며 지나친 복지지출을 억제한다는 점에서 전통적인 복지국가와 차
별화 된다. 사회투자국가는 시장의 작동을 방해하는 것이 아니라 활성화시키
며, 이를 통해 국가경제를 크게 향상시킬 것이다(Giddens, 2008, 2013).
　기든스는 기존의 복지국가 옹호는 더 이상 설득력이 없다고 본다. 서구 사
회주의자들에 의해서 옹호되고 있는 복지국가의 경우도 개인적인 삶의 완성
과 관련되지 못하고 관료화, 복지수혜자의 소외, 국가재정악화 등 문제를 낳
고 있기 때문에 복지국가에 관한 논의는 수세적이 될 수밖에 없다는 것이다.
복지국가의 성공이 복지국가를 약화시키는 요인으로 작용한다는 것이다. 전

후 복지국가의 취약성은 경제적 효율성과 재분배와의 관계가 약하다는 데 있다. 서구의 복지국가에서 가장 혜택을 받은 집단은 빈곤층이 아니라 중간계급이었기 때문에 경제적 불평등을 약화시키는 데도 실패하였다.

기든스는 그 대안으로서 다음과 같이 주장한다(Giddens, 2008: 99-128).

첫째, '적극적 복지'이다. 제3의 길 정치는 복지국가에 대한 우파의 일부 비판을 받아들인다. 이에 대한 대안으로 기든스가 제안한 것이 '부의 창조에 순기능을 한다'는 적극적 복지 개념이다. 그는 복지가 본질적으로 심리적인 개념이라고 보고 경제적 부양비를 직접 제공하기보다는 가급적 '인적 자본'에 투자하라고 권고한다. 즉, 적극적 복지사회의 맥락에서 작동하는 사회투자국가를 건설해야 한다는 것이다.

둘째, 사회투자국가의 건설이다. 기든스는 두 가지 기본 영역인 노령인구와 실업에 초점을 맞춰 사회투자 전략을 논의한다. 이 가운데 사회투자국가의 면모가 잘 드러나는 것이 실업의 문제이다. 구체적인 방안으로 그는 중소기업의 창업이나 기술혁신에 관련한 '기업가 주도사업'에 대한 지원, 평생교육을 위한 프로그램 개발, 공공사업에서 공익적 성격을 유지하면서 사기업의 역할 확대, 예컨대 교육의 공통기준을 마련하여 노동인력의 경편성(portability)의 제고, 가족 친화적 작업장 정책 추진 등을 말한다.

셋째, 발생적 평등모델이다. 적극적 복지에 기초하여 기든스가 제안하는 포괄적인 모델은 발생적 평등모델이다. 여기에서 국가의 역할을 신자유주의자들이 주장하는 일방적인 후퇴가 의존성이 아닌 자율성을 창출하는 복지서비스의 공급과 빈곤층과 부유층의 협정을 이끌어내고 사회적 책임성을 고양시켜야 하기 때문에 다양한 자발적 결사체들과 협조를 해야 한다는 것이다.

넷째, 생활현장의 정치이다. 기든스는 삶을 위협하는 요소들에 대한 통제의 방법으로 복지제도가 발달하였지만, 오늘날 위험요소는 과거와는 달리 인위적 위험이라는 것이다. 기든스가 중시하는 것은 발생적 정치이다. 이것은 기존의 사고틀을 전면적으로 변화시켜 서구 사회의 문제를 해결하자는 생각에 기초하고 있다. 먼저, 복지국가에서 적극적 복지로의 전환이 필요하다는 것이다. 그는 복지가 위기 대처 수단으로서 '노동이 중심적인 역할을 담당하는 사회원칙'인 생산성주의보다 근원적인 삶의 관심과 연결되어야 한다는 것이다.

기든스는 2000년 그의 저서 『제3의 길과 그 비판자들(*The Third Way and its Critics*)』에서, '좌파와 우파를 넘고자' 하는 기든스의 '제3의 길' 이론은 우파와 좌파 모두에게서 커다란 반향을 일으켰다. 먼저, 신자유주의자 입장에서는 '제3의 길' 이론을 대체로 용인하는 움직임을 보이고 있다. 즉, 영국 블레어의 경제 및 사회 정책이 보수당의 그것과 크게 다르지 않은 것으로 평가했다. 그러나 일부 보수주의자들은 '제3의 길'이 낡은 좌파적 전략의 새 이름일 뿐이라고 의심하였다(Stelzer, 1998).

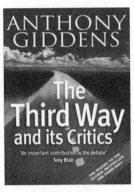

『제3의 길과 그 비판자들』
(2013년 출판)

사회민주주의자는 '제3의 길'이 전통적인 사회민주주의의 비판과 재구성을 지향한다는 점에서 특히 비판이 거셌다. 대표적으로 홀(S. Hall)은 '제3의 길'이 좌파의 고유한 전망을 유지하지 못한 채 보수적인 우파로 기울었다고 비판한다(Giddens, 2008). 또한 '제3의 길'은 전통적인 좌파로부터 완전히 단절되었다는 것이다. 즉, "대처주의의 개량에 불과"(Hay, 1999)하다든지, "인간의 얼굴을 한 신자유주의"(Issac, 2001)라든지, 아니면 "신자유주의 정책들을 지속하고 있고 어떤 점에서는 더욱 강화하였다."(Callinicos, 2001)고 비판한다. 좌파에게 있어서 '제3의 길'은 사회불평등과 시장을 옹호하는 자본주의 이데올로기이며, 정권 획득을 위해 좌파의 가치들을 희생시키는 전략에 불과하다는 평가가 있다. 비판자들에 따르면, '제3의 길'은 신자유주의에 의해 추진되는 기존의 세계화 흐름에 굴복하여 세계적 차원에서 진행되는 양극화 문제를 해결하기 위한 방안을 제시하지 못하고 있다.

클린턴(Bill Clinton)과 블레어가 채용한 '제3의 길'은 각 국가에서 구좌파에 속한 비평가들은 물론 많은 대륙 사회민주주의자들로부터 미온적인 환영을 받았다. 비판가들은 이 치장된 제3의 길을 '재탕한 신자유주의'라고 보고 있다. 그들은 미국에서 매우 역동적인 경제와 아울러 발전된 세계에 존재하는 극심한 수준의 불평등 사회를 보았다. 클린턴은 '우리가 알고 있는 바의 복지를 종식'시키겠다고 약속하여 신자유주의적 보수주의의 태도를 얼마간 반향하는 것처럼 보였다. 비판가들은 블레어와 노동당이 일단 권력을 잡자 대처 수상의 경제정책을 지속적으로 추진하고 있다고 말한다(Giddens, 2008: 25).

결론적으로 제3의 길은 서유럽, 특히 유럽 사회민주주의의 역사적 맥락에서 이해되어야만 한다. 또한 유럽의 사회민주당이 장악한 정부의 정책에서도 각 나라의 오랜 전통과 문화, 그리고 제도의 유산에 따라 다양한 차이를 가질 것이다. 더욱이 사회민주주의의 역사와 경험이 없는 동아시아에서 적용할 수 있는 제3의 길의 내용은 무척 다를 것이다. 그럼에도 불구하고, 제3의 정치가 자유와 평등, 권리와 책임, 개발과 보존 등 대립적 가치들의 오랜 논쟁을 해결하기 위한 새로운 시도를 하고 있다는 점은 주목할 만하다.

10. 생태주의

인간의 생활환경은 물, 공기, 자연, 태양과 같은 자연환경과 이를 기반으로 한 산업발달을 통한 도시환경으로 이루어진다. 그러나 산업화 과정에서 나타난 공기와 토양의 오염, 산림훼손으로 인한 자연재해 등의 환경문제는 생태위기를 초래하고 있다. 재생 불가능한 천연자원의 고갈과 공해에 의한 환경오염이 인류에게 심각한 위기를 가져다줄 것이라는 우려 아래, 1992년 6월 브라질의 리우데자네이루에서 '환경과 개발에 관한 리우선언(Rio earth charter)'을 채택하였다. 이 협약에서 '모두의 이익을 존중하고 또한 지구의 환경 및 개발체제의 통합성을 보호하기 위한 국제협정체결'을 선언하고, 개발과정에서 환경의 보호를 전제로 하면서 모든 국가와 국민의 생활수준을 향상시켜야 한다는 목표를 추구하면서 생태주의(ecology)가 등장하게 되었다(손병덕, 2020: 73).

생태주의는 공해, 오염, 보존, 보호 등 인간중심적 관심으로부터 어떻게 하면 지속가능한 환경을 지킬 것인가에 초점이 맞추어졌으나, 최근에 와서는 지속가능한 성장에 대한 생태적 관심으로까지 확대되었다. 생태주의는 성장제일주의적 산업문명을 넘어서는 탈근대적 문명전환운동을 지향한다. 지배가 아닌 공존, 획일성이 아닌 다양성, 시장경쟁이 아닌 나눔의 공동체가 목표이다. 근대 산업문명의 온갖 폐해, 예컨대 지배와 복종, 억압과 차별, 빈부격차, 환경파괴 등의 문제를 해결하고, 대안적 사회를 이룩하려는 모색의 한 가운데에 생태주의가 자리 잡고 있다.

생태주의(ecologism)는 산업자본주의의 진전으로 인해 지구 자연이 급속도로 오염되고 파괴되는 상황 속에서 인류가 범해 온 잘못과 미래의 대안을 제시하고자 일어난 일군의 생태 중심적 흐름을 의미한다. 생태주의 자체가 어떠한 이론적 중심을 두고 형성된 것은 아니지만, 오늘날에 있어서는 현대사회의 자연파괴와 인간소외 문제 등을 비판적으로 바라보고, 그 해결책을 모색하는 근본적인 대안으로 부상하고 있다.

본래 '생태'라는 용어는 19세기 독일에서 형성된 생태학에서 유래된 개념이다. 즉, 1869년 독일의 생물학자 에른스트 헤켈(Ernst Haeckel)이 '생태학(ecology)'이라는 용어를 최초로 사용한 것으로 알려지고 있다. 생태학은 생명체가 자연계 속에서 자기유지와 증식을 이루어내는 과정을 연구하는 생물학의 한 분야였다. 생태계는 자연계 속에 존재하는 생물들 간의 상호관계를 중심으로 한 개념인데, 20세기 이후의 생태학은 인간 또한 생태계의 일부로 포함시켜 새로운 생태학의 흐름을 이어 갔다. 생태주의 혹은 생태론은 이와 같은 생태학의 이론을 수용하여 이를 현대사회 전반에 걸친 문제로 확장시켜 나갔다. 생태주의의 대두는 근대 이후의 자본주의 문명에 대한 근본적인 반성과 성찰에서부터 비롯되었다. 자본주의는 몇 차례의 불황과 공황을 겪으면서도 전 세계적으로 확산되고 성장하였지만, 그 결과 지구 전역에서 심각한 자연파괴가 빚어졌고, 거대 산업 중심의 생산체제는 지구에 존재하는 화석연료를 급격히 줄어들게 하여 미래에 대한 전망을 불투명하게 만들었다. 일부에서는 이와 같은 문제점을 과학기술의 진보와 효과적인 자연환경 제어기술의 발달을 통해 극복 가능하다고 주장하기도 하였지만, 계속되는 자연파괴와 지구

기후의 변화, 그리고 거대 자본에 의해 피폐해져 가는 약소국 국민들의 삶은 이들의 주장이 현실성이 없는 것임을 입증하게 되었다.

생태주의는 지금까지 근대 문명이 일관해 온 인간중심적 사고로부터 오늘날의 거대한 재앙이 비롯되었다고 파악한다. 생태주의는 그동안 인간과 자연을 철저하게 분리하여 인간의 자연 지배를 정당화시켰던 기존의 이성·인간중심적 사고를 거부하고 인간 또한 생태계의 일부로서 자연과 상호관계를 맺는 존재에 불과하다는 점을 강조한다. 생태주의는 비단 자연과 인간의 조화뿐만이 아니라, 인간·이성 중심의 지배 구도에서 배제되거나 억압되었던 소수자들의 문제에도 관심을 기울인다.

20세기 중반부터 본격화된 생태주의는 내부적으로 여러 흐름으로 분화되는데 크게 보아 근본생태주의와 사회생태주의로 나눌 수 있다.

1) 근본생태주의

근본생태주의는 모든 생명체가 고유한 생명의 권리를 지니고 있다는 생물평등주의의 입장에서 인간의 자연에 대한 우월적 지위를 부정하고 인간과 생태계를 상호 의존적인 것으로 파악한다. 이에 따라, 지금까지의 인간에 의한 자연 지배는 철저히 비판받게 되고, 자연을 파괴하는 행위는 그 무엇보다도 큰 죄악으로 여겨진다. 근본생태주의는 인간도 다른 생태계 안의 생물들과 마찬가지로 자연의 흐름에 순응하며, 전체 생태계와 조화를 이루어야 한다고 주장한다. 이와 같은 경향은 인간이 이룩한 문명에 대한 거부로 이어져 극단적인 근본생태주의자들은 인간의 인위적인 생산과 소비 활동을 모두 혐오하는 형태로 나타나기도 한다.

근본생태주의는 지금까지의 근대 문명이 추구해 온 인간중심적 가치관이 지닌 문제점을 적극적으로 비판하면서 인간과 자연의 조화와 공존을 모색하였다. 특히, 근대 이후 서구사회를 지배해 온 이성 중심의 사고체계를 논의의 대상으로 하여 생태문제를 단순한 윤리적 문제가 아닌 서구의 형이상학과 인식론, 정치, 철학 등의 사유체계와 밀접하게 연관된 문제로 파악하였다는 점에서 큰 의의를 지닌다. 그러나 인간의 이성과 문명에 대한 극단적인 혐오감으로 인해 인류가 이룩한 문화적 발전의 결과물들을 모두 거부하는 경향이 강해 이에 대한 비판 또한 적지 않은 편이다.

근본적 가치관의 변화를 추구하지만, 실제 사회의 복잡한 단면들을 현실적으로 파헤쳐 해결책을 모색하려는 구체성이 부족하다는 지적도 이와 같은 한계를 문제시한 것이라고 볼 수 있다. 근본생태주의는 생태계 파괴에 대한 책임을 모든 인간에게 부여하여 실제 현실에서 선진국과 후진국, 부자와 빈자 사이에 존재하는 차이를 없애버린다는 비판을 받기도 한다.

2) 사회생태주의

사회생태주의(social ecology)는 생태계 파괴의 원인을 단순히 인간 대 자연의 이분법적인 대립 구도로 보지 않고 현실 사회에 존재하는 사회집단 간의 역학관계를 고려하여 무엇이 실제로 인간성을 파괴하고 나아가 생태계를 어지럽히는지를 분석하고자 한다. 사회생태주의에서 문제의 핵심으로 삼는 것은 불평등한 사회구조이다. 특히, 경쟁과 지배의 원칙이 중심으로 되는 자본주의적 경제구조와 이러한 논리를 강력하게 실천해 나가는 거대 자본, 국가가 주된 비판의 대상이 된다. 사회생태주의도 인간의 자연에 대한 지배구조를 근본적인 문제로 바라보는 점에서는 근본생태주의와 맥락을 같이하지만, 이 지배구조가 사회적으로 편차를 보이며, 그중에서도 사회적 강자들에 의한 과도한 개발, 경쟁이 자연파괴의 원인임을 강조한다.

사회생태주의의 대표적인 이론가이자 실천가인 북친(Murray Bookchin)은 그의 저서 『사회생태론의 철학 (*Philosophy Of Social Ecology*, 1995)』에서, "인간에 의한 자연지배는 인간에 의한 인간지배로부터 비롯된다."고 지적하고 있다. 북친은 사회 속에 존재하는 인간 개개인 간의 편차를 무시한 채 모든 문제의 원인을 인간 자체

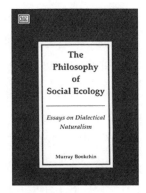

『사회생태론의 철학』
(1995년 출판)

에게서 찾는 근본생태주의에 비판적인 입장을 취하면서, 억압적인 사회구조의 변화야말로 문제의 본질임을 강조하였다. 또한 인간 이성이 저지른 파괴행위를 비판하면서도, 기술문명의 발달로 인해 도구화된 이성과 사태를 종합적으로 파악하고 성찰할 수 있는 비판적 이성을 엄격히 분리하여 인간의 이성적 능력에 대한 믿음을 져버리지 않은 점도 근본생태주의와 차별되는 지점이라 할 수 있다.

북친의 사회생태주의는 마르크스주의(marxism), 자유주의적 아나키즘(liberal anarchism), 아리스토텔레스(Aristoteles, B.C 384~B.C 322)와 헤겔(Georg Wilhelm Friedrich Hegel, 1770~1831)과 유기체주의(organicism) 등에 뿌리를 두었다.

생태주의의 복지 관점은 다음과 같다(김영희 외, 2020: 154–155).

첫째, 평등을 복지의 중요한 가치로 본다. 경쟁사회에서 인간의 능력 차이는 부, 권력, 지식 등을 특정한 소수인에게 집중시켜 소수에 의한 절대 다수의 억압과 지배를 당연한 것으로 받아들이는 경향이 있다. 이러한 지배구조는 인간의 행복을 저해하는 사회구조적 모순이며, 불평등을 심화시키는 원인으로 지역주민의 갈등과 분열을 심화시킨다. 생태주의는 이러한 불평등을 반대하고, 개인, 공동체, 사회 그리고 환경에서의 반생명적인 요소를 찾아 제거함으로써 그동안 억압되었던 타자의 다양한 권리를 수용하고 그 기능을 조화시키고자 하는 관점을 지닌다.

둘째, 생태주의적 이데올로기에서는 상호 보완성을 중시한다. 인간은 기본적으로 완전한 존재라고 볼 수 없으며, 그 불완전성을 극복하기 위해 상호 협력한다. 따라서, 생태주의에서는 타인과 더불어 살 수 있는 상호 보완성을 통해 인간을 더욱 인간답게 하는 중요한 가치로 보고 있다.

셋째, 자율성을 중시한다. 산업화로 인한 일과 생활의 분리는 인간의 주체적 삶을 객체적 삶으로 전환시키는 계기가 되었다. 노동에서의 소외는 곧 소비를 통하여 대리만족을 얻도록 인간을 타자화시켰으며, 자율성을 상실하게 하여 소극적이고 타율적인 존재로 만들었다. 신자유주의적 개발은 과도화된 경쟁의 결과이며, 자본의 무차별적 확장과 밀접한 관계가 있다.

넷째, 연대성의 가치를 중요시한다. 인간과 자연은 일방적으로 개발하는 차원이 아니라, 쾌적한 삶의 공간을 만드는 동반자적 관계라는 점에 주목한다.

그러므로 생태주의는 지역사회가 해체되고 있는 상황에서 지역주민들이 공유하는 공간인 지역사회환경에서 평등성과 상호보완성을 통하여 공동체 의식과 사회통합을 이루는 데 기여할 수 있는 것으로 평가할 수 있다. 또한 생태주의적 접근은 산업화 과정이 초래한 빈부격차, 지역불균형 등이 사회복지정책으로 해소하기 어려우나, 국민들이 보편적으로 이용할 수 있는 자연환경을 통해 국민의 기본권 확장에 기여하는 데 긍정적인 기여를 할 수 있다. 모든 국민에게 필요한 삶의 질 보장을 위해 평등성, 상호연대성, 협동성의 가치에 기반하는 생태주의 이념이 실천적 모델을 적립하는 데 도움을 줄 것으로 기대할 수 있다.

11. 페미니즘

페미니즘(feminism)은 여성의 권리 및 기회의 평등을 핵심으로 하는 여러 형태의 사회적·정치적 운동과 이론들을 아우르는 용어이다. 페미니즘은 '여성의 특징을 갖추고 있는 것'이라는 뜻의 라틴어 'femina'에서 유래한 말로, 오래 전부터 이어져 왔던 남성 중심의 이데올로기에 대항하며, 사회 각 분야에서 여성의 권리와 주체성을 확장하고 강화해야 한다는 이론 및 운동을 가리킨다. 즉, 남성 중심적인 사회에서 차별적인 대우를 받아 온 여성들이 사회가 정해놓은 여성에 대한 고정관념을 탈피하는 등 '성(sex, gender, sexuality)에서 기인하는 차별과 억압으로부터의 해방'을 주장한다.

현대 페미니즘의 선구자는 최초의 '페미니즘 선언서'로 알려진 「여성의 권리 옹호(*Vindication of the Rights of Woman*, 1792)」를 작성한 영국 작가이

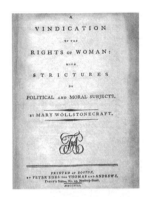

「여성의 권리옹호」
(1992년 출판)

자 시민운동가인 울스턴크래프트(Mary Wollstonecraft, 1759~1797)이다. 이후 19세기에 들어서면서 점차 여성에 대한 차별에 대항하고 여성의 권리를 요구하는 조직적인 페미니즘운동이 전개되기 시작됐는데, 이러한 흐름은 크게 1세대(여성의 참정권)·2세대(사회 모든 분야에서의 평등과 성적 해방 추구)·3세대(계급·인종 문제 등으로 확대)로 나눌 수 있다.

1세대 페미니즘 물결은 19세기부터 1950년대까지 전개된 페미니즘 물결을 가리키는데, 이는 영국과 미국에서 가장 활발히 일어났다. 이 시기 페미니즘의 핵심은 여성들의 정치 참여, 즉 참정권 획득이었으며, 흑인들의 권리신장 움직임도 함께 나타났다. 이러한 움직임에 따라, 미국에서는 1870년 흑인들의 참정권 인정에 이어 1920년 여성들의 참정권이 인정되었다. 그리고 영국에서는 참정권 운동을 벌인 여성들, 즉 서프러제트(Suffragette)가 등장했으며, 이들의 활동 결과로 영국 정부는 1918년 2월 일정 자격을 갖춘 30세 이상 여성에게 참정권을 부여하는 「국민투표법(Representation of the People Act)」을 제정하였다. 그리고 1928년에는 21세 이상의 모든 여성이 남성과 동등하게 투표권을 행사할 수 있게 됐다.

2세대 페미니즘 물결은 1960~1980년대까지의 페미니즘을 지칭하는데, 이는 당시 사회에 만연해 있던 여성에 대한 사회적 차별을 벗어나자는 움직임

시몬 드 보부아르

이었다. 이들은 직장에서의 평등(노동 환경과 임금수준 개선), 가정에서의 평등, 여성의 성역할에 대한 사회적 편견 배제 등 사회 전반적인 분야로 주장의 범위를 넓혀 나갔다. 특히, 이 시기 사상적으로는 프랑스 소설가이자 평론가인 시몬 드 보부아르(Simone de Beauvoir, 1908~1986)의 『제2의 성(The Second Sex, 1949)』이 큰 영향을 미쳤는데, 보부아르는 "여성은 태어나는 것이 아니라 만들어진다."는 실존주의 견해를 밝혔다.

3세대 페미니즘 물결은 1990년대 이후 등장하기 시작했는데, 이전 세대의 페미니즘이 백인 여성들만의 전유물이었다는 비판에서 출발하였다. 이 시기 페미니즘은 1990년대 포스트모더니즘과 결합하며 다양한 집단과 계층·영역으로 확대됐으며, 이에 성소수자(sexual minority, LGBTQ)들의 권리운동도 함께 일어나기 시작했다.

페미니즘은 이데올로기에 따라 다음과 같이 구분된다 (손병덕, 2020: 70-73).

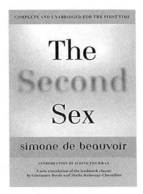

『제2의 성』
(2011년 출판)

1) 자유주의 페미니즘

자유주의 페미니즘(liberal feminism)은 개인의 자율성과 자아실현이라는 전통적인 자유주의에 근원을 둔 여성해방운동 및 그 이론을 일컫는다. 역사적으로 그 정체가 확인된 페미니즘으로서는 가장 오래된 것으로, 18세기에 서구사회가 근대사회로 옮겨 가는 과정에서 자유주의 페미니즘이 발생하였다. 자유주의 페미니즘은 현대 페미니즘의 가장 초기에 발생한 이론으로서, 여성들로 하여금 가정에서 벗어나지 못하게 하여 사회에서 아무런 역할도 못하게 한 것에 대하여 문제를 제기하면서, 만약 남성과 마찬가지로 여성에게도 동일하게 잠재력 개발의 기회가 주어진다면, 사회구성원으로서 정당한 역할을 할 수 있다고 하였다.

만인이 이성적인 존재로서 평등하며, 모든 인간은 자유의지를 가지고 있다는 자유주의 사상을 기조로 자유주의 페미니즘은 모든 인간이 사회에서 남성과 동등하며, 개인적인 권리를 가지고 있다고 주장하였다. 자유주의 페미니즘은 여성의 법·교육·정치·사회·경제적 권리는 남성과 동등하여야 하며, 이러한 법적·제도적인 장치를 만들 수 있도록 압력을 행사할 수 있게끔 참정권 또한 요구하였다. 19세기까지 여성은 선거권이 없었으며, 정치적인 집회의 기회를 가질 수 없었다. 또한 여성은 재산을 소유할 수도 없었고, 직업이나 상업행위도 제한되었다. 이에 19세기 페미니즘은 남성과 여성의 동등한 시민권과 법·교육·정치·사회·경제적 권리 획득에 초점을 맞추었다. 이러한 노력은 20세기 중반까지 이어졌다.

자유주의 페미니즘은 여성이 남성과 동등한 인간임을 강조하며, 여성의 교육받을 권리, 성역할의 사회화와 성정형화 비판, 성차별적 평가 거부를 특징으로 한다. 또한 교육의 기회를 박탈당하며, 부모에 의해 강제로 결혼하고, 여성의 취업구조가 특정 영역에 한정되어 있는 사실들에 주목하여 자유주의 페미니즘은 여성을 대상으로 정규교육 및 평생교육의 필요성을 강조하였고, 경력단절에 따른 진로교육, 여성을 위한 정치교육의 확대를 주장하였다. 이와 같은 자유주의 페미니즘은 기성의 정치적·사회적 구조를 완전히 무시하거나 혁파하기보다는 기존의 틀 안에 여성의 입장이 반영되도록 구조를 개량하는 일에 더 관심이 많다. 이들의 수정주의적 태도는 혁명적 철학을 지지하는 급진적 페미니스트들로부터 미온적이라는 비난을 사고 있다.

자유주의 페미니즘은 여성의 관점에서 남성 중심의 사회에 대하여 비판적으로 접근할 뿐만 아니라, 여성이 사회에서 소외받지 않을 방법으로 여성교육과 경제력의 필요성을 강조하였고, 이를 통한 여성의 인간성 해방을 목적으로 하였다. 자유주의적 페미니즘의 목적달성을 위하여 여성이 참된 의미에서 자아실현과 정치적·경제적 주체로 살아갈 수 있도록 육아와 가사를 분담하는 제도 개선, 남성도 출산 및 육아휴가를 활용할 수 있도록 하고 여성이 사회에서 지도자의 역할들을 잘 해낼 수 있도록 정치분야 여성할당제를 확대하는 노력도 필요할 것이다.

2) 마르크스주의 페미니즘

마르크스주의 페미니즘(marxist feminism)은 마르크스주의와 페미니즘이 교차하여 발생한 페미니즘이론을 말한다. 이 이론은 마르크스의 사상에 영향을 받은 페미니즘의 한 분파로, 개인의 가능성을 저지하는 원인을 사회체제에서 찾고 그러한 조건들로부터 개인을 해방시키는 것을 핵심 목표로 한다. 자본주의가 지배하는 사회 속에서 남성과 여성 간의 불평등에 주목하며, 사회체제 속에서 반복되어 온 노동의 차이에 여성이 참여하게 됨으로써, 남성 중심적 규범에 부합되는 여성의 젠더가 형성되고 견고해졌다고 주장한다.

1960년대에 이르러 마르크스주의는 기존의 계급투쟁에서 벗어나 여성의 관점에서 남성 노동자계급의 생산노동에 대하여 자기비판을 하며, 여성이 노동시장 참여로 가사노동에서 해방되어 남성 노동자와 함께 계급투쟁에 참여하여야 한다는 논리로 여성문제를 계급문제로 제기하였다.

마르크스주의에 따르면, 가족은 그 자체로 생산, 재생산, 소비, 계급 등 사회적인 것으로 가족 내에서 계급 구조화된 관계에 의해 갈등과 모순이 발생한다. 즉, 마르크스주의 페미니즘은 자본주의체제 안에서 부르주아지 계급은 가족 내에서 성정체성과 성별 노동분업을 고착시켜 남성을 생계부양자로, 여성은 가사노동자로 규정하여 남성 주도권이 이루어진 것으로 설명하였다. 이와 같이 성(sex)에 따른 노동시장의 구조화로 여성을 주변노동자로 내모는 젠더 이데올로기(gender ideology)가 발생하게 된다고 보고, 여성 가사노동의 사회화를 저지하여야 한다고 하였다.

마르크스주의 페미니즘에 의해 여성은 다양한 형태의 노동에 참여할 수 있게 되었고, 여성의 노동환경이나 임금수준이 개선되고 있다. 그러나 현대의 마르크스주의 페미니즘은 여성들이 생산적 노동과 가사노동을 모두 강요받고 있는 상황에 주목하고, 보상받지 못하는 가사노동으로부터의 해방만이 여성의 진정한 해방을 가져올 수 있다고 주장한다. 그리고 이는 개인적 차원에서 가능한 것이 아니라, 임금격차의 개선을 비롯한 사회체제의 재정비를 통해서만 가능하다고 본다.

이처럼 마르크스주의 페미니즘은 남녀 간의 생물학적 차이를 사회모순의 핵심적인 물질 기반으로 보고 자본주의의 생산-재생산의 이분법적 분리가 젠더문제를 발생시키며, 가족 내에서 그 모순은 심화·사회화되므로 여성 억압이 심화된다는 점을 강조하였다.

3) 급진적 페미니즘

급진적 페미니즘(radical feminism)은 여성 억압의 주체인 남성 위주의 현 사회체제를 변혁시키기 위한 정치적 행동주의를 실천하는 여성운동과 그 이론을 말한다. 급진적 페미니즘은 가부장제에 기초한 법적·정치적 구조와 사회·문화적 제도가 여성 억압의 한 원인일 뿐만 아니라, 생물학적인 성이 여성의 정체감과 억압의 주된 원인이므로, 여성해방은 출산·양육 등의 여성 역할에 대한 근본적인 변혁을 통해 이루어질 수 있다고 주장하는 여성운동 또는 그 이론을 가리킨다.

1970년대에는 남성지배사회의 모든 것에 대하여 문제를 제기하며, 기존의 자유주의 페미니즘이 단지 남성과 동일한 시민권의 쟁취를 목표로 한 반면에, 여성의 문제는 개인적인 것이 아니라 정치적인 것으로 간주하면서 보다 적극적으로 여성만의 문제를 제기하였다(Wills, 1992). 급진적 페미니즘은 사회 자체를 근본적으로 남성이 여성을 억압하고 지배하는 것으로 보고, 부당한 사회로부터 여성을 해방시키기 위해 모든 사회적·경제적 맥락에서 남성 중심주의를 제거하고, 근본적인 사회재구성을 하는 것을 목적으로 한다. 이처럼 급진적 페미니즘은 여성 억압의 뿌리가 사법체계나 사회제도라고 보았던 자유주의 여성주의나 계급갈등으로 평가한 사회적인 여성주의를 거부하고 보다 심각한 뿌리는 가부장적 젠더관계에 있다고 본 것이다.

급진적 페미니스트 앳킨슨(Ti-Grace Atkinson)에 따르면, 최초의 남녀 이분법이 성별을 근거로 시작되었으며, 남성은 그 혜택을 누리고 여성은 아이를 낳는 사람으로 간주하는 가부장제 때문에 여성은 남성 규범의 타자로 취급되었다. 이에 따라 체계적으로 억압되고 소외되었으며, 남성은 여성 억압에 의해 이익을 얻게 되었다(Fahs, 2011). 급진적 페미니즘은 기존의 사회적 규범에 도전하여 가부장제를 철폐하기 위해 노력하고 가부장제를 제거하는 것이 여성억압사회로부터 여성을 해방하는 길이라고 믿었다.

1970년대 초반 이후 급진주의 페미니즘은 현대사회에서 성의 문제를 더욱 중요한 문제로 부각시키고, 학계에 여성학이라는 형식적 측면에 자취를 남긴 채 문화적 페미니즘(cultural feminism)이라는 새로운 흐름에 밀려났다. 문화적 페미니즘은 계급으로서의 여성에 초점을 맞춘 급진적 페미니즘의 작업을 한층 더 정제하여 여성문화와 여성공동체에 대한 사회적 관심을 확대시키는 방향으로 이끌었다.

그러므로 남성에 의한 여성의 억압을 당연시 해 오던 사회적 관념과 제도에 저항하여, 남성과 마찬가지로 여성 또한 한 인간으로서 완전히 존재하는 것을 핵심목표로 해 온 페미니즘으로 인하여 여성은 투표권을 행사하고, 경제활동에 적극적으로 참여하며, 교육의 기회를 누리는 등 더욱 인간답게 살아갈 수 있게 되었다. 또한 3차 페미니즘 물결 이후에는 성별을 불문한 개인의 다양성과 차이를 주장하는 데에 필요한 이론적 정교함이 갖춰지고 정치적 투쟁의 장이 열리게 되었다.

피메일리즘과 에코페미니즘

페미니즘(feminism)은 '성적 차별'은 문화적인 산물로 양육의 관습과 입법화로 극복할 수 있다고 주장한다. 이에 반해, 피메일리즘(femalism)은 남녀의 신체적 차이를 인정하고, 그에 맞는 역할을 요구한다. 피메일리스트들은 "우리가 볼 수 있는 남녀의 차이는 결점이나 우열의 표시가 아니다. 여성은 제2의 성이 아니라, 분리된 별개의 성일 뿐이다."라고 강조한다.

에코페미니즘(ecofeminism)은 생태학(ecology)과 여성주의(feminism)의 합성어로, 자연의 억압과 여성의 억압이 밀접하게 연관된 문제라고 주장한다. 즉, 인간의 자연에 대한 파괴, 남성의 여성에 대한 억압이 가부장적인 남성 중심의 지배문화 속에서 생겨났다고 주장한다. 에코페미니즘은 남성 중심의 가부장적 산업문명 속에서 여성과 자연이 차별과 파괴의 대상이 되어 왔다는 시각에서 출발하는데, 환경문제를 비롯한 현대산업사회의 여러 측면들을 비판하고 새로운 대안을 모색한다.

1. 대처리즘에 대한 설명으로 옳지 않은 것은?

① 신자유주의가 정치적으로 가장 분명하게 표현되는 것이 대처리즘이다.
② 대처리즘은 1979년, 대처가 이끈 보수당이 집권하면서 출현하였다.
③ 정부는 사회적 선(good)을 지속시키는 데는 그 능력에 한계가 있지만, 사회적으로 해로운 것을 행하는 데는 큰 힘을 발휘한다.
④ 국가의 가장 중요한 임무는 법과 질서의 유지와 국방에 있다.
⑤ 국가복지를 부정적으로 본 대처는 민간복지에 대해서도 매우 부정적이었다.

2. 마르크스주의에 대한 설명으로 옳지 않은 것은?

① 사회주의자들은 사회보험에 대한 노동자들의 재정부담을 반대하였다.
② 국가와 자본가계급만의 부담을 요구하였다.
③ 노동자계급에 대한 마르크스의 입장은 매우 긍정적이다.
④ 마르크스는 사회개량주의에 대해서 긍정적이다.
⑤ 노동자는 보험료를 낼 필요가 없다고 주장한다.

3. 케인즈주의에 대한 설명으로 옳은 것은?

① 부와 소득의 불평등에 대해서 긍정적으로 보았다.
② 국가정책 중 사회복지정책과 직접 관련된 것이 조세정책이다.
③ 정책과 프로그램들은 여성이 남성을 지배하기 위한 것이라고 보았다.
④ 적극적 집합주의(reluctant collectivism)라고도 한다.
⑤ 케인즈 사상을 국가개입주의라고도 한다.

4. '제3의 길'에 대한 설명으로 옳지 않은 것은?

① 영국의 대표적 사회학자 기든스(Anthony Giddens)의 이론이다.
② 시민들의 사회경제생활을 보장하는 차별화 전략이었다.
③ 광복 및 6.25 이후에는 외원단체를 통해 응급구호사업이 실시되었으며, 전쟁고아 지원 및 이재민 물자지원 등 현물공급 및 시설중심의 보호사업을 통해 활동해 왔다.
④ 사회투자국가(social investment state)로 개편하자는 것이다.
⑤ 결국 제3의 길에서 말하는 적극적인 복지는 베버리지의 지향이다.

정답 1. ⑤ 2. ④ 3. ⑤ 4. ③

CHAPTER **06**

복지국가

❖ 학습목표
1. 복지국가의 이념 파악
2. 복지국가 유형의 비교 분석
3. 복지국가 위기론의 유형 분석

❖ 학습내용
1. 복지국가의 개념
2. 복지국가의 유형
3. 복지국가 위기

❖ 개요
복지국가는 전형적으로 모든 시민들에게 권리 성격의 급여제공, 경제에 대한 정부의 통제, 그리고 완전고용이라는 세 가지 거시적 원칙을 가지고 있다. 또한 복지국가는 이념적으로 사회민주주의, 정치적으로 의회민주주의, 경제적으로 혼합경제, 그리고 사회적으로 완전고용과 사회보장제도가 실현된 국가를 지칭한다. 여기에서는 복지국가를 학습하고자 한다.

복지국가

1. 복지국가의 개념

1) 복지국가의 정의

복지국가(welfare state)라는 용어는 영국 켄터베리 대주교인 템플(William Temple, 1881~1944)이 1941년에 간행한 『시민과 성직자(*Citizen and Churchman*)』라는 팸플릿에서 사용했다. 즉, 템플이 독일 나찌시대의 '전쟁국가(warfare state)' 또는 '무력국가(power state)'와 대비하여 영국을 복지국가로 대조시켜 규정한 데서 비롯되었다. '복지국가'라는 용어는 1945년 집권한 영국 노동당 정부가 「베버리지 보고서(1942)」를 근간으로 1948년 '요람에서 무덤까지'의 사회보장제도를 실시함으로써 일반적으로 사용되기 시작했다. 그래서 1948년을 복지국가의 원년이라고 부르기도 한다(박경일, 2020: 93). 그러나 복지국가라는 명칭을 일반적으로 사용하기 시작한 1950, 60년대에는 무슨 뜻인지도 모르고 사용되었고, 낯선 것이었다. 사회개혁가이자 관리자로서 복지국가 영국의 아버지로 존경받는 윌리엄 베버리지(William Henry Beveridge, 1879~1963)는 복지국가란 의미가 '공짜로 얻기(something for nothing)', '산타클로즈 국가(Santa Claus State)' 등을 암시하고 있다는 것을 마땅치 않게 여겼다. 복지국가 이론가 마셜(Thomas Humphrey Marshall, 1893~1981)은 그의 유명한 강의 「시민정신과 사회계급(*Citizenship and*

Social Class, 1950)」에서 복지국가란 용어를 사용하지 않았으며, 유명한 페이
비언 티트머스 역시 '복지국가'란 용어는 사회복지정책의 친구가 아니라 적대
적인 용어로 보았다(Garland, 2016).

복지국가를 명확히 정의하는 데에는 어려움이 있지만,
갈랜드(David Garland)는 2016년 그의 저서 『복지국가
개론(*The Welfare State: A Very Short Introduction*)』에
서, 이 분야의 전문가들은 일반적으로 복지국가의 세 가
지 아주 다른 개념들 가운데 하나를 주장한다고 말한다.
그 내용은 다음과 같다.

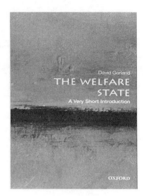

『복지국가개론』
(2016년 출판)

첫째 개념은 복지국가를 빈곤층을 위한 복지를 구현하
기 위해서 노력하는 국가로 규정한다. 이것은 가장 좁은
개념으로, 복지국가 반대론자들이 선호하였다. 그것은 가
장 문제 많고, 가장 인기 없는 복지제도 측면들만을 보게 하였다. 예컨대, 미
국의 한시적 빈곤가정 부조(Temporary Assistance to Needy Families,
TANF), 식비지원제(food stamp, FSP)와 같은 프로그램들 및 영국의 일반
부조(general assistance)와 소득보조(income support)나 구직자수당(Job
Seeker Allowance, JSA)과 같은 프로그램들은 비기여 및 자산에 따른 구호
(non-contributory, means-tested relief) 등의 방식을 채용한 것들이었다.
이것들은 미국과 특별히 영국에서 '복지'나 '복지시스템'에 관련한 정치적 논
쟁이 있을 때마다 대두된 개념들이었다.

둘째 접근방법은 사회보험, 사회적 권리와 사회서비스 등에 초점을 둔다.
이것은 대부분의 비교사회정책 연구의 분석적 접근이며, 미국의 사회보장제
(social security)와 노인의료보험(medicare)과 영국의 국민건강보험(National
Health Service, NHS)과 같은 제도들로써 정부사회지출의 대부분을 차지하였
다. 또한 그것들에 포함된 공공교육은 복지국가에 앞선 사회공급의 한 형태이
지만, 복지국가의 관련에서 보면 그것은 기본적인 사회적 권리로 볼 수도 있

었다. 예를 들어, 영국에서 정부소비지출의 약 20%는 연금에, 18%는 의료서비스에, 12%는 교육에, 20%는 기타 여러 형태의 복지에 투입되고 있다. 이와 같은 복지국가의 핵심 요소들은 유권자들에 언제나 인기가 있었고, 심지어 세금감시운동(tea party)과 같은 공공연한 반정부 정치운동에게서도 지지를 받았다.

셋째 개념은 경제적 관리와 모든 복지국가에서 이루어지고 있는 경제통제를 강조한다. 이것은 가장 폭넓은 서술이면서 대중의 논란에서는 가장 생소한 것이다. 그러나 그것은 정치경제학자들과 사회학자들이 사용하는 개념이며, 또한 저자가 개발한 핵심적인 분석법이기도 하다. 이와 같이 폭넓은 개념은 정부의 규제, 재정, 통화 및 노동시장 정책과 그러한 정책들이 시장을 만들고, 성장을 촉진하며, 기업과 가계의 복지를 보장하는 데 어떤 역할을 하는지를 강조한다.

복지국가는 전형적으로 모든 시민들에게 권리 성격의 급여제공, 경제에 대한 정부의 통제, 그리고 완전고용이라는 세 가지 거시적 원칙을 가지고 있다. 또한 복지국가는 이념적으로 사회민주주의, 정치적으로 의회민주주의, 경제적으로 혼합경제, 그리고 사회적으로 완전고용과 사회보장제도가 실현된 국가를 지칭한다. 따라서, 복지국가는 보호가 필요한 사람들뿐만 아니라, 모든 시민들에게 소득을 보장해 주고, 건강보호서비스와 교육서비스도 제공한다(박병현, 2011: 11).

그러므로 복지국가란 개인의 일상적 생활보장과 사회적 위험 및 사회적 문제를 해결하고 자유와 평등을 포함한 인간의 행복을 추구하기 위한 권리를 정부와 민간조직이 보장하기 위해 적극 노력하는 국가, 즉 소득의 상실로부터 가족의 최저생활수준을 보호하기 위해 고안된 사회서비스를 제공하는 나라를 말한다.

복지국가의 특징은 다음과 같다(노기남 외, 2021: 94).

첫째, 사회복지정책의 형성과 집행에서 국가의 역할이 중요하다.

둘째, 정치적 제도로서 민주주의를 복지국가 성립의 수반조건으로 한다.

셋째, 사회복지정책의 일차적 목표를 모든 국민의 최소한의 생활보장에 둔다.

넷째, 복지국가는 궁극적으로 '결과의 평등'을 추구한다. 기회의 평등을 추구하는 것은 아니다.

2) 복지국가의 목표

복지국가의 목표에 따른 사회복지정책은 다음과 같다(Briggs, 1961).

첫째, 실업, 이혼, 노령 등과 같은 우발적 사건이 일어났을 때, 그들의 경제적 안정을 유지시켜 주는 것이다. 이 목적은 복지국가에서 가장 큰 부분을 차지하고 있는데, 여기에 해당되는 정책으로 소득의 상실을 보상해 줌으로써 경제적 불안정을 예방해 주는 사회보험정책이 있다. 사회보험정책의 대상이 되기 위해서는 빈곤상태에 있어야 하는 것은 아니다. 사회보험정책의 주요 목표는 빈곤 여부에 관계없이 모든 사람들의 소득상실에 대처하는 것이다. 예를 들어, 실업자는 빈민이 아니더라도 고용보험의 실업급여 수급자격이 주어진다. 퇴직 노인들은 자녀들로부터의 원조나 금융소득 등 다른 유형의 소득이 있을 수 있지만, 노령연금 수급자격이 주어진다. 이러한 제도들은 모든 계층의 사람들을 대상으로 하는 보편적 성격을 지니고 있기 때문에 복지국가의 예산 가운데 가장 많은 부분을 차지하게 된다.

둘째, 개인과 가족에게 최저한의 소득을 보장해 주는 것이다. 이것은 복지국가가 목표로 하는 빈곤극복이다. 여기에 해당되는 사회복지정책으로는 공공부조가 있다. 공공부조정책은 기술과 자립심 조장, 불우한 사람들이 사회의 주류세계로 들어갈 수 있도록 하는 것을 목적으로 하는 서비스이며, 주로 현금을 제공한다. 첫 번째 목표인 사회보험정책과는 달리, 빈곤극복정책은 어떤 수준 이하의 소득이 있는 개인이나 가족을 대상으로 한다. 그래서 이러한 정책들은 일정 인구계층을 대상으로 하기보다는 특정 욕구를 지닌 특정계층을 대상으로 한다. 이러한 프로그램의 대상이 되는 사람들을 선택하는 방법은 자산조사이며, 상대적으로 수가 적은 빈민들을 대상으로 하는 것이기 때문에 여기에 소요되는 국가예산의 규모도 사회보험정책과 비교하면 적은 편이다.

셋째, 모든 시민들이 그들의 지위나 그들이 속해 있는 계층과는 관계없이 사회에서 매우 필요한 기본 상품과 서비스를 받는 것이다. 이 목표는 최저수준(minimum) 개념보다는 적정수준(optimum) 개념에 기초한다. 이러한 서비스 중에서 가장 중요한 것이 공교육이다. 초등학교와 중등학교 교육의 무료제공은 모든 복지국가에서 시민권의 권리로서 제공된다. 고등학교 이상은 대부분 무료는 아니나 정부에서 여러 가지 형태로 보조해 준다. 공교육 서비스 제공 외에 현대복지국가는 영양·탁아·주택프로그램을 제공한다. 또한 대부분의 복지국가에서는 보편적인 건강보호가 시민적 권리로서 주어진다.

2. 복지국가의 유형

복지국가 유형을 연대기적 서술로 살펴보면 다음과 같다.

1) 윌렌스키와 르보

윌렌스키와 르보(Harold L. Wilensky & Charles N. Lebeaux)는 1958년 그들의 저서 『산업사회와 사회복지(*Industrial Society and Social Welfare*)』에서 잔여적 관점과 제도적 관점으로 유형화하고 있다. 그 내용은 다음과 같다 (Wilensky and Lebeaux, 1965: 138-139).

(1) 잔여적 관점

잔여적 관점(residual view)은 사회복지가 일차적으로 가족과 시장기구에 의해서 공급되는 것을 원칙으로 한다. 보완적 관점이라고도 한다. 사회복지제도는 가족과 시장기구에 의해 움직여지고, 그러한 기구를 통해 개인의 욕구가 충족될 수 있다. 그런데 가족 또는 시장기구가 정상적으로 제 기능을 발휘하지 못할 때 사회복지제도로서의 보완적 모형이 작동된다. 이 모형은 가정생활이 파괴되거나 시장기구나 제대로 움직일 수 없어 정상적인 경로로는 사회복지가 공급될 수 없을 때 나타난다. 그것은 가족과 시장기구가 작동하지 못할 때 출현하는 일시적이고, 긴급한 기능이며 보조적인 성격을 띤다. 예컨대, 자선사업과 의연금이 그러한 유형의 사회복지활동이며, 가족과 시장기구가 다시 제 기능을 회복할 때 보완적 사회복지활동은 작동이 중지된다.

(2) 제도적 관점

제도적 관점(institutional view)은 누구나 일정한 조건, 즉 법적 · 제도적 조건만 갖추게 되면 사회복지 혜택을 받을 수 있는 경우를 말한다. 복지사회를 건설하기 위해 사회복지 혜택을 받을 수 있는 경우를 말한다. 그들은 "사회복지는 각 개인이나 집단이 만족할 만한 수준의 삶과 건강을 누릴 수 있도록 도와주기 위해 만들어진, 사회적 서비스와 제도의 조직화된 체계(the organized system of social services and institutions)이다."(Wilensky and Lebeaux, 1965: 139)라고 주장한다. 윌렌스키와 르보는 산업화가 진행될수록 보완적 모형보다 제도적 모형이 더욱 강조될 것이라고 보고 있다.

이 두 가지의 관점은 상반되는 것으로 나타나지만, 실제에 있어서 미국의 사회복지는 이 둘을 결합하려고 시도해 왔으며, 사회복지에 있어서의 현재의 경향도 중간노선을 걷고 있다. 구질서가 무너지는 것을 비통해 하는 사람들은 제도적 관점의 이데올로기가 개인적인 특성과 국가의 사회구조를 모르는 사이에 해치고 있다고 주장한다. 한편, 오늘날 우리가 유토피아에 도달하지 못한 것을 슬퍼하는 사람들은 잔여적 개념에 대해 우리들이 '모든 사람을 위해서 행복한 생활'을 달성하기 전에 제거되어야만 할 장애물이라고 반박하고 있다. 윌렌스키와 르보(1965: 139)에 따르면, 두 가지의 이데올로기가 모두 진공상태에 존재하는 것이 아니라, 더 넓은 사회문화적 상황의 반영이며, 산업화가 더욱 진전됨에 따라 제도적 개념이 더 우세하게 될 것 같다고 본다.

▌표 6-1 잔여적 복지국가와 제도적 복지국가의 비교

구분	잔여적 복지국가	제도적 복지국가
사회복지 등장	가족이나 시장과 같이 사회의 정상적인 주요 제도들이 복지욕구를 충족하지 못할 때, 즉 가족이나 시장이 실패할 때	사회의 정상적인 최일선(first line)의 기능을 함.
사회복지 욕구해결의 주된 역할	가족이나 시장	국가
국가의 복지기능	최소화	극대화
가족이나 시장의 복지기능	자연적이고 정상적인 주된 기능	극소화
사회복지급여수준	낮음	높음
수급절차	까다롭고 낙인감을 주는 자산조사를 실시한 후 급여제공	사회권으로서 보편적으로 급여제공
강조하는 이념	개인주의, 개인책임, 경쟁	집합적 사회결속
사회복지서비스 제공근거	수급자격 유무에 근거-(도움을 받을)자격 있는 빈민과 (도움을 받을)자격 없는 빈민으로 구분	욕구에 근거-사회구성원 대부분이 수혜자: 복지수혜자와 비수혜자의 구분이 무의미
대표적 국가	미국, 일본, 한국 등	스웨덴, 노르웨이 등 스칸디나비아 국가

자료: 김기원(2020: 131) 재구성.

또한 윌렌스키(Wilensky, 1975: 30–31)는 22개국을 복지국가로 규정하고, 그들 국가 중 9개국을 선진복지국가, 8개국을 증진복지국가, 그리고 나머지 5개국을 후진복지국가로 분류하였다. 세 가지 유형의 복지국가로 구분할 때 그가 사용하였던 기준은 극히 단순하게 1966년 당시 사회보장비가 국민 총생산에서 차지하는 비율이었다. 비율이 15% 이상이면 선진복지국가로 분류되었는데, 여기에는 오스트리아, 서독, 벨기에, 네덜란드, 프랑스, 스웨덴, 이태리 등 9개국이 속해 있었고, 비율이 10~15%이면 증진복지국가로 규정되었으며, 영국, 덴마크, 핀란드, 노르웨이, 뉴질랜드, 아일랜드, 캐나다 등 8개국이 여기에

소속되었다. 나머지 5개국, 예컨대, 스위스, 호주, 이스라엘, 미국 등은 비율이
10% 미만이기 때문에 후진복지국가로 분류되었다.

2) 퍼니스와 틸톤

퍼니스와 틸톤(Norman Furniss & Timothy Alan Tilton)
은 그들의 저서『복지국가사례(*Case for the Welfare State:
From Social Security to Social Equality*)』에서, 사회복지
욕구에 대한 정부개입의 형태에 따라 복지국가의 모형을 적
극적 국가, 사회보장국가, 사회복지국가로 분류하고 있다.

(1) 적극적 국가

적극적 국가(positive state)의 일차적 목표는 시장의
불안정과 재분배 요구로부터 자본가를 보호하는 데 있다. 이에 정책방향은 경
제성장을 위한 정부와 기업의 협조를 강조하며, 국가 시장경제에 개입하여 독
점을 규제하고, 지나친 사회적 불평등을 예방해야 한다. 또한 적극적 국가에
서는 경제성장을 저해하는 사회복지정책은 가급적 피하며, 완전고용정책의
극소화를 비롯하여 노동조합의 지나친 임금인상 요구나 집단행동을 규제한
다. 따라서, 적극적 국가에서는 빈곤층에 대한 정부의 지원은 경제성장의 저
해요인으로 인식하며, 주로 사회보험을 선호한다. 이는 수급자가 보험료를 부
담해야 하고, 부자와 빈자 간의 수직적 재분배보다는 노인층과 청년층, 건강
한 사람과 병약한 사람 간의 수평적 재분배이기 때문에 정책적인 부담이 적
기 때문이다. 적극적 국가에서 사회보험을 선호하는 이유는 근로자가 보험료
를 납부해야 급여를 받을 수 있기 때문에 근로의식을 고취시킬 수 있고, 정부
지출을 최소화하면서도 사회복지를 할 수 있기 때문이다.

이런 점에서 볼 때, 적극적 국가는 중산층 이상만 보호를 받을 수 있어서
이러한 국가를 복지국가라 할 수 없으며, 그리고 미국이 그 대표적인 나라로
꼽힌다.

(이미지 설명: Case for the Welfare State: From Social Security to Social Equality (A Midland Book) / Furniss, Norman / Note: This is not the actual book cover)

『복지국가사례』
(1977년 출판)

(2) 사회보장국가

사회보장국가(social security state)는 국민들에게 최저수준의 복지를 보장하는 국가를 말한다. 이에 사회보험제도 외에도 공공부조와 각종 사회복지 분야 서비스제도를 확대 실시한다. 특히, 사회보장국가는 완전한 평등을 추구하기보다는 최저수준의 생활을 보장하는 데 그친다. 이것은 개인 자신이 자발적으로 복지향상에 기여할 수 있게 하기 위한 조치이다. 대표적인 나라가 영국이다.

(3) 사회복지국가

사회복지국가(social welfare state)는 광범위한 사회복지서비스를 비롯하여 평등과 정치활동 참여 등으로 모든 국민의 안녕을 보장하는 나라를 말한다. 특히, 이러한 국가에서의 정부는 노동조합과 긴밀한 협조하에 고용정책이나 임금정책을 실시하여 최하층의 요구를 우선적으로 수용하는 정책을 펴게 된다. 따라서, 사회복지국가에서는 경제정책보다는 사회정책이 우선시 되며, 국민들의 삶의 질을 저해하는 도시계획이나 재개발은 금지된다. 스웨덴이 그 대표적인 나라이다.

퍼니스와 틸톤의 복지국가모형은 다음과 같다.

▌표 6-2 퍼니스와 틸톤의 복지국가모형

국가유형	사회복지국가	사회보장국가	적극적 국가
국가정책 목적	평등 및 화합	전체 국민의 생활안정	시장의 불안정으로부터 자본가를 보호
국가정책 방향	• 정부와 노조 간의 협력 • 완전고용정책 • 최하위 계층의 욕구를 우선적으로 고려함.	• 완전고용정책의 극대화 • 기회균등 실현 협력	• 경제성장을 위한 정부와 기업의 협력 • 완전고용정책의 극소화
사회정책 방향	• 최저수준 이상 보장 • 정부지원에 따라 사회보장 및 공공부조 프로그램의 극대화 • 권력분산 및 국민 참여 확대	• 최저수준 보장 • 기본생존수준 이하의 빈곤 퇴치 • 국민생활수준 향상 및 개선 • 사회보장제도 외에 무상서비스 필요함.	• 경제적 효율성에 기여할 수 있는 복지서비스만 실시 • 수평적 재분배 및 수익자 부담의 사회보험제도 운영 • 잔여적 복지 • 사회통제수단으로 복지정책을 채택
해당 국가	스웨덴	영국	미국

자료: 고광신 외(2017: 328).

3) 티트머스

티트머스(Richard Morris Titmuss)는 1974년 그의 저서 『사회정책개론(*Social Policy: An introduction*)』에서 복지국가모형을 사회정책의 맥락에서 세 가지 유형으로 분류한다. 이는 윌렌스키와 르보의 두 유형에 산업성취수행 모형이라는 새로운 유형을 추가한 것이다. 그 내용은 다음과 같다(Titmuss, 1974: 20-21).

『사회정책개론』
(1977년 출판)

(1) 잔여적 복지모형

잔여적(보완적, 보충적) 복지모형(residual welfare model)은 윌렌스키와 르보가 말한 잔여적 모형(residual model)과 같은 의미의 모형이다. 사회복지제도는 가족과 시장기구에 의해 움직여지는데, 그러한 것들이 제대로 기능을 다하지 못할 때 보완적 모형이 나타난다는 것이다. 보완적 복지모형은 일시적, 잠정적이고 가족과 시장기구가 정상적으로 움직이게 되면 작동을 중단하게 된다.

(2) 산업성취-성과모형

산업성취 — 성과모형(industrial achievement — performance model)은 사회복지제도를 경제적 성과의 부속물로 간주한다. 사회복지(사회적 욕구)는 업적, 실적, 업무수행, 그리고 생산성에 근거해서 결정되어져야 한다는 것이다. 이 모형은 시녀적 모형(handmaiden model)이라고도 하는데, 이유는 이 모형이 유인, 보수, 집단충성심과 연관된 경제적·심리적 이론으로부터 도출되었기 때문이다.

(3) 제도적 재분배 모형

제도적 재분배 모형(institutional redistributive model)에 따르면, 사회복지제도는 사회를 통합시키는 역할을 하는 통합된 제도이며, 개인의 욕구에 의해 기능하는 시장기구가 제공할 수 없는 보편주의적 서비스를 시장기구 밖에서 제공한다. 이 모형은 사회변동과 경제체제의 효과에 관한 이론 그리고 사회적 평등의 원칙에 근거하고 있다.

티트머스의 복지국가모형은 다음과 같다.

▌표 6-3 티트머스의 복지국가모형

구분	시장과 가족의 사회복지 역할	강조 프로그램
잔여적 복지모형	시장과 가족의 역할 강조	공공부조
산업성취-성과모형	사회복지 제공이 시장에서의 업적과 밀접한 관계가 있음을 강조	사회보험
제도적 재분배 모형	시장과 가족 밖에서 욕구에 따른 보편적 복지 제공 강조	보편적 프로그램

자료: 김기원(2020: 132).

4) 파커

파커(Julia Parker)는 『사회정책과 시민권(*Social Policy and Citizenship*)』에서 복지국가의 이념모형을 자유방임형, 자유주의형, 사회주의형으로 나누어 설명한다. 그 내용은 다음과 같다(Parker, 1975: 4-5).

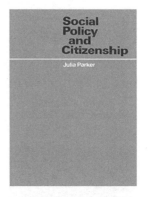

『사회정책과 시민권』
(1975년 출판)

(1) 자유방임형

자유방임형은 개인주의에 기초하며, 자유시장제도를 적극적으로 지지한다. 시장에 대한 국가의 개입은 최소화되어야 한다고 본다. 빈곤은 사회적 문제가 아닌 개인적 문제로 간주한다.

(2) 자유주의형

자유주의형은 자유방임형과 같이 개인주의와 자유계약을 강조하지만 국가의 시장에 대한 간섭은 자유방임형보다 좀 더 포괄적이다. 국가가 생활의 최저 기준을 보장해야 한다고 본다.

(3) 사회주의형

사회주의형은 국가가 사회복지에 적극적으로 개입하는 것을 말한다. 빈곤은 개인적 문제라기보다는 사회적 문제로 간주하고, 사회복지는 요구(need)에 의해 주어져야 한다고 본다.

5) 미쉬라

라메쉬 미쉬라

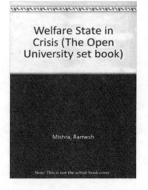

『복지국가 위기』
(1984년 출판)

미쉬라(Ramesh Mishra)는 1984년 그의 저서 『복지국가 위기(*The Welfare State in Crisis: Social Thought and Social Change*)』에서 복지에 대한 국가책임의 사상과 현실적 제도와의 관련에 따라 복지국가모형을 분화적 복지국가와 통합적 복지국가로 분류하고 있다. 그는 복지국가의 모형을 개발하게 된 동기를 복지국가의 위기론에서 찾고 있다. 그의 주장에 의하면, 복지국가 위기의 해결책으로 우파에서는 자유방임주의로의 복귀를 제시했으며, 좌파에서는 자본주의의 철폐를 주장하고 있지만, 그는 이러한 위기 극복을 위한 대안을 조합주의(corporatism)에서 찾고 있다. 조합주의에 입각한 새로운 형태의 통합복지국가(integrated welfare state)는 복지국가의 발전적인 방향의 모색이며, 혼합경제와 복지국가의 근본정신에 위배되지 않으면서 복지국가의 위기를 타개할 수 있는 진정한 대안이 될 수 있다고 주장한다(Mishra, 1984: 101-102).

(1) 분화적 복지국가

분화적 복지국가(differentiated welfare state)에 이론적 배경을 제시하고 있는 학자는 베버리지와 케인즈이다. 분화적 복지국가는 다음과 같다.

첫째, 경제분야에서 공급측면보다 수요측면에서 경제를 조절하고 있으며,

재정정책 및 금융정책을 통해 수요의 창조나 억제를 위한 정부 경제활동의 활성화 조치를 취하고 있다.

둘째, 사회복지분야는 경제와 구별되는 상대적 자율성을 유지하고 있으며, 국가는 경제와 관련하여 뚜렷한 연계를 거의 갖지 않는 사회적 서비스를 제공하고 있다.

셋째, 정치분야의 경우 분화적 복지국가는 다원주의 이론에 근거하여 움직이고 있다. 정치형태 및 사회의 의사결정과정에서 자유경쟁 또는 시장모델을 적용하고 있으며, 의회주의적 정부형태를 선호하고 있고, 완전한 시민적 자유와 정치적 자유를 보장하고 있다. 더욱이 산업분야에서 자유로운 집단협상 방식을 선택하고 있다. 예컨대, 대표적인 분화적 복지국가는 미국과 영국을 들 수 있다.

(2) 통합적 복지국가

통합적 복지국가(integrated welfare state)는 조합주의를 기반으로 성립하기 때문에 분화적 복지국가와는 두 가지 점에서 다르다.

첫째, 조합주의를 토대로 성립하고 있는 통합적 복지국가는 경제정책과 사회정책이 상호 밀접하게 관련되어 있어서 양자의 통합 필요성을 제기하고 있다. 분화적 복지국가에서 케인지-베버리지식의 접근방법은 신중한 국가개입과 제한된 사회정책의 형태를 통해서 사회·경제의 성격을 바로 잡는다는 사상에 근거하고 있지만, 조합주의자의 견해는 좀 더 포괄적이다. 전체 사회 내에서 경제정책과 사회복지정책을 조화시켜야 될 필요성을 인정하고 있다. 조합주의는 경제정책을 사회복지정책에, 사회복지정책을 경제정책에 환류(feedback)시켜야 할 것을 인식하고 그것의 절충의 시도한다. 그렇기 때문에 분배문제는 생산문제와 분리될 수 없는 것으로 본다. 결론적으로 조합주의는 분화적 복지국가와는 달리 (사회)복지정책이 가지고 있는 경제적 함의를 회피하지 않으면서 (사회)복지정책의 목표가 경제정책에 아주 명확히 반영되고 있다고 본다(Mishra, 1984: 104).

둘째, 조합주의적인 접근방법은 복지국가의 제도 속에 함축되어 있는 체계통합(system integration)과 사회통합(social integration)은 상호 관련된 것으로 본다. 체계통합은 제도들 간의 기능적 통합에 관련된 것이며, 사회통합은 집단(자본가와 노동자)들 간의 사회조화와 균형을 유지하기 위한 것과 연관된다. 경제와 사회복지 간의 이루어지는 기능적 통합(functional integration)은 비록 제도 간의 체계통합을 이룬다 하더라도, 주요 경제집단인 자본가와 노동자 간의 동의를 얻어내지 못한다면, 효율성이 떨어질 가능성이 존재하고 있다는 점을 염두에 두어야 한다(Mishra, 1984: 104). 이것은 고도로 발전된 시장경제체제를 유지하고 있는 국가에서 높은 수준의 사회복지제도를 유지·운영하기 위해서는 주요 사회집단의 협력과 동의를 반드시 이끌어내야 한다는 것을 의미한다. 체계통합이든 사회통합이든 통합문제에 대한 조합주의론자(통합적 복지국가론자)들이 주장하는 이러한 체계적이며 전체적인 접근방법은 케인즈-베버리지(Keynes-Beveridge)의 복지국가의 개념에 나타나고 있는 단편적인 사회공학이나 과정적 접근과는 다른 것이다. 노동자(생산자)와 자본가(분배자) 모두 생산과 분배의 주요 상호 협력자로 간주된다. 예컨대, 오스트리아와 스웨덴에서 사용자는 사회적 목표로서 완전고용을 인식하는 한편, 노동자는 경제성장과 사회복지를 위해 임금인상의 억제와 생산성을 증가시킬 필요성을 수용한다는 것이다. 정치·경제적인 측면에서 끊임없는 이익의 갈등을 역설한 홉스주의자의 견해와 계급투쟁이라는 마르크스주의자의 견해와는 대조적으로, 조합주의적 견해는 사회란 거미줄과 같아서 상호의존적인 기능과 이익을 위한 협동이 필요하다. 이것을 다른 관점에서 보면, 통합적 복지국가는 케인즈와는 달리, 사회와 경제에 대한 집단적 책임논리를 내포하고 있다고 말할 수 있다. 이러한 점에서 분화적 복지국가가 광범위한 자유방임주의 경제와 잔여적 복지로부터 일보 전진이었던 것처럼, 통합적 복지국가는 집단적 책임으로의 또 다른 진전으로 설명될 수 있다. 따라서, 통합적 복지국가에서는 수요뿐만 아니라, 생산자원, 투자유인 등과 같은 공급측면의 관리가 함께 고려되어야 한다(Mishra, 1984: 104-105).

그러므로 조합주의라는 용어는 여러 가지 측면에서 조직화된 경제적 이해관계 및 현대국가의 의사결정구조와 과정을 연계한 것으로 보고 있다. 그는 이런 상황에서 조합주의에 기반을 둔 통합적 복지국가의 유형을 제시하고 있으며, 그것과 유사한 구조를 가진 다원주의 혹은 분화적 복지국가를 대조시키고 있다. 이러한 대조는 복지국가에 접근하고 있는 조합주의의 분명한 특징을 나타내 주고 있다(Mishra, 1984: 102).

그러므로 미쉬라의 분화적 복지국가와 통합적 복지국가의 특징은 다음과 같이 정리할 수 있다. 즉, 미쉬라의 복지국가모형은 퍼니스와 틸톤의 모형보다 진일보했다는 것을 알 수 있다. 퍼니스와 틸톤 역시 복지국가의 특성을 설명했지만, 그것을 실현시킬 수 있는 구체적인 방안이나 수단에 관한 언급은 없었다. 반면, 미쉬라는 분화적 복지국가에서 통합적 복지국가로 이행하기 위한 전제조건, 즉 실천적 방안으로서 조합주의를 제시했다는 점은 높이 평가받을 만하다. 그렇지만 미쉬라의 복지국가 모형은 선진자본주의 국가의 복지모델에 관해서만 언급하고, 후발자본주의 국가의 복지모델에 대해서 언급이 없다는 점이 아쉬움으로 남고 있다.

미쉬라의 복지국가모형은 다음과 같다.

▌표 6-4 미쉬라의 복지국가모형

국가형태	분화적 복지국가	통합복지국가
주창자들	케인즈, 베버리지	후기 케인즈주의자
유사한 국가	미국, 영국	오스트리아, 스웨덴, 서독, 네덜란드
경제 분야	• 수요측면에서의 경제조절 • 수요의 창조나 억제를 위한 정부의 경제활동 활성화조치(재정정책 및 금융정책)	• 수요측면과 공급측면(이윤, 투자, 임금수준, 인플레이션, 노동시장의 조건 등)에서의 경제조절 • 광범위한 경제문제의 조절 및 합의형성(법적기구를 통하든 아니든 간에)
사회복지 분야	• 경제와 구별되는 상대적인 자율성 유지 • 경제와 관련하여 뚜렷한 연계를 거의 갖지 않는 국가의 사회적 서비스 제공	• 경제 및 경제정책으로부터 자율적인 영역으로 간주하지 않음. • 사회와 경제 간의 상호의존성과 상호 관련성이 제도화됨. • 사회와 경제 간의 기능적 관계 및 상 층관계는 정책결정에 정보를 제공함.
정치 분야	• 이익집단 다원주의적 성격 • 정치형태 및 사회의 의사결정과정에서 자유경쟁 또는 시장모델 적용 • 산업분야에서의 자유로운 집단협상 방식을 선택 • 조직화된 집단, 정당 및 의회를 통한 분파적 이익의 추구 • 사회적 책임이 결여된 경제력 행사 • 의회주의적 정부형태 • 완전한 시민적 및 정치적 자유	• 중앙집권적 다원주의 성격 • 광범위한 경제 및 사회정책에 걸쳐 주요 이해집단의 대표와 최고조합들 간의 협상 • 경제집단의 상호의존성이 인식되어 계급협력과 사회적 합의의 형태로 제도화됨 • 주요 경제집단에 사회적 책임 존재 • 의회주의적 정부형태 • 완전한 시민적 및 정치적 자유

자료: Mishra(1984, 102 – 103).

6) 조지와 윌딩의 4분류

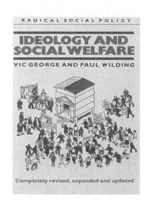

조지와 윌딩은 1976년 그의 저서 『이데올로기와 사회복지(*Ideology and Social Welfare*)』에서 복지국가를 정치이념의 차이에 따라 반집합주의, 소극적 집합주의, 페이비언주의, 마르크스주의 등으로 4분류하고 있다. 그 내용은 다음과 같다.

(1) 반집합주의

『이데올로기와 사회복지』
(2013년 출판)

반집합주의(anti-collectivism)에서는 자유, 개인주의 및
불평등이 기본 가치다(George and Wilding, 2013: 19-43). 이는 하이에크(Friedrich August von Hayek)와 프리드먼(Milton Friedman) 등과 같은 극우 자유주의 경제학자들이 주장하는 유형으로, 빈곤의 완화는 국가개입보다 자선과 잔여적 방식으로 해결되어야 한다고 보며, 중앙의 계획은 권위주의적 사회주의 국가로 귀결될 수 있다고 보면서 반대한다. 반집합주의는 19세기 영국을 지배했던 이데올로기였다. 그러나 반집합주의 이데올로기는 19세기 말경에 이르면서 점차 도전받기 시작했으며, 20세기에는 학문적으로나 정치적으로 매우 희미한 존재로 전락하고 말았다. 그렇지만 또다시 반집합주의는 이제 왕성하게 활동하고 있으며, 학문적으로나 정치적으로 커다란 영향력을 발휘하고 있다.

(2) 소극적 집합주의

소극적 집합주의(reluctant collectivism)는 자본주의와 시장기능의 약점을 보완하기 위한 최소한의 정부개입을 주장한다(George and Wilding, 2013: 44-68). 따라서, 국민최저수준의 보장 개념과 이에 대한 국가의 책임을 인정한다. 소극적 집합주의자들은 제대로 규정되어 있지는 않지만, 명확한 집단을 형성하고 있다. 그들은 규제되지 않은 자유시장체제(unregulated free market system)에 대한 신뢰가 아주 강하지 않다는 점에서 반집합주의자들과 구별된다. 즉, 그

들은 반집합주의자들과 달리, 정부에 의해 관리되는 경제가 필요하며, 또 그 것이 좋은 결과를 가져올 수 있다고 믿는 것이다. 한편, 소극적 집합주의자들 은 사적인 기업활동을 열성적으로 옹호한다는 정부의 행위를 마지못해 소극 적으로(reluctantly) 인정한다는 점, 그리고 적극적인 평화주의적 정책은 받아 들이지 않는다는 점에서 페이비언주의자들과 구별된다.

(3) 페이비언주의

페이비언주의(fabianism) 또는 페이비언 사회주의(fabian socialism)는 빈곤 이나 불평등의 해결을 위하여 자유시장 체제에서의 점진적 변화를 선호한다 (George and Wilding, 2013: 69-94). 따라서, 페이비언주의의 사회주의적 이데올 로기를 실현하기 위한 방식은 점진적 개량주의다. 페이비언 사회주의는 소극 적 집합주의와 마르크스주의 사이의 다소 모호한 중간영역에 위치한다. 페이 비언 사회주의와 다른 이데올로기를 구분할 수 있는 경계는 때로 분명하지 않 으며, 그 경계가 무너지는 경우도 흔히 있다. 페이비언 사회주의는 사회주의에 대한 일련의 정치적, 이론적 가정들을 가지고 있다. 페이비언 사회주의의 이 가정들이 어떤 사람들에게는 발전된 사회민주주의(developed social democracy) 로 보일 수도 있고, 또 다른 어떤 사람들에게는 마르크스주의적 사회주의 (marxist socialism)로부터 단지 몇 발자국만 벗어난 것으로 보일 수도 있다. 이처럼 차이에도 불구하고, 페이비언주의를 하나로 보이게 할 수 있는 연결고 리가 있는데, 그 두 가지는 첫째, 민주주의적 과정에 대한 전적인 옹호이고 (total commitment to the democratic process), 둘째는 사회복지서비스에 대 한 분명한 지지이다(unequivocal support for social welfare services).

(4) 마르크스주의

마르크스주의(marxism)는 자본주의체제에서의 계급갈등을 가장 큰 문제로 본다(George and Wilding, 2013: 95-119). 마르크스주의자들은 자본주의는 체제 자체의 결함에 따르는 복지국가에 대한 대안으로서 급진적 정치변동을 제시하고 있다. 마르크스주의자들은 사회적 가치(social values), 국가의 본질(the nature of the state), 정부의 역할과 복지국가의 바람직성(the role of government and the desirability of the welfare state) 등과 같은 쟁점들에 대해 반집합주의자들과 완전히 반대되는 견해를 가지고 있지만, 마르크스주의와 반집합주의는 위의 쟁점들에 있어서 두 가지 공통적인 특징을 가지고 있다.

　첫째, 마르크스주의자들과 반집합주의자들은 위의 쟁점들을 발전된 이론적 틀 내에서 소극적 집합주의자들이나 페이비언주의자들보다 더 광범위하게 고찰하고 있다.

　둘째, 마르크스주의자들과 반집합주의자들은 복지국가를 개혁하기 위한 방안을 제시함에 있어서, 실용적인 점증주의(pragmatic incrementalism)보다는 기본적인 원칙에 근거하고 있다.

▌표 6-5　조지와 윌딩의 4분류

이데올로기	중심가치	국가역할 / 빈곤 · 복지개입			대표인물
		사회 · 국가관	정부개입	빈곤개입	
반집합주의	소극적 자유 개인주의	불평등 인정 경쟁 강조 이윤추구 인정	반대	반대	하이에크 프리드먼
소극적 집합주의	소극적 자유 개인주의 실용주의 인본주의 합리주의	자본주의는 비효율적 요소를 소유함.	찬성	찬성	베버리지 케인즈
페이비언주의	평등 적극적 자유 동포애	수정자본주의 옹호	매우 찬성	매우 찬성	웹부부 티트머스
마르크스주의	적극적 자유 평등 우애	자본주의는 생산수단이 일부 계층에 집중	매우 반대	매우 반대	마르크스 엥겔스

7) 조지와 윌딩의 6분류

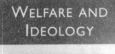

『복지와 이데올로기』
(1994년 출판)

조지와 윌딩(Victor George and Paul Wilding)은 1993년 그의 저서『복지와 이데올로기(*Welfare and Ideology*)』에서, 사회복지의 이데올로기 관점에 따라 6가지로 분류하고 있다. 앞서 4분법과 대조할 수 있는 부분은, 6분법에서는 사상사를 반영하여 우파·좌파, 새로운 사조로 3분한 다음 이를 다시 구체화한 것이라고 볼 수 있다. 또한 4분법에서 다루었던 페이비언주의를 그 진화과정에 맞춰 사회민주주의 틀 안에 삽입하고 있다. 그들은 특히 정치사상에서 원용하여 극우파, 중도노선, 중도좌파, 극좌파의 분류를 도입하였다. 따라서, 우파의 분류는 신우파와 중도노선이 있다. 즉, 조지와 윌딩은 4분법을 보다 세분화 하여 6분법으로 분류하였다. 그 내용은 다음과 같다.

(1) 신우파

신우파(the new right)에 대해 피츠패트릭(Tony Fitzpatrick, 2011: 130-133)과 프리덴(Michael Freeden, 2003: 87-90)은 보수주의(conservatism)로, 이근식(2009: 25)은 신자유주의(new liberalism 혹은 neo liberalism)라고 칭한다.

조지와 윌딩(George and Wilding, 1994: 15-45)에 따르면, 신우파는 국가 역할의 강화를 통한 사회복지정책 확대에 대해 가장 강한 적대감을 보인다. 신우파는 1970년대에 지적·정치적 세력으로 부상하면서, 1970년대와 1980년대에는 많은 나라에서 영향력 있는 위치를 확보했다. 어떤 의미에서 이런 움직임은 1973년 이후 세계경제를 휩쓴 경제위기의 산물이었다. 그러나 1960년대 공공복지지출의 급격한 확대와 공공정책의 성공 여부 및 그 영향에 대한 불확실성의 확산에 대한 반동이기도 했다. 신우파의 행적은 기본적으로 국가활동(state action)에 관한 고전적 자유주의(classical liberal)의 비판을 확대·발전시킴으로써 경제 및 사회정책상의 중요한 현안문제에 신자유주의(the new right)적인 비판을 적용한 것이었다. 그것은 확고한 이데올로기적 토대(ideological base)에 근거한 강력한 비판이었다. 또한 전통적 지식에 대한 명백한 이데올로기적 도전이었으며 복지국가의 역할에 관한 분석에서 중요하지만, 간과했던 일련의 문제들을 논의 중심으로 끌어들였다.

신우파는 복지에서 국가의 역할을 총체적으로 거부하지는 않지만, 복지국가의 이념에 대한 그들의 일반적인 태도는 모호하고 불확실하며 이해하기 어렵다. 조지와 윌딩은 복지국가에 대한 신우파의 태도로 다음과 같이 제시한다(George and Wilding, 1994: 20-35).

① 포괄적인 복지국가(comprehensive welfare state) 창조의 불가능

신우파는 극단적으로 복지국가의 의도적인 집합적(collective) 계획은 불가능하다고 믿는다.

첫째, 자발적 질서(spontaneous order)에 대한 신뢰는 복지국가를 비판하고 있는 신우파의 주된 사상이다.

둘째, 포괄적 복지국가의 지지자들은 요구된 합리적 계획들이 실현가능하다는 가정을 하지만 신우파는 그렇지 않다고 믿고 있다.

셋째, 포괄적 복지국가의 형성을 불가능하게 만드는 요인으로 사회공동의 목적은 성취될 수 없다는 것이다.

② 인간본성과 사회질서에 대한 잘못된 관점

복지국가에 대한 신우파의 기본적인 비판은 복지국가 지지자들이 인간본성과 사회의 본질에 관해 잘못된 견해를 가지고 있다는 것이다. 신우파는 복지국가 지지자들이 인간본성에 지나치게 낙관적인 견해를 취한다고 믿는다. 그러나 이근식(2009: 65)은 빈부양극화와 경제의 투기화와 불안정만이 아니라, 환경파괴, 인간소외와 인간성 황폐화 등의 자본주의의 실패(capitalism failure)도 신자유주의가 유행하기 시작한 이후 더욱 심하게 나타나고 있다고 주장한다.

③ 복지에 대한 사상적 오류(mistaken ideas)

신우파는 복지국가의 발달을 자유의 본질에 대한 잘못된 관점과 사회정의·권리·욕구에 대한 잘못된 개념의 피조물로 본다.

첫째, 신우파는 복지국가가 성장과 부의 창조보다는 평등과 재분배를 강조한다는 이유로 비판한다.

둘째, 복지국가가 개별적인 욕구를 충족시키기 위한 선택의 중요성과 개인의 성장 및 책임성을 장려해야 한다는 것을 인식하지 못하였다고 신우파는 강하게 비판하고 있다.

셋째, 신우파는 복지국가 지지자들이 복지에 대해 부분적이고 편협한 관점을 가진다고 본다.

넷째, 신우파는 복지국가가 책임과 의무보다는 권리를 강조한다고 비판한다.

다섯째, 모든 복지국가정책 지지자들은 복지국가가 사회를 변화시키는 기제라고 믿고 있는데, 즉 더욱 평등하게 만들고, 빈곤을 감소시키거나 제거할 수 있으며, 욕구를 해결하고, 좀 더 보호적이며 이타적인 풍토(altruistic ethos)를 형성하는 기제가 될 수 있다고 믿는다. 신우파는 이런 낙관주의에 반기를 든다.

④ 자유(freedom)를 위협하는 복지국가

자유는 타자에 의한 강제가 없는 상태를 말하는데, 이는 신우파적 가치의 핵심이다. 신우파 사상가들은 자유가 복지국가의 사상과 기능에 의해 위협받는다고 생각한다.

첫째, 단순히 정부의 확대가 위협이 된다.

둘째, 복지국가가 제시하는 이상사회의 비전(the vision of ideas)에 대한 전망 때문에 자유가 제약을 받을 위험이 있다.

셋째, 신우파는 재분배(redistribution)가 불가피하게도 강제적이기 때문에 평등주의(egalitarianism) 또한 강제에 의존하지 않을 수 없다고 본다.

넷째, 복지국가는 가부장적이고 권위주의적(paternalistic and authoritarian)이기 때문에 사람들에게 선택의 기회를 갖지 못하게 하는 방식으로 자유를 위협한다.

넷째, 복지국가의 기본적인 조직유형이 자유를 위협하는 것으로 여겨진다.

다섯째, 신우파는 복지국가를 비효율적(inefficient)이고 비효과적(ineffective), 경제적인 손해(economically damaging), 사회적으로 손해(socially damaging), 정치적으로 손해(politically damaging)라고 본다.

신우파에 대한 평가에 대해 조지와 윌딩(1994: 35)은 공적인 면에 있어서, 경제적으로 쟁점이 되고 있는 효율성 및 효과성에 대한 논의와 목표·산출·비용에 대한 예리한 문제 제기라고 주장한다. 이 신우파는 다원주의 제도 속에서 근본적으로 국가복지가 제공될 수 있는 방식을 모색하면서, 민간부문 및 사적 복지 공급의 중요성을 주장했다는 점을 중요한 공헌으로 들 수 있다. 그러나 조지와 윌딩(1994: 45)은 신우파가 복지국가의 역할과 복지국가정책에 대해 수많은 핵심적인 문제를 제기하였으나, 궁극적으로 신우파의 기여는 비판 이상의 것은 아니라고 주장한다. 신우파가 복지국가정책의 대안으로 제시한 것은 20세기 후기 사회의 복잡한 문제와 욕구에 대한 해결책이 되지 못한다고 볼 수 있다. 만일 그 대안이 효과가 있다면, 신우파가 제시하는 이상사회 (ideal society)에 대한 전망은 대다수 사회구성원에게 자유와 기회를 강화하기보다는 축소하는 결과를 낳을 것이라는 조지와 윌딩은 분석하고 있다.

(2) 사회민주주의

사회민주주의(democratic socialism)는 사회복지정책이 정치적 권리와 시장의 힘만을 강조하는 자유시장의 한계를 극복할 수 있으며, 불평등을 완화하고 평등한 사회를 구축하면서 사회복지정책 확대를 적극적으로 지지한다(George and Wilding, 1994: 74-101). 조지와 윌딩(1994: 89)에 따르면, 사회민주주의자들이 동경하는 사회주의의 일관된 핵심 특징은 점진주의와 민주주의(gradualist and democratic nature)이다. 사회민주주의자들은 이슈에서 의견을 일치시키지는 못하지만, 그들의 이상사회인 사회민주주의는 자본주의(capitalism)보다 우월한 체제라는 기본적인 신념에는 공감하고 있다. 사회민주주의자들에게 복지국가는 자유방임적(laissez-faire) 자본주의에서 사회주의(socialism)로 이행하는 중요한 중간단계이다. 그들은 복지국가의 많은 실패에 대해 때로는 비판적이었지만, 19세기와 20세기 초반의 자유방임적 자본주의로부터 인류문명의 매우 중요한 진일보를 이룩한 것이 복지국가라고 주장한다. 사회민주주의자들은 의회적 절차 이외에는 어떤 형태로의 이행이든 실용적이며 도덕적인 이유를 내세워 지속적으로 거부함으로써 사회민주주의는 단계적이고 점진적으로 이행하는 것을 이해했다.

조지와 윌딩(1994: 80-89)에 따르면, 사회민주주의자들이 복지국가를 정당화하는 이유로는 다음과 같다.

첫째, 사회 내의 고통과 궁핍을 제거한다는 것이다. 크로스랜드(Anthony Crosland, 2006: 148)에 따르면, 사회복지서비스의 궁극적인 목적은 사회적 평등이 아니라, 사회적 빈곤과 결핍을 구제하고 사회적 욕구를 교정하는 것이다.

둘째, 사회민주주의자들은 사회복지서비스가 경제를 촉진시키고 국가의 경제적 번영에 대한 투자가 된다고 주장한다.

셋째, 그들의 교육에 대한 지지는 그 자체가 바람직한 목적이자 더욱 평등한 사회를 창조하는 수단으로서 개개인의 사회적 배경과는 상관없이 아동의 능력을 함양하기 위하여 국가경제가 우선시되는 것이다.

넷째, 복지국가나 사회복지서비스는 사회 내의 이타주의와 사회통합(altruism and social integration)을 증대시킨다.

사회민주주의에 대한 평가와 관련하여 조지와 윌딩(1994: 99)은 사회민주주의자들이 항상 보편적 복지국가(universalist welfare state)의 가장 강력한 옹호자였다고 주장한다. 그러나 사회민주주의자들은 최근에 들어 노동계급의 분열, 신우파 이론과 이데올로기의 등장, 경제적 불황, 사회적 욕구의 확대, 담세거부운동 등이 등장함으로써 복지국가와 사회민주주의에 대한 자신들의 태도를 재고할 수밖에 없도록 강요받고 있다고 주장한다. 또한 조지와 윌딩

(1994: 101)은 사회민주주의자들이 논리적 모순에 빠져 있다고 진단한다. 즉, 목적달성을 위해 수단을 변화시키려고 한다는 것이다. 과거 사회민주주의는 민주주의적 염원보다는 평등을 강조했지만, 오늘날에는 민주주의적 신념을 강조한다. 다시 말해서 수단과 목적의 관점에서 볼 때, 이것은 과거의 사회주의와는 매우 다른 종류의 사회주의이다. 따라서, 미래의 사회주의는 과거의 사회주의보다 자본주의적 요소를 더 많이 보유할 것이라고 본다.

(3) 마르크스주의

마르크스주의(marxism)는 사회복지가 자본주의를 방어하고 정당화하는 기계에 불과하다고 보면서 사회복지정책 확대를 반대한다(George and Wilding, 2003: 102-129). 조지와 윌딩(1994: 102)에 따르면, 많은 마르크스주의자들에게 있어서 '복지국가(welfare state)'라는 용어는 자본주의를 염려하는 듯한 인상을 나타내고 있으며, 복지국가의 현실적인 기능을 사회적으로 왜곡하고 있기 때문에 속임수의 한 형태라는 것이다. 즉, 마르크스주의자들에게 있어서 복지국가는 전적으로 악의에 찬 것만도 아니며, 그렇다고 자비로운 것도 아니라는 것이다. 따라서, 고프(Ian Gough, 1979: 3)는 복지국가란 현대 자본주의를 구성하는 한 형태에 지나지 않는다고 주장한다.

복지국가에 대한 태도에 있어서, 조지와 윌딩(1994: 102)에 따르면, 마르크스주의자들은 복지국가의 발달에 관해 복지국가가 모순적 사회구성체(contradictory social formation)라고 주장한다고 분석한다. 전후 기간부터 1970년대 중반까지 대다수의 마르크스주의자들은 복지국가가 부분적으로는 계급갈등(class conflict)의 결과로 생겨난 것이고 노동계급에 급여가 주어지는 사실에도 불구하고, 결국 복지국가가 사적 자본을 선호하는 것으로 생각하였다. 그러나 1970년대에 몇몇 마르크스주의자들은 대규모 복지급부가 자본수익성에 미치는 정기능과 역기능을 논의하기 시작하였다. 결론적으로 마르크스주의자들은 항상 복지국가를 모순적인 사회체계, '선'과 '악'이 공존하는 것, 즉 노동계급의 이익을 증진시키는 동시에 제한하며, 자본주의체제를 방어하면서도 침식하고, 유용한 지

지를 보내면서도 정당하게 공격한다고 생각해 왔다. 복지국가의 이러한 갈등
적 특성은 마르크스주의 학파들 내에서도 항상 다양하게 논의되었을 뿐만 아
니라, 어느 한 시점에서 유력한 상황에 있는 사회적·정치적 그리고 경제적
조건에 따라서도 각기 상의하게 논의되었다.

마르크스주의에 대한 평가에 있어서 조지와 윌딩(1994: 128)은 마르크스주의
가 많은 약점을 지녔음에도 불구하고, 그들이 주장하는 이데올로기에 있어서
가장 만족할만한 유형이라고 주장한다. 그러나 몇 가지 약점이 있는데, 그 내
용은 다음과 같다.

첫째, 노동계급을 단일 세력으로 다루는 것은 노동계급 내부에 있는 이해의
갈등과 상이함을 은폐한다.

둘째, 사회의 모든 구조적 갈등은 계급의 기치 아래 포괄될 수 있다는 마르
크스의 주장은 복지국가 발달에서 성, 인종, 종교, 민족주의의 중요성을 전체
적으로 과소평가한다.

셋째, 마르크스주의의 설명이 가진 타당성은 사회정책이나 공공정책이 아
니라, 경제적 의미가 강하게 담긴 영역에서 실증적 근거와 논리에 의해 구체
화될 수 있다.

넷째, 다른 설명들처럼 마르크스주의는 복지국가가 단 하나의 단계를 거치는
것으로 다루고 있다.

다섯째, 마르크스주의적 설명, 특히 '자본의 요구(needs of capital)' 접근방법
은 정책의 목적과 기능 간을 구분하는 데 실패했다.

결론적으로 마르크스주의는 복지국가의 기능을 고려할 때, 복지국가가 전
적으로 자본주의에 기여했다는 것을 지나치게 강조했다. 따라서, 마르크스주
의는 미래 이데올로기로 예측할 수 있는 좋은 징조를 전혀 보이지 않고 있음
을 알 수 있다.

(4) 중도노선

중도노선(the middle way)은 사회복지정책이 빈곤이나 불평등과 같은 자유시장체제의 모순을 해결하는 측면을 가지고 있다고 보면서 사회복지정책 확대를 제한적으로 지지한다(George and Wilding, 2013: 46-73).

(5) 페미니즘

페미니즘(feminism)은 사회복지가 노동시장에서 여성이 평등한 지위를 보장받을 수 있도록 하는 데 필요한 서비스를 제공할 수 있다는 측면에서는 지지를 보내지만, 사회복지정책입안자들은 주로 남성이고 여성은 단지 정책수혜자인 남성지배적인 국가라고 비판하면서 복지국가를 제한적으로 지지한다 (George and Wilding, 2013: 130-160).

(6) 녹색주의

녹색주의(greenism)는 경제성장이 개인적 풍요나 공공서비스의 자원을 증가시킴으로써 사회복지를 강화하는 수단이며, 경제성장이 환경문제를 조장하여 결과적으로 비복지로 연결된다고 주장하면서 사회복지정책을 반대한다 (George and Wilding, 2003: 161-188).

조지와 윌딩의 6분류는 다음과 같다.

▌표 6-6 조지와 윌딩의 6분류

이데올로기	복지국가에 대한 입장	복지국가관
신우파	반대	자유시장의 걸림돌
중도노선	제한적 지지	사회안정과 질서유지
사회민주주의	열광적 지지	사회 조화, 평등한 사회실현
마르크스주의	반대	자본주의체제 강화
페미니즘	제한적 지지	여성평등지위 보장
녹색주의	반대	경제성장(환경문제) 조장

8) 길버트

『자본주의와 복지국가』
(1983년 출판)

길버트(Neil Gilbert)는 1983년 그의 저서 『자본주의와 복지국가(*Capitalism and the Welfare State*)』에서 복지국가의 이데올로기를 여섯 가지 유형으로 제시하고 있다.

(1) 사회적 다윈주의

사회적 다윈주의(social darwinism)는 순수한 자본주의가 인간의 완성과 문명의 진보에 기여한다고 인식한다. 복지국가에서 빈곤한 사람에게 원조를 제공하는 등 도움을 주는 행위는 인간의 궁극적인 번영이나 개화를 위협하고, 대자연의 섭리를 거역하는 활동으로 간주한다. 즉, 사회의 자연적인 진화과정을 방해하는 것으로 판단한다. 1859년 다윈(Charles Robert Darwin, 1809~1882)의 저서 『종의 기원(*On the Origin of Species*)』이 출판되면서 진화론은 단지 과학에만 국한된 주제일 수 없었다. 왜냐하면 과거에 진화가 일어났다고 믿는다면, 그 사람은 진화 역사의 연장선을 통해서 현재와 미래를 바라보는 시각에 영향을 받게 되기 때문이다. 이와 같은 진화론의 믿음을 통해 사회를 바라보고 적용하려는 시도를 '사회적 진화론' 또는 '사회적 다윈주의'라고 한다.

(2) 마르크스주의

마르크스주의(marxism)는 이상적인 사회란 생산, 분배, 소비에 있어서 '각자의 능력에 따라 일하고 욕구에 따라 분배받는 방식'으로 조직되어야 한다고 본다. 모든 경제 문제가 공동의 급여를 제공하고자 하는 사회시장(social market)을 통해서 해결되는 복지사회를 구상하고 있지만, 사회적 다윈주의와 마찬가지로 복지국가에 대한 부정적인 시각을 갖고 있다. 여기에는 두 가지 이유가 있다.

첫째, 복지국가에서 실행하는 소규모적 개혁으로는 사회의 불평등 구조나 자본주의적 생산양식을 변화시킬 수 없다고 인식한다.

둘째, 사회적 불만이 복지국가에서 제공하는 국가의 연금이나 보조급여 등 물질적인 회유를 통하여 무마되기 때문에 사회의 근본적인 개혁이 어렵다고 인식한다.

복지국가에 대한 인식의 차이

① 사회적 다원주의자: 자본주의를 건설하는 데 방해가 된다고 인식한다.
② 마르크스주의자: 사회주의로 이행하는 과정의 방해물로 인식한다.

(3) 고전적 자본주의

고전적 자본주의(classical capitalism)는 사회복지서비스 제공에 있어 자유방임주의보다는 정부의 역할을 한층 더 인정한다. 빈곤자에 대한 원조는 일에 대한 유인을 갖도록 하기 위해 최소한으로 이루어져야 한다. 이를 위해서는 개인이 소유한 재산이나 금전의 사용도 자신의 선호에 따라 이루어져야 하고, 개인생활에 대한 정부개입은 최소화하여야 한다.

(4) 신디칼리스트 사회주의

신디칼리스트 사회주의(syndicalist socialism)는 시장경제에 있어서 사적 소유를 인정하는 정도가 매우 낮다. 산업민주주의의 원칙에 따라 조직화된 사회를 선호하는데, 그 사회 내에서의 노동자들은 생산수단에 대한 직접적인 통제를 받고 있다. 즉, 이 원칙은 노동자 경영을 중시하고, 지방분권적인 사회주의 형태를 강조한다. 이러한 경향은 영국 대처 정부의 보수적인 성향과 잘 맞아 떨어지는 복지정책의 기본이 되었다.

(5) 이익집단 자유주의

이익집단 자유주의(interest group liberalism)는 미국에서 복지국가의 개념을 정책에 도입하도록 만든 지배적인 세력이다. 사회조건을 개선하기 위한 인간주의적 희망과 공공의 이익을 위한 조직화된 요구를 수용하려는 실용주의적 특징을 인정한다. 자본주의 논리를 인정함과 동시에 집단적인 경향을 더 인정하는 혼합경제체제를 인정한다.

(6) 페이비언 사회주의

페이비언 사회주의(fabian socialism)는 집단주의적 이상과 개혁을 확산한다면, 사회주의적 원칙을 대중이 수용하게 될 것으로 믿고 있다. 복지국가는 개인이 지닌 특정의 욕구를 충족시키는 동시에, 전체 사회의 이해관계에도 도움이 되는 범위 내에서 모든 집단적인 개입을 포함할 수 있다고 본다. 자본주의체제가 지닌 부정적이고 해체적인 요소를 해결하는 복지자본주의의 혼합경제체제를 인정한다. 사회서비스 욕구와 혼합경제체제는 사회시장의 점진적인 확대를 통해 실용화될 수 있으며, 이러한 과정을 통해 유토피아적인 사회주의 사회건설이 가능할 것으로 인식한다.

9) 에스핑-앤더슨

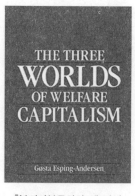

『복지자본주의의 세 가지 세계』
(1990년 출판)

에스핑－앤더슨(Gøsta Esping－Andersen)은 1990년 그의 저서 『복지자본주의의 세 가지 세계(The Three World of Welfare Capitalism)』에서 처음으로 '복지국가 레짐(regime)'이란 용어를 사용하여 복지국가를 탈상품화(de－commodification), 계층화(stratification), 시장·가족의 역할관계 등을 기준으로 자유주의 복지국가, 보수조합주의 복지국가, 사회민주주의 복지국가 등 세 가지의 유형으로 분류하였다. 특히, 최저 급여액의 평균 근로자 임금에 대한 비율, 평균 급여액의 평균 근로자임금에 대한 비율, 급여를 받을 수 있는 자격조건(기여연수), 전체 프로그램 재원에서 수급자가 지불하는 비율, 실제 수급을 받는 사람들의 비율 등 다섯 가지 변수를 가지고 탈상품화 지수를 측정하였다. 에스핑－앤더슨의 복지국가체제모형은 다음과 같다(Esping－Anderson, 1990: 26－33).

(1) 자유주의 복지국가

자유주의 복지국가는 안전망으로서 잔여적(residual) 복지를 실시하며, 매우 부분적인 욕구만을 충족하기 위해 공공부조 위주의 복지정책을 실시하고, 사회보험이나 사회서비스는 발달하지 못한 복지체제이다. 공공복지가 충족해 주지 못하는 복지욕구는 시장에서 사적 보험이나 사적 서비스를 구매하여 충족하는 시장중심적 체제이다. 자유주의적 복지국가에서는 자산조사(means test)에 의한 공공부조(public assistance)가 중심적 역할을 수행하며, 복지행정의 주된 업무는 근로능력이 없는 '(도움을 받을) 가치 있는 빈민'을 선별하여 정부의 복지급여를 제공하고, 반면 근로능력이 있는 '(도움을 받을) 가치가 없는 빈민'을 복지수혜대상에서 제외하는 데 많은 노력을 기울이고 있다. 복지급여에는 낙인과 같은 사회적 모욕이 수반된다. 미국과 캐나다 같은 국가가 자유주의적 복지국가에 속한다.

(2) 보수조합주의 복지국가

보수적이고 강한 조합주의적 복지국가체제에서는 피보험자의 기여를 재정적 근간으로 하는 사회보험을 강조한다. 빈곤층을 위한 공공부조의 경우에도 열등처우의 원칙(principle of less eligibility)이 강조되며, 수급자들이 자립자활할 수 있도록 하는 데 초점을 맞춘다. 그러나 노동을 강조하는 근로연계복지(workfare)보다는 근로친화적(work-friendly) 또는 노동을 권장하는 복지를 시행하고 있다. 시장을 대체한 복지제공자로서의 조합주의적인 국가가 주로 신분차별의 유지를 위해 강력하게 작동하며, 복지의 재분배 효과는 극히 미미하다. 국가가 제공하는 가족서비스는 상당히 낙후되어 있으며, 국가는 가족의 복지제공능력이 고갈되었을 때만 개입한다. 이 유형에 속하는 국가로는 프랑스, 독일, 이탈리아 등이 있다.

(3) 사회민주주의 복지국가

사회민주주의 복지국가체제는 복지와 노동의 결합을 중시하며, 완전고용을 강조한다. 완전고용을 적극적으로 보장하는 이유는 복지시스템을 유지하는 데 드는 비용이 노동에 따른 소득세에서 얻어지기 때문이다. 사회민주주의 복지국가체제가 국민의 복지를 높은 수준에서 보장하는 것은 사실이지만, 동시에 노동을 강조하는 것도 사실이다. 보편주의와 탈상품화 원칙들을 신중간계급에게까지 확대 적용하며, 수혜의 질이 신중간계급의 욕구를 충족할 정도로 양호할 것과, 이러한 수혜를 노동계급들도 동등하게 누릴 것을 요구한다. 시장의 역할이 주변화되는 대신 모두가 수혜를 받고 서로 의존하며 상호 부담함으로써 보편적인 사회적 연대가 창출된다. 여기서도 시장과 가족의 복지제공 역할을 일정하게 강조하지만, 조합주의의 보조모델과 같이 가족의 수혜제공 능력이 고갈되기를 기다리는 것이 아니라, 그것들을 사회화한다. 즉, 가족에 대한 의존을 극대화하는 것이 아니라, 개인의 독립적인 능력을 극대화하고자 한다. 국가가 아동, 노인, 무능력자들에 대해 직접적인 보호의 책임을 지게되며, 이는 한편으로 여성의 사회적 노동참여를 고무한다. 이 유형에는 스웨덴, 노르웨이, 핀란드, 덴마크 등 북유럽 국가들이 이 체제의 국가에 속한다.

에스핑-앤더슨의 복지국가체제모형은 다음과 같다.

▌표 6-7 에스핑-앤더슨의 복지국가체제모형

구분	자유주의 복지국가	보수조합주의 복지국가	사회민주주의 복지국가
일반적 특징	자유주의적 노동윤리 강조. 시장원칙에 입각한 차별적 수혜	정부·자본·노동의 협조관계	보편주의와 사회권을 통한 최대수준의 복지 추구
탈상품화	최소화	제한적	극대화
보편주의	빈곤층 대상	제한적 수혜	보편적 복지
사회권	미약	인정	강조
포괄성(종류)	최소 범위	필요시 확대	다양화
급여수준	최저생계비	능력별 차등	중간계층
본인부담	높음	공동부담	낮음
가족책임	강함	일부 인정	미약
자산조사	엄격	가족의 복지제공능력 고갈 입증	축소
소득재분배	매우 미약	미미	강함
전형적인 국가	미국, 캐나다, 영국, 호주	독일, 프랑스, 오스트리아	스웨덴, 덴마크, 노르웨이

자료: 김기원(2020: 138) 재구성.

　이상과 같이 복지국가의 유형화를 논함에 있어서 가장 이상적인 복지국가의 유형화는 사회복지정책이나 제도 및 프로그램의 내용(대상, 자격, 급여수준, 재원조달방법 등)을 분석하고 그것의 효과(재분배 효과나 빈곤감소 효과 등)를 분석하여 유형화하는 것이다. 그러나 이러한 분석에 의한 유형화는 각 국가의 제도나 프로그램 내용이 각각 달라서 일률적으로 비교·분석하기가 쉽지 않다.

　복지국가의 유형을 정리하면 다음과 같다.

▎표 6-8 복지국가의 유형

연도	학자	개인주의 ← 이념의 연속선 → 집합주의					
1958	Wilensky & Lebeaux	잔여적			제도적		
1974	Titmuss	잔여적	산업적 성취-수행		제도적 재분배		
1975	Parker	자유방임	자유주의		사회주의		
1976	George & Wilding	반집합주의	소극적 집합주의	페이비언 사회주의	마르크스주의		
1977	Mishra	잔여적	제도적		규범적(혹은 사회주의)		
1979	Furniss & Tilton	보수주의	적극적 국가	사회보장 국가	사회복지 국가	급진주의	
1979	Room	시장자유주의	정치적 자유주의	민주적 자유주의	신마르크스주의		
1979	Pinker	고전파 경제이론	신중상주의적 집합주의	마르크스주의적 사회주의자			
1989	Williams	반집합주의	사회개혁주의 (비사회적 복지집합주의 / 페이비언 사회주의 / 급진적 민주주의)		정치경제적 복지	페미니즘	반인종주의
1994	George & Wilding	신우파	중도노선	사회민주주의	마르크스주의	페미니즘	녹색주의
1996	Alock	신우익	중도노선	사회민주주의	마르크스주의	신급진주의	

3. 복지국가 위기

1) 복지국가 위기의 배경

1973년의 유가폭등을 불러온 오일쇼크(oil shock)는 제2차 세계대전 이후 30년간 지속되어 온 복지국가의 안정체제를 뒤흔드는 결정적인 계기가 되었다. 오일쇼크 이후 경제성장률은 떨어지고, 물가는 빠르게 상승했으며, 실업률도 상승하였다. 이러한 경제혼란은 국가-자본-노동 간의 화해적 정치구조에 치명적인 균열을 가져왔다. 이러한 균열의 결과, 영국에서는 1979년 노동당 정부가 실각하고 대처의 보수당 정부가 들어섰으며, 미국은 1980년 민주당 정부가 실각하고 레이건의 공화당 정부가 수립되었다.

복지국가 팽창기 동안 진보적 정당들은 제2의 정당으로 물러나고 1977년 제2차 오일쇼크 이후 오늘날까지 복지국가는 재편기에 접어든다. 이러한 보수회귀의 흐름은 하나의 사회운동이며, 정치세력인 신우파의 신보수주의가 등장하게 된다. 그들은 국가의 경제개입과 복지개입을 모두 비판하고, 복지국가의 해체를 통해 자유시장체제를 확고히 하려는 이데올로기적 공세를 전개했다. 보수세력이 새로운 정권을 잡은 구미 각국은 대대적으로 복지예산을 삭감하고, 복지국가의 구조를 축소하기 시작하였다. 그러나 보수정권에 의한 복지삭감은 복지비 지출의 증가율을 둔화시켰을 뿐, 복지비의 절대액을 감축시키지는 못했다. 그 결과, 1970년대 오일쇼크와 보수정권에 의한 복지삭감이 있었지만, 복지비의 증가율은 경제성장률보다 크게 앞섰다(박경일, 2020: 106).

2) 복지국가의 위기 사례

복지국가의 위기는 각 방면에서 발생하였다(박주현, 2021: 332-334).

(1) 정부의 위기

복지국가의 황금기에 대규모로 팽창한 정부부문은 그 자체가 거대한 관료기구가 됨으로써 유연성과 효율성을 상실하고 말았다. 또한 복지서비스에 대한 정부의 독점성은 경쟁원리의 부재로 말미암아 합리성과 효율성을 추구할 수 있는 내·외부의 자극이 부재한 상태에서 계속 관료조직을 비대하게 만들었다. 이러한 비효율성과 경직성은 적재적소에 적당량의 재원을 투입하는 것을 어렵게 만들었고, 서비스 영역에 따라 과잉과 과소 문제를 일으켰으며, 정부의 지출과 비교하여 효과는 상대적으로 미흡한 문제점을 노출했다. 또한 복지국가의 팽창은 경제와 정부의 과부담으로 나타났다. 경제가 호황일 때는 이것이 은폐될 수 있는 문제였지만, 경제가 침체하고 스태그플레이션(stagflation)이 나타나자 복지국가를 위한 재정의 팽창과 정부의 다양한 개입활동은 경제와 국가 시스템 전반에 큰 부담으로 작용했다.

(2) 재정의 위기

프랑스를 제외한 복지국가 대부분은 심각할 정도의 한 부채를 안고 있었고, 대표적인 복지국가로 불리던 영국은 정부 재무잔고가 특히 심각한 상황에 있었다. 주목할 점은 대부분 복지국가에서 이러한 재정적자 누적의 원인으로 국방비와 함께 과잉 팽창한 사회복지비를 제시하였다는 점이다. 하지만 복지국가의 정치구조는 정부의 복지지출 삭감을 통한 재정의 적자해소를 어렵게 했다. 정치적으로 복지혜택 감소에 대한 국민의 저항이 있었으며, 선거민주주의는 이러한 상황에서 취약성을 드러내곤 했다. 또한 경제적으로 침체 국면에 들었기 때문에 세수입 증대를 통한 균형재정도 어려운 처지였다. 결국 여러 국가는 사회복지 예산 마련을 위해 적자재정을 편성할 수밖에 없었으며, 이는 재정위기의 악순환 고리를 만들었다.

(3) 정당성의 위기

정당성의 위기는 재정의 위기와 함께 지적되는 복지국가의 대표적 위기이다. 이 정당성의 위기는 복지국가가 의회주의와 복지정책을 통해 자본주의의 폐해를 없애고, 사회적 정의를 달성할 수 있다는 믿음의 상실을 의미한다. 이러한 정당성의 위기는 복지국가에 대한 여론의 악화, 사민당과 노동당 등 좌파 정당에 대한 지지 감소, 그리고 조세에 대한 저항으로 나타났다. 물론 여론의 악화는 경기침체, 복지프로그램의 오용과 남용, 경제적 풍요과정에서의 사회적 결속력의 약화 등 다양한 요인에서 비롯된 것으로 볼 수 있다. 하지만 여론의 상당부분은 정부의 사회복지 지출확대에 대한 비판에 모였다고 할 수 있다. 여론의 악화는 좌파 정당에 대한 지지의 하락으로 나타났다. 1975년에서 1982년 사이 영국, 미국, 서독에서 우파 정당이 집권하게 되고, 사회민주주의 정당이 오랫동안 강력한 영향력을 행사해 왔던 덴마크, 노르웨이, 스웨덴에서도 좌파 정당이 선거에서 패배하였다. 그리고 여론의 악화는 세금 증가에 대한 저항으로 나타났다. 경기침체기에 조세부담에 대한 저항으로 나타난 것이다.

(4) 사회적 · 문화적인 위기

사회적 · 문화적 위기로서 사회통합의 이완현상이 시작되었다. 이는 복지국가의 중요한 전제인 사회적 연대가 파괴되는 것을 의미한다. 사회통합의 이완현상은 크게 아노미(anomie)와 에고이즘(egoism, 이기주의)이 확대되는 것, 즉 규범적 불안정과 사회적 유대의 약화가 증가하는 것으로 설명된다. 대표적 예로서, 이혼율과 자살률의 증가를 들 수 있다. 물론 이혼율과 자살률 증가 등의 현상이 반드시 위기인 것은 아니며, 하나의 사회적 · 문화적 변화로서 이해할 수도 있으나, 여기서는 복지국가의 여러 프로그램이 이러한 현상을 조장한다는 측면에서, 그리고 새로운 변화에 적절히 대응하지 못한다는 측면에서 문제가 제기되었다.

『사회정책의 충격』
(1984년 출판)

3) 복지국가 위기의 관점

조지와 윌딩(Victor George and Paul Wilding)은 1984년 그들의 저서 『사회정책의 충격(*The Impact of Social*

Policy)』에서, 복지자본주의(welfare capitalism)에 있어서의 심각한 위기를 규명하고 있는 여러 가지 이론들에 대해 3가지 유형을 제시하고 있다. 즉, 그것은 신보수주의자들(neo-conservatives)과 그 밖의 사람들에 의해 주창된 '정부과부담(the load in government)' 이론, 주로 마르크스주의자(marxist)에 의해 주장되고 있는 '국가모순(the state contradiction)', 그리고 그 위기를 현행 정치권내에서는 해결할 수 없는 상황이라기보다는 적절한 정부활동에 의해서 해결될 수 있는 문제들의 복합체로서 보는 실용주의자들(the pragmatists)이 있다. 그 내용은 다음과 같다.

(1) 정부과부담

정부과부담(government loaded) 이론은 신우파, 즉 신보수주의자들이 주장하는 복지국가 위기론에 속한다. 복지국가 위기이론의 가장 큰 이유는 복지비용의 증대와 재정적자(mega-deficits)를 들 수 있고, 복지비의 지출증가는 경제발전이나 경제회복의 장애요소로 인식되는 것은 정책관련자(stakeholder)는 물론 학계에서도 지배적인 현상이다. 즉, 지나친 복지비용의 지출로 정부의 재정위기가 닥쳐왔고, 이것이 필연적으로 복지국가의 종말로 이어진다는 견해들이 있다. 신보수주의자들은 기본적으로 개인활동에 대한 정부개입의 증대로 정부부담이 증가하고 정부실패가 야기된다고 보고 있다. 따라서, 복지국가의 위기는 당연할 뿐만 아니라, 불가피한 것으로 인식한다.

신보수주의자들은 복지자본주의의 정치적 문제의 근원을 '정부과부담'으로 파악한다. 그들은 다양한 이유로 국가를 권리와 의무에서 과부담을 지고 (overloaded) 있는 것으로 보고, 복지자본주의의 정당성과 정치적 안정에 위협을 가하는 것으로 간주하고 있다. 조지와 윌딩은 정부과부담 원인에 대해 세 가지를 제시한다(George and Wilding, 1984, 231-232).

첫째, 경쟁적 민주주의(competitive democracy)이다. 경쟁(Schumpeter, 2008: 482)은 여러 가지 면에서 과부담을 유도한다. 과도한 부담이 정부의 경쟁적인 민주주의 기능을 배당할 때에는 정당과 이익집단이 각 정당의 공약에서 그들의 지지를 획득하고, 더 많은 이익을 가져오도록 자극할 것이다. 따라서, 경쟁적 민주주의는 복지비용의 팽창을 가져온다.

둘째, 경제성장을 보장하기 위해 그 경제를 운영할 수 있을 것 같은 방법이 었다. 그러한 성장은 정부가 모든 것을 떠맡고 제공할 수 있다는 신념을 조장함으로써 과부담을 가져 왔고, 그것은 새로운 정부활동에 있어서의 재원조달을 비교적 어려움 없이 행하게 했다. 이는 신보수주의자의 관점에서 케인지어니즘(keynesianism)이었다. 그러나 그러한 신념은 두 가지의 중요하지만 암시적인 가정에 좌우된다. 즉, 정부의 경제정책은 경제적 합리성과 상충될 수 있는 정치적 요구로부터 분리되어야 한다는 것과, 노동조합과 고용인의 행동으로 인해 약화되지 않는다는 것이다. 민주주의는 책임에 지나친 부담을 지웠는데, 그것은 어려움을 겪지 않고서도 개혁과 적응을 가능하게 하는 행정적인 수준이 아니라, 정치경제적 질서는 그 질서의 존속이 의존하게 되는 역할을 유지할 수 없게 하는 보다 중요한 체제수준에 이르기까지 부담을 지웠다.

셋째, 경제침체는 과부담을 촉진시킨다. 경제성장이 완만할 경우에는 정부가 무언가를 해야 한다는 압력을 받게 된다. 정부는 그 경제를 능숙하게 조절할 수 있다는 능력을 과시해 왔다. 즉, 어려움에 처한 산업과 지역을 구제하고, 임금과 가격을 통제하며, 실업자를 위한 프로그램을 제공하고, 그 경제의 성장점을 촉진시킴으로써 그 정부는 재난을 회피하게끔 압력을 받고 있다. 재정분배에 대한 정치적 해결책이 없을 경우에는 정부에 대한 새로운 요구가 있게 되고, 그러한 제안이 어려움을 겪지 않고서는 더 이상 재원조달을 하지 못하게 된다.

정부과부담 이론은 복지국가의 위기를 자본주의 경제체제에 대한 국가의 개입으로 인한 국가의 팽창과 과부담이 결국 국가의 실패(state failure)를 초래했다고 주장한다. 하이에크(Hayek, 2013: 153)는 현대복지국가의 속성들, 예컨대 중앙정부에 의한 경제계획, 기업의 사회화, 누진세에 의한 소득과 부의 분배, 사회서비스에 대한 과도한 국가지출 등으로 인해 개인들은 정치적 예속의 길을 걷게 될 것이라고 주장한다.

복지국가의 위기에 대한 신자유주의자들의 타개책은 시장의 우월성을 강조하고 최소한의 국가로 복귀하는 것이다. 하이에크(Hayek, 2013: 153)는 인간사회의 기본 속성이 정교하게 과학적으로 고안된 것이 아니라, 수백 년 동안 진화되어 온 것이기 때문에 그 복잡하게 분산된 사회제도의 정보를 가장 효율적으로 운용하기 위한 '자발적 질서(spontaneous order)'로서의 시장이라는 메커니즘에 의존하지 않을 수 없다고 주장한다. 프리드먼(Friedman, 2002: 2-3)은 국가의 역할이 법과 질서를 유지하고 사적 계약의 실효성과 경쟁적 시장기제를 보장하는 데 그쳐야 한다고 주장한다. 요컨대, 국가가 계속 전능한 신이 되고자 할 것이 아니라, 과감하게 사회경제적 자유방임주의로 돌아가야 한다고 하는 것이다. 그러나 이러한 주장이 복지자본주의 사회에서 성장과 복지의 상충성을 날카롭게 지적하고 있지만, 전반적으로는 불충분하고 선별적인 근거를 바탕으로 과장된 일반화를 하는 경향이 있다.

김태성 외(2019: 288-302)는 정부과부담 이론과 그 비판에 대해 다음과 같이 주장한다.

첫째, 정부과부담으로 인해 산업생산부문의 위축을 가져온다. 즉, 복지국가의 확대로, 공공부문에서 지출증가는 그 사회의 경제성장을 이끌어가는 산업생산부문(특히, 제조업)에 투입할 수 있는 인력과 자본을 줄어들게 하여 경제성장을 위축시킨다는 것이다. 그러나 공공부문의 지나친 확대는 생산부문의 위축에 영향을 미치지만 근본적이고 직접적인 원인은 아니라는 것이다.

둘째, 정부과부담은 노동력 공급의 감소를 초래한다. 이는 복지국가의 많은 프로그램 수혜자나, 그러한 프로그램을 위해 세금을 내는 비수혜자 둘 다 근로할 동기가 약해지고 노동공급이 줄어든다는 것이다. 즉, 사회복지 서비스의 증가로 수혜자나 납세자의 근로동기가 약화되어 결국 국민총생산의 둔화를 가져와 성장률이 낮아진다는 것이다. 그러나 복지국가 프로그램들은 국민들의 교육(기술), 건강수준을 높이고 경제안정도 이룰 수 있기 때문에 경제성장에 주는 긍정적 효과를 감안한다면, 이러한 프로그램으로 인한 노동력 감소는 경제성장에 주는 부정적 효과를 무시할 수 있는 것이다. 따라서, 복지국가의 확대는 경제성장에 큰 피해를 준다는 주장은 근거가 미약하다.

셋째, 정부과부담은 저축과 투자의 감소로 이어진다. 즉, 국가 전체의 자본축적이 적게 이루어져서 결국 근로자들의 생산성 향상이 이루어지기 어려워 결국 경제성장이 위축된다는 것이다. 다시 말해서 한 나라의 경제가 지속적인 성장을 이루기 위해서는 생산에 필요한 인적·물적 자원들에 대한 투자가 이루어져 단위당 생산성이 높아야 한다. 이러한 투자가 이루어지기 위해서는 자본축적이 있어야 하는데, 이를 위해서는 국가 전체의 저축이 증가되어야 한다. 그러나 복지국가 프로그램들이 국가의 총체적 저축량을 감소시켜 결과적으로 GNP성장률을 감소시킨다는 주장은 무리이다. 그리고 불확실한 복지국가 프로그램들의 저축감소에 대한 효과를 고려할 때, 이러한 문제 때문에 복지국가 프로그램의 확대를 비판하는 것은 지나치다는 것이다. 저축량의 감소로 인한 자본축적의 위축을 해결하기 위해서는 투자액에 대한 세금 면제, 중산층의 저축 유인을 위한 제도, 단순히 정부예산의 흑자 운용 등의 금융, 재정정책으로 가능하다고 볼 수 있다.

(2) 국가모순론

국가모순론(state contradiction theories)은 마르크스주의자들이 주장하는 복지국가의 위기 이론이다. 즉, 마르크스주의자들은 복지국가 위기를 고도로 발전된 자본주의체제가 가지는 기본적인 모순의 필연적 결과로 보고 있다. 즉, 전후의 복지국가는 빈곤자와 노동계급의 사회문제 해결에 성공적이지도 못하였으며, 바람직하지도 않았다고 본다. 복지는 건강한 사람과 교육받은 사람들의 요구에만 부응하였으며, 많은 노동계급, 여성, 소수 인종, 한계 계층에게는 억압적이고 오점을 남기는 것이었다. 복지는 자본주의체제를 유지하는 데 기능하는 것이었다.

마르크스주의자들은 신보수주의자들과 복지국가 위기이론에 있어서 두 가지 점에 있어서 일치를 보인다(George and Wilding, 1984, 236). 즉, 마르크스주의

자들은 정부의 과중된 부담과 수지를 맞추는 데에 어려움을 주는 복지지출
(welfare expenditure)의 증액, 재정상의 위기(fiscal crisis)와 정당성의 광범
한 위기(broader crisis of legitimation)에서다. 또한 이들의 차이점은 위기의
원인과 가능한 해결방안에 대한 분석에 있다. 마르크스주의자들은 위기의 원
인을 경제체제의 하나인 자본주의의 고유한 모순에 근거하는 것으로 본다. 그
들은 경쟁적인 정책에 의해 야기된 과다한 기대와 난점들은 단지 자본주의의
정치, 경제, 사회 체계에 있어서 근본적인 혼란의 증세로 파악한다.

이 논쟁에서 대표적인 오코너(O'Connor, 2001: 6)에 따르면, 복지자본주의 사
회(welfare capitalist societies)에서는 생존을 보장하는 데 필요한 서비스를
마련하기 위한 자금을 세금으로 징수할 수 없다는 것이다. 그의 주장에 의하
면, 자본주의란 근본적으로 불안정한 경제체제이다. 끊임없는 조정이 없다면,
자본주의의 호경기와 불경기(booma and slumps)는 노동계층이 자본주의의
철폐를 부르짖도록 하기 쉽다. 즉, 국가는 원조를 행해야 하며, '자본축적과
합법성(accumulation and legitimation)이라는 기본적이고도 때로는 서로 상
충하는 기능을 충족시키려고 노력해야만 한다. 다시 말해서 국가는 사적 자본
(private capital)이 적정한 이윤을 남길 수 있는 환경을 조성하거나 유지하려
고 노력해야 한다. 동시에 국가는 사회적인 조화를 조성, 유지시키는 데도 힘
써야 한다. 국가가 사적 자본을 지지하는 데 전력을 다한다면 그 국가는 정당
성을 상실하게 되고, 국가가 의존하고 있는 국가에 대한 충성과 지지력이 약
화될 것이다. 반면에, 국가가 자본을 지원해야 할 필요성을 무시한다면 국가
권력이 의존하고 있는 자원이 고갈되는 위험에 처하게 된다. 결론적으로 오코
너는 자본주의 본질 때문에 자본주의 국가는 경제체제가 그 자체의 생존을
위해 요구하는 것을 제공하지 못한다는 것이다.

마르크스주의자들은 복지자본주의의 정당성의 위기(legitimation crisis)를
그 반대파들에게 고유한 모순이라는 말로 설명하고 있다(George and Wilding,
1984, 241). 그들은 자본주의가 비록 성장단계나 전쟁, 케인즈식 경제운영기술
에 의해 서로 다른 시기에 일시적인 안정을 가져오긴 하지만, 하나의 경제체

계로서는 원래 불안정한 것으로 보고 있다. 자본주의적 가치들이 이끌어내는 정치제도의 한 종류이지만, 종국적으로는 자본주의의 자본축적 욕구와 정당성 사이의 충돌을 강조하고 악화시키는 하나의 체계인 민주주의에 의해 그와 같은 경제적 불안정이 증대된다. 성장과 복지국가정책들은 한 세대 동안 근본적인 모순점들을 감출 수 있었으나, 경기침체가 그 모순점들을 여실히 드러내었다. 다른 집단들도 복지자본주의의 모순점을 강조한다(George and Wilding, 1984: 243). 즉, 우익 사상가들(right-wing thinkers) 역시 복지지출에 의해 자본주의 경제에 행해진 손상을 강조하는 바, 그것은 복지국가정책들이 시장경제의 갈등들을 조화시키기보다는 오히려, 이전에는 비인격적인 세력들에 의해 해결되었던 쟁점들을 정치화 시키고 성장률을 저하시킴으로써 그 갈등들을 첨예화시킨다는 것이다.

그러나 이러한 마르크스주의자들에 대해 반론도 존재한다. 즉, 복지자본주의의 내재적 갈등과 모순점(inherent conflicts and contradictions)들에 대해 덜 구속적인 비판들이 있다. 골드도프(Goldthorpe, 1980: 194)에 따르면, 사회학자들은 시장경제를 그것이 운영되고 있는 사회에 대해 지속적인 탈안정화하는 영향(destabilizing effect)을 미치는 것으로 보는 경향이 있다. 또한 골드도프(1980: 195)는 우익파들(the right)이 인플레이션(inflation)에 대해 경쟁적인 정당정책들에 의해 야기된 과도한 기대들의 산물이며 불공평한 케인즈주의의 산물이라고 간주했던 것에 반해서, 인플레이션을 단순히 '분배갈등의 금전적 표현(the monetary expression of distributional conflict)'이라고 간주한다. 조지와 윌딩(1984: 242)은 골드도프와 같은 이들, 즉 비마르크스주의자 논평가들(non-Marxis commentators)들은 오코너와 같은 학자와는 다른데, 그 이유는 그들이 기술한 모순의 원인에 관한 분석과 해결에 있어서의 시각에서 다르기 때문이라고 주장한다. 즉, 마르크스주의자들은 모순의 원인이 체계의 바로 그 본질에 내재하는 것이므로 오직 자본주의를 없애거나 초월함으로써만 이 모순점이 해결된다는 견해를 갖고 있다. 그 밖의 논평가들은 근본적 변화에 의지하지 않고서도 개혁하고 수정할 수 있다고 보고 있다는 것이다.

(3) 실용주의자들(the pragmatists)

실용주의자들은 복지국가의 위기론에 있어서 중도적 입장에 있는 학자들을 말하는데, 대체로 사회민주주의의 실용주의적 관점을 택하고 있다. 김태성 외 (2019: 310)에 따르면, 실용주의적 관점에서 제기되고 있는 복지국가의 위기는 복지국가가 발전하는 과정에서 나타난 상황변화와 시행착오로 인한 일시적인 현상이므로 기존 복지국가 체제 내에서 해결될 수 있다. 먼저, 실용주의적 관점은 복지국가의 위기를 기본적으로 1970년대에 악화된 경제상황 때문이라고 본다. 그러나 그들에게 있어서 경제상황을 악화시킨 것은 신자유주의자들이 주장하는 것처럼 복지국가가 아니라, 외부적인 환경의 변화, 즉 1973년의 오일쇼크로 인한 전반적인 세계경제의 침체이다. 이들의 주장은 경제상황이 호전되면 복지국가의 위기는 사라진다는 것이다.

실용주의자로 기술하는 집단은 세 가지 중요한 측면에서 정당성의 위기(legitimacy crisis)에 관한 나머지 두 이론가 집단과는 다르다(George and Wilding, 1984: 242).

첫째, 실용주의자들은 위기를 자본주의의 모순이나 민주주의 활동에 근거하는 것이라고 보지 않는다. 다시 말해서 그들은 그 위기를 체계적인 것으로 보지 않고 많은 추세(trends), 시행착오(errors), 사태발전(developments)의 결과로 간주하고 있다.

둘째, 그들은 '위기(crisis)'에 대해서 말하고 있긴 하지만, 그 문제를 현재의 경제 및 사회 제도 안에서 해결할 수 없는 문제로 보지는 않는다. 확실히 신념의 정도에 따라 다르지만, 그들은 그 문제를 해결하거나 완화하는 방법이 있을 것이라고 믿고 있다. 실용주의자들은 정당성의 위기보다는 정당성의 문제들을 다루고 있다고 보는 것이 훨씬 더 정확할 것이다.

셋째, 정치적으로 실용주의자들을 분류하는 것은 훨씬 더 어렵다. 과부담이론가(overload theorists)들은 정치 스펙트럼의 우익(the right of the political spectrum)에 속하는 경향이 있고, 국가모순이론가(the state contradiction theorists)들은 마르크스주의자들이며, 실용주의자들은 다소 애매한 중립적 입장(muddy middle ground)에 있다. 실용주의자들은 정당성의 위기(the legitimation crisis)에 대해서, 로즈(Richard Rose, 1978: 207)는 현재 다수의 서구 국가의 지도자들이 직면하고 있는 중요한 도전은 경제적 어려움에도 아랑곳 없이 정치적 권위를 유지하는 것이라고 주장한다. 또한 클라인(Klein, 1980: 29) 은 스웨덴과 독일과 같은 가장 성공적인 복지국가는 엄밀하게는 최상의 성장 기록을 가진 그러한 나라에서 발전되는 경향이 있다는 점을 강조하고 있다.

조지와 윌딩(1984: 246)은 실용주의자들의 정책이 두 가지 면에서 실패하고 있다고 진단한다.

첫째, 실용주의자들은 민주적 자본주의(democratic capitalism)를 유지하기 위한 철학을 만들어 내는 데 실패함으로써 정부 권위의 정당성(the legitimacy of government authority)을 약화시키게 되는 결과를 강조하고 있다. 개인의 욕구(private need)에 대한 공적 책임성이라는 새로운 역동적 집합주의의 윤리(new dynamic collectivist ethic of public responsibility)는 나타나지 않고 있다. 따라서, 정부의 대규모 복지프로그램을 위한 확고한 이론적 기반이 없다. 그것은 확고한 사회 목적의 표현이라기보다는 오히려 반사적이고 특수적이다(reactive and ad hoc).

둘째, 복지자본주의의 위임을 표현하고 그것을 정당화시키는 철학은 없다. 오히려 약화시킬 수 있는 철학적 갈등(conflicts of philosophy)이 있다. 매킨토쉬(Mackintosh, 1978: 267)는 복지국가가 위기에 기여해 온 태도들을 배양시켰다고 시사했다.

그러나 실용주의자들은 복지자본주의의 문제들이 심각하고 고질적이지만 해결가능하다고 생각한다(George and Wilding, 1984: 246). 왜냐하면 그들은 그 문제들이 체제의 본성(the very nature of the system)에 내재된 것이 아니고 과부담론자 혹은 국가모순론자들이 생각하는 것보다도 정부가 더 많은 자율행동(autonomous action) 능력을 갖고 있는 것으로 생각하기 때문이다. 로즈(Rose, 1978: 208)는 실용주의자의 견지를 취하고 있다. 즉, 실용주의자들은 정치적 파멸은 피할 수 있고 정부는 단지 장래의 지출에 제동을 걸 필요가 있다고 주장하고 있는데, 사실 말하기는 쉽지만 행하기는 매우 어렵다. 그러나 가능하다는 것이다. 다시 말해서 통치불가능성(ungovernability) 문제의 심각성을 평가하면서, 최대의 위험은 폭력이나 정부의 극적인 붕괴가 아니라, 시민 무관심의 확대라는 주장이다. 그것도 똑같이 심각한 도전일 수 있지만, 만일 그것이 위기의 본질이라면 정부는 자구책을 쓸 수 있는 시간적 여유를 갖게 된다는 뜻이다.

실용주의자들의 관점은 엄밀한 의미에서 복지국가 위기론이라고 할 수 없다. 그것은 성장과 복지, 축적과 정당화가 근본적으로 모순된다는 사실을 인정하지 않으려 한다. 물론 성장과 복지, 축적과 정당화가 근본적으로 모순된다 할지라도, 이로부터 언제 어디서나 복지국가를 유지할 수 없을 정도로 상충된다는 주장으로 나아갈 필요는 없다. 왜냐하면, 그 상충성의 정도는 시기와 조건에 따라 다를 수 있기 때문이다. 하지만 실제로 그 상충성의 정도는 국제 시장에서의 경쟁이 상대적으로 느슨했고, 국내 수요 역시 지속적 팽창 추세에 있었던 1950~1960년대에 비해 1970년대 이후 훨씬 첨예해진 것을 부인해서는 안 될 것이다.

결론적으로 복지국가 위기에 대한 이데올로기적 관점에 따라 그 처방은 다를 수 있으나, 기본적으로 복지국가를 지향한다는 점에서는 공통된 의견이다. 또한 복지국가 위기에 대한 우려가 깊을수록 오히려 복지국가 활성화에 기여한다는 점이다. 결국 복지국가 위기를 극복하는 방법은 국민적 연대감으로부터 나온다.

1. 사회복지 이념에 관한 설명으로 옳지 않은 것은?

① 제3의 길 - 근로와 복지가 연계될 필요가 있다.
② 케인즈주의 - 시장실패에 대해 국가가 적절히 개입해야 한다.
③ 페이비언 사회주의 - 가족 등 비공식부문의 역할이 상대적으로 중요하다.
④ 마르크스주의 - 복지국가는 자본과 노동계급 간 갈등의 결과이다.
⑤ 반집합주의 - 사회복지는 개인의 자유와 선택을 제한한다.

2. 에스핑-앤더슨의 복지국가 유형에 관한 설명으로 옳지 않은 것은?

① 탈상품화와 계층화 등을 기준으로 복지국가 유형을 분류하였다.
② 스웨덴은 사회민주주의, 미국은 자유주의, 독일은 보수주의 복지국가의 대표적인 예이다.
③ 자유주의 복지국가는 공공부조의 비중이 다른 유형의 복지국가보다 크다.
④ 사회민주주의 복지국가는 산업별로 분절된 사회보험제도를 가지고 있다.
⑤ 보수주의 복지국가는 전통적으로 가부장제가 강하여 전형적인 남성생계부양자 모형에
속한다.

3. 제3의 길이 강조한 복지국가 개혁의 방향으로 옳지 않은 것은?

① 권리와 의무의 조화
② 근로와 복지의 연계
③ 사회복지 공급주체의 다원화
④ 전통적 사회민주주의 복원
⑤ 사회투자국가

4. 복지국가와 사회복지정책의 변화를 설명하고 있는 내용이 아닌 것을 고르시오.

① 신자유주의 정책의 대두, 시장만능과 규제완화
② 복지서비스의 조치제도로부터 계약제도로의 변화
③ 선별주의적 복지정책의 강화
④ 사회경제적 약자의 절대적 보호
⑤ 국가의 실패로 인한 복지혼합주의의 강화

정답 1. ③ 2. ④ 3. ④ 4. ④

PART

III

사회복지정책의
구성요소

사회복지정책의 급여

❖ 개요

사회복지정책에 있어서 누가 혜택을 받을 것이며, 그 자격조건을 어떻게 규정할 것인가라는 문제는 오랫동안 쟁점이 되어 왔다. 누구에게 사회복지정책의 혜택을 줄 것인가를 결정하는 데 적용되는 원칙은 매우 다양하다. 또한 급여형태도 현금급여와 현물 등 다양하다. 여기에서는 사회복지정책의 재원을 학습하고자 한다.

사회복지정책의 급여

1. 사회복지급여의 대상

사회복지정책에 있어서 누가 혜택을 받을 것이며, 그 자격조건을 어떻게 규정할 것인가라는 문제는 오랫동안 쟁점이 되어 왔다. 누구에게 사회복지정책의 혜택을 줄 것인가를 결정하는 데 적용되는 원칙은 매우 다양하다. 사회복지정책의 대상은 바로 이들 다양한 기준에 내재되어 있는 일반적 원칙을 가리킨다. 보편주의와 선별주의는 가장 기본적인 급여대상의 기준이 된다.

1) 보편주의와 선별주의

(1) 보편주의

보편주의(universalism)는 사회복지정책 급여를 일종의 사회권으로서 모든 국민이 보편적으로 누릴 권리라고 보는 관점이다. 모든 복지급여에 대한 수급자격을 모든 국민에게 평등하게 부여하여 서비스를 제공하는 방법이다. 즉, 소득·자산 조사를 하지 않고 보편적으로 평등한 급여를 원칙으로 삼아야 한다는 생각이 보편주의이며, 그 전형적인 예로는 사회보장급여를 들 수 있다. 보편주의에 기초한 사회보장제도는 의무가입 대상자 범위와 급여수준의 보편성을 강조하는 제도이다. 즉, 가입대상자 범위의 보편성은 직업 또는 지역의 연대에 얽매이지 않고, 모든 주민들 또는 경제활동인구 전체를 가입대상에 포함시키는 것을 의미한다. 급여의 보편성은 기본 욕구 충족이 가능한 수준의 급여가 가입자 모두에게 동등하게 보장됨을 의미한다(서보준 외, 2018: 171–172).

보편주의에는 다음과 같은 제도가 원칙적으로 상응한다(오세영, 2020: 115).

첫째, 사회구성원 모두를 대상으로 하는 제도가 있다. 이는 사회적 위험 자체가 경제적 능력과 상관없이 보편적인 경우에 해당하며, 대표적인 예로 건강보험을 들 수 있다.

둘째, 경제적 기준과 관계없는 기준에 따라 사회구성원의 일부에게 국한되지만, 일종의 권리로서 제공되는 제도원칙상 보편적인 제도가 있다. 대표적인 예로, 사회수당, 사회보험, 사회서비스 등이 있다. 사회수당은 소득과 무관하게 인구학적 기준으로 제공되는 급여를 말한다. 이러한 이유로 '데모그란트(demogrant)'라고 불린다. 빈곤과 같은 사회적 위험으로부터 보호하는 일차적인 안전기제이다. 재원은 세금이며, 사회수당의 대표적인 예로는 기초연금, 아동수당 등이 있다. 사회보험은 주로 근로자와 관련된 사회적 위험에 보험기제를 통해 대처하는 사회적 안전망의 기초 부분이다. 재원은 주로 보험료이며, 사회보험의 예로는 연금보험, 건강보험, 산재보험, 고용보험, 노인장기요양보험 등이 있다. 사회서비스는 사회수당, 사회보험, 공공부조로 해결할 수 없는 구성원의 다양한 욕구(특히, 돌봄)를 경제적 상태와 무관하게 충족하는 기제이다. 재원은 세금이며, 그 예로는 보육, 간병 등이 있다.

보편주의는 복지수혜 자격과 기준을 균등히 하여 복지서비스 수급자들이 어떠한 열등감이나 낙인감을 갖지 않게 한다. 보편주의는 사회복지의 권리성, 사회적 연대성, 사회통합의 가치를 강조하고, 포괄성의 원칙에 입각한 복지프로그램을 중시한다.

(2) 선별주의

선별주의(selectivism)는 사회복지 대상자들을 사회적·신체적·교육적·경제적 기준에 따라 구분한 다음 복지서비스를 제공하는 것을 의미한다. 선별주의에서는 급여에 대한 개인적 욕구(individual needs)에 기초하여 대상자가 결정되며, 욕구의 존재여부는 자산조사에 의해 판별된다. 다시 말해서 선별주의는 급여가 개인의 욕구에 기초하여 제공되어야 한다는 원칙으로서 사회복지의 급여를 제공받길 원하는 개인과 가족은 자산조사를 통해 욕구가 있음을 증명해야 한다는 것이다. 이를 통해 총지출은 감소시키고 가장 욕구가 큰 사람에게 가용재원을 집중시킬 수 있지만, 자산조사 과정에서 낙인을 피할 수 없다. 일반적으로 자산조사나 자격조사 과정에서 개인의 재산상태 뿐만 아니라, 가족관계 등에 관한 설명을 해야 하는 경우가 발생하기도 하고, 대상자에 포함되기 위해 스스로 빈민임을 증명하는 과정에서 좌절감이나 굴욕감이 발생하기도 한다. 낙인(stigma)은 인간의 존엄성이라는 가치를 훼손할 수 있다. 즉, 사회복지급여를 제공받는 사람들이 무가치한 존재 혹은 사회적으로 인정받지 못하는 사람으로 간주될 수 있다는 의미이다(오세영, 2020: 116).

선별주의에 원칙적으로 상응하는 제도로는 공공부조가 대표적이다. 즉, 공공부조는 빈곤선 이하의 사회구성원에게 인구학적 기준을 적용하지 않고 일반적인 빈곤대책으로 운영되는 제도이기 때문이다. 공공부조의 재원은 조세로 마련된다.

(3) 논쟁점

보편주의자와 선별주의자들 간의 논쟁은 다음과 같다(Gilbert & Terrell, 2014).

보편주의자들은 사회정책을 사회구성원 모두가 당면하는 문제에 대한 사회 전체의 대응이라고 생각한다. 그들이 보기에 사회에서 나타나는 다양한 문제와 욕구는 인간이라면 누구에게나 한번쯤은 직면하게 된다는 점에서 사회구성원 모두는 '위험에 처해 있는' 것이다. 따라서, 복지국가는 빈부차나 성별 등의 기준에 따라 시민들을 서로 다른 이질적인 집단으로 구분할 것이 아니라, 문제와 욕구에 대응할 수 있는 광범위한 프로그램의 조직을 목적으로 삼아야 한다. 예를 들어, 청소년들은 보호와 교육을 필요로 하며, 병든 자는 의료서비스를 필요로 하고, 노인과 장애인 그리고 실업자들은 소득보장을 필요로 하는데, 보편주의자들은 이들 욕구를 충족하기 위해 공적인 제도로부터 혜택을 받을 수 있는 자격을 하나의 당연한 사회적 권리로서 모든 사람에게 부여해야 한다고 주장한다. 소득수준에 관계없이 혜택을 주는 사회보험, 공공교육, 노인을 위한 의료서비스 등의 제도들은 복지국가를 위한 제도의 예들이다. 보편주의자들은 이러한 제도를 실시하게 되면 사회구성원들이 주는 자와 받는 자로 분리되지 않게 되고, 그 결과 인간의 존엄성과 사회적 통합이 유지될 수 있다고 주장하며, 인간의 존엄성과 사회통합을 유지함으로써 사회적 효과성을 높일 수 있다고 강조한다.

한편, 선별주의자들은 보편주의자들의 주장에 동의하지 않는다. 선별주의자들은 사회정책의 범위를 보다 제한적으로 본다. 선별주의자들은 사회복지로부터 혜택을 받기를 원하는 개인과 가족은 그러한 혜택을 받을 욕구가 있음을 증명해야 한다고 생각한다. 선별주의자들은 보편적인 수급자격을 부여하는 급여보다는 빈민들, 즉 욕구가 증명된 사람들만을 대상으로 하는 급여를 선호한다. 선별주의자들의 이러한 생각의 이면에는 적절한 사회정책은 그 범위가 제한된 사회정책이라는 견해와, 스스로의 욕구를 충족시킬 능력이 있는 사람은 정부로부터 급여를 받아서는 안 된다는 견해, 그리고 세금을 납부할 능력이 있는 사람은 자활능력이 없는 소수의 사람들을 위해서만 세금을 납부해야 한다는 견해가 놓여 있다.

자활능력이 없는 예외적인 사람에게만 사회적 급여가 주어지게 하기 위한 직접적인 방법은 자산조사이다. 선별주의자들은 수급자격을 제한적으로 부여하는 접근이 전체적인 지출을 감소시키고, 가장 욕구가 큰 사람에게 가용재원을 집중시킬 수 있게 해 주며, 엄청난 정치적 영향력을 행사할 수 있는 중산층에게로 복지혜택이 돌아가지 않게 해줄 수 있는 접근이라고 주장한다. 빈곤을 퇴치하고자 한다면, 빈곤한 사람들에게 초점을 맞추어야 한다는 것이다. 만일 효과적인 빈곤퇴치방안을 찾고자 한다면, 욕구가 전혀 없거나 혹은 그다지 많지 않은 사람들을 위해서 비용을 낭비할 이유가 없다는 것이 선별주의자들의 주장이다.

보편주의자와 선별주의자들 간의 논쟁은 여기서 그치지 않는다. 양 진영은 서로 상대방의 장점을 자신들도 갖고 있다고 주장한다. 예를 들어, 보편주의자들은 출산 전 건강에 초점을 둔 포괄적인 의료서비스나 보편적인 유아교육 프로그램과 같은 광범위한 예방 프로그램들이 장기적으로 보면 비용효과가 더 크다고 주장한다. 또한 보편주의자들은 보편주의가 선별주의에 비해 행정비용이 더 적게 든다고 주장한다. 왜냐하면 보편주의는 선별주의와 달리 지속적인 선별작업과 검사작업을 필요로 하지 않으며, 적절한 급여수준을 유지하기 위해 급여를 조정할 필요가 없기 때문이다. 또한 보편주의자들은 '조세를 통한 급여환수(tax back)'를 통해서 부자에게 지급된 급여를 세금을 통해 되돌려 받음으로써 소득재분배효과를 높일 수 있다고 주장한다. 즉, 보편적 급여로 받은 소득을 과세대상소득에 포함시키게 되면, 부유한 개인과 가족은 보편적 급여로 얻게 되는 소득보다 더 많은 액수의 세금을 납부하게 되어 결국 보편적 급여비용의 더 많은 부분을 다시 국가로 돌려주게 되는 것이다. 이는 모든 사람을 위한 보편적 프로그램의 비용 가운데 상당부분을 지불능력이 가장 높은 사람들이 부담하게 된다. 지불 측면에서 보면, 보편적 서비스는 모든 사람들에게 기본적인 수준의 급여를 제공하는 한편, 가장 큰 욕구를 가진 사람들에게 더 많은 급여가 돌아갈 수 있게 조정될 수 있다.

한편, 선별주의자들이 주장하는 비용효과성을 보편주의자들이 보편적 급여에 적용시키듯이 선별주의자들도 보편주의자들이 옹호하는 가치인 사회적 효과성을 자신들의 주장에 적용시킨다. 즉, 선별주의자들은 만일 사회가 보다 큰 평등을 이루려 한다면, 이러한 목표는 모든 사람에게 수급자격을 부여하는 할당원칙보다는 빈민들에게 급여를 집중시키는 할당원칙을 통해서만이 더 잘 달성될 수 있다고 주장하는 것이다. 욕구가 있는 사람(즉, 빈민)에게 표적화한 급여는 그것이 무엇이든 사회에 긴장과 적대감을 조장하는 불평등을 감소시킬 수 있다는 것이다. 선별주의자들은 충족되지 않은 욕구가 광범위하게 존재하기 때문에 희소한 공공자원에 대해 빈민들이 최우선적인 요구권을 가져야만 형평을 회복할 수 있다고 주장한다.

보편주의와 선별주의의 비교는 다음과 같다.

▌표 7-1 보편주의와 선별주의 비교

구분	보편주의	선별주의
의미	• 전 국민을 사회복지의 대상자로 삼는 것임.	• 사회복지대상자들을 기준에 따라 구분하여 서비스를 제공하는 것임.
원칙	• 권리보장: 수입에 관계없이 모든 시민에게 복지권을 부여함. • 사회통합: 기여자와 수급자를 구분하지 않음.	• 자산조사를 통해 대상자를 선정함. • 드러난 욕구가 대상자 선정기준임.
대상	모든 시민	자산조사에 의해 원조가 필요하다고 인정되는 사람
장점	• 최저소득을 보장: 빈곤예방 • 수혜자에게 낙인을 가하지 않음. • 행정절차 용이 • 시혜의 균일성 유지 • 정치적 장점 중시	• 필요한 사람에게 서비스 집중·자원 낭비를 줄임. • 비용이 적게 들어감.
단점	• 한정된 자원을 꼭 필요한 부분에 효과적으로 사용하는 데 한계.	• 수혜자에게 심리적·사회적 낙인을 줄 수 있음.

자료: 서보준(2018: 173) 재인용.

2) 대상자 선정기준

보편주의와 선별주의의 이분법적 구분은 수급자격에 관한 개념을 확립하는데 매우 유용한 도구이지만, 실제로 사회적 할당의 기반은 그러한 이분법적인 개념보다 훨씬 더 복잡한 성격을 가지고 있다. 현실적으로 보편주의와 선별주의라는 이분법보다는 선택을 하나의 연속체상에서 개념화하는 것이 더 유용하다. 길버트와 테렐(Gilbert & Terrell, 2014)은 사회복지 대상자 선정의 기준을 보편주의와 선별주의의 이분법보다 더 세분화하였다. 그 내용은 다음과 같다.

(1) 귀속적 욕구

귀속적 욕구(attributed need)는 시장에 존재하는 기존의 제도에 의해서는 충족되지 않는 욕구를 공통적으로 가진 집단에 속한 경우를 대상자로 선정하는 것이다. 인구학적 기준만으로 급여를 지급하기 때문에 사회수당(social allowance) 또는 데모그란트(demogrant)라고도 한다. 이때 귀속적 욕구는 전문가의 규범적 판단기준에 의해 정해진다. 여기서 욕구는 가장 광범위하게는 모든 국민에게 귀속된 것일 수 있다. 이러한 욕구규정에 의한 제도로는 모든 노인에게 지급되는 노령수당, 모든 아동에게 제공되는 아동수당, 모든 시민을 대상으로 하는 영국의 국민보건서비스(국민건강보험, National Health Service, NHS)를 들 수 있다. 또한 욕구는 보다 제한적인 집단에 귀속된 것으로 한정될 수도 있는데, 예컨대 취업모나 아동 또는 저소득지역주민 등이 그 예이다. 결론적으로 귀속적 욕구의 원칙은 ① 욕구에 대한 규범적 기준(normative criteria of need)에 근거한 ② 집단 지향적 할당(group-oriented allocations)이라는 두 가지 조건을 가지고 있는 것이다. 이러한 귀속적 욕구에 의한 사회복지제도는 수평적 재분배효과는 높고, 수직적 재분배효과는 낮으며, 사회통합의 효과가 크다. 낙인문제가 발생하지는 않지만, 급여수준이 높지는 않다. 자격조건이 단순하기 때문에 대상자 선별과정 등에 투입되는 행정비용이 상대적으로 적게 소요된다는 점에서 운영효율성이 높다.

(2) 보상

보상(compensation)은 사회적·경제적으로 특별한 혹은 일정한 기여를 한 사람들의 집단 또는 사회로부터 부당한 피해를 입은 사람들의 집단에 속한 경우를 대상자로 선정하는 경우이다. 사회경제적으로 특별한 혹은 일정한 기여를 한 사람들로는 퇴역군인이나 사회보험에 보험료를 납부한 사람들, 사회로부터 부당한 피해를 입은 사람들로는 사회적 차별에 의해 불이익을 당한 사람들이나 도시재개발에 의해 피해를 입은 사람들이 있다.

보상의 원칙은 ① 욕구에 대한 규범적 기준에 근거한 ② 집단 지향적 할당이라는 두 가지 조건을 가지고 있다. 즉, 욕구에 대해 전문가가 형평성에 입각하여 규범적으로 판단한 특정한 집단을 대상자로 선정하는 것이다.

(3) 진단적 차등

진단적 차등(diagnostic differentiation)은 전문가의 분류나 판단에 근거하여 대상자를 선정하는 것이다. 예를 들어, 장애인의 경우에는 그들이 각각 어떤 재화와 서비스를 특별히 필요로 할지를 전문가가 판단해야 한다. 즉, 전문가가 정한 장애 기준과 등급에 따라 개인적으로 급여를 제공하는 것이다. 진단적 차등의 원칙은 ① 욕구에 대한 기술적·진단적 기준에 근거한 ② 개인별 할당(individual allocations)이라는 두 가지 조건을 가지고 있다. 즉, 욕구에 대한 기술적 분류에 따라 개별적으로 대상을 선정하는 것이다.

(4) 자산조사 욕구

자산조사 욕구에 기초한 자격조건은 한 개인이 필요한 재화나 서비스를 구입할 능력이 없음을 나타내는 증거를 기초로 하여 수급자격을 판정하는 것을 말한다. 어떤 개인이 사회적 급여를 받을 수 있는지의 여부는 주로 경제적 조건에 의해 결정된다. 자산조사에 의한 욕구원칙은 ① 욕구에 대한 경제적 기준에 근거한 ② 개인별 할당이라는 두 가지 조건에 근거한다. 즉, 욕구의 경제적 기준에 따라 개별적으로 대상자를 선정하는 것이 기본 원칙이다.

2. 사회복지급여의 형태

길버트와 테렐(Gilbert & Terrell, 2014)은 사회적 급여의 형태로 기회, 서비스, 재화, 상환권 및 세금감면, 현금, 권력 등 여섯 가지를 제시한 바 있다. 여기에서는 길버트와 테렐의 분류를 중심으로 직접적 급여와 간접적 급여로 구분하여 서술하고자 한다. 그 내용은 다음과 같다.

1) 직접적 급여

(1) 현금급여

오늘날 서구 복지국가에서 사회복지급여 유형 중에서 지출액이나 수급대상자 등에서 가장 큰 비중은 현금급여이다. 현금급여는 복지수급자에게 서비스가 화폐형태로 전달되어 개인이 사회적 장애요인을 극복할 수 있는 경제적 능력을 갖출 수 있도록 소득의 형태로 제공되는 급여를 말한다. 즉, 국민연금(기초연금, 장애연금, 유족연금), 건강보험의 질병수당, 산재보험의 장애수당, 고용급여, 가족수당, 아동수당, 주택수당 등이 현금급여에 해당한다.

현금급여의 장점과 단점은 다음과 같다(고수현 외, 2016: 217-218).

먼저, 장점은 다음과 같다.

첫째, 현금급여는 무엇보다도 복지수급자의 자유의지를 존중하고 수치심이나 낙인을 줄여 주며, 스스로 자기의 삶을 영위할 수 있는 존엄성을 보장해 줌으로써 소비자 주권(consumer sovereignty)보장으로 당사자의 복지수준을 증진하는 효과도 가져다줄 수 있다. 또한 서비스를 임의로 선택할 수 있는 권리와 민주사회에서 그 자체로 매우 중요시되는 가치인 자유와 자기결정권을 최대한 보장할 수 있다.

둘째, 현금급여는 개인이 시장에서 생산되는 상품을 소비할 수 있도록 함으로써 자본주의의 경제원칙에 적합하게 운영할 수 있다.

셋째, 현금급여는 사용하기에 편리하고 현물급여에 비해 프로그램의 운영관리나 행정적으로 처리하기가 수월하고 비용도 적게 든다. 현물급여의 경우 이를 보관하는 인력, 기구가 필요하고 배분하는 데에도 적지 않은 노력과 비용이 들기 때문이다.

넷째, 현금급여는 복지수급자의 효용을 극대화할 수 있고, 사회적 차원의 효율적 배분이 가능하다. 현금급여의 경우 복지상품이나 서비스의 생산과 유통이 별도로 시장의 기능을 통하여 이루어지기 때문이다. 수급자의 효용을 극대화할 수 있고, 사회적 차원의 효율적 배분이 가능하다.

반면, 현금급여는 다음과 같은 단점이 있다.

첫째, 현금급여는 복지목적을 일탈하여 복지수급자의 부당한 소비행위를 통제할 수 있는 수단이 결여되어 있다. 현금급여는 일부의 계층에 있어서 알코올이나 약물, 마약 등의 구매력을 지원하게 되는 부정적 결과를 가져다줄 수 있다.

둘째, 현금급여는 개인이 현금급여를 통하여 확보하게 되는 구매력이 실제로 시장에서 요구되는 복지상품의 가치와 괴리되는 현상이 발생하게 된다. 이에 따라, 현금급여는 종종 급여수준의 과부족 문제를 초래하게 될 수 있다.

셋째, 현금급여는 수급자의 효용은 높일 수 있으나, 그것이 곧 사회 전체의 효용을 높이는 것과는 무관하다.

넷째, 현금급여는 모든 수급자가 합리적인 선택을 하지 못한다.

(2) 현물급여

현물급여는 사회복지의 역사적 발전단계에서 보면 복지국가가 발전되기 이전(20세기 이전)에는 중요하였으나, 그 이후 국가에 의한 본격적 소득보장정책이 발전되면서 현금급여보다 상대적으로 비중이 약해졌다. 왜냐하면 현물급여는 오늘날에도 제한된 사회복지자원에서 사회복지정책에의 필요가 매우 높은 소수인에게 급여가 필요하기 때문이다.

현물급여는 현금이 아니라, 상품이나 현물의 형태로 전달되는 급여이다. 이러한 현물급여는 사회복지기관이 직접적으로 생산, 공급하는 방법과 시장의 기능을 토대로 생산된 복지상품을 개인이 소비를 하도록 하고, 그 비용을 대신 지원하는 방법이 있다.

일반적으로 세계적 추세는 현물급여의 역할비중이 점차 높아지는 경향을 보이고 있다. 중요한 이유로 주로 현물급여의 형태로 이루어지게 되는 교육서비스, 재활사업과 예방사업에 대한 사회적 관심이 높아지고 있기 때문이다.

현물급여의 장점과 단점은 다음과 같다(고수현 외, 2016: 218-221).

먼저, 장점은 다음과 같다.

첫째, 정책의 목표효율성(target efficiency)을 높일 수 있다. 모든 정책은 세부적 목표를 갖고 있고, 정책결정자에게 정책의 성공 여부는 이러한 목표들을 얼마나 효율적으로 이루었는지에 따라 판단된다. 이러한 측면에서 현물급여가 현금급여보다 더 효율적으로 정책목표를 이룰 수 있다는 점에서 선호된다. 예컨대, 정책의 목표가 빈곤자로 하여금 인간다운 생활을 할 수 있는 주택을 제공한다면, 직접 주택을 지어 빈곤자가 살게 하는 것이 효율적일 것이다. 만일 주택수당을 줄 경우, 수급자가 이 돈을 주택비용으로 사용하지 않고 다른 용도로 사용한다면, 본래의 복지정책목표는 이루지 못하며 비효율적으로 된다. 현금급여가 다른 용도로 사용된 예로, 1970년대와 1980년대 미국에서 주택급여제도를 시행했는데, 주택급여 수급자의 단지 10% 정도만이 주택급여를 원래 목적대로 사용했다고 것은, 대부분의 수급자들이 주택급여를 소득보조제도로 인식했다는 것을 의미한다(원석조, 2020: 60). 즉, 현물로 급여할 때가 수급자의 소비단계에서의 통제력이 크기 때문에 복지정책목표에 적합하게끔 소비가 이루어진다.

둘째, 현물급여는 문제의 극복을 위해 필요로 하는 상품이나 서비스를 직접적으로 제공함으로써 개인의 부적절한 소비행위를 통제할 수 있다. 소비를 개인의 자유에 맡길 수 없는 부분이 있다. 예를 들어, 음식, 보건의료, 학교급식 등 기본적 욕구 등이다. 이런 것들을 개인의 자유에 맡길 경우, 이들 대신 술, 값비싼 운동화 등을 살 수도 있다는 것이다. 이를 '나쁜 선택(bad choice)'이라고 한다.

셋째, 현물급여는 가장 경제적인 방법으로 복지상품을 생산할 수 있는 여건을 갖추고 있다. 현물급여는 규모의 경제효과가 있어 생산단가를 낮출 수 있다. 즉, 특정 재화를 현물급여로 지급할 경우, 그 재화는 대규모로 생산, 공급되기 때문에 그 재화의 생산·공급 비용을 줄일 수 있다(구인회 외, 2019: 230). 구체적으로 사회복지기관이 복지상품을 직접적으로 생산하게 될 경우, 대량생산과 대량소비의 방법으로 비용절감을 할 수 있고, 시장의 기능을 통해 생산하게 됨으로써 사회복지기관은 상품의 가격이나 질을 적절하게 조절할 수 있는 능력을 가지게 된다.

넷째, 현물급여의 경우 현금급여에 비해 재분배의 효과가 상대적으로 높게 나타난다. 왜냐하면 현물급여는 그 특성상 동일한 내용이나 수준의 급여를 제공하게 되기 때문이다. 따라서, 현물급여는 현금급여보다 욕구가 많은 사람과 그렇지 않은 사람을 더 확실하게 구분할 수 있어서, 급여가 필요한 사람들에게 집중적으로 급여를 제공할 여지가 크다.

다섯째, 현물급여는 현금급여에 비하여 정치적 측면에서 선호된다. 일반적으로 납세자들은 자신들이 낸 세금이 어떤 용도로 사용되고, 어떤 목표를 이루었는지에 대해 막연하나마 관심이 있다. 현금급여의 경우, 수급자가 확실하게 드러나지 않기 때문에 자신이 낸 세금이 어떻게 쓰이는지 납세자들은 눈으로 확인할 수 없다. 즉, 사람들은 자신들이 낸 세금으로 가시적이고 구체적인 어떤 성과를 보기를 원한다. 예컨대, 빈곤자의 빈곤아동이 의료서비스를 받아 건강해졌다든지, 무상교육을 받아 진학률이 높아졌다든지 등이다. 현물급여는 이렇게 납세자들이 원하는 구체적 목표를 비교적 명확히 이룰 수 있기 때문에 납세자들은 일반적으로 현금급여보다 현물급여를 선호한다. 이러한 현상은 특히 미국과 같은 이념적으로 사회복지의 확대를 반대하는 세력이 강한 국가에서 강하게 나타난다고 볼 수 있다.

여섯째, 현물급여는 현금급여에 비하여 평등차원에서 선호된다. 즉, 대부분 사람들은 평등차원에서 소득의 평등보다는 필요한 물품의 평등에 더 많은 관심을 갖는다. 따라서, 국민을 대상으로 이러한 물품 평등주의를 주장하는 것이 용이할 수 있다. 또한 현물급여 프로그램을 관리하는 관료들도 현금급여 프로그램보다 현물 프로그램을 선호하는데, 그 이유는 현물의 경우에 그들의 조직이 커질 수 있어 권력이나 기타 여러 가지 측면에서 유리하기 때문이다. 즉, 현물급여를 제공하는 경우, 그것을 관리하는 관료들은 수급자들에 대한 영향력이 현금급여의 경우보다 커지게 되며, 또한 급여와 관련된 물품을 생산, 공급하는 사람들에 대한 영향력도 커지게 된다. 예를 들어, 공공주택 프로그램은 기타 여러 가지 측면에서 유리하기 때문이다. 공공주택 프로그램을 관리하는 것이 현금 프로그램인 주택수당을 관리하는 것보다 주택의 건설유지,

배분 등에서의 권력행사로 인하여 그들의 조직규모가 커지는 것이다. 따라서, 이러한 측면에서도 현물급여가 현금급여보다 정치적으로 설득력이 있다.

그러나 현물급여는 획일화된 급여제공으로 서비스 대상자의 자유의지나 개인의 선택을 존중하지 않아 비인간적인 급여체계라는 지적을 받고 있다, 현물급여의 단점은 다음과 같다.

첫째, 현물급여는 국가나 사회복지기관이 급여의 종류와 수준을 결정하게 되므로 복지수급자의 실제적 복지욕구를 무시할 수 있다.

둘째, 현물급여는 국가나 사회복지기관 주도의 생산방식은 복지상품을 표준화, 규격화, 획일화시켜 다양하고 전문적인 사회적 욕구에 적절하게 대처할 수 없다.

셋째, 현물급여는 복지수급자에게 낙인이나 치욕감을 줄 수 있다. 미국에서 1960년대 이후 저소득층을 위한 대규모의 공공주택을 건설하여 살게 하였으나, 오늘날 대부분 슬럼가로 변해 실패한 것으로 평가받는데, 그 가장 큰 이유 중의 하나가 공공주택에서 사는 것이 치욕을 불러일으키기 때문이다. 따라서, 공공주택과 같은 현물급여보다는 주택부조(housing assistance)와 같은 현금급여의 방법이 치욕의 문제를 해결할 수 있다. 현물급여가 수치심을 주기 때문에 많은 복지대상자가 현물로 급여하는 사회복지 프로그램의 자격이 되는데도 불구하고, 신청을 하지 않아 급여를 받지 못하는 경우가 발생할 수 있고, 비인간적 처사가 될 수도 있다.

넷째, 현물급여는 상품의 생산을 위해 사전적으로 요구되는 설비투자비용이 과도하게 나타나는 문제점이 있다.

다섯째, 현물급여는 국가나 사회복지기관이 복지상품의 직접적 생산자가 될 경우, 시장원칙의 부재에 따른 각종 비효율성 문제와 관료화의 문제가 발생할 수 있다. 예를 들어, 우리나라 건강보험제도에서 볼 수 있는 과잉진료 또는 진료의 왜곡현상, 과도한 의료수요, 의료수가의 결정과 관련한 이해갈등 등이 문제점으로 지적될 수 있다.

(3) 논쟁점

길버트와 테렐(Gilbert & Terrell, 2014)은 사회복지정책의 분석을 위한 종합적인 이론적 틀을 제공한다. 이들은 현금급여와 현물급여에서 가장 중요하고 또 쟁점이 되는 것은 어느 쪽이 더 효과적인가 관한 논쟁을 정리하고 있다. 1930년대에 스웨덴에서 아동을 위한 복지급여의 형태를 무엇으로 할 것인가를 둘러싸고 커다란 논쟁이 있었는데, 이때 현물급여를 명시적으로 지지한 사람은 경제학자 미르달(Alva Myrdal)이다. 그녀에 따르면, 아동의 경우, 급여를 현금으로 주는 것보다 현물로 주는 것이 규모의 경제라는 측면에서 더 우수하다. 즉, 공기업은 대량생산된 재화나 서비스를 가공하고 분배하는 데 있어서 보다 효율적일 수 있기 때문에 신발이나 의류 또는 유사한 재화를 저렴한 가격으로 제공할 수 있다. 민간기업이 생산한 재화를 구입할 수 있도록 현금을 급여로 주는 것은 훨씬 더 비용이 많이 든다. 당시의 국가계획적 관점에서 볼 때, 정부가 대량으로 생산하고 그것을 정부의 통제하에서 분배하는 급여는 시장에서의 경쟁으로 인한 낭비적인 요소를 제거할 수 있는 것으로 간주되었다. 또한 미르달에 따르면, 현물급여는 현금급여보다 목표달성에 효과적이다. 현금급여는 급여의 소비행위를 통제할 수 없는 반면에, 현물급여는 용도 외 사용을 막을 수 있기 때문에 정책목표에 맞는 소비가 이루어진다. 예컨대, 현금아동수당의 경우, 부모가 아동양육 이외의 용도로 사용할 수 있는데, 현금급여는 바로 이러한 부분을 통제하지 못하는 것이다. 반면에, 고전적 복지경제학이론에 따르면, 현금급여야말로 소비자의 선택권을 보장할 수 있고, 효용(utility)을 극대화할 수 있기 때문에 최적의 급여형태이다. 즉, 이 이론에 따르면, 자신이 원하는 대로 현금을 사용하는 것이 자신이 아닌 다른 사람에 의해 선택된 현물을 받는 것보다 항상 더 높은 수준의 만족(복지)을 가져다 준다. 이러한 논리는 개인이 합리적으로 행동하고 또 정확한 판단능력을 가진 존재라는 것을 전제하고 있으며, 개인의 효용을 극대화하는 것이 곧 사회 전체에도 이익이 된다고 가정하고 있다.

이에 대해 현물급여 찬성론자들은 공동체가 특별히 관심을 두는 문제에 대해 자원을 집중시키는 데에는 현물급여가 효과적이라고 주장한다. 식료품이나 의료서비스, 학교급식 등 기본적 욕구가 그것인데, 이러한 서비스들은 정부의 통제하에 사람들에게 직접 배분될 수 있다는 것이다. 수혜자들에게 선택권을 보장해 준다는 명목으로 현금급여를 주게 되면 수혜자들은 급여로 받은 돈으로 술을 마실 수도 있고, 디지털 TV, 값비싼 운동화 등을 살 수도 있다는 논리이다. 말하자면 현금급여는 용도 외 사용을 막을 수 없기 때문에 목표효율성이 떨어진다는 것이다. 하지만 급여를 현물형태로 주게 되면 이와 같은 부적절한 선택은 제한되며, 따라서 바람직한 소비행위에 관한 사회적 판단이 급여에도 관철될 수 있게 된다는 것이다.

현물급여와 현금급여 간의 선택에 있어서 중요한 것은, 개인의 자유 대 사회통제 간의 갈등에 있는 것이 아니라, 어떻게 하면 정부의 사회복지정책 안에서 수급자 개인의 선택권을 최대한 보장해 줄 수 있을 것인가 하는 것이다. 아무리 현금급여를 옹호하는 사람일지라도 특수한 경우, 예컨대 정신지체인의 문제를 해결하는 데 현금급여 대신 현물급여를 받아들인다. 또한 대개 사람들은 예컨대 노숙자들에게 현금급여를 주는 것보다 식료품이나 주거지원 등 현물급여를 주는 것을 더 선호한다. 또한 현물급여를 주장하는 사람들도 적절한 수준의 현금급여는 필요하다는 사실과 소비자에게 선택을 부여함으로써 자기표현과 자율성을 보장하게 되고 그로부터 얻어지는 사회적·심리적 편익이 존재한다는 사실을 잘 인식하고 있다.

오늘날의 관점에서 보면, 현물급여 찬성론자들의 주장 가운데 현실적이지 못한 부분이 많다.

첫째, 공적인 주체가 현물급여를 제공하는 것이 비용을 절감한다는 주장은 상당한 도전을 받고 있다. 오늘날 정부 독점자본에 의한 재화나 서비스의 생산이 상대적으로 더 많은 비용을 발생시키는 경우가 적지 않다. 예를 들어, 철강, 쓰레기 수거, 교육, 보육 등이 그렇다. 또한 비록 규모의 경제가 일부의 기술에는 적용될 수 있지만, 사회복지실천이나 직업상담과 같은 사회서비스의 경우에는 맞지 않다.

둘째, 현물급여가 비록 이론적으로는 경쟁에 의한 낭비적 폐해를 제거할 수 있다 하더라도, 현금급여와 관련된 시장에서의 경쟁은 혁신을 초래하여 장기적으로는 현금급여가 오히려 더 비용을 절감할 수 있다는 것이 분명해지고 있다. 그리고 현금급여는 현물급여에 비해 관리운영이 간편하기 때문에 그 비용을 절약할 수 있다. 현금급여는 급여를 제공하는 과정에서 소요되는 비용이나 급여를 관리하는 데 따르는 각종 규제 관련 비용이 거의 들지 않기 때문이다.

셋째, 현금급여는 개인의 존엄성을 보장해 줄 수 있다는 주장이 있다. 즉, 현금급여는 급여를 받은 사람들이 자신의 삶을 자신의 계획대로 운영할 수 있게 해 주기 때문에 현물급여에 수반되는 낙인이 현금급여에는 없다는 것이다.

넷째, 현금급여는 빈민의 소득을 직접적으로 증대시키기 때문에 효과적인 빈곤 완화수단이 될 수 있다.

현금급여와 현물급여의 비교는 다음과 같다.

▌표 7-2 현금급여와 현물급여 비교

구분	현금급여	현물급여
주요 내용	수급자에게 복지서비스가 현금의 형태로 전달되는 것으로 사회보장연금이나 공공부조의 현금급여 등을 예로 들 수 있다. 개인의 자유와 소비자 선택을 중시한다.	복지서비스가 현물의 형태로 전달되는 것을 의미하는데, 현물급여로는 건강보험의 진료 서비스, 장애인복지급여의 보장구 등이 그 예이다. 사회통제와 집합적 선을 중시한다.
장점	선택의 자유를 극대화하고, 관리비용을 절감할 수 있다.	대량생산과 분배를 통해 낭비를 줄이고, 꼭 필요한 곳에 현물로 지급함으로써 용도 외 사용을 막아 목표달성에 효과적이다.
단점	용도 외 사용이 가능하다.	선택의 자유를 제한하고, 관리비용이 많이 든다.

자료: 원석조(2020: 61).

(4) 바우처

바우처(voucher, 상환권)는 정부가 수요자에게 쿠폰(coupon)을 지급하여 원하는 공급자를 선택하도록 하고, 공급자가 수요자로부터 받은 쿠폰을 제시하면 정부가 재정을 지원하는 방식을 말하는데, 이때 지급되는 쿠폰을 바우처라고 한다. 쿠폰은 일종의 상품이나 서비스를 구매할 수 있는 증서와 같다. 노인, 장애인, 산모, 아동 등 사회서비스를 필요로 하는 사람들에게 일종의 이용권을 발급하여 서비스를 받을 수 있도록 하는 사회서비스 바우처가 대표적이다. 또 문화 향유 기회가 적은 저소득층을 위한 문화바우처가 존재하며, 저소득층에게 임대료 일부를 지원해 주는 주택바우처 등 다양한 바우처가 존재한다. 또한 민간기업에서도 소비 및 기업홍보를 위해 활용도 매우 넓다. 예를 들어, 호텔고객이 호텔에서 요금 대신 지급하는 보증서 및 증명서 개념으로 여행사와 항공사에서 발행하는 것이다. 즉, 이것은 그룹투어, 식사, 관광, 객실 등의 비용을 미리 지급하여 호텔계산서를 발행할 때 유통되는 양식이다. 이 바우처는 가격할인형태의 구매이고, 호텔의 판매촉진 방법 중의 하나이다. 이와 같이 바우처제도는 중앙 및 지방정부는 물론 공공기관, 민간영역에서도 활발하게 사용되고 있다.

바우처는 구조화된 교환가치를 가지고 있는 급여로서 일정하게 정해진 범위 내에서 자원을 선택할 수 있는 전이 가능성을 가지고 있다. 이러한 급여형태는 재화나 서비스에 비해 선택의 자유가 더 많은 장점이 있다. 사회적 급여의 한 형태인 바우처는 현금급여와 현물급여의 중간 성격을 갖고 있다. 바우처는 그것이 사용되도록 정해진 범위 내에서는 일정 정도의 소비자 주권을 보장해 주면서, 동시에 정해진 범위 외부에 증서가 사용되는 것을 금지함으로써 사회통제도 가능하다. 따라서, 바우처는 집합주의자들과 개인주의자들 모두로부터 지지를 받고 있다. 세금감면도 바우처와 같은 용도로 사용된다(원석조, 2020: 63).

바우처는 현금급여의 장점인 소비자 선택의 자유를 제한적이지만 살릴 수 있고, 목표효율성이 떨어지는 현금급여의 단점을 어느 정도 보완할 수 있다.

그리고 현물급여보다 수급자의 효용을 증가시키고 운영효율성을 높일 수 있다. 하지만 급여 양에 대한 통제가 있으며, 오남용 문제를 줄일 수 있지만, 원천적으로는 막을 수 없고, 서비스 공급자가 특정 소비자를 선호, 회피하는 현상이 발생할 수 있다(오세영, 2020: 135).

2) 간접적 급여형태

사회적 급여의 형태는 현금급여와 현물급여라는 두 가지 기본적인 급여형태가 있지만, 현금급여와 현물급여의 현실적 제한에 따른 급여선택의 확장을 가져와 보다 세분화된 형태로 나타난다. 그 내용은 다음과 같다.

(1) 기회

사회복지정책에서 급여형태의 하나인 '기회(opportunity)'란 기대하는 목표를 성취하기 위해 사용되는 유인과 제재를 의미한다(Gilbert & Terrell, 2014). 현금, 현물, 바우처 같은 직접적인 급여보다는 모호한 형태이지만, 현대 사회복지정책에서 매우 중요하게 다뤄지고 있다. 사회복지정책은 기회의 창출, 기회의 분배와 밀접히 관련 있기 때문이다.

현대사회에서 교육과 취업은 사회적으로 적절한 생활수준을 영위하기 위해 필수적이라고 할 만하다. 그런데 가정형편이 안 좋거나, 사회적 불평 등 때문에 교육이나 취업의 기회조차 박탈당하면 교육이나 취업 이후의 혜택으로부터도 원천적으로 배제된다. 예를 들어, 근로소득이 사회보험 가입의 전제 조건인데, 근로의 기회조차 갖지 못한다면, 사회보험을 통한 다양한 혜택으로부터도 배제된다.

소수 인종 및 사회적 소수자에게 적극적 조치(affirmative action)를 실시하는 것, 빈곤층이나 농어촌 자녀들이 고등교육을 받을 기회가 부족하다고 판단되어 대학 입시에서 사회배려자 전형 또는 국가유공자 자녀 전형을 실시하는 것 등이 모두 기회급여에 해당한다(류연규, 2021: 150).

기회급여를 제공하는 방법의 궁극적 목표는 노동시장의 경쟁에서 불리한 점을 제거, 보완함으로써 사회적 약자의 소득을 높이는 사회복지정책 목표를 달성하는 데 있다. 기회는 궁극적으로 다른 급여의 혜택을 받도록 유인하지만, 직접적 교환가치는 없고 제공된 목적이나 용도로만 사용되므로 타인에게 양도할 수 없으며, 재화와 서비스와 같은 다른 형태의 급여와 바꿀 수 없다는 특징을 가지고 있다.

기회급여의 형태인 우선권(extra-chances) 또는 특수기회 부여의 장점은 다음과 같다(고수현 외, 2016: 227).

첫째, 재정과 직접적으로 연계되지 않아 조세저항이나 재정압박이 적다.

둘째, 복지수급자의 재활을 돕고 명예훼손이나 수치심을 주지 않는다.

셋째, 물질로 해결할 수 없는 영역의 복지구현이 가능하다.

반면에, 기회급여의 형태는 사회적 불이익 집단들에게 집중적으로 혜택을 주므로 목표효율성이 높아 소득의 재분배 효과는 크지만 다음과 같은 단점도 있다.

첫째, 특정 집단에 속한 사람들에게만 기회급여를 제공하면 그렇지 못한 사람들에게는 불평등을 초래할 수 있다.

둘째, 집단별 평등을 지나치게 추구하다보면 노동의 동기가 약화되거나, 가족해체 등의 현상이 발생할 수 있다.

셋째, 사회구성원 전체를 대상으로 하는 포괄적인 사회복지정책을 방해할 수 있다.

넷째, 사회복지혜택을 둘러싼 집단들끼리의 첨예한 대립으로 이익집단 정치가 발생할 수 있다.

(2) 서비스

서비스(services)란 클라이언트를 위해 제공되는 활동을 말한다. 국가가 국민에게 급여하는 모든 복지혜택을 복지급여라고 한다면, 이 복지급여에는 유형적 현금급여 또는 현물급여뿐만 아니라, 무형적 복지서비스도 포함된다. 복지서비스는 대상별로 볼 때, 노인서비스, 가족서비스, 이동서비스, 청소년서비스, 출산서비스, 장애인서비스 등으로 나눌 수 있다. 서비스 내용은 복지대상자의 문제해결을 위해 케이스매니지먼트, 교육, 상담, 치료, 지도, 재활, 보호, 의료 및 직업훈련 등에 걸쳐 광범위하다(오세영, 2020: 134). 서비스는 구체적인 형상을 가지고 있는 것이 아니기 때문에 수혜자에게 즉각적인 시장가치를 부여하지 않는다. 서비스 급여는 기회급여와 마찬가지로 다른 재화와 교환할 수 없다. 서비스는 사회구성원들의 욕구를 해결하려고 제공되는 것이다.

서비스 급여는 기회와 같이 사회복지대상자의 자립과 자활을 가능하게 하는 중요한 급여형태로 평가되며, 특히 다른 공공정책과는 달리 사회복지정책이 지닌 정체성(identity)이라는 독특한 심리사회적 속성을 갖고 있는 급여의 유형으로도 중요하다. 따라서, 서비스 급여는 상대적으로 서비스 제공자의 전문성이 요구되므로 매우 중요한 의미를 지닌다. 또한 사회복지정책의 목적이 임시적인 물질적 급여보다는 클라이언트의 항구적인 자립생활을 가능하게 한다는 점에서 서비스 급여의 비중은 매우 크다고 할 수 있다(고수현 외, 2016: 228). 하지만 서비스는 무형의 급여이기 때문에 표준화하기 어렵고, 서비스 제공시기 또는 서비스 제공자의 가치관이나 전문성에 따라 서비스의 내용과 질이 달라질 수 있음을 유의해야 한다(고광신, 2017: 118).

(3) 권력

사회복지정책에서 급여로서의 권력(power)은 재화나 자원에 대한 통제력이나 영향력을 재분배하는 것을 의미한다(Gilbert & Terrell, 2014). 특정 집단에게 사회복지정책의 결정과정에 참여할 권리를 부여하고, 실제로 그 정책의 의사결정에 영향력을 행사하도록 하는 것이 대표적인 '권력'급여의 형태이다. 국민연금사업에 대한 사항을 심의하는 국민연금심의위원회에 근로자를 대표하는 위원이나 지역가입자를 대표하는 위원을 위촉하고, 사회복지관 등 사회복지기관의 운영위원회에 클라이언트 대표가 참여하며, 지역사회보장에 관한 계획을 수립할 때 지역주민 등 이해관계인의 의견을 들어 지역사회보장계획을 수립하는 것 등이 권력급여의 사례라고 할 수 있다.

사회복지급여의 하나로서 권력(power)은 사회복지정책 결정과정에 저소득층 등 사회적 소외층이나 이들을 대변하는 대표자들을 참여시켜 사회경제적 자원을 선택할 수 있는 영향력을 재분배시키는 급여유형이라고 할 수 있다. 사회복지급여에 해당하는 사례로 '경제사회노동위원회'를 들 수 있는데, 이 위원회에서는 노동자의 복지향상을 위하여 근로자 대표로 전국민주노동조합총연맹 위원장, 한국노동조합총연맹 위원장이 참여하여 정책 결정의 한 축을 담당하고 있다. 최근 대표자회의 결과, '탄력근로제 개선을 위한 노사정 합의문(2019.2.19.)', '한국형 실업부조도입 등에 관한 고용안전망 강화를 위한 합의문(2019.3.5.)'을 만들어 냈고, '노동이 존중되는 사회'와 '불합리한 격차가 없는 나라'를 만드는 데 노력하기(2019.7.26.)를 결의하기도 하였다(손병덕, 2020: 247).

권력은 재화나 서비스와 같이 사용가치가 있는 것도 아니고 현금과 같은 직접적인 교환가치가 있는 재화도 아니지만, 폭넓은 사회경제적 선택을 제공한다. 그러나 정책결정에 참여하는 참여자들이 실질적으로 자신의 목소리를 내지 못하고 머릿수를 채우는 데 그치는 명목적 참여를 하거나, 참여자 대표가 실질적인 클라이언트나 가입자의 이익을 대변하지 않고 기득권의 이익을 대변하는 수준에 머무르면 유명무실한 급여가 되기 쉽다는 한계가 있다(류연규, 2021: 151). 또한 권력급여도 기회급여처럼 실질적으로 사회복지 수급자들에게 이득이 가기 어려울 뿐만 아니라, 참여민주주의(participation democracy)의 이름하에 대개의 경우 기득권자의 합리화를 위한 도구로 전락할 가능성도 배제할 수 없다(고수현 외, 2016: 230).

3. 사회복지급여의 수준

1) 급여수준의 결정기준

사회복지급여가 어느 정도의 수준으로 제공되는지에 따라 국민복지수준과 삶의 질에 영향을 미치기 때문에 일반적으로 국민은 사회복지정책 급여의 수준에 많은 관심을 갖는다.

사회복지정책 급여수준은 일반적으로 적정선을 최저기준(하한선)으로 하고, 균등선을 중간축으로 하며, 형평성에 입각하여 일정한 상한선의 범위 내에서 신축성 있게 하는 것이 이상적이라고 할 수 있으나, 구체적으로 사회복지정책의 급여 사유에 따라 급여수준은 달라져야 한다. 즉, 속성적 수요는 당해 욕구에 따라 보다 균등선에 가깝도록 사회복지정책 급여수준이 결정되어야 하고, 보상인 경우는 사회적 공헌도나 사회적 편견에 의한 희생을 보상받을 수 있을 정도로 충분해야 하며, 적어도 균등선은 유지되어야 한다. 진단의 경우는 전문가의 진단에 기초하여 재활이 가능한 최소한의 급여수준이 유지되어야 한다. 그리고 자산조사에 의한 수요인 경우, 최저한의 경제적 욕구를 충족시킬 수 있는 하한선, 즉 최저생계비인 빈곤선이 유지되어야 한다. 또한 사회복지정책 급여수준을 결정함에 있어 우선 사회적 효과와 비용효과가 고려되어야 한다. 사회적 효과는 복지정책이 근로동기유발이나 기타(부양가족여와 같은 경우의 산출증가영향, 자산조사 시의 낙인방지, 명예보장 등)가 미치는 사회적 영향을 의미하며, 비용효과는 복지예산과 복지정책 산출성과 사이의 비교분석을 의미한다(임정문 외, 2020: 104-105).

일반적으로 합의되고 있는 복지정책 급여수준은 그 나라 국민에게 생활의 모든 측면에서 사회적으로 인정되고 있는 '최저생활의 보장'으로 우리나라도 헌법 제34조에 "모든 국민은 인간다운 생활을 추구할 권리를 가진다."고 규정하고 있다. 모든 국민이 건강하고 안정된 문화적 생활을 영위하도록 최저한의 생활을 보장하는 수준은 각종 복지급여의 기준이 되고 있다.

2) 공공부조의 급여수준

공공부조는 복지수급자의 본인의 개별적 욕구와 일반 국민의 평균적 욕구에 의해 급여수준이 결정된다. 공공부조의 급여수준은 빈곤선이라는 개념도구가 사용된다. 빈곤수준은 생존에 필요한 최저한 소득을 말하는 최저생존수준과 기본욕구를 충족시킬 수 있는 생활의 유지상태를 의미하는 최저생계수준으로의 개념으로 나눌 수 있다.

빈곤에 대한 개념은 절대적 빈곤, 상대적 빈곤 및 주관적 빈곤으로 구분된다. 사회복지정책에서는 공공부조정책은 절대적 빈곤 개념에 입각하고 있는 빈곤전략이며, 일반사회복지정책은 상대적 빈곤개념에 입각한 빈곤정책으로 볼 수 있다. 공공부조정책은 빈곤의 기준을 '소득'과 '최저수준'에 두고 있는 반면, 일반 사회복지정책은 '생활'과 '적정수준'에 두고 있다. 공공부조의 급여수준인 빈곤선은 소득이 최저생계수준에 미달되는 상태에 의해서 결정된다.

3) 사회보험의 급여수준

사회복지정책 수혜자의 갹출액과 과거 소득에 의해서 사회복지정책 급여수준이 결정된다. 이것은 사회보험정책이 주로 중산계층의 과거 소득인 임금과 연관되는 갹출금을 재정기금으로 하여 급여로 하고 있기 때문이다. ILO가 제시하고 있는 급여수준에서 적정성의 원칙이란 급여수준과 급여방법에 관한 원칙을 말한다. 그 내용은 다음과 같다(고수현 외, 2016: 235-236).

첫째, 균일급여의 원칙으로 보험급여는 어느 수혜자에게도 동액의 급여를 행한다는 원칙이다. 이것은 최저기준선까지는 누구라도 동일하게 확보시켜준다는 뜻이다. 최저의 욕구를 필요로 하는 국민이 비교적 많은 국가에서는 이 제도가 환영받고 있다. 이 원칙은 보장급여가 기본급여와 부가급여로 이원화되어 있는 경우, 기본급여에 적용되는 것이다. 우리나라의 경우, 국민기초생활보장제도에 이 원칙이 적용되어야 할 것이다.

둘째, 비례급여의 원칙으로 급여수준은 각 개인이 사회적으로 영위하는 생활의 정도가 모두 다르기 때문에 그것에 상응하는 정도의 급여수준이 되어야 한다. 따라서, 이것은 각 개인의 임금, 보수 등에 비례하는 급여를 제공하는 것으로서 일명 '개인별 급여제'라고도 한다. 이러한 급여방법의 채택은 자본주의 사회가 지니는 자유의 양을 최대한으로 보장하는 하나의 방법이 된다. 이것은 베버리지(Beveridge)의 동일급여의 원칙과는 차이가 있다.

셋째, 부양수준의 원칙으로 생활보장의 총액과 수혜자의 자력을 합한 것이 최저생활이 되도록 한다는 원칙이다. 따라서, 이 원칙은 자산조사를 요건으로 하는 공공부조의 급여라고 볼 수 있다. 이러한 원칙이 실효를 거두기 위해서는 생계비의 변동에 따른 급여조정이 필요하고, 특히 장기급여에 있어서는 '급여의 등시성'으로서의 현금급여라 할 수 있는 물가연동제(sliding system)가 적용되어야 한다. 연동제에는 임금연동방식과 물가연동방식이 있다.

4) 현금급여와 현물급여의 수준

(1) 현금급여의 수준

일반적으로 현금급여의 수준은 개인의 경제적 · 사회적 상황은 물론 복지정책에 따라 다르게 나타난다. 이러한 급여산정의 기준으로는 개인의 욕구수준, 국가에 의해 일률적으로 책정된 금액, 개인의 종전소득 등으로 구분할 수 있다. 그 내용은 다음과 같다(고수현 외, 2016: 236).

첫째, 개인의 욕구수준은 소득수준에 상관없이 단순히 국민 개개인의 욕구수준을 기준으로 하여 현금급여가 제공되도록 하는 방법을 말한다.

둘째, 국가에 의해 일률적으로 책정된 금액은 특정한 사회적 애로요인에 대하여 국가가 일정한 보상금액을 책정하고, 피해의 당사자들에게 동일한 수준의 급여를 일괄적으로 제공하는 방법이다.

셋째, 개인별 종전소득은 소득의 단절 문제가 발생하게 될 경우, 개인의 종전소득을 기준으로 하여 현금급여를 제공하는 방법이 있을 수 있다. 이러한 급여수준의 결정방법은 주로 사회보험제도에서 활용되고 있다.

개인이 특정한 시점에서 어떠한 사유로 인해 소득이 단절된 경우, 사회복지 정책은 복지대상자에게 어느 정도의 수준으로 급여할 것인지를 결정해야 한 다. 여기서 급여수준의 결정에 대한 의사결정의 기준은 사회복지정책목표에 따라 완전생활수준보장, 부분생활수준보장, 기초생활보장 및 최저생활보장으 로 나누어진다. 그 내용은 다음과 같다(임정문 외, 2020: 108-109).

완전생활수준보장은 사회적 문제의 발생으로 인한 소득의 단절현상에도 불 구하고, 개인이 종전과 동일한 생활수준을 영위할 수 있도록 하는 것을 목표 로 한다. 따라서, 완전생활수준보장은 근로동기의 저하와 함께 국민의 복지의 존심리를 조장하게 될 우려가 있다.

부분생활수준보장은 사회적 문제로 인하여 소득의 단절현상이 발생하게 될 경우, 피해의 당사자인 개인은 빈곤문제는 물론 생활수준의 하락으로 인하여 고통을 받게 된다. 따라서, 사회복지정책은 국민이 소득의 단절에도 불구하 고, 종전과 같은 생활수준을 영위할 수 있도록 급여를 제공하게 된다. 부분 생활수준보장은 개인이 사회적 문제로 상실된 소득의 일정 부분을 보상해 주 는 것을 의미한다. 우리나라의 경우, 주로 사회보험제도의 현금급여가 이러한 목표를 구현하고 있다.

기초생활보장은 최저생활보장과는 달리, 피해 당사자인 개인에게 사회문화 적 최저수준의 소득을 보장해 주는 것을 의미한다. 따라서, 개인은 인간의 존 엄성을 유지하고 건강하고 문화적인 생활을 영위하기 위해 필요로 하는 기초 적 수준의 소득을 보장받을 수 있는 권리를 의미한다.

최저생활보장은 소득의 단절문제를 겪고 있는 개인에게 육체적 최저생존을 위해 반드시 필요로 하는 수준의 소득을 보장해 주도록 하는 것을 의미한다. 따라서, 이 경우 사회복지정책이 수행하게 되는 사회적 공존의 기능은 극도의 잔여적(residual) 개념으로 해석한다.

(2) 현물급여의 수준

현물급여는 물질적 재화나 상품의 형태로 제공되는 급여로서, 현물급여는 대상계층에게 완전히 무상으로 제공하는 방법과 그 비용의 일정부분을 개인이 부담하도록 하는 방법이 있다(임정문 외, 2020: 109).

첫째, 현물급여가 무상으로 제공하는 방법으로 종종 급여의 과잉수급 등 낭비의 문제가 발생할 우려가 있다. 이러한 문제를 해결하기 위하여 대다수의 사회복지정책들은 현물급여 가격의 일정부분을 개인이 부담하도록 하고 있다. 따라서, 본인부담의 방법은 경제적 차원에서 낭비적 요인을 억제하고, 분배적 차원에서 현물급여의 사용이 모든 사회계층에게 골고루 배분되도록 하는 관점에서 고려되어야 한다.

둘째, 개별의 물질적 재화나 상품의 가격에 비례하여 본인부담금을 부과하는 방법으로 가격의 기능을 부분적으로 활성화하여 개인의 합리적 소비행위를 유도할 수 있는 장점이 있다. 그러나 저소득계층의 경우, 이러한 본인부담금 방법은 고가의 현물급여에 대한 소비의 기회가 과도한 본인부담금으로 인하여 제약을 받는 분배적 불평등문제가 발생할 수 있다.

1. 사회복지정책 급여 특징으로 옳지 않은 것은?

① 현금급여는 프로그램 운영비용이 적게 든다.
② 현물급여는 인간의 존엄성 유지 면에서 우월하다.
③ 바우처는 목표효율성을 살릴 수 있다
④ 현물급여는 시용가치가 높다.
⑤ 현물급여는 규모의 경제 효과를 꾀할 수 있다.

2. 다음 중 옳지 않은 것은?

① 현물급여는 낙인의 가능성이 높다.
② 현물급여는 사생활 간섭이 될 수 있다.
③ 현금급여는 니드 충족에 효과적인지 확인하기 쉽다.
④ 증서는 시행 과정에서 소비자 선택의 왜곡이 나타날 수 있다.
⑤ 증서는 현물급여보다 수급자 효용을 증가시킬 수 있다.

3. 사회복지급여의 하나인 증서(voucher)에 관한 설명으로 옳지 않은 것은?

① 현금급여에 비해 목표달성에 효과적이다.
② 현금급여에 비해 소비자의 선택권이 낮다.
③ 현물급여에 비해 공급자 간 경쟁을 유도하는 데 유리하다.
④ 공급자가 소비자를 자의적으로 선택하는 현상이 발생할 수 있다.
⑤ 현물급여에 비해 서비스에 대한 충분한 정보접근이 이루어져야 한다.

4. 사회복지정책의 급여형태 중 기회(opportunity)에 관한 설명으로 옳은 것은?

① 수급자가 직접 급여에 대한 결정이나 그와 관련된 정책결정에 참여한다.
② 목표효율성(target efficiency)이 가장 높은 급여형태로 평가받는다.
③ 빈곤층 자녀의 대학 입학정원 할당, 장애인 의무고용제 등이 해당된다.
④ 수급자가 일정한 용도 내에서 원하는 재화나 서비스를 선택할 수 있다.
⑤ 취약계층의 경제적 문제를 근본적으로 해결할 수 있다.

정답 1. ② 2. ③ 3. ② 4. ③

CHAPTER 08

사회복지정책의 재원

❖ 학습목표
1. 사회복지정책 재원의 개념 파악
2. 각종 조세제도 숙지
3. 공공재원과 민간재원 비교 분석

❖ 학습내용
1. 사회복지정책 재원의 개념
2. 공공재원
3. 민간재원

❖ 개요
사회복지는 공공부문과 민간부문 모두 정책집행에 재원이 필요하다. 그리고 누구에게, 무엇을, 얼마나 어떻게 지급할 것이냐 하는 정책의 방향과 내용은 재원의 조달에 의해 크게 영향을 받는다. 따라서, 먼저 재원을 어떻게 해야 늘릴 수 있는가가 중요하고, 한편으로는 제한된 재원을 어떻게 사용할 것인가의 방법도 매우 중요하다. 여기에서는 사회복지정책의 재원을 학습하고자 한다.

사회복지정책의 재원

1. 사회복지정책 재원의 개념

사회복지는 공공부문과 민간부문 모두 정책집행에 재원이 필요하다. 그리고 누구에게, 무엇을, 얼마나 어떻게 지급할 것이냐 하는 정책의 방향과 내용은 재원의 조달에 의해 크게 영향을 받는다. 서구 복지국가들과 같이 국가정책의 재원 가운데 사회복지정책에 필요한 재원이 절반 이상을 차지하는 나라들은 사회복지정책을 위한 재원을 어떻게 마련하느냐는 문제는 더욱 중요할 것이다. 복지 선진국들이 지난 20여 년 동안 경제성장의 둔화로 사회복지정책을 위한 재원마련에 어려움을 겪는 상황에서 사회복지정책에서의 재원문제는 더욱 중요한 이슈가 되고 있다. 따라서, 먼저 재원을 어떻게 해야 늘릴 수 있는가가 중요하고, 한편으로는 제한된 재원을 어떻게 사용할 것인가의 방법도 매우 중요하다. 즉, 사회복지정책의 중요 목표인 평등과 효용을 이루는 데 어떤 재원이 어떤 정책에 얼마나 필요한가를 알아내는 작업이 중요하다.

재원이란 사회복지정책을 실현하는 데 있어서 사용되는 제반 비용과 관련된 것을 의미한다. 사회복지정책에 있어서 사회복지 재정에 대한 관심은 사회복지정책의 목표를 달성하기 위해 필요한 재원을 어떻게 얼마만큼 조달하느냐라는 문제와 함께 재원을 어떻게 배분하느냐라는 문제로 분류할 수 있다. 그것은 재정이 사회복지 실행을 뒷받침할 뿐만 아니라, 그 결과를 좌우하기 때문이다. 20세기 이후, 복지국가의 성정과 발전은 복지비용의 증가로 나타나게 되었고, 그로 인하여 국가와 개인에게 중요한 관심이 되었다. 중요한 사실은 사회복지 재정운영 자체가 사회복지정책적 효과와 함께 한다는 것이다. 즉, 사회복지 욕구의 증가와 이로 인한 재정적 악화가 나타나고 있는 오늘날의 시기에 얼마만큼 재원조달을 할 것이며, 또 중앙정부와 지방정부의 배분과 분담은 어떻게 할 것인지의 선택 자체가 국가가 감당할 수 있는 '지속가능한 복지수준'에 영향을 미치게 된다(임정문 외, 2020: 137-138).

클라이언트에게 도움을 주고 사회적 욕구를 해결하기 위해 사회복지의 재원은 필수불가결한 요소다. 이러한 이유로, 한 사회의 사회복지 재정규모는 그 사회의 복지수준을 측정할 수 있는 주요한 잣대가 된다. 국가 간의 사회복지의 발달정도 또한 사회복지 재정규모로 가늠할 수 있다.

사회복지재원은 크게 공공재원과 민간재원으로 나눌 수 있다. 그 내용은 다음과 같다.

2. 공공재원

복지국가에서 보듯이 사회복지정책은 많은 비용을 필요로 한다. 바로 그 때문에 사회복지정책의 도입과 확대, 그리고 그 축소에 있어서 항상 관건이 되는 것이 재정문제이다. 따라서, 사회복지정책 학도들은 사회복지정책의 재정에 대한 정확한 이해가 필요하다. 사회복지정책의 체계에서 보았듯이 사회복지정책은 매우 다양하고 제도가 다양한 만큼 그 재정구조도 다르다. 사회복지정책의 공공재원으로는 조세가 가장 큰 비중을 차지한다(원석조, 2020: 95). 사회복지정책의 공공재원은 다음과 같다.

1) 일반조세

조세(tax)는 사회복지정책의 공공재원으로 가장 큰 비중을 차지하고 있다. 조세는 국가에 의해 개인과 법인에게 강제적으로 부과되는 일종의 부담금

(levy)이다. 사회복지정책의 실행을 위한 재원으로서 조세는 국가에 의해 개인과 법인에 강제적으로 부과하는 일종의 부담금(levy)이다. 조세는 목적에 따라 소득세, 재산세, 소비세 등으로 구분한다. 조세는 국가의 정치, 경제 및 사회적 목적에 따라 각기 다른 방식과 형태로 징수하여 사용한다. 사회복지정책에 있어서도 조세는 국가가 사용할 수 있는 가장 중요한 재원 중의 하나이다.

서구 대부분 복지국가는 사회복지정책에 충당하는 재원의 상당부분을 조세에 의존하고 있다. 예를 들어, 독일은 사회복지부문에 지출하는 총비용의 95% 이상이 정부지출로 구성된다. 그러나 선진국 중에서도 복지후진국에 해당하는 미국은 총 복지지출 중 정부지출이 차지하는 비중이 유럽 복지국가들과 비교할 때 상대적으로 상당히 낮게 구성되어 있다(박주현, 2021: 223).

일반조세는 다른 재원에 비해 사회복지정책이 추구하는 가치인 평등(소득재분배)을 구현하는 데 있어서 중요한 재원이다. 일반조세에는 누진적으로 걷는 세금이 상당부분 포함되어 있어서 소득재분배 효과를 높일 수 있으며, 일반조세로 시행하는 사회복지정책들이 더 소득재분배적인 급여를 할 수 있다. 정부의 일반조세는 모든 국민의 조세로 이루어지므로, 이것을 재원으로 한 사회복지정책은 급여대상을 전 국민으로 넓힐 수 있어서, 급여 내용면에서 보편성을 이룰 수 있다. 따라서, 일반조세를 재원으로 하는 사회복지정책은 안정성·지속성의 측면에서 바람직하다(고광신 외, 2017: 208).

서구 복지국가들의 대부분은 사회복지정책의 재원의 상당부분을 조세방식을 통하여 충당하고 있는데, 그 근거는 다음과 같다(오세영, 2020: 163).

첫째, 조세방식은 저소득계층의 생존권을 보장해야 할 의무를 국가가 수행해야 함을 뒷받침한다. 서구 복지국가들은 국민들의 생존권을 국가가 보장해야 한다는 의무조항을 헌법에 명시하고 있다. 사회복지정책은 이를 이행하기 위한 제도로서 가장 핵심적인 요소에 해당한다. 따라서, 국가는 국민들이 납부한 세금을 통하여 사회복지정책을 수행할 수 있다.

둘째, 사회복지정책은 그 자체가 하나의 공공재(public goods)로서의 성격을 갖는다. 즉, 공공재로서의 특성을 갖는 재화는 국가의 개입을 통해 생산하는 것이 효율적이다. 그 개입의 대표적인 방식은 소비자들로부터 세금을 징수하는 조세방식이다.

셋째, 사회복지정책은 기본적으로 소득재분배의 기능을 수행한다. 자본주의 사회에서 필연적으로 발생하는 불평등은 각종 조세제도에 의해 완화된다. 조세방식에 의해 조성된 재원을 통하여 실시되는 사회복지정책들은 2차적인 소득재분배 효과를 가져와 궁극적으로 소득불평등을 완화시키는 효과가 있다. 즉, 조세제도 자체에 소득재분배효과가 있음은 물론 이를 통해 실시되는 사회복지정책의 궁극적인 목표도 소득의 재분배에 있다.

넷째, 조세방식에 의한 사회복지정책은 대상자의 폭을 넓힐 수 있다는 장점이 있다. 즉, 급여의 보편성이 증가한다는 것이다. 조세방식에 의한 사회복지정책은 대부분의 국민들을 대상으로 하며, 특히 지불능력이 없는 저소득층에 대한 급여를 위해서는 조세방식의 재정이 필수적이다.

사회복지정책에서 일반조세를 재원으로 할 때 장점은 다음과 같다(임정문 외, 2020: 141-142).

첫째, 조세를 통한 재원이 다른 재원에 비하여 사회복지정책이 추구하는 중요한 목표인 평등이나 소득재분배를 이루기 쉽기 때문이다. 즉, 일반조세는 평등의 가치를 실현하는 가장 바람직한 형태의 재원이다. 일반예산을 구성하는 조세들은 전체적으로 볼 때, 사회보험료나 조세지출 보다 누진적이어서 재원조달방법 자체에서부터 소득재분배 효과를 높일 수가 있다. 또한 급여의 측면에서도, 사회보험료의 경우 보험수리의 원칙에 따라 소득재분배를 고려한 급여가 어려운 반면, 일반예산은 소득재분배적인 급여를 통해 빈곤층의 소득을 직접적으로 증가시킬 수가 있다.

둘째, 일반조세는 다른 재원에 비해 사회복지정책 대상을 넓힘으로써 급여보편성을 증가시켜 사회적 불평등의 해소와 사회정의를 구현할 수 있다.

셋째, 일반조세는 국가에 의해 강제적으로 부과되기 때문에 다른 재원에 비해 안정성과 지속성을 가진다. 따라서, 조세를 재원으로 하는 사회복지정책은 일반적으로 안정적이고 지속적인 집행이 가능하다.

그럼에도 불구하고, 세금부과로 인한 소득발생 및 소득사용형태의 변화로 역진성이 나타나거나, 사용자가 피고용자에게 조세를 전가하고 가격에 조세를 부과하여 조세부담의 실질적인 주체가 불명확해지거나, 절세나 탈세 등을 통해 명목세율보다 실질세율이 낮게 나타나서 일반예산의 소득재분배효과에 일정한 한계가 나타날 수도 있다는 문제점이 있다.

(1) 소득세

소득세(personal income tax)는 개인의 소득을 과세기준으로 삼고 정부가 개인에게 강제적으로 부과하는 조세를 말한다. 조세 대상은 개인이지만, 세원 (source)은 소득이 된다. 소득세는 개인의 경제적 행위에 여러 가지 형태로 영향을 미친다. 즉, 근로동기, 저축의욕, 직업선택 등에도 영향을 미친다(박주현, 2021: 225).

소득세는 일반세 가운데 조세의 누진성을 높이는 데 가장 크게 기여한다. 어떤 조세가 누진적(progressive)이라 함은 경제적 능력이 클수록, 대표적으로 소득이 높을수록 조세부담률이 높아지는 것을 의미한다. 개인소득세가 대표적인 누진세이다.

소득세 중에서도 개인소득세가 특히 조세의 누진성이 강하고 소득재분배효과가 높다. 그 이유는 다음과 같다(오세영, 2020: 164).

첫째, 개인소득세는 기본적으로 부담능력의 원칙(ability to pay)에 따라 세율이 부과되기 때문에 고소득층의 세율이 저소득층보다 높다.

둘째, 개인소득세는 다른 조세에 비하여 각종 조세감면을 통해 저소득층의 조세부담을 면제 또는 감면시켜줌으로써 소득재분배효과를 높인다.

셋째, 아무리 조세가 누진성이 강해도 일반예산에서 차지하는 비중이 낮다면 소득재분배효과는 적을 수밖에 없지만, 개인소득세는 일반예산을 구성하는 조세 가운데 가장 비중이 크다.

(2) 소비세

소비세(consumption tax)는 일반세를 구성하는 조세 가운데 두 번째로 크다. 소비세는 부담능력을 고려하지 않고 상품을 소비할 때 부과하는 세금을 말한다(오세영, 2020: 165-166). 즉, 소비세는 일반 경제주체의 재화의 소비 또는 화폐의 지출로써 담세력을 추량하여 과세하는 조세이다.

소비세는 대표적인 간접세에 속한다. 소비세는 재화와 용역의 생산, 판매 및 소비 과정에 부과하는 세금이다. 소비세를 소득세와 비교하면, 소득세는 가계수입의 원천에 대하여 과세하는 것이지만, 소비세는 가계소득의 사용과정에 과세한다. 따라서, 소득세와 비교할 때 소비세는 고소득계층의 조세부담률이 저소득계층보다 상대적으로 낮다.

소비세는 크게 두 가지로 나눌 수 있는데, 하나는 일반소비세이고, 다른 하나는 개별소비세이다. 일반소비세는 모든 재화와 용역에 대하여 일률적으로 부과하는 조세로서, 대표적인 것이 일반판매세(general sales tax)와 부가가치세(value added tax)이다. 한편, 개별소비세는 특정 재화와 용역에 대하여 특정 세율을 선별적으로 부과하는 조세로서, 특별소비세, 주세, 전화세, 관세 등이 여기에 해당한다. 일반적으로 볼 때, 사회복지재정의 원천으로 사용하는 이러한 소비세 중 소득재분배효과가 가장 낮은 것이 일반소비세이다. 우리나라에서 판매세는 적용하고 있지 않으며, 부가가치세가 과세되고 있다. 그 이유는 소비되는 재화나 용역의 종류와 가격에 상관없이 일률적으로 일정 세율이 과세됨으로써 상대적으로 저소득층의 부담이 커지기 때문이다(박주현, 2021: 227). 즉, 일반소비세는 소득에 상관없이 소비에 대하여 동일 세율을 부담하기 때문에 가장 역진적인 조세라고 할 수 있다. 반면에, 개별소비세는 고소득층이 주로 소비하는 재화나 서비스(예, 귀금속, 고급호텔 등)에 높은 세율을 부과하기 때문에 일반 소비세보다 소득역진성이 작다.

우리나라의 소비세제는 1977년 7월 1일 부가가치세를 도입하면서 소비세의 현대화가 이루어졌다. 소비세는 보통 재화나 서비스의 매매에 부과되는 것으로써 그 재화나 서비스를 구입하여 사용하는 행위에 대한 조세이다. 과거

1970년대 중·후반까지 소비세는 그 종류가 많고 복잡한 체계를 가지고 있었으나, 부가가치세제의 시행으로 기존의 9개 세목을 하나로 묶어 소비세 체계가 간소화되어 조세행정이 크게 개선되었다. 법인세, 소득세와 더불어 3대 세목인 소비세의 총조세 대비 세수비중을 보면, 1980년대 이전에는 60%가 넘었으나 2000년대 이후에는 30~40% 정도의 비중을 유지하고 있다.

그러므로 소비세(특히, 간접소비세)의 납세의무자는 물건의 제조자·판매자이지만, 그 세액이 물건값 중에 포함되어 소비자에게 전가되므로 실제 담세자는 소비자이다.

(3) 법인세

법인세(corporation tax)는 법인의 소득을 과세대상으로 하여 법인에게 부과하는 조세를 말한다. 즉, 기업을 하나의 법인(legal person)으로 보고, 이 법인에 대해 과세하는 조세이다. 법인세의 세원은 법인의 소득이 되며, 과세계산방법은 개인소득세와 근본적으로 차이가 없다(박주현, 2021: 226). 기업을 독립적인 과세대상으로 봄으로써 자연인인 개인과 마찬가지로 소득을 획득했을 때 조세를 부과하는 근거를 마련한 것이다. 예를 들어, 주식회사와 같이 법인형태로 사업을 하는 경우 그 사업에서 생긴 소득에 대해 부과하는 세금으로 기업에 부과하는 소득세라고 할 수 있다. 또한 지가급등지역에 소재하는 토지 및 건물을 양도할 때 생긴 소득에 대해서는 별도로 토지 등 양도차익에 대한 법인세를 추가로 부담하여야 한다.

법인에는 주식회사, 합자회사, 합명회사, 유한회사 등의 영리법인과 사립학교 등의 비영리법인, 특수법인, 공익법인 등이 있으며, 사단법인, 재단법인도 일반 법인과 같이 과세한다. 법인세는 납세자와 담세자가 동일하며 중앙정부로 귀속되는 국세이다. 기한 내에 신고하지 않거나 장부를 작성하지 않은 경우, 과세표준에 미달되게 신고한 경우, 세액을 납부하지 않은 경우에는 가산세가 적용된다.

법인세는 국세·직접세·보통세에 속하며, 일정한 소득을 과세대상으로 한다는 점에서 소득세의 성격을 가진다. 법인세는 법인본질론에 따라 찬반이 대립된다. 법인부인설은 법인이란 허구에 불과한 것이기 때문에 법인의 소득에 대해 과세하는 것은 그 주주에 대해 과세하는 것에 불과하고, 또한 주주의 배당소득에 다시 소득세를 부과하는 것은 이중과세가 된다는 것을 논거로 법인세를 반대한다. 반면에, 법인실재설은 법인이란 주주의 인격과는 별개의 실체이기 때문에 법인의 소득에 대해 과세하는 것은 개인의 소득에 대해 과세하는 것과 마찬가지이며, 또한 법인의 소득에 대해 과세를 하는 것과 주주의 배당소득에 대해 소득세를 부과하는 것은 개인이 소득세가 부과된 소득을 소비할 때 다시 소비세가 부과되는 것과 같이 이중과세가 되지 않는다는 것을 논거로 법인세를 찬성한다. 여기에서 다시 법인소득과 배당소득에 대한 이중과세의 조정이 문제되고, 그 해결을 위해 여러 가지 방법이 제시되고 있다. 다시 말해서 모든 조세의 최종적인 부담자는 개인이기 때문에 법인세도 궁극적으로는 개인이 내는 것이나 다름이 없다. 법인세를 지불함으로써 기업의 소유주인 주주들에게 돌아가는 이익이 줄어들게 되며, 이러한 이유 때문에 개인소득세와 함께 법인세를 부과하는 것이 이중과세라는 지적도 있다. 그렇지만 기업은 영리를 추구하는 과정에서 유형·무형의 혜택을 받고 있으며, 이 혜택은 기업을 소유하거나 투자한 사람들에게 과세하여도 충분할 만큼 가치가 있다는 것이 법인세를 부과하는 근거가 된다. 또한 세금을 징수하는 입장에서 볼 때, 개인에게서 징수하는 것보다 기업에서 걷는 것이 훨씬 더 쉽다는 점이 있고, 많은 사람이 개인과 기업을 분리하여 생각하고 있다는 점 또한 법인세가 존속되어야 할 이유가 있다(오세영, 2020: 165).

법인세법에 따라 국가·지방자치단체 이외의 내국법인과 국내 원천소득이 있는 외국법인은 법인세를 납부할 의무를 진다(「법인세법」 제2조), 자산 또는 사업에서 생기는 수입이 법률상 귀속되는 법인과 실질상 귀속되는 법인이 서로 다른 경우에는 그 수입이 실질상 귀속되는 법인을 납세의무자로 한다(제4조 제1항). 과세대상은 법인의 각 사업연도의 소득·청산소득과 토지 등 양도소득으로 하고, 비영리 내국법인과 외국법인은 각 사업연도의 소득에 대하여만 부과한다(제3조). 과세소득이 되는 금액의 계산에 관한 규정은 소득·수익 등의 명칭이나 형식에도 불구하고, 그 실질내용에 따라 적용한다(제4조 제2항).

사업년도는 법령 또는 법인의 정관 등에서 정하는 1회계기간으로 하되 1년을 초과하지 못한다(제6조). 납세지의 경우, 내국법인은 해당 법인의 등기부상의 본점 또는 주사무소의 소재지, 외국법인은 국내 사업장의 소재지로 한다(제9조). 주식발행 액면초과액, 감자차익, 합병차익, 분할차익, 자산의 평가차익, 이월익금, 지주회사의 수입배당금 등의 수익은 각 사업연도의 소득금액 계산에 있어서 익금으로 산입하지 않는다(제17~18조의 2). 잉여금의 처분을 손비로 계상한 금액 등 자본거래 등으로 인한 손비, 제세공과금, 자산의 평가차손, 감가상각비, 기부금, 한도액을 초과한 접대비, 과다 경비, 업무와 관련 없는 비용, 지급이자 등은 손금으로 산입하지 않는다(제20~28조).

가산세가 적용되는 경우는 기한 내에 신고하지 않거나 장부를 쓰지 않는 경우, 과세표준에 미달되게 신고한 경우, 세액을 납부하지 않거나 미달하게 납부한 경우 등이다(제76조). 또 내국법인으로서 사업연도의 기간이 6개월을 넘는 모든 회사는 사업연도 개시일로부터 6개월 동안의 법인세를 사업연도 중간에 신고, 납부할 의무가 있는데, 이를 법인세 중간예납이라고 한다(제63조).

(4) 재산세

재산세(property tax)는 일정한 재산에 대하여 부과하는 조세를 말한다. 재산과세는 부의 분배의 불평등을 시정하기 위하여 필요한 조세로, 이는 사유재산제도와 재산상속제도에 입각한 자본주의 사회의 불가피한 현상이라고 할 수 있다. 국세인 소득세를 보완하는 기능을 하는 재산세를 지방세로 하는 것이 여러 나라의 공통된 경향이다. 우리나라에서도 재산세는 지방세에 속한다. 재산세는 재산의 소재지에서 부의 원천에 대하여 과세하는 것이므로 과세상 소유자의 인적 사정은 고려하지 않고 같은 재산에 대하여 똑같게 취급하는 것이 원칙이다.

재산세에는 일반적으로 재산을 과세물건으로 하며 조세가 부과되지만, 납세자가 자기의 소득 중에서 납부하는 명목적 재산세와 실질적으로 자기의 재산에서 납부하는 실질적 재산세(임시적 재산세)의 두 가지 종류가 있다. 분류상으로 보면 재산을 소유하는 사실에 대하여 과세되는 정적 재산세와 재산의 이동 또는 가치의 증가에 대하여 부과되는 동적 재산세가 있다. 그리고 세원을 개별적으로 포착하여 과세하는 개별적 재산세(물세)와 재산소유자를 중심으로 해서 각자가 부담하는 일반재산세(인세)로 구별된다. 토지세, 가옥세, 대지세 등이 전자에 속하고, 일반재산세는 교환가치를 갖는 유형·무형의 모든 재산의 경제적 평가액에서 채무를 공제한 순재산액을 과세표준으로 하고 또 개인사정을 고려하여 기초공제 등을 허용하는 재산세이다.

역사적으로 보면, 경제상태가 미개발단계에 있어서의 담세력은 외부적인 재산으로 측정하는 것이 가장 적당하다고 하여 재산세가 항구세로서 주세였었다. 그러나 아담 스미스(A. Smith)를 중심으로 한 여러 학자들이 재산·자본에 대한 직접과세는 경제발전을 저해한다고 주장하게 되면서 차츰 주세로서의 재산세는 없어지고 임시세로 되었다. 임시적 재산세는 전시 또는 전후에 긴급수단으로 채용된 것이 보통이었는데, 1913년 독일에서 군비확장비를 충당하기 위하여 국방비분담금을 징수한 것과, 2차 대전 후 프랑스, 벨기에, 일본 등에서 임시적 재산세가 징수된 것이 그 예이다.

각 나라에서 실시한 임시적 재산세는 그 내용에 있어서 정도의 차이는 있으나, 순재산액 또는 순재산증가액을 과세표준으로 하여 누진세율을 적용하고 분납 또는 현물 대납이 허용되는 데에 공통적 특징이 있다. 근래에는 소득세가 주세가 되고, 재산세는 수익세 등과 더불어 보충세로 되었다. 우리나라에서는 국세로서의 상속세를 유산세의 성질로 볼 때 이것이 실질적 재산세의 성질을 어느 정도 가졌다고 할 수 있다. 명목적 재산세는 지방세로서의 재산세가 있다.

재산세는 정부재정의 원천 중 가장 적은 부분을 차지하는 세원으로, 재산이 있는 사람들에게만 부과하므로 재산이 적은 사람보다 많은 사람들에게 부담률이 크다. 그러나 일반적으로 재산세는 실제 재산의 시장가치를 적시에 반영하기 힘들며, 개인이 소유하고 있는 모든 재산에 대해 포괄적으로 부과하는 것이 거의 불가능하기 때문에 사회복지정책의 재원으로서는 그다지 큰 의미를 가진다고 보지 않는다.

우리나라의 재산세는 종래 수익세와 재산세의 혼합된 성격의 국세였던 토지세 중의 대지세와 광세 중의 광구세, 그리고 지방세 중 가옥세 및 선세를 통합하여 1961년에 지방세인 시·군보통세로서 신설되었는바, 이때의 과세객체는 토지·건축물·광구·선박 및 항공기로 하였다. 1973년에는 지방세제의 개혁을 단행하면서, 또 1974년에는 긴급조치에 의거, 고소득층의 사치성 재산에 대한 세율을 대폭 인상하였다. 재산세에서 가장 중요시되는 것은 토지에 대한 재산세로서, 경제개발 및 도시의 발달과 더불어 지가가 상승하고, 이에 따라 부동산 투기가 성행하게 됨에 따라 이와 관련하여 토지에 대한 과세의 중과가 요청되었다.

이에 따라, 1986년에는 토지과다보유세를 신설하여 도시지역 등의 특정 토지에 대하여는 종래의 재산세 외에 추가 과세하도록 하였다. 또, 1989년에는 종합토지세를 신설하여 납세의무자가 소유한 전국의 모든 토지를 종합하여 누진세율로 과세하게 함으로써 토지재산세를 물세에서 인세로 전환하였다.

한편, 종합부동산세(comprehensive real estate holding tax)는 부동산 보유 정도에 따라 과표가 결정되는 세금. 주택과 토지를 합산해 공시가격 합계액이 각 유형별로 공제금액을 초과하는 경우, 그 초과분에 대하여 과세되는 세금이다. 부동산 투기를 억제하기 위해 2005년 6월부터 시행되고 있다. 이를 줄여서 '종부세'라고도 한다.

재산세는 지방세 중 구·시·군세이며, 보통세이다(「지방세법」 제5조, 제6조). 재산세는 토지, 건축물, 주택, 선박 및 항공기를 과세물건으로 하며(동법 제180조, 제181조), 납세지는 토지의 소재지, 건축물의 소재지, 주택의 소재지, 선박의 선적항 소재지, 항공기의 정치장의 소재지를 기준으로 한다.

재산세 과세기준일 현재 재산을 사실상 소유하고 있는 자는 재산세를 납부할 의무가 있다. 공부상의 소유자가 매매 등의 사유로 소유권에 변동이 있었

음에도 이를 신고하지 아니하여 사실상의 소유자를 알 수 없는 때에는 공부
상의 소유자가 납세의무를 지며, 소유권의 귀속이 불분명한 재산의 사용자,
국가 등으로부터의 매수계약자, 신탁재산의 위탁자, 주된 상속인 등은 소유자
가 아니더라도 납세의무가 있다(동법 제183조).

　토지·건축물·주택에 대한 재산세의 과세표준은 제111조 제2항의 규정에
의한 시가표준액에 대통령령이 정하는 적용비율을 곱하여 산정한 가액으로
한다. 이 경우, 적용비율을 적용한 가액이 제111조 제2항의 규정에 의한 시가
표준액을 초과하지 아니하도록 하여야 한다. 선박·항공기에 대한 재산세의 과
세표준은 제111조 제2항의 규정에 의한 시가표준액으로 한다(동법 제187조).

　표준세율은 누진세율이 적용된다. 시장·군수는 조례가 정하는 바에 의하여
표준세율의 100분의 50의 범위 안에서 가감조정할 수 있다. 동일한 재산에
대하여 2 이상의 세율이 해당되는 경우에는 그중 높은 세율을 적용한다.

　과세기준일은 매년 6월 1일로 하고(제190조), 납기는 토지의 경우 매년 9월
16일부터 9월 30일까지, 건축물의 경우 매년 7월 16일부터 7월 31일까지, 주
택의 경우 산출세액의 2분의 1은 매년 7월 16일부터 7월 31일까지, 나머지 2
분의 1은 9월 16일부터 9월 30일까지, 선박과 항공기의 경우 매년 7월 16일
부터 7월 31일까지로 한다(제191조).

　재산세는 관할 시장·군수가 세액을 산정하여 보통징수방법에 의하여 부과
징수하며, 토지, 건축물, 주택, 선박 및 항공기로 구분한 납세고지서에 과세표
준액과 세액을 기재하여 늦어도 납기개시 5일 전까지 발부하여야 한다(제192
조). 고지서 1매당 재산세로 징수할 세액이 2,000원 미만인 경우에는 당해 재
산세를 징수하지 아니한다(제193조).

　납세의무자는 과세기준일부터 10일 이내에 그 소재지를 관할하는 시장·군
수에게 그 사실을 알 수 있는 증빙자료를 갖추어 신고하여야 한다(제194조).
시·군은 재산세과세대장을 비치하고 필요한 사항을 기재하여야 하는데, 재산
세과세대장은 토지, 건축물, 주택, 선박 및 항공기 과세대장으로 구분하여 작
성한다(제195조).

(5) 직접세와 간접세

직접세와 간접세를 둘러싼 재원에 대한 논쟁은 개인소득세와 법인소득세 등과 같은 직접세 중심의 세금구조가 소비세와 사회보장세와 같은 간접세로 변화하였다는 주장과, 조세체계가 직접세에서 간접세로 이전되어야 한다는 주장들에서 시작되었다.

① 직접세

직접세 대 간접세를 둘러싼 논란은 소득재분배의 효과에서 크게 나타난다. 직접세는 개인의 사회경제적 상황을 고려하여 부과하기 때문에 조세의 공평성을 확립하고 소득재분배효과를 높이는 데 도움을 주지만, 직접세는 조세저항을 유발할 가능성이 크다는 것이다. 선진국의 경우, 대체로 직접세의 비율이 높은 편이다(조추용 외, 2021: 202).

② 간접세

간접세는 납세의무자와 그 세금을 부담하는 자가 일치하지 않는 세금으로 부가가치세, 특별소비세 등이 있다. 간접세는 재산이나 소득에 관계없이 과세대상에 대해 동일한 세율이 적용되는 세금이다. 소득재분배 효과가 낮고 역진적이다. 상품에 부과되는 세금이 그 예이다. 또한 간접세 인상은 물가상승의 요인이 된다. 간접세는 조세에 대한 저항이 적고 징세가 편리하며 조세수입의 확보가 용이한 장점이 있지만, 개개인의 사정을 고려하여 세율을 정할 수 없으므로 누진세율을 채택하지 못하고 비례세율이 적용됨으로써 저소득층에게 조세부담률이 상대적으로 높아지는 역진성을 띠게 된다(오세영, 2020: 167).

(6) 누진세, 역진세, 비례세

소득재분배 효과를 기준으로 조세를 누진세와 역진세 그리고 비례세로 나누는 방식도 있다. 많은 학자들은 사회적 평등을 추구하는 보편주의 복지국가의 재원이 소득세와 같은 누진세에서 소비세와 같은 역진적 재원방식으로 변화하고 있다고 주장하고 있다.

① 누진세

누진세(progressive tax)는 소득금액이 커질수록 높은 세율을 적용하도록 정한 세금을 말한다. 즉, 과세물건의 수량이나 화폐액이 증가함에 따라 점차 높은 세율이 적용되는 조세를 말한다. 누진세는 경제력의 격차를 야기시키는 소득 간 불평등을 보정하기 위한 것으로 고소득자에게는 높은 세금을, 저소득자에게는 낮은 세금을 거두자는 의도에서 실시되었다.

제2차 세계대전 후 거의 모든 나라에서 경제력의 불평등과 소득 간 불평등이 문제가 되었고, 이에 따라 소득재분배가 주요 문제로 제기되었다. 이때 소득재분배의 효과적인 수단으로 작용한 것이 누진세율의 적용이었고, 이에 따라 현재 세계 대부분의 국가에서 소득세는 누진세를 적용하고 있다.

세율을 누진하는 방식에는 크게 3가지가 있다.

첫째, 1개의 과세물건에 대해 하나의 세율을 부과하는 단순 누진이 있다.

둘째, 1개의 과세물건을 몇 단계로 분할하여 각 단계를 초과하는 부분에 점차 높은 세율을 부과하고 그 합계를 1개의 과세물건에 대한 세액으로 삼는 초과누진 또는 단계적 누진법이 있다. 예를 들어, 100만 원에서부터 150만 원은 6%, 150만 원에서부터 200만 원까지는 8%와 같이 과세하는 방식이 초과누진 또는 단계적 누진법이다.

셋째, 세율의 누진을 일정 한도까지만 적용시키고, 그 이상의 수량에 대해서는 비례세율을 적용하는 제한적 누진법이 있다.

한국을 비롯한 대부분의 나라에서는 대체로 초과누진법을 적용하고 있으나, 동시에 그 초과누진을 일정 한도까지만 적용하는 제한적 누진법도 겸용하고 있다.

② 역진세

역진세(regressive tax)는 누진세와 대립되는 개념이다. 역진세는 과세물건의 수량 또는 금액이 많아짐에 따라 세율이 낮아지는 조세를 말한다. 역진세는 저소득자에게 고소득자보다 상대적으로 많은 세금을 물린다. 현실적으로 역진세는 찾아보기 어렵다.

과세물건의 크기에 따라 상대적 부담을 배분하는 방법에는 비례세율·누진세율 및 역진세율에 의한 3가지 과세방법이 있다. 즉, 과세물건의 수량 또는 금액을 B, 세율을 R, 조세액을 T로 표시하면 3자 간에는 다음과 같은 관계가 성립한다. B×R=T, 또는 R=T/B ① B의 증가에 따라 R가 변화하지 않으면 비례세율, ② B의 증가에 따라 R도 증가하면 누진세율, ③ B의 증가에 따라 R이 적어지면 역진세율, ④ B의 증가에 따라 R의 증가율이 점차적으로 감소하면 누진세율이라 한다.

현행 세제에 역진세는 거의 존재하지 않으나, 조세액과 소득과의 관계에서 볼 때, 역진적인 관계가 성립하는 조세가 있다. 즉, 생활필수품에 간접세(소비세)를 과하면 소득이 많은 사람이나 적은 사람이나 똑같은 세액을 부담하게 되어 조세부담률은 저소득자일수록 높아지므로, 간접세는 사실상 역진세적 성격을 가지게 된다.

간접세는 역진적 속성을 가지고 있다. 직접세는 누진적 세율 적용에 따라 소득재분배를 기대할 수 있지만, 간접세는 분배 평등에 역행하는 역진적 속성으로 비판을 받는다. 보통 경제학자들은 누진적 조세구조를 지지하여 직접세의 비율이 높은 것이 바람직하다고 주장한다(박주현, 2021: 227). 이와 반대로, 높은 소비세는 사회적 이전급여(실업급여 등)로 생활하는 사람들의 도덕적 해이와 비자발적 실업을 낮출 수 있다는 주장도 있다(조추용 외, 2021: 202).

③ 비례세

비례세(proportional tax)는 과세표준에 비례하여 과세하는 것을 비례세라고 한다. 이는 과세표준의 증가에 대해 비례 이상으로 세율을 증가시키는 누진세와 대비된다. 대표적인 비례세는 부가가치세로 과세물의 크기와 관계없이 동일하게 10%가 적용된다. 누진세 제도가 고소득자에게 많은 세금을 부과함으로써 부의 재분배 효과를 수반하는데 반해, 비례세는 재분배 효과가 없는 조세다. 비례세는 소득수준에 상관없이 모든 납세자에게 동일한 세율을 적용하는 것으로 소비세가 포함된다.

비례세가 역진적이라는 지적을 받고 있는 것은 모든 소비자에게 동일한 세금을 부과하는 소비세의 경우, 소득수준이 낮은 사람에게 상대적으로 더 많은 세금이 부과되는 셈이 되기 때문이다(조추용 외, 2021: 208). 즉, 과세표준에 대하여 일정률의 세율만이 적용되는 형태의 조세이다. 예를 들어, 소득세 세율이 30%이고 과세표준이 10,000원이라면 소득세는 3,000원이 되고, 과세표준이 20,000원이라면 소득세는 6,000원이 된다. 즉, 과세표준의 증감에 정확히 비례하여 조세가 결정되는 것이다. 간접세는 대체로 비례세의 형태이다.

(7) 보통세와 목적세

조세는 목적의 유무에 따라 보통세와 목적세로 나뉜다. 세금의 용도가 정해져 있지 않고 일반경비로 쓰이는 것을 보통세, 특정한 용도가 정해져 있는 것을 목적세라 한다. 오늘날에는 보통세가 원칙이다.

① 보통세

보통세(ordinary tax)는 일반적인 재정수요를 위하여 부과되는 조세를 말한다. 일반세라고도 하며, 목적세와 대응된다. 즉, 국가 또는 지방자치단체의 일반적 지출에 충당하기 위한 조세이며, 조세수입은 일반재정경비의 충당에 사용되는 것이 일반적이다.

보통세는 소득세, 법인세 등의 직접세와 부가세, 소비세 등의 간접세가 모두 포함되는 것으로 세입과 세출이 직접적으로 연계되어 있지 않는 모든 세금을 포함한다. 그 종류는 다음과 같다. 국세에는 소득세, 법인세, 상속세, 증여세, 재평가세, 부당이득세, 부가가치세, 특별소비세, 주세, 인지세, 증권거래세, 관세) 등이 있다. 지방세에는 취득세, 등록세, 경주·마권세, 면허세, 주민세, 재산세, 자동차세, 농업소득세, 담배소비세, 도축세, 종합토지세 등이 이에 속한다.

② 목적세

목적세(objective tax)는 특정 경비에 충당하기 위하여 과징되는 조세를 말한다. 일반경비에 충당하기 위하여 징수되는 일반세 또는 보통세에 대응한다.

즉, 목적세는 세입과 세출이 직접적으로 연결되어 있는 세금으로, 세금이 쓰일 목적이 미리 정해져 있는 세금을 말한다. 목적세는 사용용도가 명백하므로 납세자의 납득을 얻기는 비교적 쉬우나, 특정 목적 이외에는 사용할 수 없어 재정의 운용을 제한하고 경비지출 간에 불균형을 초래하는 수가 많다. 특히, 지방세에 대해서는 많은 나라에서 보통세와 목적세를 병용하고 있다.

우리나라에서는 국세에서 교통시설의 확충·에너지 및 자원 관련사업·환경의 보전과 개선을 위한 재원을 마련하기 위해 교통에너지환경세를, 농어촌의 구조조정 자금을 마련하기 위해 농어촌특별세를, 교육재정을 확보하기 위해 교육세를 목적세로 하고 있다. 그러나 한시적 과세대상인 목적세 폐지 논란이 계속되면서 교통에너지환경세에 대한 폐지 법안이 2009년 1월 30일 통과됨에 따라 2013년부터 폐지되어 본세에 편입되며, 나머지 두 개의 목적세에 대한 폐지에 대한 논란이 계속되고 있다. 한편, 지방세 중에서 목적세에 해당하는 것은 도시계획세·공동시설세·사업소세·지역개발세·지방교육세 등이 있다.

③ 교육세

우리나라는 1958년 8월에 교육세를 신설하여 시행하다가 1961년 12월에 폐지하였고, 1982년 교육환경 개선과 교원 처우 개선을 위해 한시적으로 재도입되었다. 그러나 1990년 12월 방위세법의 폐지를 계기로 지방교육자치 실시를 위한 재원을 확충할 목적으로 1991년 교육세를 한시세에서 영구세로 전환하였다. 이후 2001년에 교육세의 지방세목분이 분리되어 현재까지 유지되고 있다. 한편, 지방교육재정교부금의 재원은 교육세 전액이다.

2) 사회보험료

사회보험료는 사회보험 가입자가 급여를 받기 위한 전제조건으로 납부하는 세금으로서, 사회보험료이며 일종의 목적세라고 할 수 있다. 목적세는 특별한 목적을 위해 징수하는 세금으로 현재 우리나라의 사회보험료는 사회적 위험에 대비하기 위한 국민연금, 건강보험, 산재보험, 고용보험료, 노인장기요양보험이 있다. 사회보험료는 강제성을 띠고 있어 세금과 같은 성격을 가지고 있기는 하나, 사용처가 명확하게 특정화되어 있는 점에서 일반조세와는 다르다. 사회보험료는 특별한 지출용도를 지니고 있고 보험가입자가 일정 기간 동안 정기적으로 일정한 금액을 내는 것으로써 특정 목적을 위해 재원의 안정성을 가진다. 개인의 갹출금으로부터 급여가 생성되기 때문에 권리 개념으로 인식되어 보편적으로 적용되고 있다. 사회복지 재원을 구성하는 여러 형태 중 큰 비중을 차지하고 있는 재원으로, 선진국의 경우 사회보장세가 차지하는 비중에 비하여 일반세인 조세만큼 소득재분배의 효과는 크지 않다. 사회보험의 보험료 부담방식은 사회보험의 종류에 따라 국가에 따라 조금씩 차이가 있으나, 대부분 보험료는 사용자, 피용자가 공동으로 부담하는 형태이며, 국가에 따라 사용자와 피용자의 보험료 부담비율은 다양하다. 스웨덴의 경우, 사회보험 보험료의 대부분을 사용자가 부담하고 있으며, 네덜란드는 반대로 피용자가 보험료의 약 75% 정도를 부담하고 있다. 우리나라는 국민연금과 국민건강보험, 고용보험은 사용자와 피용자가 절반씩 부담하고, 산업재해보상보험은 사용자가 보험료 전액을 부담하고 있다.

사회보험의 보험료가 갖는 특징은 다음과 같다(조추용 외, 2021: 209).

첫째, 사회보장기여금은 일반적으로 보험금을 납부하는 자와 수혜를 받는 사람을 일치시키기 때문에 일반조세에 비해 저항이 적다. 즉, 보험료를 납부해야만 급여권리가 주어진다.

둘째, 일반세입과 달리 독립적으로 활용가능하다는 측면에서 재정운영의 안정성과 신뢰를 확보할 수 있다. 즉, 사회복지 재원으로서 조세보다 사회복지제도 확대에 유리하다.

셋째, 자본주의 사회에서 보험료를 재원으로 하는 사회복지제도의 정당화가 용이하다.

넷째, 보험료와 같은 목적세는 정치가와 정책담당자의 개입을 최소화할 수 있다.

사회보험료의 문제점도 적지 않다. 가장 큰 문제점은 사회보장료를 통한 사회복지의 재원이 일반세에 비하여 소득재분배효과가 크지 않다는 것이다. 그 이유는 다음과 같다(오세영, 2020: 167-168).

첫째, 대부분의 국가들에서 사회보험료는 피고용자의 경우, 모든 근로소득에 동률로 부과한다는 점 때문에 역진성을 높일 수 있다. 왜냐하면 고소득층은 자산소득(이자, 임대료, 주식배당금 등)이 많은 반면, 저소득층은 자산소득이 적거나 없기 때문에 명목적으로는 동률이라도 전체 소득의 관점에서 보면 실질적으로는 고소득층의 부담이 상대적으로 적기 때문이다. 우리나라는 건강보험의 경우, 소득파악이 제대로 되어 있지 않은 상황에서 지역가입자(예, 자영업자 등)에 대해서는 재산도 고려하여 건강보험 보험료를 부과하나, 대부분의 경우 탈루 소득이 많기 때문에 실질적으로 고소득인 자영업자가 소득이 낮은 피고용자보다 부담이 적어 역진성의 문제가 더욱 심각하다고 볼 수 있다.

둘째, 대부분의 국가들에서 사회보험료는 소득의 상한액(ceiling)을 두고 있는데, 이것은 사회보험료의 역진성에 기여한다. 상한액 이상의 고소득층의 조세부담을 저소득층에 비하여 상대적으로 낮추는 효과가 있기 때문이다.

셋째, 대부분의 경우, 사회보험료는 사용자와 피고용자가 동률로 부담하든지 아니면 사용자가 대부분 부담하는데, 이때 사용자가 부담하는 것이 피고용자에 줄 임금이라면 사회보험료의 역진성은 더욱 커질 수 있다.

넷째, 정부의 일반예산에서 가장 중요한 개인소득세는 다양한 조세감면제도를 통해 저소득층 특히 저임금 근로자들의 부담을 줄여 주나, 사회보험료는 모든 근로소득에 부과하기 때문에 저소득층의 부담이 크다.

이와 같이 사회보험료는 사회보장 성격으로 인하여, 개인소득세인 경우 가족의 수나 욕구에 따른 지출을 인정하여 여러 가지 조세감면을 해주는 데 비해, 가족의 수나 욕구를 고려하지 않고 근로소득만을 고려하기 때문에 저소득층의 부담률이 상대적으로 높아 역진성을 가진다.

이는 사회보장세로 사용자와 피고용자가 분담할 수 있고, 사용자가 대부분을 부담할 수도 있기 때문에 사용자가 부담하는 몫이 실질적으로 전가된다면, 소득재분배 효과가 줄어들 수 있다. 사용자가 부담하는 사회보장료가 상품가격의 인상에 의해 소비자에게 전가될 수 있고, 저임금에 의해 피고용자에게 전가될 수도 있기 때문이다(Gillbert & Terrell, 2014).

우리나라는 헌법의 사회적 기본권에 근거해서 「사회보장기본법」 제3조 제1항에서 "출산, 양육, 실업, 노령, 장애, 질병, 빈곤 및 사망 등의 사회적 위험으로부터 모든 국민을 보호하고 국민 삶의 질을 향상시키는 데 필요한 소득, 서비스를 보장하는 사회보험, 공공부조, 사회서비스"를 정의하고, 제3조 제2항에서는 사회보험을 규정하고 있다. 공적연금을 포함한 사회보험의 재원은 재산수입 및 각종 기타수입 등을 제외한 보험료와 일반조세로 충당된다.

우리나라 8대 사회보험에는 국민연금, 건강보험, 노인장기요양보험, 고용보험, 산업재해보상보험(산재보험), 공무원연금, 군인연금, 사립학교교직원연금이 있다. 이 8대 사회보험은 노후소득보장과 소득계층 간 또는 세대 간 소득재분배 기능을 수행하는 일반 국민과 근로자를 위한 ① 국민연금, 특수직역종사자를 위한 ② 공무원연금, ③ 군인연금, ④ 사립학교교직원연금(사학연금) 등 '4대 공적연금'과 '4대 사회보험'인 ① 국민연금, ② 건강보험, ③ 고용보험, ④ 산업재해보상보험(산재보험)을 포함한 대 보장성기금'으로 분류할 수 있다. 그리고 공적연금과 사회보장성기금을 제외한 사회보험으로 모든 국민을 대상으로 의료혜택을 제공하는 국민건강보험과, 65세 이상 노인들에게 신체가사활동을 지원할 목적으로 도입된 노인장기요양보험이 있다. 사회보험은 매년 징수되는 수입으로 지출을 충당하며, 국가는 사회보험에 대한 국가지원사업으로 기금 또는 보험재정으로 전입하여 사회보험 중 사학연금의 연금 및 퇴직수당 국가부담금, 공무원 및 군인연금의 적자보전금과, 건강보험 및 노인장기요양보험의 가입자를 지원하고 있다(손병덕, 2020: 361).

3) 조세지출(조세비용)

조세지출 또는 조세비용(tax expenditure)은 세금을 걷어 사회복지급여로 지출하는 대신, 각종 조세를 감면시켜 사회복지의 목표를 이룰 수 있는 방법이다. 이는 실질적인 조세수입의 감소를 통해 특정의 목적을 달성하기 때문에 공공부문 재원으로 분류한다. 정부의 입장에서는 조세지출만큼 조세수입이 줄고, 따라서 그만큼 정부지출을 한 것과 비슷하기 때문에 실질적으로 정부지출의 하나로 파악한다. 이러한 이유로 조세비용이라고도 한다(오세영, 2020: 170).

조세지출의 유형으로는 다음과 같다(임정문 외, 2020: 144-145).

첫째, 소득재분배와 관련된 경제적 욕구를 고려한 조세지출로, 각종 소득공제, 세액공제, 비과세항목 등이 있다.

둘째, 불가피한 비용처리를 위한 조세지출에는 인적공제비와 특별공제비가 있다.

셋째, 사회복지정책과 관련된 조세지출이 있다.

사회복지정책과 관련된 조세지출은 조세를 거둬들여 직접적인 사회복지급여를 제공하지 않는 대신, 사람들이 내야 할 조세를 감면시켜 사회복지정책의 목표를 달성하려는 것이다. 예를 들어, 세금을 거두어 아동이 있는 가족에게 아동수당을 주는 대신, 소득공제라는 형태로 아동이 있는 가족의 조세를 감면시켜 궁극적으로 가계소득의 일부를 아동양육에 사용하도록 유도하는 것 등이다.

조세지출은 보통 수혜자가 제한적이며, 조세를 재원으로 하는 예산지출과 대체 가능하다는 특징이 있다. 일반조세를 재원으로 하는 예산지출은 세금을 낸 사람이든 내지 않은 사람이든 모두 대상이 되지만, 조세지출은 세금을 내지 않은 사람은 혜택을 받을 수 없다는 점에서 일반조세와 차별된다. 사회복지 관점에서 조세지출의 성격은 수혜대상이 서로 다를 수 있어 정책적 효과가 상이할 수 있으며, 일반조세에 의한 합리적 자원배분을 왜곡시킬 수 있다. 조세지출은 세금을 지불하고 조세감면을 받을 수 있는 대다수의 대상이 저소득층이 아니라, 중상위계층이란 점에서 역진적인 재분배효과를 보이기 때문이다. 소득이 많을수록 혜택을 받을 수 있는 항목과 액수가 커지고 소득이 적은 사람들보다는 소득이 높을수록 조세감면 혜택이 커지게 된다(조추용 외, 2021: 212).

이러한 조세지출의 장점은 다음과 같다(임정문, 2020: 145-146).

첫째, 노인, 장애인, 아동에 대한 공제나 의료비, 교육비 및 주거비용 등에 대한 소득공제를 통해서 사회적 공평을 증진시킬 수 있다.

둘째, 조세를 거두어들이고 지출하는 데에 드는 거래비용을 절감할 수 있어서 그 운영 면에서 효율적이다.

셋째, 각종 경제활동에 대한 투자 등을 과세대상에서 면제시킴으로서 경제적 효율성을 증진시킨다.

넷째, 정부가 비대해지는 것을 방지하고 민간부문의 효율성을 극대화할 수도 있다는 점이다.

그럼에도 불구하고, 조세지출은 역진적이어서 조세나 사회보장성 조세보다 소득재분배의 효과가 매우 낮은 것으로 보고 있다. 그 내용은 다음과 같다.

첫째, 경제활동 활성화를 위한 조세감면의 경우, 보통 기업(자본가)에게 주어지기 때문에 상대적으로 고소득층에게 유리할 수밖에 없다. 예를 들어, 저소득층의 경우, 소득이 낮아 원천적으로 과세대상에서 제외돼 있기 때문에 복지성 조세감면 혜택을 누릴 수가 없으며, 납세자들 가운데서도 소득이 높을수록 누진적 세율로 인해 그만큼의 큰 조세감면 혜택을 누릴 수가 있다. 차라리 이러한 조세감면을 줄이고 직접조세를 거둬 적극적으로 복지정책을 펼친다면 소득재분배효과는 더욱 커질 수가 있다.

둘째, 조세지출은 소득재분배의 효과가 가장 큰 재원인 소득세를 감소시킴으로서 소득세를 주요 재원으로 하는 공공부조 프로그램의 재원을 침식하게 된다.

셋째, 세금이 공제되는 민간기부자들의 목적성 기부는 사회복지의 위축을 가져올 수 있다.

그러므로 이러한 조세지출의 증가는 정부에게 사회복지에 사용되는 재원을 줄일 수 있는 명분을 제공해 줄 수 있으며, 민간기부자들이 사회복지를 위한 목적성 기부를 줄이고 문화 활동을 위한 목적성 기부를 늘릴 경우, 전체 사회복지재원 규모를 잠식하는 결과를 가져올 수 있다.

4) 부의 소득세

부(負)의 소득세(Negative Income Tax, NIT)는 조세제도를 활용하여 빈곤계층 중 취업하고 있거나 취업가능성이 있는 근로능력자를 대상으로 공공부조가 아닌 제3의 방법으로 소득을 보장해 주고자 고안된 것이다. 부의 소득세는 특정 가구의 소득이 가구 규모별로 설정된 최소소득보장수준(최저생계비)에 미달할 때, 그 차액의 일정비율 만큼 조세환급의 형태로 정부가 지급해주는 제도이다.

부의 소득세는 기존의 소득보장정책에 비하여 다음과 같은 장점이 있다(박병현, 2015: 197-198).

첫째, 소득이 일정 수준 이하이면 누구나 급여를 받기 때문에 수평적 공평이라는 차원에서 장점이 있다.

둘째, 부의 소득세는 일정 소득 이하의 모든 가족에게 급여를 제공하기 때문에 공공부조처럼 가족구조를 불안정하게 할 동기를 줄일 수 있다.

셋째, 기존의 조세제도를 통하여 기계적으로 운영할 수 있기 때문에 공공부조의 까다로운 자격심사를 피할 수 있어서, 수혜자의 수치심을 줄일 수 있다.

그러나 미국의 시범사업에서는 부의 소득세율이 증대할수록 근로자들의 근로동기가 약화되는 것으로 나타났다. 반대로, 근로의욕 증대를 위해 소득세율을 낮게 설정하면 저소득계층의 최소소득보장이 그만큼 미진해져서 실질적인 생계보장이 되지 않는다. 따라서, 근로빈곤층의 근로동기 확보와 최소소득보장이라는 동시에 달성할 수 없는 정책목표 사이에서 해결점을 찾지 못해 부의 소득세제는 시범사업실시로 종결되었다(박병현, 2015: 198).

5) 근로장려세제

근로장려세제(Earned Income Tax Credit, EITC)는 일정 수준 이하의 근로소득을 가진 자에 대해서 정부가 정해진 기준에 의거해서 조세제도를 통해 현금을 지급하는 소득보장제도이다. 근로장려세제에서 말하는 근로소득은 피용자의 임금뿐만 아니라, 자영자의 사업소득도 포함된다. 따라서, 저소득 임금근로자, 영세자자영업자들이 이 제도의 주된 수급대상자가 된다.

소득보장제도로서 근로장려세제의 장점은 다음과 같다(박병현, 2015: 198–199).

첫째, 근로장려세제는 근로소득이 있는 경우에만 급여가 지급된다. 적극적인 측면에서 보면 일하지 않고 공공부조급여에 의존하고 생활하려는 복지의존성을 줄일 수 있다. 그러나 장애인, 노인 등 본인의 근로의지와 무관하게 취업할 수 없는 계층은 근로장려세제의 혜택을 받을 수 없기 때문에 별도의 소득보장제도가 필요하게 된다.

둘째, 근로장려세제는 소득이 증가할수록 급여가 증가하게 되어 수급자의 근로동기를 강화시킬 수 있다. 공공부조제도가 초래하는 근로동기 약화를 예방할 수 있지만, 소득이 낮을수록 급여도 적어지므로 최소생활이 달성되지 않는 사각지대가 발생하기도 한다. 고소득자가 저소득자보다 급여가 많아지는 이 구조는 근로의 정도에 따라 차별하려는 신자유주의와 맥락을 같이 한다.

셋째, 근로장려세제는 조세제도를 활용한 소득보장방안이다. 과세권을 가진 조세기관이 근로장려세제 급여주체가 되므로 소득을 파악하는 데 추가적 비용이 최소화 될 수 있으며, 일반행정기관이 주체가 되는 복지급여에 비해 예산배정과정에서 정치적 마찰이 적다. 한국에서는 과세권을 가진 국세청이 근로장려세제를 관리한다.

넷째, 근로장려세제는 반드시 빈곤선 이하의 근로빈곤계층을 대상으로 삼는 것이 아니라, 설계 여하에 따라 상당히 넓은 범위의 근로계층을 대상으로 소득보전을 할 수 있다. 공공부조제도가 빈곤계층을, 사회수당은 전 소득계층을 대상으로 삼는다면, 근로장려세제는 빈곤선을 상회하는, 그러나 결코 고소득층은 아닌 중하위계층의 근로자를 대상으로 삼는 특성을 가진다. 따라서, 근로장려세제는 서민층의 소득향상을 기하는 유효한 수단이 될 수 있다.

3. 민간재원

복지서비스의 제공에 필요한 제반 경비 중 세금 등에 의한 공공재원 이외의 민간에서 조달되는 재원을 말한다. 공적 복지서비스에 대해서는 법정화 된 사회복지사업에 대한 시설정비 및 서비스의 실시경비를 법률의 규정에 의해 그 경비의 부담자 및 부담비율이 정해져 있다. 그중에서 민간 사회복지법인이 설치·운영하는 사업에 대해서는 원칙적으로 민간재원이 충당되며, 금융시장으로부터의 예산조치의 범위에 들어가지 않는 부분에 대해서도 자기부담으로 민간으로부터 자금조달이 이루어진다.

민간재원은 매년 정기적으로 실시되는 국민운동으로서의 공동모금, 기부금에 의한 배분, 기업 등의 사업자로부터의 직접적인 기부, 기업 등이 설치하는 조달단체로부터의 조성금, 개인의 기부, 경륜, 경정 등의 공영경기의 수익금으로부터의 조성 등을 들 수가 있다. 이 민간 복지재원에 대해서는 첫째로 복지의 가치관에 기초한 자발적 자금제공의 가치를 강조함과 동시에, 손금불산입 등의 세제상의 우대조치의 제도화가 민간재원조달에 있어서의 조건이 된다.

민간재원은 최근 서구의 공공재원이 한계에 도달하면서 그 중요성이 부각되고 있다. 민간재원은 자발적 기여, 기업복지의 재원, 사용자 부담, 가족 간 소득이전 등이 있다. 그 내용은 다음과 같다.

첫째, 자발적 기여로서, 개인이나 기업, 재단 등이 사회복지를 위해 강제적이 아닌 자발적으로 기여한 재원을 말한다.

둘째, 기업복지의 재원으로, 대기업을 중심으로 기업에서는 피고용자를 위하여 다양한 복지급여를 마련하고 있다.

셋째, 사용자 부담으로, 사회복지서비스를 받는 사람이 서비스 비용의 일부를 본인이 부담하는 것을 말한다.

넷째, 가족 간 소득이전으로서, 비공식적 지원체계에서 제공되는 재원 등이 있다.

1) 자발적 기여

사회복지정책에 사용하는 민간부문의 재원으로 자발적 기여(voluntary contribution)는 사회복지정책의 영역들 가운데 개별사회서비스에서 상대적으로 중요하다. 이러한 서비스를 제공하는 비영리기관 재원의 30% 정도는 자발적 기여에 의한 것이다.

자발적 기여의 형태는 개인에 의한 기여금이 가장 크고 다음으로 재단, 기업, 유산의 순서로 이루어진다. 그러나 이러한 기여가 조세감면을 받기 위해 시용된다.

자발적 기여의 필요성은 다음과 같다.

첫째, 사회복지의 재화나 서비스가 국가에 의하여 강제적으로 부과하는 조세를 재원으로 하여 제공되어야 하는 이유는, 이러한 재화나 서비스는 공공재적인 성격을 갖거나 긍정적인 외부효과가 크기 때문에, 이러한 재화나 시장에서 제공되면 '무임승차 현상' 때문에 사회적으로 적정한(optimal) 수준만큼 재화가 공급되기 어렵기 때문이다.

둘째, 자발적 기여를 통한 사회복지정책은 다원화한 사회 속에서 특정한 지역이나 집단의 특수한 욕구(needs)를 해결할 수 있고, 조세를 통한 국가의 사회복지정책은 이러한 욕구를 해결하기가 어려워서 자발적 기여를 통한 사회복지정책은 다양한 집단 간의 갈등을 해결할 수 있다.

셋째, 자발적 기여를 통한 사회복지정책은 새롭고 창의적인 서비스의 개발이 용이하다는 것이다.

한편, 자발적 기여로 재원마련은 몇 가지 문제점이 있다(박주현, 2021: 233-234).

첫째, 우선 기여를 어떤 사람이 하는가라는 측면에서 보면, 고소득층과 저소득층의 차이가 없다는 것이고, 문제는 이러한 기여는 대개 세제감면의 혜택을 받는데, 이때 고소득층의 한계세율이 높기 때문에 세금감면을 통한 실질적인 이득은 고소득층이 크다는 점으로, 즉 기여를 하는 측면에서 소득분배의 역진성이 나타난다.

둘째, 자발적 기여에 의한 집단적 혹은 지역적인 특수한 욕구를 해결하려는 정책이 발전하다보면, 국가 전체적인 포괄적이고 통합적인 정책발전에 장애가 될 수 있다.

셋째, 자발적 기여에 의한 재원은 불안정하여 지속적이고 체계적인 정책의 수립과 집행이 어렵고, 경제상황에 따라 변동 가능성이 높다.

2) 기업복지의 재원

기업복지의 재원은 기업의 사용자들아 기업의 피고용자들의 복지향상을 위해 지출하는 것을 의미한다. 기업복지에 속할 수 있는 프로그램은 다양하며, 사회복지정책에서 시행하는 주요 사회복지정책 영역에 속하는 프로그램들을 모두 갖고 있다. 예를 들어, 기업연금, 기업의료보험, 자녀학비보조, 사원주택, 탁아 프로그램 등이 있다. 국가적인 복지가 높아지면 기업복지는 낮아지게 된다.

기업복지 재원의 필요성은 다음과 같다.

첫째, 사용자의 입장에서 보면, 피고용자들에게 직접적인 임금 대신 기업복지형태의 지급이 우선 조세상 유리하다.

둘째, 사용자는 양질의 근로자들을 고용, 유지하기 위해서는 동기강화와 기업 이미지를 위해서 필요하다.

셋째, 국민들의 사회복지를 책임지고 있는 국가의 입장에서는 기업복지의 확대로 국가복지에 사용될 재원을 줄일 수 있다.

넷째, 피고용자의 입장에서는 임금 대신, 기업복지의 형태로 보상받는 것이 유리하다.

그러나 기업복지 재원의 문제점으로는 기업복지의 대부분이 고소득층에게 집중된다는 점과 대기업이나 화이트칼라 계층이 주를 이루기 때문에 기업복지를 통하여 소득재분배가 악화될 수 있다. 이는 자본주의 사회에서, 기업복지는 본질적으로 국가복지에서 상대적으로 손해를 본 고소득층에 대한 보상적인 성격을 갖고 있다. 따라서, 이것은 사회복지의 본질적인 목표인 평등의 추구와는 다소 거리가 있다.

3) 이용자 부담

이용자 부담(user fee)은 사회복지급여를 받은 대가로 금전을 지불하는 것이다. 오늘날 사회복지가 발달한 국가들에서도 어떤 사회복지정책이 제공하는 재화나 서비스를 받을 때는 수급자의 일정한 비용의 본인부담을 필요로 하고 있다.

이용자 부담의 필요성은 다음과 같다(오세영, 2020: 174-175).

첫째, 이용자 부담을 통하여 사회복지서비스의 남용을 막고자 하는 데 있다.

둘째, 이용자 부담은 단순히 과대한 정부부담의 한계를 극복하는 방법으로도 필요하지만, 예를 들어 의료서비스를 완전 무료로 제공하기 위해서는 엄청난 비용이 드는데, 이 문제를 해결하기 위해서는 이용자 부담이 필요하게 되는 것이다.

셋째, 사회복지서비스의 질을 높일 수 있게 된다.

넷째, 서비스를 이용할 때 본인이 일부라도 비용을 부담하게 되면, 치욕을 줄이고 자기존중(self-respect)을 높일 수 있다는 점이다.

한편, 이용자 부담의 문제점이 나타나는데, 그 내용은 다음과 같다(오세영, 2020: 175).

첫째, 이용자 부담은 기본적으로 역진적이어서 저소득층의 부담이 고소득층에 비하여 상대적으로 커 소득재분배를 악화시킬 수 있다.

둘째, 이용자 부담액수가 크지 않더라도 저소득층에게 부담이 되어 필요한 서비스의 이용이 억제될 수 있다.

셋째, 이용자 부담의 장점은 수급자의 선택의 폭을 넓히는 데 있는데, 사회복지 서비스 수급자 가운데 많은 사람들은 선택할 능력이 없는데, 이 경우의 이용자 부담은 불필요하다는 것이다.

4) 가족 간 이전

사회복지가 발달함에 있어 비공식 부문의 중요성이 덜해졌다 하더라도, 아직은 국가의 복지정책이 많은 부분 미흡하기 때문에 중요한 요소이다. 주로 노인복지는 가족의 자식들에 의해 대부분 해결된다.

가족 간 이전(비공식부문 재원)의 필요성은 다음과 같다(임정문 외, 2020: 150).

첫째, 어떤 국가들에서는 국가복지가 발전해도 그 사회의 사회적 문화적인 관습과 규범에 의해 비공식 부문이 계속 중요한 역할을 할 수 있다(예, 유교 문화권).

둘째, 비공식부문을 통해서 복지욕구를 해결하는 것은 국가복지에 비해 수급자나 기여자의 자유로운 선택의 폭을 넓힐 수 있다. 또한 국가복지에서 발생하는 많은 절차상의 비용을 줄이거나, 관료제도에서 오는 여러 가지 문제를 피할 수 있다.

셋째, 비공식 부문은 시간적, 공간적인 측면에서 복지욕구를 빨리 해결하는 데 장점이 있다.

넷째, 비공식부문에서의 복지 해결은 국가복지보다 비물질적인 측면에서는 더 질이 높은 서비스가 이루어질 수 있다.

가족 간 이전(비공식재원)의 문제점은 다음과 같다(임정문 외, 2020: 150).

첫째, 가장 단순하면서도 가장 중요한 비공식재원의 문제점은 많은 사람들의 복지욕구가 비공식 부문에서만으로 해결되지 않는다는 것이다.

둘째, 비공식 복지가 국가복지로 전환되면, 누구나 조세를 부담하기 때문에

2차적 수혜자(비공식 복지에서의 기여자)는 비공식 복지에서 부담하지 않는 사람들의 조세부담의 대가로 이득을 볼 수 있다.

1. 민간재원 조달의 특징으로 옳지 않은 것은?

   ① 재정이 구체적으로 어떻게 사용되는지 알 수 있다.
   ② 재원이 불안정하다.
   ③ 급여의 남용이나 오용의 문제가 발생할 수 있다.
   ④ 공공재원과는 달리 책임성이 큰 문제가 되지 않는다.
   ⑤ 변화하는 욕구에 민감하게 적응할 수 있다.

2. 다음 중 조세방식의 장점이 아닌 것은?

   ① 사회적 평등화 목표에 조세방식이 상대적으로 더 가깝다.
   ② 누진세를 채택할 경우 일방적인 소득이전이라는 사회복지정책의 기능과 연계된다.
   ③ 수급자에게 낙인을 제공하지 않고 권리성을 부여한다.
   ④ 재정운용에 있어 각종 서비스 프로그램 간 상호조절이 가능하다.
   ⑤ 소득상한선이 높아 사회보험료에 비해 누진적이다.

3. 수익자 부담이 필요한 이유로 옳지 않은 것은?

   ① 무료로 이용하는 사람들의 수치심이 완화된다.
   ② 불필요한 서비스 이용을 막고 서비스 우선순위를 설정한다.
   ③ 새로운 사회복지욕구에 대응할 수 있다.
   ④ 수익자와 비수익자 사이에 공평을 유도한다.
   ⑤ 수익자 책임을 촉구할 수 있다.

4. 중앙정부가 지방정부에 재정을 지원하는 것에 대한 설명으로 옳지 않은 것은?

   ① 중앙정부가 지방정부에 비해 재정력이 취약하기 때문이다.
   ② 지방정부 간 재정력의 불균형이 존재하기 때문이다.
   ③ 국가 전체 재정운영의 효율성과 형평성을 제고하기 위해 존재한다.
   ④ 정부지원금제도의 논거로서 가부장주의 등을 들 수 있다.
   ⑤ 재정불균형을 시정함으로써 형평성을 증진시킨다.

정답 1. ④ 2. ③ 3. ① 4. ①

CHAPTER **09**

사회복지정책의 전달체계

❖ 개요
사회복지정책에 있어서 전달체계는 사회복지정책에서 제공하는 급여 혹은 서비스를 제공하는 조직적 장치를 말한다. 사회복지정책에 있어 전달체계가 중요한 이유는 사회복지정책에 규정되어 있는 사회복지급여와 서비스를 적절하고 효율적으로 대상자에게 전달하여 그들의 욕구를 효과적으로 충족시키는 데에 전달체계가 결정적인 역할을 수행하기 때문이다. 여기에서는 사회복지정책의 전달체계를 학습하고자 한다.

사회복지정책의 전달체계

1. 사회복지정책 전달체계의 개념

사회복지정책에 있어서 '누구에게'와 '무엇을'이라는 선택을 결정하게 되면 그 다음에는 결정된 사회복지급여를 수급자격을 가진 대상자에게 전달하기 위한 조치가 마련되어야 한다. 즉, '어떻게(how)'라는 질문에 관련된 것이다. 이러한 의미에서 사회복지 전달체계는 지역사회 내에 존재하는 사회복지서비스의 공급자와 수요자(클라이언트, 수급자, 소비자)의 상호 간을 연결시키기 위한 '조직적 장치'라고 말할 수 있다. 여기서 조직적 장치라는 것은 사회복지서비스 공급자와 수요자 사이를 연결시키는 조직과 인력의 구조를 의미한다 (조추용 외, 2021: 172).

사회복지정책에 있어서 전달체계는 사회복지정책에서 제공하는 급여 혹은 서비스를 제공하는 조직적 장치를 말한다. 사회복지정책에 있어 전달체계가 중요한 이유는 사회복지정책에 규정되어 있는 사회복지급여와 서비스를 적절하고 효율적으로 대상자에게 전달하여 그들의 욕구를 효과적으로 충족시키는 데에 전달체계가 결정적인 역할을 수행하기 때문이다. 즉, 정책내용도 중요하지만, 정책의 구체적 대상자의 자격요건을 조사·심사하는 일, 자격조건의 설정, 전달구조와 조직의 선택과 실천, 사회복지서비스 신청·급여과정과 절차 등과 연관된 정책의 선택 등은 결국 전달체계상에서 수혜대상자와 밀접하게 접촉하면서 실천되는 일이므로 전달체계가 그만큼 중요하다(현외상, 2019: 239).

사회복지서비스 전달체계의 특성은 사회복지서비스 전달체계가 운영주체에서도 일반 전달체계와 차이를 보인다는 점이다. 주로 고정적인 일반 전달체계와 달리, 중앙정부, 지방정부 등의 공적 전달체계와 민간차원에서 이루어지는 민간 전달체계 두 영역 모두에서 활발히 적용되며 유동적이기 때문이다(고광신 외, 2017: 177−178).

펄만(Helen Harris Perlman)은 1957년 그의 저서 『사회적 케이스워크(*Social Casework: A Problem−Solving Process−A Fresh, Unifying Approach to Casework Practice*)』에서, 모든 사회복지기관은 복지대상자를 돕기 위한 일련의 과업을 수행해야 하는 데에 따른 이상적인 기능으로써 네 가지 기능을 제시하고 있다. 그 내용은 다음과 같다.

『사회적 케이스워크』
(1957년 출판)

첫째, 초입기능(entry functions)으로, 복지대상자에게 이용 가능한 서비스, 기구의 홍보와 교육활동을 하며, 대상자의 문제해결을 위해 지역사회의 다른 기관들과 협력해야 하는 기능이다.

둘째, 책임기능(accountability functions)으로, 복지대상자의 문제를 사정하고 이용 가능한 자원을 물색, 필요하다면 타 기관에 위탁(refer)하며, 복지대상자가 활용할 수 있도록 조직하는 책임을 수행하는 기능이다.

셋째, 서비스 제공기능(provision of services)으로, 개별사회사업, 재활서비스, 법률구조사업, 재정부조 등의 기능이다.

넷째, 계획 및 통제기능(planning and control functions)으로, 복지대상자의 욕구를 파악하여 충족되지 않은 욕구충족을 위해 지역사회의 타 기관과 협력, 조정의 책임을 져야 하는 기능이다.

2. 사회복지정책 전달체계의 구성원칙

사회복지정책 전달체계의 구성원칙은 다음과 같다(김수목 외, 2021: 142-148 ; 류연규, 2021: 167 ; 임정문 외, 2020: 115-116).

1) 전문성의 원칙

전문성(professionalization)의 원칙은 사회복지서비스 제공 업무 중 핵심적인 주요 업무는 반드시 전문가가 담당해야 한다는 것을 말한다(Gates, 1980). 여기에서 전문가란 자격이 객관적으로 인정된 사람으로서 자신의 전문적 업무에 대한 권위, 자율적 결정권, 책임성을 지닌 사람을 말한다. 사회복지 전문직의 구성원은 정규교육의 이수 및 전문적 지식과 기술의 획득, 전문적인 윤리의식 확립, 국가적인 자격 취득, 전문직 내의 사회화 등의 요소를 갖춘 사람이다. 여기서 전문가는 자격요건이 객관적으로 인정된 사람(국가 또는 전문직업단체의 시험, 또는 기타 자격 심사에 의하여 자격증을 부여 받은 사람)이며, 자신의 전문적 업무에 대한 권위와 자율적 책임성을 지닌 사람을 말한다. 사회복지 분야의 종사자는 업무 성격에 따라 전문(professional), 준전문(para-professional), 비전문(non-professional)으로 구분되지만, 사회복지서비스의 효율성과 효과성을 달성하기 위해서는 전문성이 다소 낮은 업무는 준전문가가 담당하고, 비숙련 업무 및 일반적인 업무는 비전문가 또는 경우에 따라 자원봉사자가 담당하도록 해야 한다. 따라서, 사회복지서비스는 효과성과 효율성을 위해서도 전문성의 원칙은 반드시 지켜져야 한다.

그런데 전문성이 필요한 주요 업무 이외의 업무까지 사회복지 전문직이 담당할 필요는 없을 것이다. 전문성과 관련성이 약한 업무는 반드시 전문직이 맡지 않을 수 있도록 하는 것이 사회복지정책의 효율성 차원에서 바람직할 수 있다. 예를 들어, 업무의 특성상 전문성이 덜 필요한 단편적인 서비스 분야는 준전문가가 담당하고, 일반적인 행정 업무는 사회복지 전문직이 아닌 행정직이 담당할 수 있다. 또 사회복지활동 중 전문적인 책임성을 필요로 하지 않는 많은 영역에서 자원봉사활동이 활발히 전개되고 있다.

2) 적절성의 원칙

적절성(충분성, comprehensiveness)의 원칙은 사회복지 서비스는 양과 제공 기간, 그리고 질이 클라이언트의 욕구충족과 서비스의 목표달성에 충분한 수준이어야 한다는 원칙이다. 사회복지정책의 서비스를 제공할 때에는 한 회의 서비스에 일정한 시간을 배정하고 서비스 제공기간에 대한 계획을 수립해야 한다. 이때 사회복지서비스의 양과 제공기간은 클라이언트의 욕구충족과 서비스의 목표달성에 충분한 정도여야 한다. 나아가 클라이언트의 욕구충족에 필수적인 전문적인 수준의 서비스를 제공해야 서비스의 목표를 달성할 수 있음을 고려해야 한다.

현실적으로 이와 같은 적절성의 원칙은 사회복지서비스의 재정이 축소되는 상황에서는 제대로 지켜지기 어려운 경우가 많다. 미국의 공공부조제도의 전반적인 축소개혁이 그 예다. 이로 인해 공공부조의 제공기간이 축소되는 경향이 있다. 나아가 상담서비스 등 전문적인 핵심 서비스가 공공부조제도에서 삭제되어 서비스 제공이 생략되거나, 비제도화되는 질적 후퇴를 겪어 왔다. 이는 공공부조제도에 의존하는 클라이언트의 욕구충족과 서비스의 목표달성이 어려워지고 있음을 의미한다.

3) 포괄성의 원칙

포괄성(inclusiveness)의 원칙은 클라이언트의 다양하고 복합적인 욕구충족을 위해서는 다양한 서비스를 제공해야 한다는 원칙이다. 클라이언트가 복합적이고 다양한 욕구를 가진 경우가 많다. 이런 사례에서 단편적인 욕구충족만을 고려하게 되면 오히려 서비스 제공의 목표를 달성하지 못하게 될 수 있다. 예를 들어, 복합적인 문제를 겪고 있어 취약성에 노출된 양육모의 취업을 위해서는 고용서비스의 제공만으로는 소기의 목표를 달성하기 어렵다. 보육서비스, 건강서비스, 기타 가족기능강화 서비스 등이 포괄적으로 제공돼야 취약한 여성의 일-가정 양립이 가능해질 수 있기 때문이다. 사회복지서비스의 포괄성을 달성하기 위해서는 일반화 접근(generalist approach), 전문화 접근(specialist approach), 집단 접근(team approach), 사례관리(case management) 등을 적용할 수 있다.

일반화 접근방법은 전문가 한 명이 클라이언트의 여러 문제를 다루는 방법이다. 이 방법은 전문성이 부족한 문제에 대해서는 전문가적인 개입수준을 유지하기 어려운 단점이 있다.

전문화 접근방법은 여러 전문가가 클라이언트 각각의 문제를 다루는 방법이다. 이 방법은 문제 진단과 서비스를 연계하고 다양한 서비스를 조정하기 어려운 단점이 있다.

집단 접근방법은 여러 전문가가 팀을 이루어 클라이언트의 다양한 문제를 함께 다루는 방법이다. 이 방법은 전문가 간의 갈등이 발생할 때 대처가 부족하고 명확한 책임성을 부여하기 어려운 한계가 있다.

사례관리는 한 전문가의 책임 아래 필요한 서비스와 전문가를 클라이언트와 연결시켜 주고, 클라이언트의 다양한 욕구를 충족시키고 문제를 해결하기 위해 체계적으로 관리하는 방법이다.

4) 지속성의 원칙

지속성(continuity)의 원칙은 클라이언트의 욕구충족과 문제해결을 위해서는 서비스 간에 단절이 발생하지 않도록 필요한 서비스들이 연속적으로 제공되어야 하고, 개별서비스는 필요한 기간만큼 지속적으로 이용할 수 있어야 한다는 원칙이다. 앞의 예에서 복합적인 문제를 겪고 있어 취약성에 노출된 양육모의 취업을 위해서는 필요한 서비스 간에 단절이 발생하지 않아야 한다. 고용서비스를 제공해 직업능력을 향상시키기 위해서는 보육서비스가 동시에 제공돼야 한다. 필요한 경우, 건강서비스가 보완되어야 직업능력을 향상시킬 수 있다. 또한 개별서비스는 필요한 만큼 지속적으로 제공될 필요가 있다. 보

육서비스는 양육모가 취업활동을 할 수 있도록 이용시간과 제공기간 면에서
충분한 수준으로 제공돼야 한다.

 서비스 제공의 지속성을 확보하기 위해서는 한 조직 내의 서비스와 프로그
램 간에 상호협력이 잘 이루어져야 하고, 지역사회 내의 사회복지서비스조직
간에도 유기적 연계가 형성돼야 한다. 지속성의 원칙이 잘 지켜지기 위해서는
사례관리가 활용될 필요가 있다. 한 전문가의 책임 아래 클라이언트의 욕구와
문제를 포괄적으로 파악하고, 종합적인 계획에 따라 클라이언트에게 필요한
서비스와 전문가를 적시에 연결시키고 체계적으로 관리해야 한다. 반면에, 일
반화 접근방법, 전문화 접근방법, 집단 접근방법은 각각 전문성의 부족, 서비
스 간의 연계·조정의 어려움, 책임성 있는 체계적인 서비스 계획 수립의 어
려움 때문에 지속성의 원칙에 부합하지 않는 면이 있다.

5) 통합성의 원칙

 통합성(비파편성/비단편성, unification)의 원칙은 한 클라이언트의 다양한
욕구를 충족시키고 복합적인 문제를 해결하기 위해서는 필요한 서비스들을
연결시켜 체계적으로 제공해야 한다는 원칙이다. 클라이언트의 다양하고 복
합적인 욕구충족을 위해 다양한 서비스를 포괄적으로 제공하되, 단편성
(fragmentation)을 극복하기 위해서는 통합성의 원칙에 따라 서비스를 체계적
으로 제공해야 계획한 목표를 효과적·효율적으로 달성할 수 있게 된다. 복합
적인 문제를 겪고 있어 취약성에 노출된 양육모의 취업을 위해서는 필요한
서비스들이 체계적으로 제공돼야 한다. 이를 위해서는 일-가정 양립의 목표를
효과적·효율적으로 달성할 수 있도록 고용서비스, 보육서비스, 건강서비스, 기
타 가족기능 강화 서비스의 통합적인 제공에 대한 계획을 수립해야 한다.

 서비스가 통합적으로 제공되기 위해서는 사례관리에 따라 한 책임자의 계
획하에 다양한 서비스를 체계적으로 제공할 수 있어야 한다. 한 기관에서 다
양한 서비스와 프로그램을 포괄적으로 제공하면 체계적인 연계를 달성하는
데 유리하다. 여러 조직을 통해 서비스를 제공하는 경우에는 사회복지조직 간

에 의뢰체계 등 유기적인 연계와 협조체제를 잘 갖추어야 하고, 서비스 제공장소가 서로 가까워 클라이언트의 지리적 접근성을 제약하지 않아야 하며, 사회복지조직들의 서비스가 적절히 전문화되고, 가급적 중복되지 않는 것이 좋다.

6) 평등성의 원칙

평등성(equity)의 원칙은 성별, 연령, 소득, 지역, 종교, 지위 등에 관계없이 모든 국민에게 차별 없이 평등하게 사회복지서비스를 제공해야 한다는 원칙이다. 평등성의 원칙이 지켜지기 위해서는 보편주의의 원칙에 따라 전체 사회구성원에게 사회적 시민권의 일환으로서 사회복지정책을 시행해야 한다. 사회복지서비스는 사회구성원들의 욕구충족을 위한 비물질적인 서비스로서 집합적이고 관계지향적인 성격을 갖고 있다. 최근 노인문제, 여성의 일-가정 양립문제, 청년실업문제 등 새로운 사회적 위험(New Social Risk, NSR)이 대두되면서 생애주기에 따라 사회구성원들이 집합적으로 직면하는 아동, 여성의 출산과 일-가정 양립, 청년, 노인 등의 욕구를 보편적으로 충족시킬 필요성이 커지고 있다.

그러나 현실적으로는 평등성의 원칙에 제한이 가해지는 경우가 많다. 공공부조는 빈곤층에 대한 보호대책이므로 최저생계비를 책정해 소득수준이 이에 미달하는 가구에 대해 지원한다. 사회보험은 보편주의 원칙에 따라 제공되나 소득비례형 사회보험이 확대되면서 기여수준과 급여를 엄격히 연계시키는 보험수리원칙(actuarial principle)이 적용된다. 사회복지서비스는 욕구를 기준으로 제공되지만, 자원의 부족 등 제약요인이 존재할 때 소득기준 등을 부가적으로 적용해 보편주의보다는 선별주의의 원칙을 적용하는 경우가 있다.

7) 책임성의 원칙

책임성(accountability)의 원칙은 사회복지조직은 국가 및 사회로부터 특정한 사회복지서비스를 전달하도록 위임받은 조직이므로 서비스 전달 시 위임된 책임을 다해야 한다는 원칙이다. 사회복지조직은 사회로부터 권한을 위임받고 있다. 사회복지조직의 정당성의 원천은 클라이언트의 복지를 보호하고 향상시키는 역할을 담당한다는 데 있다. 이처럼 사회는 사회복지기관이 사회가 위임한 대로 클라이언트의 복지를 보호하고 향상시키는 역할기대를 충족시킬 것이라고 기대한다.

사회복지조직은 외부환경으로부터 자원을 획득해 필요한 활동을 전개한다. 사회복지조직은 책임성을 이행해 과업환경의 이해관계자들의 지지를 얻고, 그들로부터 협조를 얻기 위해 노력해야 한다. 최근 사회복지조직은 책임성을 구체적으로 입증하라는 요구를 받고 있다. 클라이언트 또는 소비자, 중앙 및 지방정부, 주요 재정자원 제공자, 기부자들은 사회복지조직의 책임성이 요구되는 주요 과업환경이라 할 수 있다. 사회복지조직이 책임져야 하는 주요 내용은 서비스가 클라이언트의 욕구에 적절히 대응하는가, 서비스 전달절차가 효율적인가, 서비스전달과정에서의 소비자의 불평과 불만에 대한 수렴장치가 적합한가 등이다.

8) 접근성의 원칙

접근성(접근용이성, accessibility)의 원칙은 사회복지서비스를 필요로 하는 클라이언트의 접근에 장애가 되는 요인들을 제거해 누구나 손쉽게 서비스를 제공받을 수 있도록 설계해야 한다는 원칙이다. 지금까지 거론한 적절성의 원칙, 포괄성의 원칙, 지속성의 원칙, 통합성의 원칙이 제대로 지켜지기 위해서는 접근용이성의 원칙이 구현될 필요가 있다. 따라서, 사회복지조직은 사회복지서비스를 설계할 때, 클라이언트가 손쉽게 접근하는 데 장애가 되는 요인이 무엇인지 파악하고, 이를 해소하기 위해 노력해야 한다. 클라이언트가 서비스에 접근하는 데 장애를 초래하는 요인은 정보의 부족, 지리적 장애, 심리적 장애, 선정절차의 장애, 자원의 부족 등으로 분류할 수 있다.

정보의 부족은 클라이언트에게 서비스에 관한 정보가 결여되거나 부족하여 접근성이 제약을 받는 경우다.

지리적 장애는 지나치게 거리가 멀거나 교통이 불편하여 클라이언트의 내방에 상당한 불편을 야기하는 경우다.

심리적 장애는 클라이언트가 자신의 문제를 노출하는 데 두려움을 갖거나 수치심을 느끼는 등 상당한 심리적 부담감을 갖는 경우다.

선정절차상의 장애는 엄격한 자산조사를 적용해 선정절차를 까다롭게 하고 과다한 서류나 개인 정보를 요구할 때, 또는 선정과 지원까지 상당한 시간이 소요될 때 발생한다.

자원의 부족은 지역사회와 사회복지기관의 자원이 적절한 수준에 이르지 못해 클라이언트의 욕구충족과 문제해결에 효과적인 기여를 못하거나, 전문가 및 서비스 제공 인력이 부족해 클라이언트의 접근에 제약이 있는 경우다.

3. 사회복지정책 전달체계의 형태

사회복지 전달체계의 형태는 미시적인 분류방법과 거시적인 분류방법이 있다. 미시적인 분류방법은 전달체계들을 조직과 인력을 중심으로 분류하는 것을 말하며, 거시적인 분류방법은 공공부문과 민간부문의 두 가지 축으로 분류하는 것을 말한다.

전달체계를 조직과 인력을 중심으로 분류하는 것은 서비스의 통합성과 접근성을 높이기 위한 전달체계의 구조에 관한 선택사항에 초점이 맞추어져 있다. 공공부문과 민간부문의 두 축으로 구분하는 거시적인 분류방법은 서비스 전달체계의 관리운영 주체가 공공부문이어야 하는지 혹은 민간부문이어야 하는지에 관한 선택의 차원이다. 즉, 운영주체에 따른 사회복지 전달체계의 분류다.

최근 전달체계에 관한 논의의 초점이 전달체계의 구조에 관한 문제에서 서비스 전달체계의 관리운영주체에 관한 문제로 옮겨지고 있는 점을 감안하면, 거시적 분류 거시적인 분류방법으로 전달체계를 다섯 가지로 분류할 수 있다. 그 내용은 다음과 같다(조추용 외, 2021: 179-184 ; 오세영, 2020: 142-152).

1) 중앙정부

오늘날 서구의 복지국가에서는 중앙정부의 역할이 매우 크다. 사회복지의 재화나 서비스의 대부분은 중앙정부에서 재원의 부담, 조정, 급여방법 등에 관한 모든 사항을 결정하여 제공된다. 대표적인 예가 사회보험이다. 우리나라의 경우도 5대 사회보험은 모두 중앙정부에 의해 제공된다. 그 내용은 다음과 같다(류연규, 2021: 160-166 ; 오세영, 2020: 142-151).

사회복지 전달체계에서 중앙정부의 역할이 중요한 이유는 몇 가지가 있다.

첫째, 중앙정부가 사회복지정책의 가장 중요한 가치인 평등을 이루는 데 유리하다는 점이다. 이것은 중앙정부만이 모든 국민을 대상으로 사회복지정책을 위해 재원을 마련하거나 급여를 하는 측면에서 소득재분배효과를 극대화할 수 있기 때문이다. 예를 들어, 모든 고소득층에 대한 높은 누진율을 적용하는 조세를 재원으로 모든 저소득층에 대한 높은 급여를 하게 되면, 그 국가 전체의 소득재분배효과는 커질 수 있다. 반면에, 지방정부의 독립적인 사회복지정책은 재원이나 급여의 측면에서 지역 간 소득불평등을 높일 수 있다. 일반적으로 평등추구의 소득재분배정책들은 누진적인 조세부과 때문에 일반 국민들의 정치적인 저항을 받을 수 있는데, 이때 전 국민을 대상으로 하는 중앙정부의 정책이 지방정부에 비하여 정치적 저항을 적게 받을 수 있다. 이것은 전 국민을 조직화하고 동원하는 것이 일부 국민들을 그렇게 하는 것보다 어렵기 때문이다. 즉, 중앙정부의 정책으로 인한 부담은 전체 국민으로 분산되기 때문에 개별적으로 볼 때 크게 부담이 안 되기 때문에 중앙정부의 정책에 적극적으로 저항할 동기가 약한 것이다.

둘째, 사회복지의 재화나 서비스 가운데 의료나 교육과 같이 공공재적 성격이 강한 서비스나 재화 공급에 유리하다. 또한 사회보험과 같이 급여의 대상이 되는 사람의 숫자가 많을수록 기술적인 측면에서 유리하다. 이러한 경우에는 모든 국민들을 대상으로 강제적으로 급여하는 것이 바람직한데, 이것은 현실적으로 중앙정부만이 할 수 있기 때문이다.

셋째, 사회복지의 재화나 서비스에 관한 주요 정책결정은 중앙정부가 하면 다양한 사회복지에 대한 욕구들을 체계화하여 다양한 프로그램을 통합, 조정할 수 있으며, 안정적으로 유지하는 데 유리하다. 특히, 사회복지 프로그램 등의 운영에서 재정안정의 문제가 중요한데, 중앙정부가 다른 어떤 전달체계보다 재원을 지속적으로 안정적으로 마련할 수 있는 장점을 갖고 있다.

반면에, 중앙정부가 사회복지의 재화나 서비스를 독점적으로 제공하는 전달체계는 몇 가지 문제점이 있다.

첫째, 중앙정부에서 제공하는 재화들은 일반적으로 그것들의 공급량이나 형태에 관한 수급자의 선택이 반영되기 어렵기 때문에 수급자들의 효용을 극대화하는 데 한계가 있다. 즉, 자원의 비효율적인 배분의 문제가 발생할 수 있다.

둘째, 중앙정부에 의해서 독점적으로 제공되는 재화나 서비스는 공급자가 독점적이기 때문에 공급자가 다수인 경쟁적인 체계에 비해 재화나 서비스의 가격과 질에 있어 수급자에게 불리할 수 있다. 즉, 불필요하게 재화나 서비스의 가격이 비싸거나 혹은 가격이 통제된 상황에서는 재화나 서비스의 질이 낮아질 수 있다.

셋째, 중앙정부를 통하여 제공되는 재화나 서비스는 정부조직의 관료성으로 인하여 수급자의 욕구에 대한 대응이 느리고, 책임성이 약하고, 지역특수적인 욕구에 대한 대응이 어렵다. 즉, 새로운 욕구나 변화된 욕구에 대한 대응이 늦어 창의적이거나 새로운 서비스의 제공이 어렵다.

그러므로 중앙정부의 전달체계는 장점과 단점을 모두 갖고 있기 때문에 어떤 재화나 서비스를 중앙정부의 전달체계로 제공하는 것이 바람직한가는 결국 제공되는 재화나 서비스의 속성에 달려 있다.

2) 지방정부

사회복지의 재화나 서비스 가운데 특히 교육서비스, 사회복지서비스, 공공부조 등은 주로 지방정부에 의해 제공된다.

지방정부의 전달체계가 중요한 이유는 다음과 같다.

첫째, 지방정부가 제공하는 것이 지역주민들의 욕구를 더 효율적으로 해결할 수 있다. 중앙정부는 모든 국민을 대상으로 획일적인 재화나 서비스를 제공할 수밖에 없기 때문에 지역주민들 사이의 욕구의 차이를 해결할 수 없다.

둘째, 지방정부 단위로 제공하게 되면, 지방정부들 간의 경쟁을 유발시켜 경쟁원칙에 의해서 재화의 가격과 질의 측면에서 수급자에게 유리해질 수 있다. 예를 들어, 각종 사회복지서비스를 제공하는 사회복지관은 지방정부에서 독립적으로 운영되는데, 이로 인해 서비스의 가격과 질적인 면에서 지방정부들 간 많은 차이가 발생하고 있다.

셋째, 지방정부의 전달체계는 중앙정부에 비하여 비교적 창의적이고 실험적인 서비스의 개발이 용이하여 수급자들의 변화되는 욕구에 적극적으로 대처해 나갈 수 있다.

넷째, 지방정부의 전달체계에서는 공간적으로나 정서적으로 지역주민들이 접근하기가 쉽고, 또한 중앙정부에 비해서 지방정부의 정책결정에 수급자들의 입장이 반영될 가능성이 크다.

반면에, 지방정부의 전달체계는 지역 간 불평등으로 인해 사회통합이 저해되고, 중앙정부에 비해 규모의 경제효과가 적다는 단점이 있다. 또한 지방정부의 전달체계는 재정적인 측면에서 불완전하기 때문에 안정성과 지속성의 측면에서 문제가 있을 수 있다. 이것은 지방정부의 재정적인 독립성이 약한 경우에 더욱 그러하다.

3) 중앙정부와 지방정부의 혼합체계

오늘날 대부분의 복지국가들에서 지방정부가 완전히 독립적으로 사회복지 재화나 서비스를 제공하는 경우는 드물다. 대개의 경우, 지방정부가 중앙정부로부터 재정지원을 받고, 이에 따른 일정한 규제를 받는다. 이러한 규제의 정도는 중앙정부의 재정지원방식에 따라 다르다. 중앙정부의 재정지원의 방식은 크게 세 가지로 나눌 수 있다.

첫째, 항목별 보조금(범주적 보조금, categorical grants)이다. 이것은 중앙 정부가 세부적인 항목을 정해서 지원하는 방법이다. 예를 들어, 중앙정부가 지방정부로 하여금 아동복지 가운데 아동학대 예방 프로그램에 사용하도록 지정하여 재정지원을 하는 것이다. 지방정부의 자율적 권한이 거의 없고 중앙 정부가 정한 정책과 절차를 엄격하게 이행해야 한다.

둘째, 기능별 보조금(포괄보조금, block grants)이다. 이것은 항목별 지원처 럼 프로그램 항목별로 지원하는 것이 아니라, 프로그램의 기능별로 구분하여 지원하는 것이다. 예를 들어, 대상 인구집단별 세부적인 프로그램 항목이 아 니라, 정신건강 향상, 소득보장 등의 프로그램들이 추구하는 기능에 따라 지 원하는 것이다. 기능영역 내에서 지방정부가 구체적인 사용방법을 정할 수 있 어서 지방정부의 자율성이 어느 정도 주어진다. 즉, 지방정부는 포괄적으로 규정된 기능적 영역의 범위 내에서 자율적으로 정책을 수립하고 집행하는 역 할을 하게 된다.

셋째, 특별보조금(special revenue shaving)이다. 중앙정부의 예산 중에서 일정 부분을 지방정부에게 이관해 주는 것을 말한다. 이렇게 되면 지방정부의 독립성이 가장 크게 나타날 수 있어서 지방정부는 중앙정부로부터 받은 재원 으로 프로그램의 설정, 수급자의 자격, 급여액, 세부적인 전달체계의 방법 등 에 관한 모든 것들을 독자적으로 결정할 수 있는 것이다. 그래서 지방정부의 독립성을 높여 지방정부 전달체계의 장점을 크게 살릴 수 있는 것이다.

위와 같이 세 가지의 중앙정부 재정지원방식에 따라 중앙정부에 의한 규제 들도 다양하게 나타나는데 크게 보면 두 가지다. 하나는 프로그램 규제로, 대 상자의 자격, 급여의 형태와 액수, 세부적 전달방법 등에 대해 규제하는 것이 다. 다른 하나는 절차적 규제로, 지방정부의 프로그램 운영에서 정책결정 과 정에서의 수급자 참여문제라든가 차별금지, 프로그램 진행에 대한 보고와 감 사 등의 일정한 절차를 요구하여 규제하는 것이다.

4) 정부와 민간부문의 혼합체계

완전히 순수한 의미의 민간부문은 없다고 할 수 있을 정도로 민간부문과 공공부문과의 혼합이 일반화되어 있다. 따라서, 정부와 민간부문 혼합체계의 중요성이 더욱 커지고 있다. 정부와 민간부문의 혼합체계가 필요한 가장 큰 이유는 이른바 '정부의 실패'를 해결하면서 민간부문에서의 시장원칙의 장점들, 예를 들어 효율성, 경쟁성, 선택의 자유, 접근성, 욕구에의 신속 대응성, 융통성 등을 살릴 수 있기 때문이다.

정부와 민간부문의 혼합체계의 형태는 다양하다.

첫째, 가장 흔한 것으로 특정의 사회복지서비스를 정부가 특정의 민간사회복지기관들과 계약하여 구입하는 형식으로 소비자에게 제공해 주는 형태이다. 즉, 정부가 재원을 부담하되 사회복지 프로그램은 민간기관에서 운영하도록 하면서 급여자격조건, 급여액 등에 관하여 일정한 규제를 하는 것이다. 예를 들어, 우리나라 보육서비스의 경우가 이에 해당된다.

둘째, 정부가 사회복지서비스를 제공하는 민간기관에 재정적으로 보조해주는 방법이다. 상기의 계약 형태는 정부가 특정의 서비스를 지정하여 민간기관에 재정을 지원하는 것이라면, 이것은 민간사회복지기관에 일반적인 재정지원(grants)을 하여 다양한 서비스를 융통성 있게 제공하도록 하는 것이다. 예를 들어, 우리나라의 종합사회복지관들은 정부로부터 재정지원을 받아 다양한 서비스들을 제공하고 있다.

셋째, 정부가 특정의 사회복지 재화나 서비스를 구입할 수 있는 바우처(voucher)를 소비자에게 제공하여 소비자들이 민간부문에서 서비스를 이용하게 하는 형태이다. 이 형태는 정부가 소비자에게 직접 보조를 해주는 것이다. 이는 소비자들의 서비스 선택의 자유를 넓힐 수 있고, 서비스 공급자들 사이의 경쟁을 높일 수 있기 때문에 서비스의 질 향상을 기대할 수 있다. 뿐만 아니라, 서비스의 가격도 낮아질 수 있다. 미국에서 시행하고 있는 교육바우처가 대표적인 예이다. 우리나라에서도 문화복지 차원에서 이용되고 있다.

넷째, 정부가 소비자들이 민간부문에서 사회복지서비스를 구입할 때 지출한 비용의 일부를 소비자에게 상환(reimbursement)해 주는 형태이다. 이것은 정부와 민간부문의 혼합형태 가운데 민간부문적인 요소를 가장 강조하는 것이라고 할 수 있다. 즉, 바우처의 형태보다 더 소비자 선택의 자유를 높일 수 있는 것이다. 그러나 소비자들이 불완전한 정보로 재화나 서비스를 잘못 선택할 수 있고, 소비자들의 오용과 남용의 문제가 심각해질 수 있다. 이러한 형태는 미국 등 일부 국가에서 보육서비스의 영역에서 부분적으로 시행되고 있다.

다섯째, 소비자들이 민간부문에서 사회복지 재화나 서비스를 구입할 때 드는 비용의 일부를 나중에 세금 감면의 형태로 보조해 주는 형태이다. 이것은 흔히 조세비용(tax expenditure)이라고 하는데, 대표적인 예가 소비자들이 의료, 교육, 주택 서비스에 지출한 비용의 일부를 소비자들이 세금을 낼 때 감면해 주는 것이다.

지금까지 논의한 형태들은 직접적이건 간접적이건 모두 정부가 민간부문에 재정지원을 하는 경우인데, 다음 두 가지 형태는 정부의 재정지원이 없는 형태이다.

여섯째, 흔히 기업복지라 불리는 것으로 정부가 민간기업으로 하여금 사회복지 재화나 서비스를 피고용자나 그 가족들에게 의무적으로 제공하도록 하는 형태이다. 대표적인 예가 퇴직금제도나 임산부에 대한 산전·산후 유급휴가 제도 등이다.

일곱째, 정부의 재정지원이 없어도 사회복지기관들에 대한 서비스의 가격, 질, 종류 등에 대한 규제를 하는 방법이다. 이것은 정부와 민간부문의 혼합형태 가운데 정부의 역할이 가장 소극적인 방법이라고 할 수 있다. 예를 들어, 노인요양원과 같은 영리추구의 사회복지기관들에 대하여 정부의 재정지원은 하지 않지만 각종 규제를 하고 있다.

5) 순수민간부분

순수민간부문의 전달체계는 사회복지 재화나 서비스를 제공하는 기관의 소유자가 민간인이고, 필요한 재원과 운영 모두를 민간부문에서 책임을 지는 형태를 말한다. 이 형태는 정부로부터 어떠한 규제도 받지 않고, 정부로부터 어떠한 세제상 혜택도 받지 않기 때문에 정부에 대한 책임도 갖고 있지 않다. 이러한 의미의 순수민간부문 전달체계는 오늘날 서구 복지국가에서는 드물다. 다만, 민간부문의 역할을 유달리 강조하는 미국에서 부분적으로 존재할 뿐이다. 예를 들어, 영리추구의 보육서비스나 노인요양서비스기관들이 순수민간부문에 가깝다고 할 수 있다. 그러나 사실 이러한 기관들도 정부로부터 최소한의 규제를 받는다.

이와 같이 순수민간부문의 형태가 드문 이유는 사회복지 재화나 서비스는 성격상 국가가 어떤 형태로든 개입해야 할 속성을 갖고 있기 때문이다.

4. 공적 사회복지정책 전달체계

1) 공공 사회복지정책의 전달체계의 구조

공공 사회복지정책 전달체계는 국가 또는 지방자치단체에 의해 수립·운영되고 있는 체계를 말한다. 중앙집권국가에서 지방은 지방행정기관에 불과하지만, 지방자치를 실시하는 국가에서 지방은 자치권을 갖는다. 지방이 자치권을 가지면 중앙과 새로운 관계설정이 필요하고, 관계설정 향방에 따라 공공 분야의 사회복지정책 전달체계도 달라질 수밖에 없다. 이는 중앙과 지방의 관계를 정부 간 관계(Intergovernmental Relation, IR)이론으로 정리할 수 있다.

현행 공적 전달체계는 크게 사회보험, 공공부조 그리고 사회복지서비스로 구분하여 살펴볼 수 있다. 중앙정부 차원에서의 전달되고 있는 5대 사회보험 가운데 산업재해보상보험과 고용보험은 고용노동부 소관으로 되어 있는데, 실제적인 업무는 근로복지공단에 위탁하여, 각 지역단위별로 설치된 지부를

통해 체계적으로 운영되고 있다. 또한, 국민연금과 국민건강보험, 노인장기요
양보험 등의 사회보험 주무부서는 보건복지부인데, 산하에 지역단위별로 각
각 국민연금 관리공단, 국민건강보험공단 지부가 설치되어 있어서 관련 업무
를 독자적으로 전달하고 있다.

공공부조와 사회복지정책 전달체계는 중앙 및 지방자치단체에서 분담하는
형태를 취하고 있다. 소관 중앙부서는 보건복지부이지만, 지방에는 보건복지
부 지부나 사무소가 별도로 설치되어 있지 않고 행정자치부 소속의 지방조직
에 의해 전달되고 있어, 사회복지를 위한 별도의 전담기구를 갖추고 있지 않
은 우리나라에서 지방정부는 공적 사회복지정책 전달체계로서 주요한 역할을
담당한다.

그러나 독자적인 사회복지 전달체계를 가지고 있지 않은 상황에서 나타난
문제점들, 즉 공공부문과 민간부문이 모두 공급자 중심으로 운영되고 있어,
상호 간 연계·협력체계 및 정보공유 없이 개별적인 서비스를 제공하면서 나
타나는 비효율성 등에 대한 개선의 필요성이 꾸준히 제기되기 시작하였다. 특
히, 1980년대 이후 사회복지정책의 종류가 급격히 증가함에 따라 사회복지
전달체계의 모형이 여러 가지 제시되었는데, 이 중 2가지 모형을 정리해 보면
다음과 같다(전해황 외, 2021: 89).

① 행정자치부에서 독립하여 보건복지 산하에 사회복지사무소 등 별도의
사업소형태로 독자적 조직을 갖추는 모형
② 현재와 같이 행정자치부 행정체제를 유지하면서 시·군·구 단위에서 사
회복지행정기관을 그대로 두고 사회복지 전문요원을 보건소에 배치하여
보건업무와 사회복지업무를 접목시키는 보건복지사무소 모형

2) 공적 사회복지정책 전달체계의 문제점

우리나라 사회복지행정의 전달체계를 살펴보면, 국가와 지방조직으로 크게
나뉘어 있으며, 지방조직 내에서도 본청과 읍·면·동으로 계층화되어 있다.
이와 같이 일선 사회복지 업무가 일반종합행정체계 내에서 획일적으로 수

행됨에 따라 사회복지정책의 전달체계에서 나타난 문제점은 다음과 같다(임정문 외, 2020: 120-121).

첫째, 상의하달식의 수직적 체계로 인해 지역 특성과 욕구를 반영한 복지서비스를 제공할 여건이 마련되지 않았다. 즉, 전달체계의 경직적이고 획일적인 특성으로 지역사회에서 사회복지 문제를 종합적으로 총괄하고 자원을 동원하는 기능이 미흡하다.

둘째, 보건복지부와 여성가족부가 중앙에서 복지업무를 주로 관할하지만, 두 부처 외에도 교육부, 법무부, 고용노동부 등 여러 다른 부처가 복지 관련 업무를 가지고 있다. 그로 인해 분산된 전달체계의 모습을 보이고 있으며, 명령지휘체계가 통합되지 않아 서비스가 중복되는 현상이 발생되기도 한다. 또한 관련 부처들이 경쟁적으로 복지사업을 확대하고, 그 결과 지방에서는 업무가 과중하게 집중되고 있다.

셋째, 지방행정조직을 통해 사회복지 업무가 전달되기 때문에 일반행정체계의 지휘감독을 받게 됨으로써 사회복지 업무수행에서 전문성의 발휘가 제약을 받고 있다. 1988년부터 각 읍·면·동에 배치된 사회복지 전담공무원을 통해 사회복지 전달기능이 많이 개선되었다. 하지만 이들이 읍·면·동에 배치됨에 따라 전문적인 역할을 발휘하지 못하고 있으며, 일반행정의 다른 업무에 보조적인 역할을 수행하고 있다. 또한 일선행정체계의 특성인 획일성으로 인해 사회복지담당자가 전문성을 발휘하여 자율적으로 업무를 수행하기 어려운 것이 현실이다.

넷째, 구청 등 상급기관의 관리자가 일반행정직 공무원으로 사회복지 분야에 대한 이해가 부족하여 전문적인 지도·감독을 할 수 없고, 동료 사회복지 전담공무원 간의 사례연구회의 등을 통한 업무의 질적 향상을 기대하기 어려운 실정이다.

다섯째, 취약계층의 자립·자활을 가능하게 하려면 상담 등의 전문적인 대인서비스가 필요하고 사후관리가 반드시 이루어져야 하나, 현재 배치된 사회복지 전담공무원들의 업무 과중과 주변 여건의 미비로 이를 실행하기는 어려운 형편이다. 또한 사회복지 전담공무원은 1인당 평균 100가구를 담당하기 때문에 1년에 약 두 번 정도의 가정방문도 어려운 상황이다. 이러한 여건에서 클라이언트에게 다가가는 서비스를 제공하는 것은 불가능에 가깝다고 할 수 있다.

여섯째, 시·군·구 단위에서 사회복지행정 전달기능이 일반행정공무원에 의해 수행될 경우, 잦은 전보로 인하여 전문성·지속성이 결여되는 문제를 낳고 있다. 그리고 동일한 업무를 2개 이상의 기관에서 중복적으로 처리하여 행정비용이 많이 소요되고 있다.

결론적으로 사회적 변화에 따라 복지욕구가 증가하고, 이는 복지업무를 증가시켰다. 이에 따라, 기존의 일반행정체계에서 수행되던 사회복지 관련업무가 더 이상 사회복지 전담공무원의 배치만으로는 해결하기 힘들어졌고, 독립적인 체계에서 수행되는 것이 바람직하다는 주장이 제기되어 왔다.

3) 공적 사회복지정책 전달체계의 개선방안

공적 사회복지정책 전달체계의 개선전략은 다음과 같다(이준영, 2019: 107 – 109).

(1) 통합성의 강화

① 명령지휘계통의 단일화

우리나라의 사회복지행정 전달체계에서는 전문성 제약, 중복성, 통합성 부재 등의 문제가 제기되었다. 이는 서비스의 단편성을 초래하게 되는데 이를 극복하기 위해서는 명령지휘체계의 통합성이 확보되어야 한다. 일본과 영국 등 다른 여러 나라에서도 보건과 복지를 연계하려는 움직임이 나타나고 있으며, 우리나라도 예전에 '보건복지사무소 시범사업'을 추진하며 보건과 복지를 연계한 시도가 있었다. 지금까지 보건소는 의료인력을 중심으로 구성되어 복지에 대한 관심이 상대적으로 미약하고 상호 연계가 어려운 실정이었다. 행정적으로 연계가 가능하기 위해서는 읍·면·동 단위에서 '복지센터'를 중심으로 지역의 복지업무를 재편하여야 한다. 최근 논의되고 있는 사례관리는 통합성을 강화하기 위한 시도로 이해할 수 있다.

② 연계와 협력의 강화

조직이 통합할 경우 복지업무를 수행하는 데 있어 행정적인 연계의 가능성을 갖게 되지만, 반드시 서비스의 연계로 이어지지 않을 수도 있다. 실제로 서비스를 제공하는 주체는 복지관을 비롯한 다양한 민간시설이며, 더욱 다양한 서비스 주체가 생겨날 것이기에 이들과의 연계가 쉽지 않기 때문이다. 클라이언트가 행정복지센터를 방문하여 상담한 후 서비스를 접수하면, 그 욕구에 따라 적절한 시설로 이관시켜 주도록 하여야 한다. 만약 해당 지역 내에 서비스 제공시설이 없는 경우, 다른 읍·면·동의 시설을 활용할 수 있어야 한다. 이를 통하여 일회방문처리(one stop service)가 가능해질 것이다. 이러한 서비스 연계에는 이른바 '사례관리(case management)' 기법이 적용될 수 있다. 이를 통하여 한 클라이언트의 의뢰과정을 지속적으로 추적하여 클라이언트가 여러 시설에서 중복으로 서비스를 받거나, 서비스의 혜택으로부터 누락되는 것을 방지할 수 있다. 또한 읍·면·동에 배치될 전담공무원은 서비스 대상자를 이름에 따라 구분하거나, 세대별로 담당하여 각종 복지서비스를 포괄적으로 지원하는 것이 적절하다. 이를 위해서는 서비스 대상자관리카드를 전산화하여 타 기관에 의뢰할 때 활용하는 것도 필요한 데, 이것은 사회보장정보시스템으로 가능하게 되었다.

(2) 접근성 제고

우리나라의 경우, 인종이나 신분상의 이유로 복지서비스의 접근을 제약받는 경우는 거의 없다. 그러나 서비스의 지리적 접근성을 향상시키기 위해 각 읍·면·동 단위에서 복지기능을 강화하고, 사회복지 전담공무원을 배치하여 각종 서비스를 지원하는 것은 바람직하다. 이는 시범사업으로 실시된 보건복지사무소의 단점이었던 접근성을 제고하기 위한 방안이다. 거동불편 등의 이유로 직접 방문하여 상담하기 어려운 사람에 대한 접근성을 제고하기 위해서 여러 가지 방안을 시도해 볼 수 있다.

첫째, 지역순환버스를 구청 단위로 운영한다.

둘째, 대상자와의 화상통화 및 인터넷 등의 통신수단을 확보하여 접수와 기초적인 상담을 전산화한다.

셋째, 이미 실시되고 있는 방문간호서비스와 같은 방문서비스를 확대한다. 이를 위한 인력이 부족한 경우에는 지역 내의 자원봉사인력을 최대한 활용한다. 그리고 집 밖이나 심야시간에도 상담이나 접수가 가능하도록 하는 사회복지 정보단말기(kiosk)를 공공장소에 설치한다.

(3) 전문성 제고

책임성의 확보를 위해 서비스에 대한 불만을 클라이언트가 직접 토로할 수 있고, 그 시정을 요구할 수 있어야 한다. 이를 위해서는 동 단위 복지의 실행을 위한 의사결정 과정에 민간의 참여가 가능하도록 하는 제도적 장치를 마련해야 한다. 그리고 이를 위한 방안으로 동 단위 복지협의체를 구성하여 운영하도록 하고 있다. 이 협의체는 해당 지역의 사회복지 관련 전문가와 주민단체 대표들로 구성되며, 이들이 매년 동 단위 복지기능을 평가하여 차기의 사업계획 및 예산배정에 반영하고 있다. 이 협의체는 해당 지역에서 민간의 참여를 촉진하고 자원을 동원할 수 있는 방안을 강구하며, 특히 최근에 활발히 전개되고 있는 자원봉사활동이나 시민단체들의 참여를 적극적으로 활용하고 있다.

클라이언트에 대한 책임성 기준은 서비스의 전문성을 가지고 판단할 수 있는데, 전문성의 확보를 위하여 중요한 것은 복지업무를 담당할 공무원과 운영직원은 사회복지에 대한 전문성을 갖춘 사람으로 충원되어야 한다는 것이다. 또한 각 동별로 사회복지 전담공무원을 일정한 수의 수급권자 수에 따라 배치하도록 하여야 한다. 동 단위 행정복지센터의 직원은 기존의 구청 및 동 행정복지센터의 직원을 단기간에 교육하여 사회복지직렬로 전환하고, 신규채용의 경우는 사회복지직렬의 일반공무원으로 해야 할 것이다.

　장기적으로 사회복지 전담공무원을 현재 수준보다 2배 이상 증원하여야 하
지만, 이에 소요되는 예산을 확보하기에는 어려움이 있으므로 현직 사회복지
공무원의 업무를 줄이거나 수월하게 처리할 수 있도록 지원하여야 한다. 이에
대한 대안의 하나로, 정보기술의 도입을 고려해 볼 수 있다. 문서 작성과 관
리를 디지털화하여 반복적인 수작업을 줄이고, 이를 이용하여 보고하는 등 자
료를 공동활용할 수 있도록 하여야 한다.

　근본적인 논의로서 사회복지 전담공무원의
업무 중 사회복지 전문가가 반드시 담당해야
할 업무와 그렇지 않은 업무를 구분하여 사
회복지직이 아닌 일반공무원도 사회복지 관
련 업무를 담당하도록 하여 사회복지직 공무
원의 업무부담을 경감시키는 방안이 모색되
어야 할 것이다.

'김치드림 마음드림 전달식'을 진행하는 모습
(서울 금천구 · 시흥3동 구 · 동복지협의체)

5. 민간 사회복지정책 전달체계

1) 민간 사회복지정책 전달체계의 구조

　사회복지정책 전달체계는 공식적으로 조직된 정부의 공공 전달체계 외에도
민간 전달체계가 있다. 그러나 국가의 기능으로 제도화된 오늘날에도 여전히
민간 사회복지정책 전달체계에 의해 이루어지고 있다.

　민간 전달체계는 사회복지시설을 비롯해서 기업의 복지재단, 종교기관의
사회복지 담당자, 공익을 추구하는 시민사회단체 등을 포함한다. 각각의 기관
및 단체는 특성에 따라 기업의 이미지 제고나 사회의 환원 차원에서, 종교적
실천활동 차원에서, 복지의 여론화, 사회복지운동 차원에서 사회복지서비스
를 전달하고 있다.

　사회복지정책 중 공식적으로 조직된 활동주체로서의 전달주체 또는 운영주
체는 정부의 공공 전달체계 이외에도 민간 사회복지정책 전달체제도 있다.

민간 사회복지정책 전달체계의 필요성을 살펴보면 다음과 같다(이종복 외, 2015: 300).

① 정부제공서비스 담당자에 대한 서비스 제공
② 정부가 제공할 수 없는 서비스 제공
③ 동일한 종류의 서비스에 대한 선택의 기회 제공
④ 사회복지서비스의 선도적 개발 및 보급
⑤ 민간의 사회복지참여 욕구 수렴
⑥ 정부의 사회복지활동에 대한 압력단체의 역할
⑦ 국가의 사회복지비용 절약

사회복지기관은 여러 가지 기준에 의하여 분류될 수 있다.

① 조직에서 제공하는 서비스의 대상자에 따른 분류
② 제공하는 서비스가 클라이언트나 소비자에게 직접적으로 전달되느냐 아니면 서비스의 기획과 감독 등의 업무를 수행하여 간접적으로 전달하느냐에 따른 분류
③ 서비스를 제공하는 장소 이외의 다른 장소에 거주하면서 서비스를 제공하는 분류
④ 해결해야 할 문제나 욕구별 또는 문제나 욕구를 가지고 있는 대상인구집단에 따른 분류
⑤ 조직 설립주체의 성격에 따른 분류

이상에서 살펴본 바와 같이 민간 사회복지정책 전달체계는 다양하게 분류될 수 있고, 다루는 사회적 서비스도 다양하기 때문에 민간 사회복지정책 전달체계를 공적 사회복지정책 전달체계처럼 일률적으로 취급하기란 쉽지 않다.
　공적 전달체계는 보건복지부가 중심이지만, 민간 전달체계는 사회복지협의회 또는 사회복지공동모금회 등이 중심을 이루고 있다.

2) 민간 사회복지정책 전달체계의 문제점

민간 사회복지정책 전달체계의 각 분야별 문제점은 다음과 같다(임정문 외, 2020: 125-126).

(1) 조직구조 측면

첫째, 대부분의 민간 사회복지기관이나 시설들이 그 운영에 필요한 재정의 상당부분을 정부의 보조에 크게 의존하고, 그 운영에 있어서 지도·감독을 받아야 하는 것이 현실이다. 이러한 결과로, 그들이 속해 있는 지역사회 클라이언트의 요구보다는 정부의 지시에 따르는 경향이 많아 민간부문의 장점인 자율성과 창의성이 크게 제약을 받고 있다.

둘째, 민간 사회복지복지시설 가운데 생활시설은 아직도 정부의 지원수준이 낮고, 시설의 종별·지역별 분포가 불균형하며, 재정상태 및 전문인력 확보가 매우 미비한 실정이다. 또한, 저소득층 주민의 이용시설인 종합사회복지관의 경우에도 도시지역에 편중·분포되어 있으며, 전문인력의 부족과 재정의 취약성으로 말미암아 시범적이고 포괄적인 프로그램을 지속적으로 제공하지 못하고, 몇몇 독창적인 프로그램들을 제외하고는 기관별 유사한 프로그램을 운영하고 있는 실정이다.

셋째, 민간 사회복지조직 중 생활시설은 지역사회에 바탕을 두고 지역주민의 참여와 함께 시설의 개방화와 사회화가 이루어져야 함에도 불구하고, 그렇지 못한 것이 우리의 현실이다. 또한, 시설과 지역사회의 서비스가 제대로 연계되지 않아 수용자가 통합적인 서비스를 받을 수 없는 것도 중요한 문제이다.

(2) 관리운영 측면

첫째, 사회복지조직의 협의기구들이 조정자로서의 역할과 기능이 미약하다. 즉, 생활시설협의회의 경우, 사회복지시설의 이슈나 문제에 대하여 정부나 국민에게 사실을 홍보하고 정책을 건의하는 데에는 많은 한계가 있다. 왜냐하면 생활시설이 재정적으로 정부보조금에 의존하고 있기 때문이다. 이용시설의 경우, 기관들 간의 협의 조정체계가 구축되어 있지만, 실질적인 운영에 어려움이 있고, 서비스 간의 연계가 부족하며, 이러한 결과로 프로그램의 중복과 누락 현상도 발생하고 있다.

둘째, 생활시설의 경우, 정부보조금이나 기부금 등에 의존하고 있기 때문에 서비스의 제공에 필요한 재원이 빈약하여 대부분 만성적인 재정난에 봉착되어 있다. 특히, 단순 수용보호사업만으로는 클라이언트의 건전한 인격 형성, 사회생활 적응능력의 배양, 자립, 자활 등과 같은 클라이언트의 복지 목표를 기대하기는 어려운 실정이다.

(3) 전달인력 측면

첫째, 생활시설의 경우 대부분의 시설이 빈약한 운영비 때문에 적합한 전문인력을 고용할 수 없거나, 고용공고를 해도 근무여건의 열악성으로 인하여 전문사회복지사들이 취업을 기피하고 있어서 전문적 프로그램의 제공에 어려움이 있다. 또한, 이용시설의 경우에도 전문사회복지인력이 많은 복지관일수록 프로그램의 전문성이 나타나고 있으므로 전문사회복지사의 충원과 이를 위해 정부의 인건비 부담금 증액이 요청된다.

둘째, 민간 사회복지조직의 경우 직원의 인건비는 주로 정부의 보조에 의존하고 있는데, 그들의 처우가 일반 기업이나 전문종사자 직원들에 비해 낮을 뿐만 아니라, 장시간의 근무 등 열악한 근무환경으로 말미암아 그들에게 전달체계의 원칙인 전문성과 책임성을 추구하는 데에는 한계가 있다. 이러한 상황에서 사회복지시설의 근무를 평생직장으로 받아들이고 종사할 전문인력을 유지하고 확보하기란 매우 어려운 실정이다.

3) 민간 사회복지정책 전달체계의 개선방안

민간 사회복지정책 전달체계의 개선방안은 다음과 같다(신복기 외, 2020: 174-175).

(1) 공공·민간 협력체계 구축

공적-주민-학계-전문가 연계의 지역사회복지협의체의 육성·지원이 필요하다. 즉, 지역사회복지협의체는 지역의 사회복지에 관한 전반적인 사항을 다루는 복지거버넌스 실천기구이다. 그런데 지역사회복지협의체는 관 주도형으로 운영되고 있고 아직은 협의체 회원들 간의 유기적인 협조도 미흡하며, 실무협의체, 실무위원의 업무 이중성으로 업무가 과중 부담된다. 아울러 유급간사의 미설치로 인해 책임감 있는 협의체 운영에 어려움이 있다. 따라서, 지역사회복지협의체의 개선방안으로 가장 우선적으로 협의체의 운영과 연락 조정에 필요한 유급 민간 전담인력의 채용과 공간의 마련이다. 그리고 지역사회복지협의체를 활성화하기 위한 서비스 연계 및 조직 간 협력에 대한 인센티브의 제공이 요망된다.

(2) 민간·민간 협력체계 구축

민간부문의 실질적 협의회 가동을 통한 민간기관 간 연계가 필요하다. 현재개별분야별 네트워크가 미미하여 서비스 제공 대상 및 사업의 중복 또는 사각지대가 발생하고 있다. 복지영역의 경우, 보건복지부 지원을 중심적으로 받고 있는 각종 사회복지시설, 민간영역인 종교기관과 단체, 기업, 자원봉사단체, 각종 풀뿌리단체, 청소년단체 등 정부의 위탁을 받거나, 자체적인 재원확보를 통한 복지단체들의 연계부족으로 중복 또는 사각지대 등이 발생하고 있다.

(3) 민간부문의 권한 강화

직접(대민)서비스 체감도를 높이기 위한 민간부문의 권한 강화가 필요하다. 즉, 직접서비스 체감도는 제공주체인 민간 기관·단체·개인 자원들이 수동적상태에 있을 경우 이루어지지 않으므로 민간 서비스 공급자원이 급격히 늘어나는 추세를 반영하여 민간의 권한을 높이는 협력체계를 구축해야 민관협력이 효과적으로 이루어질 것이다.

6. 사회복지정책 전달체계의 선택

사회복지정책 전달체계의 선택은 다음과 같다(현외성, 2019: 267-270).

1) 전달체계 선택의 기본 요소

사회복지정책의 수립·설계 과정에서 어떤 전달체계를 설립할 것인가는 여러 가지 변수에 의해서 결정되는 '선택의 문제'이다. 이 점에서 전달체계의 수립은 정치적 선택과 연결되어 있다. 다만, 선택 시 기본적으로 고려해야 하는 요소는 전달체계의 수립 및 평가의 기준 등을 반영하는 것은 당연한 일이다. 전달체계의 선택에 영향을 미칠 수 있는 요소는 다음과 같다.

(1) 정책목표와 이념

전달체계의 특성은 결국 상위 개념인 사회복지정책의 목표와 이념에 의해서 좌우될 수 있다. 만일 빈곤문제와 청소년비행문제의 해결과 같은 두 문제해결과 정책목표로 주어진 경우, 빈곤문제를 해결하기 위한 여러 가지 방안 중에서 공공부조방식을 통한 해결과 청소년비행 문제해결을 위해서는 집단상담, 개별상담 등 사회사업실천방법을 통한 해결이라는 각각의 정책목표를 수립하였다고 할 경우를 생각해 볼 수 있다.

빈곤문제는 중앙집중적 전달체계나 혹은 관료제적 조직을 통해서도 어느 정도 해결이 가능하지만, 청소년비행문제는 상대적으로 일선조직의 기능을 최대한 살린 지방자치단체 혹은 민간의 다양한 특성을 살린 전달체계가 유익할 것으로 생각한다. 따라서, 정책목표가 무엇이냐에 따라 전달체계의 선택이 달라질 수 있다. 또 이념적 정향의 상이성도 전달체계의 수립에 있어 서로 다른 전달체계를 선택할 수 있는 변수가 될 수 있다. 집단주의적 가치와 이념을 중시할 매는 거대 조직이 선택될 가능성이 더욱 높은 반면, 개인주의적 이념을 강조하는 경우에는 작은 조직, 지방이나 지역조직이 전달체계로서 선택될 가능성이 상대적으로 높다.

(2) 급여내용

사회복지정책에서 제공하는 급여 내용과 형태가 전달체계의 선택에 영향력을 끼칠 수 있다. 물질적·화폐적 급여는 획일적이고 경직된 전달체계라고 할지라도 어느 정도 선택될 수 있으나, 비화폐적 서비스는 개별성과 탄력성을 가지는 전달체계를 선호하는 경향이 있다. 사회복지정책의 급여는 매우 다양하므로 전달체계의 선택에 반드시 검토되어야 하는 사항이다. 오늘날 급속한 사회변동으로 인하여 사회복지 욕구 또한 새롭게 변화되고 있어 여기에 대처하는 사회복지급여가 다양화되고, 거기에 걸맞은 전달체계의 변동도 자연스럽게 연계되어 있다고 할 것이다.

(3) 재정 여건

재정 여건은 필수적인 고려사항이다. 전달체계 수립 시 인적·물적 비용에 대한 검토는 모든 조직에서 당연한 요건이다. 또 누가, 왜, 얼마만큼 전달체계에 재정적 지원을 하느냐 하는 문제는 전달체계의 규모나 성격의 결정에 본질적인 요소이다.

(4) 기술과 인력

사회복지 전달체계는 전문적인 서비스를 제공하는 특성을 가지고 있으므로 인력의 역량이 전달체계의 모습을 좌우할 수 있다. 전문인력의 규모와 능력, 그리고 오늘날 테크놀로지(technology)의 놀랄 만한 발달은 조직의 성격과 모습을 과거와는 매우 다르게 변모시키고 있다. 사회복지 전달체계의 개선이 우리나라에서 논의되고 있는 배경에는 기술발달로 인한 지리적 거리가 과거와는 다르게 변화된 현실을 반영하고 있다.

최근에 사회복지 행정조직인 읍·면·동사무소의 행정복지센터로의 개편이나 보건복지사무소의 개편은 변화하는 사회에서 주민들의 욕구 변동에 못지않게 전달체계에서 이용하는 각종 기술의 발달에 힘입은 바 크다.

2) 전달체계 선택의 본질

사회복지 전달체계의 선택은 이상의 요소를 고려하여 선택된다. 그러나 결국 누가 사회복지 전달체계의 선택에 최종적인 결정을 내리는가? 여기에는 사회구성원 중의 사회복지정책 혹은 전달체계와 연관된 개인과 집단의 역학관계가 배경에서 작용하고 있다. 합리적인 전달체계의 선택과정은 객관적인 검토요인은 물론 주관적인 정책결정권자의 의지와 가치관, 그리고 관련 집단의 영향력이 중요한 변수가 되기도 한다.

3) 사회복지사의 역할

사회복지사는 전달체계의 선택과정에 내포되어 있는 이러한 의미를 잘 이해하여 시민들의 사회복지증진에 기여할 수 있는 전달체계의 선택이 이루어질 수 있도록 힘써야 한다. 따라서, 사회복지사는 전달체계에 관한 이론과 실천적인 경험이 절실히 요청된다.

현재는 사회복지 전담공무원의 경우 담당하는 가구가 매우 많고 부수적인 행정업무로 말미암아 매우 소진되어 있는 것으로 연구되고 있다. 그럼에도 불구하고, 사회복지 전담공무원의 역할에 대한 평가는 긍정적이며, 앞으로 확대해야 할 것으로 논의되고 있다. 또한 민간 사회복지 전달체계에서 근무하는 사회복지사 역시 단순한 실천적 역할에서 벗어나서 전달체계가 가지고 있는 한계를 극복하기 위하여 대안을 제시할 수 있도록 연구와 실천적 노력을 함께 병행해야 할 것이다.

이러한 변화 시기에 있어 사회복지 전달체계에 근무하는 사회복지사의 역할은 그 어느 때보다도 중요하다. 새로운 전달체계의 구성과 구조, 그리고 역할에 대한 의견제시와 함께 지역사회 주민들과 함께 할 수 있는 새로운 프로그램을 제시할 수 있어야 한다. 행정복지센터의 경우, 주민들의 욕구를 발견하고 문제를 해결하는 데 있어서 주민들과 최일선에서 일해야 하는 사회복지 현장이자 전달체계이다. 이러한 측면에서 사회복지사는 행정복지센터에 관심

을 가지고 지역의 행정복지센터가 제대로 기능하여 지역주민들의 복지증진에
기여할 수 있는 전달체계가 될 수 있도록 노력해야 한다.

1. 공공부문에 비해 민간부문이 갖는 취약성은 무엇인가?
   ① 서비스의 안정성   ② 서비스의 탄력성
   ③ 서비스의 전문성   ④ 서비스의 독창성
   ⑤ 서비스의 자율성

2. 사회복지서비스 전달체계의 원칙에 관한 설명으로 옳지 않은 것은?
   ① 서비스 이용비용을 높게 책정하는 것은 서비스 접근성의 방해 요인이 될 수 있다.
   ② 서비스의 지속성을 높이기 위해서는 유관기관과의 연계체계를 구축할 필요가 있다.
   ③ 통합성 및 포괄성을 향상시키기 위한 방법으로 사례관리를 도입할 수 있다.
   ④ 전문성을 높이기 위한 전략이 책임성을 향상시키는 효과가 있기도 한다.
   ⑤ 서비스 제공을 위한 비용은 최소한으로 책정하여 적절성을 확보해야 한다.

3. 다음 중 사회복지서비스 전달체계의 원칙과 거리가 먼 것은?
   ① 적절성의 원칙   ② 지속성의 원칙
   ③ 통합성의 원칙   ④ 포괄성의 원칙
   ⑤ 영구성의 원칙

4. 다음 중 중앙정부와 지방정부의 역할분담에서 사회복지서비스 업무분담의 원칙과 거
   리가 먼 것은?
   ① 분권성의 원칙   ② 현실성의 원칙
   ③ 전문성의 원칙   ④ 책임성의 원칙
   ⑤ 개별성의 원칙

정답 1. ① 2. ⑤ 3. ⑤ 4. ⑤

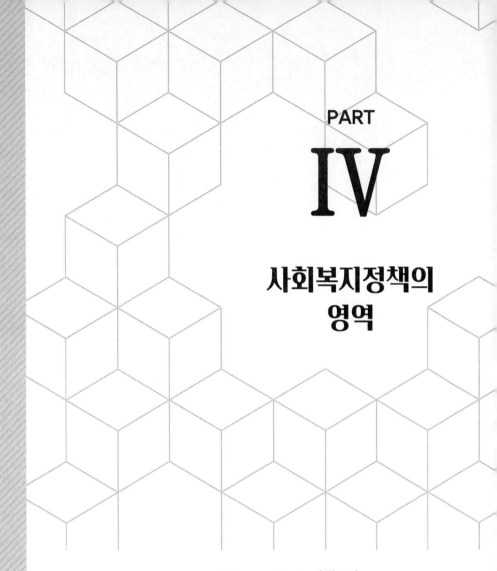

PART

IV

사회복지정책의 영역

CHAPTER 10

사회보장

❖ 학습목표
1. 사회보장의 개념 파악
2. 사회보장의 형태별 분석
3. 사회보장의 역사적 배경

❖ 학습내용
1. 사회보장의 개념
2. 사회보장제도의 전제조건
3. 사회보장의 기능
4. 사회보장의 형태
5. 사회보장제도의 문제점

❖ 개요
사회보장은 국민이 안정적인 삶을 영위하는 데 위험이 되는 요소(빈곤이나 질병, 생활불안 등)에 대해 국가적인 부담 또는 보험방법에 의하여 행하는 사회안전망을 가리킨다. 사회보장은 자본주의가 필연적으로 야기할 수밖에 없는 빈곤 등의 문제에 대해 국가가 이를 보증함으로써 자본주의 국가를 유지하고 안정을 도모하기 위한 것이다. 여기에서는 사회보장을 학습하고자 한다.

사회보장

1. 사회보장의 개념

1) 사회보장 도입 배경

(1) 역사적 배경

사회보장이 성립하려면 빈곤을 자본주의 사회의 사회적·필연적 산물로 받아들인 다음 국가의 책임으로 빈곤에 대한 대책을 강구하는 것이 전제가 되어야 한다. 자본주의 사회의 성립기(15세기 말~1760년대)와 확립기(1760년대~1870년대)에는 빈곤이란 개인적 노력 부족과 태만이 몰고 온 것이자 '자연의 형벌'이라고 여겨 왔으므로, 빈곤은 개인의 책임이라고 인식되었다. 따라서, 이런 인식하에서는 빈곤에 대한 국가적 대책이 실시될 가능성이 없었다. 그러나 서양의 선진 자본주의 국가들은 1873년 경제공황으로 20여 년 동안 만성불황에 시달리며 수많은 실업자들이 발생하였다. 이러한 상황에서 실업을 면했던 노동자들도 실업자가 될 수 있다는 두려움 때문에 저임금과 열악한 노동조건에 놓이게 되었다. 이러한 상황에서 빈곤자들이 계속 증가하면서 실업은 '사회의 질병'으로 여겨지게 되었다. 이에 빈곤은 점차 사회의 책임이라고 인식하는 경향이 대두되기 시작했으며, 국가는 빈곤에 관한 책임을 추궁당하게 되었다. 즉, 빈곤대책은 국가의 책임으로 부상했으며, 이는 사회보장이 출발하는 시작점이 되었다.

1880년대 독일을 시작으로 '사회보험'제도가 생겨났고, 1891년 최초의 '공공부조'가 덴마크에서 탄생하였으며, 1926년에는 '가족수당'이 뉴질랜드에서 지급되기 시작하였다. 이러한 제도들은 노동자들에 대한 대책인 사회보험과 가족수당, 빈곤자 대책인 공공부조, 그리고 사회사업 등으로 나뉘어 진행되었다. 그러다 1929년에 발생한 세계 대공황부터 제2차 세계대전 전후로 국민 모두의 생활을 균등하게 지키는 사회보장 쪽으로 발전하게 되었다. '사회보장'이란 용어는 1935년 미국의 뉴딜정책이 「사회보장법(Social Security Act)」을 채택하면서 처음으로 사용되었다.

(2) 케인즈와 사회보장

자본주의 사회에서는 개인과 그 가족이 능력껏 경제활동에 종사하여 이를 통해 얻어진 소득, 즉 경제적 자원을 가지고 생활하는 것이 일반적이었다. 그런데 산업혁명 이후 시장경제가 본격적으로 발전하면서 불평등과 빈곤의 심화, 산업재해, 실업, 퇴직 등 개인의 힘으로는 어쩔 수 없는 사회문제와 사회적 위험(social risk)이 발생되면서 기본적인 생계유지를 못하는 사람들이 상당수 생겨나게 되었다. 18~19세기의 자유방임주의에서는 이들에 대한 국가의 개입이 제한적이었다. 그러나 자유경쟁 시장이 가져오는 심각한 사회문제와 사회적 위험에 대해 국가와 사회가 공동으로 대처해야 된다는 인식이 확산되면서 20세기 이후 복지국가가 형성되기 시작했다. 이러한 복지국가의 이념을 실현하기 위한 핵심적인 제도로서 사회보장제도가 생성되었다.

사회보장제도는 시장경제에서 이루어진 소득분배에 대해 국가가 세금 또는 보험료를 징수하고, 이를 다시 필요로 하는 사람들에게 분배하는 것이다. 즉, 시장경제의 일차적 분배에 대해 국가가 개입하여 강제적으로 재분배하는 역할을 한다. 따라서, 시장경제에 대해 국가의 개입을 반대하던 자유주의 이념이 지배하던 18~19세기에는 사회보장제도가 발달하기에 여건이 충분하지 못하였다. 그러나 20세기 초에 발생한 대공황과 대량실업 등 자본주의의 체제적 불안정성이 증대되면서 자유시장에 대한 국가개입의 필요성을 역설하는 케인즈 경제이론이 등장하기에 이르렀다. 제2차 세계대전 이후 사회보장제도가 크게 발전한 것은 이와 같은 케인즈이론에 힘입은 바가 크다.

케인즈의 경제이론은 자본주의의 구조를 그대로 유지하면서 자본주의에서 나타날 수 있는 독점과 부당경쟁, 노동에 불합리적인 모순들을 정부가 개입해 완화시키자는 것이었다. 이를 '수정자본주의(revised capitalism)'라고 한다. 케인즈는 시장원칙에 의해 수요와 공급이 자동으로 조절된다는 아담 스미스(Adam Smith)의 경제이론을 반박했다. 케인즈는 그의 저서 『고용·이자 및 화폐의 일반이론』(1936)에서, 실업은 유효수요의 부족으로 발생한다고 보고, 실업자를 줄이기 위해서는 정부의 적극적인 공공지출을 통한 유효수요를 늘려야 한다고 주장하였다.

(3) 우리나라의 사회보장제도

우리나라는 1960년 제4차 개정 헌법에서 처음으로 '국가의 사회보장에 관한 노력'을 규정하였고, 1962년 제3공화국 헌법이 "모든 국민은 인간으로서의 존엄과 가치를 가지며 이를 위하여 국가는 국민의 기본적 인권을 최대한으로 보장할 의무를 진다."라고 규정함에 따라 1963년 11월 법률 제1437호로 전문 7개조의 「사회보장에 관한 법률」을 제정하였다. 그러나 이는 지나치게 추상적인 원칙만을 규정하였다는 주장에 따라 폐지되고, 1995년 「사회보장기본법」이 제정되었다. 이 법률은 사회보장에 관한 국가·지방자치단체·가정 및 개인의 책무를 규정하고, 모든 국민이 사회보장급여를 받을 수 있음을 선언하며, 사회보장 전달체계의 구축 및 전문인력의 양성에 관하여 규정하였다.

사회보험은 1964년에 시행된 산업재해보상보험(산재보험)을 비롯하여 건강보험(구 의료보험, 1977), 국민연금(1988), 고용보험(1995), 노인장기요양보험(2008) 등 5대 사회보험이 실시되고 있으며, 이외에도 공무원연금(1960)과 국방부군인연금, 사립학교교직원연금 등이 추가로 실시되고 있다.

공공부조에 있어서는 1961년 「생활보호법」을 제정하여 생활보호제도를 실시해 오다가 이를 대체한 '국민기초생활보장제도'가 2000년 10월부터 실시되고 있다. 국민기초생활보장제도는 빈곤계층에 대해 국가가 생계·주거·교육·의료 등 기본적인 생활을 보장하는 것으로, 최저생계비에 소득이 미달하는 대상자에게 그 미달 금액을 국가가 지원해 주는 것이다.

2) 사회보장의 정의

사회보장(social security)은 국민이 안정적인 삶을 영위하는 데 위험이 되는 요소(빈곤이나 질병, 생활불안 등)에 대해 국가적인 부담 또는 보험방법에 의하여 행하는 사회안전망을 가리킨다. 다시 말해서 사회보장은 국민이 안정적인 삶을 영위하는 데 위험이 되는 요소, 이른바 빈곤이나 질병, 생활불안 등에 대해 국가적인 부담 또는 보험방법에 의하여 행하는 사회안전망을 말한다. 사회보장은 자본주의가 필연적으로 야기할 수밖에 없는 빈곤 등의 문제에 대해 국가가 이를 보증함으로써 자본주의 국가를 유지하고 안정을 도모하기 위한 것이다.

미국은 1935년 「사회보장법(Ae Social Security Act)」을 제정하였다. 「사회보장법」은 1929년 대공황으로 궁핍해진 미국인의 삶을 회복하기 위한 종합적이고도 포괄적인 사회보장을 규정한 법률이다. 이 법은 '사회보장'이라는 용어를 세계 최초로 사용한 법률이다. 이 법의 전문에는 사회보장의 목적과 사회보장을 구성하는 제도를 규정하고 있다. 물론 미국의 사회보장이 세계 최초의 사회보장제도는 아니다. 독일은 이미 1880년대 사회입법을 통해 사회보험(건강보험, 연금, 산재보험)을 시행했고, 영국도 1911년에 국민보험(건강보험과 실업보험)을 도입하였다.

> 사회보장법은 전반적인 복지(general welfare)의 증진을 위해, 연방정부가 관장하는 노령급여제도와 주정부가 관장하는 노인, 시각장애인, 요보호아동, 장애아동을 위한 복지, 모자복지, 공중보건 및 실업보상법의 관리운영을 지원하며, 사회보장청의 신설과 재정조달 및 기타 목적을 추진하기 위한 법이다.

이 전문은 사회보장의 목적이 전반적인 복지의 증진에 있다는 것을 밝히고 있다. 전반적인 복지는 사회복지와 같은 의미이다. 따라서, 사회보장의 목적은 사회복지의 증진이고, 사회보장은 연방정부가 관장하는 사회보장연금(노령급여)과 주정부가 관장하는 실업보험, 공공부조, 사회복지서비스(노인복지, 아동복지, 장애인복지, 모자복지 등) 및 공중보건 등으로 구성된다. 사회보장연금과 실업보험이 사회보험이라는 점을 감안하면, 미국의 사회보장은 사회보험, 공공부조, 사회복지서비스, 공중보건으로 구성되어 있음을 알 수 있는데, 공중보건을 제외하면 우리나라 사회보장의 구성과 같다.

미국 사회보장제도의 주무부처인 사회보장청(the Social Security Administration, SSA)은 사회보장을 다음과 같이 정의하였다.

> 사회보장은 생계능력의 중단 또는 상실에 처한 사람과 결혼, 출생, 사망과 같은 특별한 지출이 필요한 사람의 소득을 보장하는 법정 프로그램이다. 사회보장은 이외에도 가족수당과 보건의료를 포함한다.

여기서 말하는 생계능력의 중단 또는 감소는 노령, 장애, 사망, 질병, 출산, 산업재해, 실업 등과 같은 사회적 위험으로 인한 소득의 중단 또는 감소를 말한다. 소득의 중단은 소득이 일시적 또는 영구적으로 없어지는 상태를, 소득의 감소는 질병치료나 출산 및 기타의 이유로 추가적인 지출이 늘어 실질적으로 소득이 줄어드는 것을 뜻한다. 그리고 사회보장청은 사회보장을 소득유지 프로그램(income maintenance programs)과 직접 서비스(direct services)로 구분했다. 소득유지 프로그램은 소득상실의 일정 부분을 보전하는 현금급여이고, 직접서비스는 진료서비스나 재활서비스와 같은 현물급여다.

국제노동기구(ILO)는 사회보장을 다음과 같이 정의하였다(ILO, 2001b).

> 사회보장은 사회가 고령, 실업, 질병, 장애, 재해, 출산, 생계수단의 상실을 당한 개인과 가구에게 보건의료를 제공하고 소득을 보장해 주는 것이다. 사회보장은 인간의 기본적인 권리이다. 사회보장은 건강보험, 연금, 실업급여, 조세로 재정을 조달하는 사회급여를 포함한다.

　ILO의 사회보장의 정의는 사회보장의 대상이 고령, 실업, 질병, 장애, 재해, 출산, 생계수단의 상실을 당한 개인과 가구라는 것과 사회보장이 인간의 기본 권리라는 사실을 강조한다. 사회보장을 건강보험, 연금, 실업급여, 조세로 재정을 조달하는 사회급여(공공부조)로 한정시킨 것은 사회보장의 포괄범위를 좁게 본 것이다.

　「사회보장기본법」 제3조 제1호에 따르면, "사회보장이란 출산, 양육, 실업, 노령, 장애, 질병, 빈곤 및 사망 등의 사회적 위험으로부터 모든 국민을 보호하고 국민 삶의 질을 향상시키는 데 필요한 소득·서비스를 보장하는 사회보험, 공공부조, 사회서비스를 말한다."라고 정의하고 있다. 또 '사회보장의 아버지'로 불리는 「베버리지의 보고서」에 따르면, 사회보장은 실업·질병 혹은 재해에 의하여 수입이 중단된 경우의 대처, 노령에 의한 퇴직이나 본인 이외의 사망에 의한 부양 상실의 대비, 출생·사망·결혼 등과 관련된 특별한 지출을 감당하기 위한 소득보장을 의미한다. 베버리지는 사회보장을 빈곤과 결부시켜 '궁핍의 퇴치'라고 말했으며, 이는 국민소득의 재분배로 실현할 수 있으며, 이를 통한 일정 소득의 보장은 결국 국민생활의 최저보장을 의미하는 것이라고 했다.

3) 사회보장의 중요성

　최근 들어 사회보장이나 이와 관련된 용어를 사용하는 경우가 많아지고 있다. 오늘날 대부분의 국가는 어떤 형태이든 사회보장제도를 갖추고 있다. 또한 많은 국가에서 사회보장은 헌법에 보장된 권리에 속하고 있다. 그리고 현대에 들어서 사회보장은 거의 모든 국가에서 중요한 논쟁거리가 되고 있다. 왜냐하면 현대사회에서 사회보장은 개인과 가족과 국가에게 더욱더 중요한 역할을 하고 있기 때문이다. 사실 복지국가에서 핵심적인 프로그램은 사회보장 프로그램인 경우가 많다. 이러한 이유로 사회보장은 중요하다(노병일, 2020: 13-14).

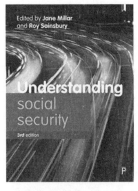

『사회안전이해』
(2018년 출판)

밀러(Jane Millar) 등이 2004년 편집한 『사회안전이해(*Understanding Social Security: Issues for Policy and Practice*)』에서 제시된 사회보장이 중요한 이유는 다음과 같다.

첫째, 사회보장은 국민 전체에서 중요한 부분을 차지하고 있기 때문이다. 무엇보다도 사회보장은 규모가 크다. 예를 들어, 미국에서 사회보장은 중요한데, 그 이유들 중의 하나는 사회보장의 규모가 매우 크기 때문이다.

둘째, 사회보장은 정부의 지출에서 규모가 가장 큰 영역이기 때문이다. 또한 사회보장은 정부가 경제적 목적과 사회적 목적을 추구하기 위한 수단이 되기 때문이다.

셋째, 생계를 유지하기 위해 사회보장에 의존하는 사람의 수가 많기 때문이다. 실제로 사람들 중에는, 자기 소득의 전부 또는 일부를 사회보장에서 얻고 있는 사람이 매우 많다. 사실상 사회보장제도에서는 모든 나이에 속하는 사람들에게 급여를 제공하고 있다. 따라서, 개인의 경제적 측면과 관련해서 사회보장은 매우 중요하다.

넷째, 사회보장은 소득을 재분배하기 위한 가장 중요한 도구의 하나이기 때문이다.

다섯째, 사회보장에서 제공하는 급여는 사람들이 생활하는 방식에 영향을 미칠 수 있기 때문이다. 실제로 사회보장 급여는 일자리, 저축, 퇴직, 가족의 구성과 관련해 사람들이 내리는 결정에 영향을 미칠 수 있다.

그러므로 사회보장제도가 발달한 것은 20세기에 사회정책 영역에서 가장 중요하게 이룬 업적에 속하고 있다. 그리고 사회보장은 앞으로도 계속해서 중요한 위치를 차지할 것으로 보인다. 특히, 앞으로 전체 인구층에서 노인이 차지하는 비율이 높아지고 고용이 더 불안정해짐에 따라 현대사회에서 사회보장은 더욱더 중요해질 것으로 보인다.

4) 사회보장의 목적

사회보장이 추구하는 목적은 시대와 국가와 대상자에 따라 차이가 나는 경우가 많다. 또한 사회보장의 목적이 분명하게 겉으로 드러나지 않는 경우도 많다. 그리고 때에 따라서는, 사회보장이 추구하는 하위 목적들이 서로 모순되는 경우도 있다(Ditch, 1999). 특히, 학자나 기관에 따라 사회보장의 목적으로 강조하는 측면에서 차이기 난다. 그러나 대부분의 학자나 기관이 사회보장과 관련해 공통적으로 제시하는 목적은, 사회적 위험에 대해 미리 대비함으로써 사회구성원이 최저생활을 유지하고 결과적으로 사회구성원이 안정된 생활을 하게 하는 것이다. 사회보장의 목적과 관련해서 인식할 필요가 있는 점은 다음과 같다(Walker, 2004).

첫째, 잘 발달된 사회보장제도에서는 여러 가지 목적을 추구하고 있다.

둘째, 특정한 한 가지 목적을 추구하기 위해 취한 방안은 다른 목적에도 영향을 미칠 수 있다.

사회보장의 정의와 이에 따른 사회보장의 범위가 변하는 것과 마찬가지로, 사회보장의 목적도 끊임없이 변할 것으로 보인다. 어느 때에는 사회보장의 목적이 서서히 변해서 거의 인식하지 못할 수 있다. 이것은 사회보장정책을 자연스럽게 서서히 실시할 경우에 그렇다. 그러나 어느 때에는 사회보장의 목적이 매우 크게 변할 수 있다. 이것은 사회보장의 급여체계를 전체적으로 다시 검토할 경우나, 또는 새로운 정부가 들어섰을 경우에 특히 그렇다. 향후 사회보장의 목적은 여러 측면을 고려하는 방향으로 나아갈 것으로 보인다.

5) 사회보장의 주체와 대상

(1) 사회보장의 주체

우리나라 헌법 제34조 제2항에 "국가는 사회보장·사회복지의 증진에 노력할 의무를 진다."라고 규정되어 있고, 「사회보장기본법」에는 사회보장에 대한

국가 및 지방자치단체의 책임에 대해 규정하고 있어서 사회보장의 주체는 국
가와 지방자치단체가 된다.

(2) 사회보장의 대상

사회보장의 발달사적으로 볼 때, 처음 사회보험제도가 도입되었을 때에는
그 대상이 근로자와 그 가족이었다. 그 후 점차적으로 대상범위를 넓혀 오늘
날 사회보장의 대상은 모든 국민이 된다. 우리나라의 헌법 제34조 제1항에는
"모든 국민은 인간다운 생활을 할 권리를 가진다."라고 규정되어 있어 사회보
장의 대상이 전체 국민임을 명확하게 명시하고 있다. 그리고 국내에 거주하는
외국인에게 사회보장제도를 적용할 때에는 「사회보장기본법」 제8조에 따라
상호주의의 원칙에 따른다.

한편, 모든 국민은 사회보장의 대상이 되어 사회보장 관계 법령에서 정하는
바에 따라 사회보장급여를 받을 권리를 가질 수 있으나, 그에 따른 책임도 또
한 준수해야 한다.

6) 유사용어와의 상관성

(1) 사회복지

일반적으로 사회보장을 협의의 관점에서 보면, 사회보험과 공공부조를 의
미한다. 즉, 협의의 사회보장은 금전적이고 물질적인 소득보장에 주로 초점을
맞춘다. 사회보장을 협의의 개념인 사회보험과 공공부조로만 볼 경우, 사회보
장은 '사회적 위험으로부터 모든 국민을 보호하기 위해 국가가 금전적이고 물
질적인 소득보장을 제공해 주는 제도적 장치'라고 정의할 수 있다. 그러나 우
리나라 「사회보장기본법」에서는 사회보장을 광의의 개념으로 보고 있다. 동
법 제3조 제1호에는 사회보장을 "출산, 양육, 실업, 노령, 장애, 질병, 빈곤 및
사망 등의 사회적 위험으로부터 모든 국민을 보호하고 국민 삶의 질을 향상
시키는 데 필요한 소득·서비스를 보장하는 사회보험, 공공부조, 사회서비스"

로 규정함으로써 금전적이고 물질적인 소득보장뿐 아니라, 비금전적인 사회서비스를 포함하고 있다. 특히, 사회서비스의 경우 "국가·지방자치단체 및 민간부문의 도움이 필요한 모든 국민에게 복지, 보건의료, 교육, 고용, 주거, 문화, 환경 등의 분야에서 인간다운 생활을 보장하고 상담, 재활, 돌봄, 정보 제공, 관련 시설 이용, 역량개발, 사회참여 지원 등을 통하여 국민의 삶의 질이 향상되도록 지원하는 제도"라고 광범위하게 규정하고 있다. 또한 국가나 지방자치단체와 함께 민간도 주체로 언급하고 있어 사회보장의 개념을 매우 넓게 정의하고 있다. 즉, 협의의 개념은 사회보험과 공공부조를 말하며, 광의의 개념은 여기에 사회서비스를 추가한다.

한편, 사회복지를 협의의 관점에서 보면, 사회적·경제적 약자나 보호를 필요로 하는 사람을 위한 사회적·정책적 제도를 말한다. 즉, 「사회보장기본법」 제13조 제4호에서 규정하고 있는 상담, 재활, 돌봄, 시설 이용 등의 사회서비스가 여기에 속한다. 그러나 광의의 관점에서 사회복지란 사회보험과 공공부조를 통한 금전적이고 물질적인 소득보장뿐 아니라, 비금전적인 전문적 사회서비스 프로그램을 모두 포함한다고 할 수 있다. 즉, 협의의 사회복지가 사회서비스를 말한다면, 광의의 사회복지는 여기에 사회보험과 공공부조를 추가한다. 이렇게 되면 광의의 사회보장은 광의의 사회복지와 같은 개념이 된다. 사실 사회보장과 사회복지는 대상자들에게 사회적 차원의 보호와 구제를 그 목표로 하는 점에 있어서는 같은 의미를 가진다. 그러나 우리나라의 헌법 제34조 제2항에는 "국가는 사회보장·사회복지의 증진에 노력할 의무를 진다."고 규정함으로써 사회보장과 사회복지를 구분해 놓았다. 그런데 「사회보장기본법」이 사회보장의 범위를 '사회보험, 공공부조, 사회서비스'로 규정해 놓았기 때문에 헌법에서 말하는 사회복지는 어디에 포함되어야 할 것인지 의문이 생기기도 한다. 하지만 사회복지의 개념 자체가 확장성을 가지고 있는 사회성 짙은 용어로 간주한다면 이러한 개념 차이를 충분히 이해할 수 있다.

사회보장과 사회복지의 범위에 대해 사회보장의 범위를 사회보험과 공공부조의 소득보장으로 제한해서 보고, 사회복지의 범위는 사회보장과 사회서비스로 넓게 보는 것이 옳다고 주장하는 국내 학자들의 견해들이 다수 있다. 또한 「베버리지 보고서」에서도 사회보장은 사회보험, 공공부조, 민간보험을 포함하고 있고, 사회복지는 아동수당, 보편주의 보건서비스, 재활서비스 및 완전고용을 포함하고 있어 사회보장보다 사회복지를 더 넓게 보고 있다. 즉, 사회보장이 소극적으로 사회적 위험으로부터 개인을 보호하는 데 목적이 있다면, 사회복지는 보다 더 포괄적으로 공동체의 복지를 지향한다는 것이다. 반면, 사회보장을 사회복지보다 상위개념으로 보고 좀 더 포괄적으로 이해하는 견해도 있다. 이 경우, 사회복지의 범위는 소득보장을 제외한 전문적 사회서비스에 국한된다(박진화, 2020a: 19-21).

결국 사회보장과 사회복지의 관계는 어느 것을 상위 또는 하위의 개념으로 볼 것인가에 따라 달라진다. 즉, 사회보장을 사회복지의 하위개념으로 보는 경우, 사회보장은 협의의 개념으로서 사회보험과 공공부조에 국한하고, 반면 사회복지를 사회보장의 하위개념으로 볼 경우 사회복지는 협의의 개념으로서 사회서비스만을 의미하게 된다. 어느 관점을 채택하든 무방하다고 할 수 있으나, 우리나라 「사회보장기본법」의 기준으로 본다면 사회보장을 사회복지보다 포괄적인 개념으로 보고 있다고 할 수 있다. 즉, 사회복지는 사회보장제도의 실현과정에 사용되는 서비스의 한 영역으로 간주된다. 따라서, 사회보장과 사회복지의 관계는 광의의 개념인 사회보장제도 안에서 소득보장에 중점을 두는 사회보장과, 전문적 서비스에 중점을 두는 사회복지로 이루어져 있다.

(2) 사회안전망

최근에는 '사회안전망(social safety nets)'이라는 용어가 국제통화기금(International Monetary Fund)과 세계은행(World Bank)을 중심으로 사용되고 있다. 사회안전망은 구조조정을 위한 개혁조치가 사회적 취약계층에 미치는 역효과를 최소화하기 위한 정책적 조치(주로 단기적인 사회복지정책)라는 의미이다(Chu & Gupta, 1998).

IMF와 세계은행은 원활한 시장경제의 작동과 개발도상국 및 후진국에 대한

경제적 원조를 목적으로 하는 대표적 국제금융기구인데, 1970년대 후반부터
재정지원을 받은 개발도상국들에게 제시한 구조조정 프로그램들, 즉 국가재
정지출의 축소, 자본시장의 개방, 노동시장의 유연화, 국영기업의 민영화 등
이 실업자의 양산과 빈곤의 심화 등 부정적 결과가 나타나자 양대 국제금융
기구에 포진한 신자유주의 경제학자들은 이를 해결하기 위한 사회보장정책들
을 모색하기 시작했다. 이 과정에서 이들은 사회보장이라는 용어보다는 사회
안전망이라는 용어를 더 선호하여 사용하였다. 우리나라에서는 1997년 외환
위기 당시 IMF 및 세계은행으로부터 구제금융의 조건으로 사회안전망 확충
을 요구받으면서 사회안전망이란 용어가 본격적으로 논의되고 사용되기 시작
했으며, 2012년 개정된 「사회보장기본법」에서는 사회보장과 별도로 '평생사
회안전망'이라는 용어를 도입하였다.

한편, 유럽의 경우, 사회보장이라는 용어 대신 다른 용어로 '사회적 보호
(social protection)'라는 용어를 사용하는 경향이 있다(Abel-Smith, 2009). 이
사회적 보호는 사회보장보다 더 넓은 의미를 지니는 식으로 사용되고 있다.
즉, 사회적 보호에는 법령에 의해 도입되지 않은 민간제도도 포함되기 때문이
다. 일부 국가의 경우, 사회보장이라는 용어를 좀 더 좁은 의미로 사용하고
있다. 예를 들어, 영국은 법령에 따라 제공되는 현금급여만을 사회보장으로
보고 있으며, 사회서비스라는 용어가 사회보장, 의료, 교육, 주택, 사회사업
및 사회복지와 관련된 급여를 가리키는 말로 사용된다. 미국에서 사회보장이
라는 용어는 연방정부 수준의 사회보험제도를 의미하는 용어로 사용되고 있
다. 즉, 미국에서의 사회보장은 노령·유족·장애보험(Old Age, Survivors,
Disability Insurance, OASDI, 1935년 최초 실시)을 가리키는 말로 사용되고
있어 주정부 수준에서 제공하는 급여와 구분되고 있으며, 공공부조와도 구분
되는 용어로 사용되고 있다. 그리고 유럽에서 공공부조라고 부르지만, 미국에
서는 '복지(welfare)'라고 부르고 있다.

2. 사회보장제도의 전제조건

사회보장제도는 산업화, 자본주의, 민주주의 등과 같은 역사적·사회적 장치들과 함께 전개, 발전되어 온 사회제도이다. 사회보장제도는 인간다운 생활을 유지하기 위해 인류가 발전시켜 온 중요한 유산이자 사회제도이지만, 여전히 한계를 지니고 있다. 따라서, 사회보장제도는 진공상태 속에 존재하는 것이 아니라, 각국의 역사적·사회적 맥락 안에서 다양한 형태를 띠고 있다.

사회보장제도가 제대로 기능하려면 그 기본 바탕이나 혹은 환경적 여건이 갖추어지는 것이 필요하다. 예를 들어, 농업국가에서 농어업인이 대다수를 차지하는 곳에서 사회보장이 가능할 것인가? 사회보장제도를 운용할 수 있는 기술적 이력과 기술적 지식이 없는 곳에서, 특히 복잡한 사회적 위험발생과 그것에 대응한 보험급여의 계산방법, 개인의 생애에 걸친 생활사고의 대응과 국민 전체에 대한 인구사회학적 미래예측력 등의 통계학적 인구가족, 미래학적 금융회계 및 거시경제 사회정책적 분석과 대응능력이 불가능한 사회에서 사회보장제도 실현이 가능할 것인가? 결코 그렇지 못할 것이다. 사회보장제도가 제대로 작동되어 국민들에게 인간다운 생활을 영위할 수 있도록 하기 위해서는 그 전제 조건이 필요하다. 어느 정도의 산업화, 자본주의체제의 성장 발전, 노사정의 건강한 사회적 합의를 이룰 수 있는 성숙한 민주주의, 인구사회학적으로 안정적 사회, 더 나아가 위험공동체를 견인할 수 있는 교양 있는 시민의식 그리고 사회 전체의 공공복지증진을 위해 개인의 자유의 제한을 균형 있게 이룰 수 있는 복지국가의 법질서 등의 조건이 전제가 되어야 한다. 이 중에서 좀 더 구체적으로 언급되는 사회보장제도의 기본 전제조건은 다음과 같다(현외성, 2018: 64-68).

1) 생존권 보장

생존권은 인간다운 생활보장을 국가에 요청할 수 있는 국민의 기본적 권리이다. 어떤 사회적 위험 상황에서도 국민은 보호받아야 하며, 인간다운 생활

을 영위할 수 있도록 하는 것을 국가 존립의 근거로 하는 복지국가야말로 사
회보장제도 실현의 기본 전제이다. 헌법은 국가 존립과 기능을 담은 최상위의
법규범이므로, 생존권 보장을 헌법에 규정함은 물론 그 하위 법률과 명령 등
을 통하여 생존권을 실현하기 위한 구체적인 행위로서 사회보장제도를 실시
하는 내용을 담아야 한다.

세계 각국은 1919년 바이마르 공화국이 헌법에 생존권 규정을 도입한 이후
거의 모든 국가들이 생존권 조항을 헌법규정에 도입함으로써 복지국가를 지
향하고 있다.

2) 완전고용의 실현

완전고용은 일해야 하는 의지와 능력이 있는 사람은 일할 수 있는 상태를
말하는 것으로서, 케인즈가 말하는 자발적 실업, 마찰적 실업, 비자발적 실업
중에서 비자발적 실업이 없는 경우를 의미한다. 사회보장제도는 임금노동자
의 임금 혹은 보수를 근거로 하여 설계·운용되기 때문에 임금노동자의 존재
를 기본 전제로 하고 있다. 즉, 임금근로자가 매월 받는 급료를 기반으로 연
금보험, 산재보험, 고용보험, 건강보험 등을 운용하며, 공공부조 역시 이들의
보수를 기반으로 하는 조세를 재원으로 운영되고 있기 때문에 완전고용의 실
현이 사회보장제도의 전제조건이 된다.

베버리지 역시 1942년 그의 보고서에서 사회보장의 전제조건으로서 이동수
당, 포괄적 의료서비스가 고용수준의 유지 등을 세 가지 전제 조건으로 할
때, 만족스러운 사회보장제도가 된다고 하였다. 완전고용은 사회보장의 기저
를 이루는 전제조건임과 동시에 사회보장제도를 실시함으로써 고용을 안정시
키고 완전고용을 이루는 상호보완적인 관계도 성립된다.

3) 최저임금제의 실시

완전고용이 되었다 할지라도 근로자의 임금수준이 인간다운 생활을 보장할

수 없을 뿐만 아니라, 미래의 위험에 대응할 수 있도록 보험료를 지불할 수 없을 만큼 임금수준이 낮다면, 현실적으로 사회보장제도는 작동할 수 없게 된다. 따라서, 완전고용과 함께 임금근로자의 임금수준이 인간다운 생활을 영위할 만큼, 그리고 사회보험료를 지불할 수 있을 만큼 최저임금제도가 실행되어야 하는 것이 사회보장제도의 기본 전제조건이다. 이런 측면에서 세계 각국은 최저임금제도를 공공복지를 위해 강제적으로 실행하는 것을 원칙으로 하고 있는 추세이다.

최저임금제와 사회보장제도의 관계를 살펴보면 다음과 같다.

첫째, 최저임금제는 사회보험의 급여수준 및 공공부조의 기준이 될 수 있다. 최저임금제의 확립은 사회보장제도의 급여수준을 향상시키는 데 영향을 미친다. 공공부조의 수준은 비록 열등처우의 원칙(principles of less eligibility)이 적용된다 하더라도, 모든 국민의 인간다운 생활을 위한 최저생활보장의 기반이 될 수 있다. 열등처우의 원칙이 적용되지 않으면, 근로자의 노동의욕을 상실하게 할 수 있기 때문이다.

둘째, 사회보장의 재원에서 근로자의 갹출금은 임금비례제를 일반적 원칙으로 한다. 따라서, 임금이 너무 낮으면 사회보장재정에 파탄이 올 수 있다. 이를 막기 위해 국고부담이 커질 수 있다.

셋째, 저임금에 따른 비례갹출 비례급여의 원칙을 적용하면 저부담 저급여가 되는데, 이것은 모든 국민의 인간다운 생활에 대한 보장이라고 하는 사회보장의 의의와 기능을 기대할 수 없게 된다. 따라서, 최저임금제는 사회보장의 전제 조건이 된다.

4) 인구학적 재정적 안정: 지속가능성

사회보장제도는 기본적으로 '사회적 위험'의 공동부담과 공동대응이라는 사회연대 원리에 입각해 있다. 사회연대 원리는 사회구성원 모두가 이러한 사회보장제도가 가진 특성 이해를 기반으로 하면서 사회구성원들이 공동부담으로 보험료와 세금을 납부하는 것을 의미한다. 그만큼 도움을 받는 대상이 있는 반면, 도움을 제공해야 하는 집단도 있다. 이러한 상호성과 호혜성은 인구학적으로나 재정적으로 지속적이고 안정적인 사회적 구조를 갖출 것을 필요로 한다. 만일 도움을 받아야 하는 인구집단이 상대적으로 많고 도움을 제공해야 하는 인구집단이 상대적으로 적다면, 국가적·사회적으로 재정적 안정이 붕괴되고 사회보장제도는 성립하기 어렵다. 따라서, 장단기적으로 사회보장제도가 견실해야 하는데, 이를 위해서는 인구 및 재정적 안정이 필수불가결하고 전제 조건이 되는 것이다.

21세기 현대복지국가에서 저성장·세계화와 함께 저출산·고령화는 사회보장제도에 심각한 도전이 되고 있다. 임금과 연계된 사회보장제도와 다른 한편으로는 인구구성과 연계된 사회보장제도의 미래가 불확실하여 각국은 다양한 제도와 정책으로 지속가능한 사회보장제도를 모색하고 있다.

지속가능한 사회보장제도를 위한 전제조건은 다음과 같다.

첫째, 장단기적인 미래의 인구구성이 어떻게 전개될 것인지를 예측하면서 사회보장 재정을 운용해야 할 것이다.

둘째, 이와 연관된 것으로서 복지재정을 염두에 둔 조세제도 혹은 조세수입을 적절하게 운용하는 정책이다.

셋째, 장·단기적 국가재정계획을 보다 실효성 있고 구속력을 갖춘 재정규율 수단으로 활용하기 위하여 경기예측능력 제고를 통한 세수 추계의 정확도 제고라든가 재원조달의 실현가능성 제고, 정부의 투자계획에 대한 심사분석 강화 등과 같은 '제도적' 노력을 경주할 필요가 있다.

넷째, 향후 재정의 지속가능성을 담보하기 위해서는 다소 경직적이면서도 강제적이고 '항구적인' 재정준칙(fiscal rules)을 '법제화'하는 방안을 적극 검토할 필요가 있다.

이외에도 지방재정의 안정성을 확보하는 정책과제, 사회적 합의에 의한 사회보장 제도 간 형평성과 균형을 조정하는 정책과제 등이 사회보장제도의 지속가능성에 중요한 요소이다.

3. 사회보장의 기능

사회보장제도는 국민들의 삶의 질을 향상시키고 사회문제를 해결하기도 하지만, 때로는 사회적 문제를 유발시키거나, 국민들의 경제적 부담을 가중시키기도 한다. 이러한 사회보장의 기능(목적)을 순기능과 역기능으로 구분하여 살펴보기로 한다(박진화, 2020a: 54−62 ; 현외성, 2018: 53−64 ; 강희갑 외, 2017: 19−21).

1) 사회보장의 순기능

사회보장의 순기능은 다음과 같다.

(1) 기본생활보장의 기능

사회보장의 기능 중 가장 핵심적인 기능은 기본생활보장의 기능이다. 자본주의 이전의 농경시대에는 대가족제도가 기본생활보장 기능을 담당했기 때문에 국가는 가족이 책임질 수 없는 빈곤한 사람들에 한해서 공공부조를 실시하였다. 그러나 자본주의 이후의 산업사회에서는 산재, 실업, 퇴직, 질병 등 개인의 힘으로 해결할 수 없는 사회적 위험과 각종 사회문제들이 증가하게 되었다. 이에 대응하기 위해 국가는 사회보험과 공공부조 및 사회복지서비스의 다양한 사회보장제도들을 제정하여 실시함으로써 모든 국민의 기본생활을 보장하고 있다.

국민에 대한 국가의 사회보장 의무는 국민의 생존권적 기본권(최초 독일 바이마르 헌법)을 국가가 보장하는 것이다. 생존권적 기본권은 국민이 인간다운 생활을 할 수 있는 기본생활을 보장받을 권리를 말하는 것으로 헌법에 의해 보장된다. 우리나라 헌법 제10조에는 기본권 보장에 대한 의무조항이 명시되어 있고, 제31~36조에 사회보장을 받을 권리를 명시하고 있다. 특히, 제34조 제1항에는 "모든 국민은 인간다운 생활을 할 권리를 가진다."고 명시하고 있어 생존권에 대한 국가의 보장의무를 나타내고 있다.

「사회보장기본법」 제3조 제1호에는 사회보장에 대해 "출산, 양육, 실업, 노령, 장애, 질병, 빈곤 및 사망 등의 사회적 위험으로부터 모든 국민을 보호하고 국민 삶의 질을 향상시키는 데 필요한 소득·서비스를 보장하는 사회보험, 공공부조, 사회서비스를 말한다."라고 되어 있어 사회보장이 국민의 기본생활을 보장하는 기능을 수행하고 있다는 것을 명시하고 있다. 그리고 동법 제2조에는 사회보장이 "모든 국민이 다양한 사회적 위험으로부터 벗어나 행복하고 인간다운 생활을 향유할 수 있도록 자립을 지원하며, 사회참여와 자아실현에 필요한 제도와 여건을 조성하여 사회통합과 행복한 복지사회를 실현하는 것을 기본 이념으로 한다."라고 규정되어 있다. 따라서, 오늘날 복지국가는 사회보장을 통해 국민이 인간다운 생활을 향유할 수 있는 수준의 기본생활을 보장하고 있다.

(2) 소득재분배 기능

① 의의

자본주의 경제체제하에서 시장기능에 의해 이루어진 소득분배는 현저하게 불평등한 것이 일반적이다. 이러한 소득의 불평등을 완화하기 위해서 국가는 각종의 정책적 조치를 취하게 되는데 이를 소득재분배라고 한다. 즉, 시장경제에서 이루어진 일차적 소득분배에 대해 국가가 세금(보험료)을 징수하여 강제적으로 재분배하는 것이다. 소득재분배는 주로 발달된 사회보장제도나 누진과세제 등을 통해 개인이나 소득계층 간의 격차를 시정하고 축소화하는 정책적 조지를 말한다. 따라서, 소득재분배는 복지국가의 기본 이념인 평등사상에 기초한다.

② 소득재분배 형태

소득재분배는 수직적 재분배, 수평적 재분배, 세대 간 재분배의 다양한 형태가 있다.

첫째, 수직적 재분배는 계층 간 재분배로, 고소득층과 저소득층 간에 이루어지는 재분배이다. 사회보장에 있어 기여와 급여가 비례적으로만 되어 있다면, 수직적 재분배는 일어나지 않겠지만 실제로는 완전한 비례관계가 아니기 때문에 수직적 재분배의 효과가 생긴다. 먼저, 공공부조의 경우에는 기여를 하지 않고 국가의 세금(주로 고소득층이 누진적으로 부담)으로 급여를 받기 때문에 수직적 재분배 효과가 가장 크다고 할 수 있다. 그리고 사회보험에서는 국민연금의 경우, 기여는 소득에 비례하지만 연금급여 부문에서 균등부분과 소득비례부분으로 나누어져 있어서 수직적 재분배는 균등부분에 의해 이루어진다. 또한 건강보험의 경우도 기여는 소득에 비례하지만, 급여(진료비)는 기여에 관계가 없기 때문에 수직적 재분배 효과가 나타난다. 그러나 사회보험의 수직적 재분배 효과에는 한계가 있다. 왜냐하면 소득비례제를 채택하여 소득이 많을수록 더 많은 보험료를 부담하지만, 누진적 소득세에 비하면 그 효과가 적고, 또한 보험료에 상한액(일정 소득 이상은 동일한 보험료 부과)을 적용하고 있기 때문이다.

둘째, 수평적 재분배는 계층 내 재분배로, 동일 계층 간에 이루어지는 재분배이다. 수평적 재분배의 예는 건강보험의 경우 건강한 사람으로부터 질병에 걸린 사람으로, 고용보험의 경우 실직하지 않은 사람으로부터 실직한 사람에게로, 산재보험의 경우 산재를 당하지 않은 사람으로부터 산재를 당한 사람으로 수평적 재분배가 이루어진다.

셋째, 세대 간 재분배는 젊은 세대와 노령세대, 현재 세대와 미래 세대 간에 이루어지는 재분배이다. 국민연금의 운영방식이 축적된 기금에 의하여 지급하는 적립방식이 아닌 현재 일하고 있는 세대의 기여금으로 운영되는 부과방식(pay-as-you-go system)일 경우에 세대 간 재분배 효과가 일어난다. 또한 기초연금도 65세 이상의 노인은 전혀 부담을 하지 않고 근로세대가 부담하는 세금으로 일정액의 급여를 받는다는 점에서 세대 간 소득재분배 효과가 발생한다. 즉, 세대 간 재분배는 현재의 근로세대가 비용(보험료)을 부담해서 노령계층을 부양하는 경우이다.

(3) 경제적 기능

사회보장제도는 경기안정 기능, 경제안정화 기능, 자본축적 기능 등의 경제적 기능을 수행한다.

첫째, 경기안정 기능은 경기가 상승하면 그것이 과열되지 않도록 막아주고, 경기가 하락하면 더 이상 하락하지 않도록 막아주는 것을 말한다. 특히, 실업급여와 공공부조의 사회보장 지출은 경기변동과 상반되는 방향으로 움직임으로써 적극적으로 자동안정장치 기능을 수행한다. 즉, 실업급여와 공공부조의 급여지출은 경기 호황일 때에는 그 수요가 감소하여 줄여 줌으로써 경기가 과열되는 것을 방지하는 역할을 수행하고, 반대로 경기가 불황일 때에는 그 수요가 증대하여 유효수요를 증대시킴으로써 경기침체를 방지하는 역할을 한다.

둘째, 경제안정화 기능은 사회보장제도가 경제구조의 개편 또는 산업구조의 변화에 대응한 사회적 안정장치의 역할을 수행하는 것을 말한다. 즉, 직업창출, 직업교육훈련, 직업알선 등을 통해 노동력이 산업구조 변화에 적응할 수 있도록 지원하는 역할을 한다.

셋째, 자본축적의 기능은 사회보장제도 중 재정운영 방식이 적립방식인 공적연금의 경우에는 기여금이 적립됨으로써 기여와 급여 간에 시간적 격차가 발생해 자본이 축적되는 것을 말한다. 축적된 적립금은 규모가 크기 때문에 경제발전 및 경기안정을 위한 자금으로 유용하게 활용할 수 있다.

(4) 사회공동체 형성 기능

퍼니스와 틸톤(Funiss & Tilton, 1979)은 복지국가가 지향하는 가치로 평등, 자유, 민주주의, 공동체 의식(결속, 연대), 안정성, 경제적 효율성을 들고 있다. 현대복지국가의 기본 이념은 사회적 평등을 기초로 하고 있다. 그렇다고 해서 자본주의의 본질인 자유가 도외시될 수는 없다. 자유와 평등의 가치는 적절하게 조화되도록 해야 한다. 즉, 자유민주주의를 바탕으로 하면서 복지국가를 건설하는 것이 곧 국민의 생존권을 보장하는 길이다.

자유라는 터전 위에서 실질적인 평등을 실현하기 위해서는 사회구성원 간의 연대 내지 결속을 이끌어 낼 수 있는 사회공동체를 형성하여야 한다. 사회구성원들의 극단적 빈부격차는 구성원들의 공동체 의식을 말살시킨다. 사회보장은 이러한 극단적 빈부격차를 해소함으로써 복지국가가 지향하는 사회적 평등 및 통합의 가치를 실현할 수 있다. 따라서, 실질적 평등에 기초하는 복지국가를 건설하기 위한 사회보장은 사회구성원이 서로 연대하여 결속하는 사회공동체를 형성하는 기능을 수행한다.

2) 사회보장의 역기능

사회보장은 국가와 사회에 부정적인 기능, 즉 역기능을 나타내기도 한다. 역기능에 대해 살펴보면 다음과 같다.

첫째, 조세부담이 증가된다.

사회보장의 재원은 상당부분 국민의 세금으로 충당된다. 따라서, 사회보장의 확대는 국민의 조세부담 증가로 이어진다. 국민의 조세부담을 측정하는 지표는 조세부담률인데 이는 국내총생산액(Gross Domestic Product, GDP)에서 조세(국세와 지방세)가 차지하는 비중을 말한다. 조세와 사회보장기여금이 차지하는 비중을 의미하는 것으로는 국민부담률이 있다. 국민부담률은 국내총생산 액에서 조세와 사회보장기여금이 차지하는 비중을 말한다.

둘째, 수혜자의 노동의욕을 감소시킨다.

사회보장급여는 노동을 하지 않아도 얻어지는 일종의 이전소득(transfer income)으로, 수급자의 노동윤리를 손상시키고 노동의욕을 저하시키며, 결과적으로 생산성을 낮추고, 경제성장에 부정적인 영향을 미칠 수도 있다.

셋째, 개인의 저축을 감소시킬 수도 있다.

국민연금과 같은 사회보험식 공적연금은 노령이라는 장래의 시점에서 누리게 될 미래의 자산으로 인식되어 미래를 대비한 자발적 저축을 감소시키는 대체효과를 나타낼 수도 있다. 그러나 이와 반대되는 의견도 있다. 즉, 공적연금제도가 도입된 이후 연금제도에 대한 의미가 확산되어 자발적 저축으로 개인연금과 같은 사적연금제도가 오히려 발달되었다.

넷째, 경제성장에 필요한 투자자원을 감소시킬 수 있다.

사회보장은 생산적이라기보다는 소비적인 것으로 간주되어 정부가 사회보장지출을 증가시키면, 상대적으로 경제분야에 지출 가능한 자원의 양이 줄어들기 때문에 경제가 위축된다고 주장하기도 한다.

다섯째, 복지의존성(welfare dependency)이 생긴다.

복지의존은 장기간 동안 복지혜택에 의존하며 생활하는 현상으로, 오랫동안 스스로 자립하지 못하고 자기책임 정신이 손상되어 빈곤문제가 악화되는 것을 말한다. 이를 '복지함정(welfare trap)'이라고도 한다.

4. 사회보장의 형태

사회보장은 어떤 형태나 형식으로 사회적 위험을 해결하려고 하는가? 다시 말해서 사회보장은 어떻게 구성되어 있는가? 사회보장의 형태 역시 역사적으로 진전·변화되어왔다. 처음에는 사회적 위험을 해소하기 위하여 국가 사회적으로 제공할 수 있는 급여형태는 주로 현금 중심이었고, 가능한 한 현금으로 환원할 수 있는 급여로 제공되었다. 그 다음으로는 보건의료의 중요성을 인정하면서부터 보건의료급여가 중요한 급여로 부가되었다. 현금과 보건의료로 해결할 수 없는 심리사회적 문제나 위험이 발생함으로써 혹은 존재함으로써 다시금 사회복지서비스 혹은 사회서비스가 새롭게 사회보장의 급여체계에 첨가되었던 것이다.

다른 측면에서는 사회적 위험에 처한 인구집단을 위한 사회보장 대응방식 역시 각국의 정치적·경제적 상황과 여건에 따라 다르게 진행되었다. 한 국가에서는 공공부조 방식으로 다른 국가는 사회보험방식으로 시작되어 일정한 역사적 시점에서는 이 두 가지 제도가 수렴되고 혼합되는 모습을 띠어갔다. 일반적으로 사회보장의 내용은 다음과 같다(이성기 외, 2020: 38-81 ; 현외성, 2018: 19-20).

1) 사회보험

사회보험은 사회구성원들이 일상생활에서 직면하는 사회적 위험을 보험방식으로 대처하여, 주로 소득과 건강을 보장하기 위해 국가가 강제보험 형식으로 시행하는 보험을 말한다. 사회보험의 시행 주체는 국가이며 그 대상은 국민이다. 국민인 사용자와 노동자, 경우에 따라서는 국가가 일부 부담하는 보험료를 정기적으로 납입하고 미리 예정하여 만들어진 사회적 위험에 대응한 정형화된 보험사고에 국민이 직면하였을 때 보험급여를 제공받는 형식이다. 따라서, 사회보험은 임금근로자를 주된 대상으로 하면서 정기적으로 보험료를 갹출할 수 있는 인구집단을 대상으로 하면서 일반 민간보험 원칙을 적용하는 특징을 가진다.

일반적으로 사회보험은 연금보험, 산재보험, 건강보험, 실업보험(고용보험) 등이 주류이고, 농민보험, (노인)장기요양보험, 선원보험 등 다양한 사회보험이 있다.

2) 공공부조

공공부조는 스스로가 생활유지능력이 없거나, 어려운 사람들을 대상으로 국가가 인간다운 생활을 영위하도록 돕는 제도이다. 공공부조의 대상은 주로 자본주의 사회에서 근로능력이 없고 자산을 갖지 못한 사회적 취약계층이며, 이들은 국가에서 설정해 놓은 인간다운 생활을 영위하기 위해 필요한 최소한의 생활수준(최저생계비 등) 이하의 저소득 혹은 절대 빈곤층이 그 핵심을 이룬다.

공공부조는 국가에서 국민에게 받는 세금을 재원으로 운영되며, 현금급여에서부터 건강, 사회복지 및 사회서비스급여 등이 포함된다. 공공부조는 국가에서 설정해 놓은 일정 수준 이하의 소득과 자산을 가진 경우에 자산조사를 거쳐 급여대상자로 선정한다.

사회보험과 공공부조의 비교는 다음과 같다.

▌표 10-1 사회보험과 공공부조의 비교

구분	사회보험	공공부조
목적	산업재해·노령·실업 등에 따른 미래 사회의 불안에 대처생활	생활무능력자의 최저생활보장
대상	보험료 부담 능력이 있는 국민	생활무능력자
비용부담	수혜자 국민, 국가, 기업	국가 전액 부담
종류	국민건강보험, 노인장기요양보험, 국민연금, 고용보험, 산업재해보상보험	생활보호, 의료보호, 재해구호
특징	강제 가입이 원칙, 능력별 부담, 비영리 보험으로 상호부조적 성격이 강함.	소득재분배 효과가 크지만 국가의 재정부담이 크고, 근로의욕을 상실시킬 우려가 있음.

3) 사회수당

사회수당은 사회보험과 공공부조를 통해 특정한 사회적 사고에 대응하기 어려운 경우에 일정한 조건을 기반으로 현금급여를 제공하는 사회보장의 한 형태이다. 사회수당은 급여대상자로부터 보험료를 받지 않고 국가예산을 통해 현금급여를 제공하는 점에서 공공부조의 성격을 지니고 있으나, 자산조사도 없기 때문에 사회보험적 특성도 지닌다. 하지만 사회수당 급여대상자는 공공부조 대상자와 같이 빈곤대상자가 아니라 하더라도 일정 부분 제한적인 자산조사는 고려되며, 경우에 따라서는 특별한 사회적 가치에 따라 제공되는 사회통합적 의미를 가지는 급여이기도 하다. 아동수당, 노령수당, 장애인수당, 가족수당과 같은 수당 등 다양한 사회수당이 존재한다.

4) 사회복지서비스

사회보장의 한 형태로서 사회복지서비스는 현금이나 현금으로 환원할 수 있는 경제적 급여 이외에 제공되는 급여이다. 주로 인적(human)인 대인

(interpersonal) 활동이나 노력을 통해서 제공되는 급여로서의 특성을 지닌다. 사회구성원들이 생활상 직면하게 되는 심리사회적인 문제나 가족 및 인간관계로 말미암은 사회적 사고문제에 대응하는 급여인데, 이는 특별히 서비스급여라고 표현되는 급여이다.

사회복지서비스는 통상 사회복지(social welfare) 혹은 사회사업(social work)이라는 전문적인(professional) 노력을 통하여 제공되는 급여를 말한다. 따라서, 사회복지서비스급여 역시 대상자로부터 서비스급여 접수(intake) 후 상담과 조사를 거쳐 급여가 제공되는 특징이 있어서 일종의 선별적 급여인 동시에 국가예산을 통하여 제공되는 사회보장제도의 일종이다.

5) 사회서비스

사회서비스는 사회복지서비스를 포함한 더 넓은 범위의 서비스급여를 의미한다. 주로 보건의료 교육, 고용, 주거, 문화, 환경 등의 분야에서 사회구성원으로 하여금 인간다운 생활을 보장하고, 상담, 재활, 돌봄, 정보의 제공, 관련시설의 이용, 역량 개발, 사회참여 지원 등을 통하여 삶의 질이 향상되도록 지원하는 사회보장제도를 말한다.

복잡하고 다원화된 현대사회에서 일상생활상 겪게 되는 다양한 사회적 위험에 대응하여 사회보험, 공공부조, 사회복지서비스를 넘어 한층 복잡한 전문서비스급여를 사회구성원들이 필요로 하는 것이 전제되어 있다. 따라서, 사회서비스급여 역시 사회복지서비스와 같은 특징을 지니고 있으며, 급여용이 보다 다양하다.

5. 사회보장제도의 문제점

현대사회에서 사회보장은 중요한 역할을 하고 있다. 그러나 현대사회의 사회보장제도는 많은 비판을 받고 있다. 이런 비판에 제대로 다루지 못할 경우, 사회구성원은 사회보장제도에 대해 덜 지지할 수 있다. 그리고 이런 비판을 제대로 다루지 못할 경우, 사회보장제도의 존재 자체에 의문을 가지는 상황에 이를 수도 있다(Midgley and Tracy, 1996). 따라서, 현대의 사회보장제도의 문제점을 파악해 대처할 필요가 있다. 현대에 들어 사회보장제도에서 문제가 발생하는 배경과 문제점을 정리하면 다음과 같다.

1) 사회보장제도의 문제 발생 배경

1950년대와 1960년대에 사회보장제도를 확대한 이유는, 사회보장제도에 대해 정치적으로 폭넓게 의견이 일치하였기 때문이었다. 이 당시에 거의 모든 정당은 사회보장제도를 확대하는 것에 대해 동의하고 있었다. 그런데 사회보장제도의 확대와 관련해 이렇게 정치적으로 의견이 일치한 것은, 당시에 경제가 크게 발달한 것과 밀접하게 관련되고 있었다. 즉, 선진국에서 제2차 세계대전 이후에 사회보장제도에 대해 긍정적으로 인식한 것이 1970년대에 들어서 비판을 받게 된 배경에는, 이념적 측면보다는 물질적 측면이 더 크게 자리잡고 있었다. 왜냐하면 사회보장제도를 확대하는 것에 대해 크게 의문을 가지게 된 계기는, 세계 경제가 어려움을 겪게 만든 석유파동이기 때문이다(George & Miller, 1995).

1970년대 이후 전 세계와 일부 지역에서 재정적 위기를 몇 차례 겪어 왔다. 이런 상황은 고용영역, 소득영역, 의료영역에서 크게 영향을 미쳤다. 그 결과, 이런 영역과 관련된 사회보장제도에서 문제가 발생하게 되었다. 이에 따라, 여러 국가에서는 이런 문제에 대해 대처해 오고 있다(Gongcheng & Scholz, 2019).

2) 사회보장제도의 문제점

사회보장과 관련된 여러 학자와 기관은 사회보장제도가 가지는 문제점을 오래 전부터 제시해 왔다. 그동안 일부 학자와 기관이 현대 사회보장제도의 문제점으로 정리한 것을 몇 가지 살펴보면 다음과 같다.

(1) 밋글리

밋글리와 트레이시(James Midgley and Martin B. Tracy)는 1996년 그들의 저서 『사회안전에 대한 도전들(*Challenges to Social Security: An International Exploration*)』에서, 사회보장제도에 대한 비판의 주요한 내용을 다음과 같이 정리한다.

① 사회보장은 정부의 재정에 부정적으로 영향을 미치고 있다.
② 사회보장은 노인의 이익을 대변하는 역할을 하고 있다.
③ 사회보장은 효율적이지 않게 운영되고 있고, 이에 따라 사회보장에는 낭비적 요소가 많다.
④ 사회보장은 경제성장에 부정적으로 영향을 미치고 있다.
⑤ 사회보장은 공적으로 도와줄 필요가 거의 없는 사람들에게 자원을 재분배하고 있다.

(2) 아벨-스미스

일부 학자와 전문가의 경우, 1970년대 초기 이후에 선진국에서 경제성장이 더디어진 이유들 가운데 하나는, 사회보장제도에서 비용을 많이 지불한 것이라고 주장해 왔다. 아벨－스미스(Brian Abel－Smith)는 1994년 그의 저서 『사회안전(*Social security: Government program*)』에서, 이런 주장을 다음과 같은 세 가지 형태로 구분하고 있다.

① 실업급여의 수준이 높기 때문에 유급 일자리에서 일하려는 동기가 줄어든다는 주장이 있다.
② 사회보장과 관련된 세금과 기여금(보험료)을 납부하여야 하기 때문에 근로자는 임금을 더 요구하고 물가는 오르고 정부의 재정은 적자가 더 난다는 주장이 있다.
③ 사람들이 사회보장 급여를 받을 수 있는 권리를 가지기 때문에 사람들이 저축을 할 가능성이 낮아진다는 주장이 있다. 그리고 이런 주장에 따르면, 저축을 할 가능성이 낮아지기 때문에 투자를 더 적게 하게 되고,

그 결과로 경제가 성장하는 비율이 더 낮아지게 된다.

(3) 국제노동기구

현대의 사회보장제도는 보수주의자와 진보주의자 모두에게서 비판이 있는데, 국제노동기구는 이런 비판의 중요한 부분을 다음과 같이 정리한다(International Labor Organization, 1984).

첫째, 보수주의자의 경우, 사회보장 때문에 다음과 같은 상황이 나타났고, 그 결과로 경제 위기가 발생하였다고 주장하고 있다.

① 저축이 줄어든다.
② 투자가 줄어든다.
③ 물가가 오른다.
④ 실업률이 높아진다.
⑤ 일하려는 의욕이 줄어든다.

둘째, 진보주의자의 경우, 사회보장은 다음과 문제를 가진다고 비판하고 있다.

① 빈곤문제를 해결하지 못한다.
② 여성에 대한 차별을 없애지 못한다.
③ 동일한 욕구를 가진 사람을 똑같이 취급하지 못한다.

(4) 영국의 사례연구

영국의 맥락에서 사회보장제도는 다음과 같은 문제가 있다고 비판을 받은 바 있다(Evans & Piachaud, 1996).

① 사회보장과 관련해 현재 필요한 지출과 미래에 필요한 비용 사이에 균형을 이루기 어렵다.
② 현재의 사회보장에서는 빈곤층이 아닌 사람에게 급여를 제공하고 있고, 이에 따라 사회보장에 낭비하는 측면이 나타나고 있다.
③ 사회보장에서 급여를 잘 제공하기 때문에 일하려는 의욕과 저축하려는

의욕이 줄어들고 있다. 결국 이것은 경제가 발달하는 데 부정적으로 영향을 미치고 있다.

④ 사회보장 때문에 경제영역에서 행동이 변할 뿐만 아니라, 사회관계도 변하고 있다. 예를 들어, 사회보장에서 제공하는 급여가 너무 관대하거나, 급여를 너무 쉽게 이용할 수 있기 때문에 다음과 같은 현상이 나타나고 있다.

- 미혼모가 늘어난다.
- 이혼하는 사례가 많아진다.
- 젊은 노숙인이 생긴다. 이와 관련하여 사회보장은 '공짜로 받아먹는 사회'를 만든다고 영국의 사회보장부 장관은 공식적으로 비판한 바 있다.

앞에서 설명한 내용에 근거할 경우, 일반적으로 현대 사회보장제도에서 크게 주목하는 문제점을 다음과 같다.

첫째, 사회보장은 근로 의욕을 줄이고 있다.

둘째, 사회보장은 경제발전에 부정적으로 작용하고 있다.

셋째, 사회보장은 재정을 악화시키고 있다.

1. 현행 우리나라 사회보장기본법에서 정의하는 사회보장의 영역으로 옳은 것은?

① 사회보험, 공공부조, 사회서비스
② 사회보험, 공공부조, 사회복지서비스, 관련 복지제도
③ 사회보험, 공공부조, 사회복지서비스, 사회수당
④ 사회보험, 공공부조, 사회복지서비스, 사회수당, 관련 복지제도
⑤ 사회보험, 공공부조, 사회서비스, 사회수당, 사회보훈, 관련 복지제도

2. 다음 중 사회보장제도의 문제점이 아닌 것은?

① 사회보장은 근로 의욕을 줄이고 있다.
② 사회보장은 경제발전에 부정적으로 작용하고 있다.
③ 사회보장은 재정을 악화시키고 있다.
④ 비판 배경에는 물질적 측면이 관련된다.
⑤ 사치품의 판매가 왕성하다.

3. 소득빈곤 및 소득불평등의 측정에 관한 설명을 옳지 않은 것은?

① 지니계수는 그 값이 클수록 더 불평등한 수준을 의미한다.
② 상대적 빈곤은 소득불평등과 관계가 있다.
③ 소득빈곤의 측정만으로 삶의 다양한 문제를 모두 포착하기는 어렵다.
④ 소득불평등 수준이 같은 국가라도 계층이동성의 수준이 상이할 수 있다.
⑤ 로렌츠 곡선에서 수직선은 모든 개인이 동일한 수준의 소득을 가지고 있다는 것을 의미한다.

4. 우리나라의 소득불평등에 관한 설명으로 옳지 않은 것은?

① 소득 불평등을 측정하는 지니계수는 로렌츠(Lorenz) 곡선에서 도출된다.
② 소득 1분위와 10분위의 소득비율로 소득 불평등을 측정하기도 한다.
③ 1997년 외환위기 이전에 비해 소득 불평등이 심화되었다.
④ 공적 이전소득의 소득 불평등 완화효과는 OECD 평균 소득이다.
⑤ 비정규직 고용의 증가는 일반적으로 불평등을 심화시킨다.

정답 1. ① 2. ⑤ 3. ⑤ 4. ④

CHAPTER 11

사회보험

❖ 학습목표
1. 사회보험의 개념 파악
2. 각 보험별 문제점 및 해결방안 토론
3. 보험별 정책 숙지

❖ 학습내용
1. 국민연금
2. 국민건강보험
3. 산업재해보상보험
4. 고용보험
5. 장기요양보험

❖ 개요
사회보험(social insurance)은 국민이 미래에 직면할 수 있는 사회적 위험에 대비하여, 국가나 국민의 건강과 생활보전을 목적으로 보험방식에 의하여 사전에 대비하는 제도를 말한다. 4대 사회보험은 산재보험, 고용보험, 국민연금, 건강보험 등을 일컫는다. 여기에서는 사회보험을 학습하고자 한다.

사회보험

사회보험(social insurance)은 국민이 미래에 직면할 수 있는 사회적 위험에 대비하여, 국가나 국민의 건강과 생활보전을 목적으로 보험방식에 의하여 사전에 대비하는 제도를 말한다. 즉, 실업이나 질병, 상해, 노령, 사망 등의 여러 가지 상황으로 인해 일시적 혹은 영구적으로 일을 할 수 없게 되면 소득이 중단되거나 상실될 수 있다. 이와 같이 국민이 미래에 직면할 수 있는 사회적 위험에 대비하여 국가나 국민의 건강과 생활보전을 목적으로 보험방식에 의하여 사전에 대비하는 제도를 사회보험이라고 한다. 사회보험은 일반적인 민간보험과 마찬가지로 가입자의 기여금을 재원으로 하여 가입자에게 발생하는 위험을 분산하는 보험원리를 이용하고 있지만, 영리를 목적으로 하지 않으며 가입이 의무적이라는 점에서 민간보험과 성격이 다르다.

세계 최초로 사회보험제도를 실시한 국가는 독일이다. 독일을 통일한 프로이센의 비스마르크(Otto Eduard Leopold von Bismarck, 1815~1898)는 1883년 건강보험을 시작으로 1884년 「산업재해보험법」, 1889년 노령폐질연금을 제정하였다.

우리나라는 현재 「사회보장기본법」에 사회보험의 법적 근거를 두고 있다. 제3조 제2항에 따르면 사회보험을 "국민에게 발생하는 사회적 위험을 보험방식으로 대처함으로써 국민의 건강과 소득을 보장하는 제도"라고 정의하고 있다. 현재 우리나라는 산재보험, 고용보험, 국민연금, 사학연금, 공무원연금, 군인연금, 건강보험, 노인장기요양보험 등 8대 사회보험이 운영되고 있으며,

산재보험, 고용보험, 국민연금, 건강보험을 가리켜 4대 사회보험이라고 한다.

1. 국민연금

1) 국민연금의 개념

국민연금(national pension)은 가입자가 퇴직 등으로 소득원을 잃을 경우, 일정한 소득을 보장하는 제도로서, 1988년부터 시행된 사회보험정책이다. 이 제도는 국민들이 노령에 도달하여 소득이 상실되었을 때를 대비한 장기소득보장정책이다. 기본적으로, 본 제도는 18세 이상 60세 미만 국민이 일정기간 가입을 하게 되고, 수급연령은 2013년부터 5년 단위로 1세씩 연장하여 2033년에는 65세부터 혜택을 받게 되며, 10년 이상 가입할 경우 연금을 수급받게 된다.

본 제도의 중요한 원칙은 다음과 같다.

첫째, 직장가입자의 경우, 근로자와 사용자가 각각 반씩 보험료를 부담하고, 지역가입자의 경우는 모두 본인이 부담하여 재원을 마련하는 혼자부담의 원칙이 있다.

둘째, 가입을 기피하는 사람이 많을수록 노후빈곤층이 확대되고, 이것이 사회문제가 될 경우 국가는 조세를 통해 해결해야 되는데, 이는 궁극적으로 성실하게 노후를 준비한 사람이 그렇지 못한 사람까지 책임을 지게 되는 이중부담이 발생한다는 점에서 소득활동을 하는 사람은 모두 의무적으로 가입해야 하는 강제성의 원칙이 있다.

셋째, 고소득계층에서 저소득계층으로 소득이 분배되는 세대 내 소득재분배 기능과 미래세대가 현재의 노인세대를 지원하는 세대 간 소득재분배 기능이 있는 소득재분배의 원칙이 있다.

넷째, 물가가 오르더라도 실질가치가 보장되는 물가연동의 원칙 등이 그것이다.

산업화 이전의 사회에서도 인간은 질병·노령·장애·빈곤 등과 같은 문제를 겪어 왔다. 그러나 이 시기의 위험은 사회구조적인 차원의 문제라기보다는 개인적인 문제로 여겨졌다. 이에 따라, 문제의 해결 역시 사회구조적인 대안보다는 개인이나 가족의 책임 아래에서 이루어졌다.

그러나 산업사회로 넘어오면서 환경오염, 산업재해, 실직 등과 같이 개인의 힘만으로는 해결하기 어려운 각종 사회적 위험이 부각되었다. 부양공동체 역할을 수행해 오던 대가족제도가 해체됨에 따라, 개인 차원에서 다루어지던 다양한 문제들이 국가개입 필요성이 요구되는 사회적 문제로 대두되기 시작했다.

이러한 다양한 사회적 위험으로부터 모든 국민을 보호하여 빈곤을 해소하고 국민생활의 질을 향상시키기 위해 국가는 제도적 장치를 마련하였는데, 이것이 바로 사회보장제도이다. 우리나라에서 시행되고 있는 대표적인 사회보장제도는 국민연금, 건강보험, 산재보험, 고용보험, 노인장기요양보험 등과 같은 사회보험제도, 기초생활보장과 의료보장을 주목적으로 하는 공공부조제도인 국민기초생활보장제도, 그리고 노인·부녀자·아동·장애인 등을 대상으로 제공되는 다양한 사회복지 서비스 등이 있다. 우리나라의 사회보장제도는 1970년대까지만 해도 구호사업과 구빈정책 위주였으나, 1970년대 후반에 도입된 의료보험과 1988년 실시된 국민연금제도를 통해 그 외현을 확장할 수 있었다.

그 후 적용대상을 단계적으로 확대한 결과, 전 국민을 대상으로 하는 제도로 정착되었다. 그러나 보험원칙을 중시하는 제도에 내재된 특성 때문에 발생하는 넓은 사각지대, 낮은 소득대체율 및 장기 재정 불안정은 국민연금제도의 문제점으로 지적되고 있다. 2014년 도입된 기초연금제도에도 불구하고, 현 노인계층의 높은 빈곤율, 2015년 하반기에 실시된 공무원연금 개혁과정에서의 논란 및 국민연금 소득대체율의 적정성에 대한 관심이 크게 증가함에 따라 노후소득보장을 위한 공·사적 연금제도를 종합적으로 진단하고 보완할 필요성이 증가하였다.

다양한 사회보장제도 중에서 국민연금은 보험원리에 따라 운영되는 대표적인 사회보험제도라고 할 수 있다. 즉, 가입자, 사용자로부터 정률의 보험료를 받고, 이를 재원으로 사회적 위험에 노출되어 소득이 중단되거나, 상실될 가능성이 있는 사람들에게 다양한 급여를 제공하는 제도이다. 국민연금제도를 통해 제공되는 급여에는 노령으로 인한 근로소득 상실을 보전하기 위한 노령연금, 주 소득자의 사망에 따른 소득상실을 보전하기 위한 유족연금, 질병 또는 사고로 인한 장기근로능력 상실에 따른 소득상실을 보전하기 위한 장애연금 등이 있으며, 이러한 급여를 지급함으로써 국민의 생활안정과 복지증진을 도모하고 있다.

❑ 그림 11-1 **국민연금 비전**

자료: 국민연금공단 홈페이지(https://www.nps.or.kr, 2021).

국민연금의 특징은 다음과 같다.

첫째, 모든 국민이 가입대상으로 강제성이 있다.

국민연금은 '나' 혼자서 대비하기 어려운 생활의 위험을 모든 국민이 연대하여 공동으로 대처하는 '우리'를 위한 제도로 모든 국민이 가입대상이다. 국민연금뿐만 아니라, 건강보험 등 대부분의 사회보험제도는 강제가입을 채택하고 있다. 강제적용을 하지 않는다면, 국민연금에 가입하지 않거나 보험료를 납부하지 않을 수 있다. 즉, 가난한 사람은 "당장의 생활이 어려워 노후준비를 할 수 없다.", 부유한 사람 역시 "별도의 노후준비가 필요 없다."고 가입을 기피하고, 젊은 층의 경우는 '먼 훗날의 노후를 굳이 지금부터 준비할 필요가 있느냐' 등의 여러 가지 이유로 가입하지 않을 수 있다. 이처럼 가입을 기피하는 사람이 많을수록 노후빈곤층이 확대되고, 이것이 사회문제화 될 경우 결국 국가는 빈곤해소의 문제를 조세 등을 통해 해결해야 한다. 이렇게 되면 성실하게 본인의 노후를 준비한 사람은 노후를 준비하지 못한 사람의 노후의 일정부분을 책임지게 되는 이중부담이 발생하기 때문에 소득활동을 하는 사람은 누구나 의무적으로 가입하도록 하는 것이다.

둘째, 소득재분배로 사회통합에 기여한다.

국민연금은 동일한 세대 내의 고소득계층에서 저소득계층으로 소득이 재분배되는 '세대 내 소득재분배'의 기능과 미래세대가 현재의 노인세대를 지원하는 '세대 간 소득재분배'의 기능을 동시에 포함하고 있다. 먼저, 세대 내 소득재분배의 기능은 '고소득층'으로부터 '저소득층'으로 소득이 이전되는 것으로 국민연금의 급여산식에서 가입자 전체의 평균소득을 포함시켜 실현되고 있다. 즉, '저소득계층'의 경우, 전체 가입자의 평균소득이 자신의 소득보다 높기 때문에 고소득계층과 비교하였을 때, 자신이 낸 보험료에 비해 상대적으로 더 많은 연금을 받는 반면, '고소득계층'은 전체 가입자의 평균소득이 자신의 소득보다 낮기 때문에 저소득층에 비해 상대적으로 이러한 연금혜택이 적다. 이처럼 국민연금은 납입한 보험료 대비 수급하는 연금급여액(수익비)이 고소득층에 비해 저소득층의 경우가 상대적으로 높기 때문에, 이러한 세대 내 소득재분배기능을 통해 소득계층 간의 소득격차를 줄임으로써 사회통합에 기여한다. 다음으로 세대 간 소득재분배의 기능은 '미래세대'가 현재의 '노인세대'를 지원하는 것으로 국민연금제도 도입 초기에 가입자의 제도순응성을 높이기 위해 도입하였다. 미래세대는 자신의 노후만을 준비하면 되지만 국민연금 초기 가입자의 경우에는 자신의 노후는 물론, 부모 부양이라는 이중부담을 지고 있어 이들의 부담을 완화하기 위해 낮은 보험료에서 출발, 단계적으로 보험료를 높여가도록 한 것이다. 따라서, 국민연금제도는 현재의 가입세대가 미래세대로부터 일정한 소득 지원을 받는 세대 간 소득재분배의 순기능을 가지고 있다.

셋째, 국가가 망하지 않는 한 연금은 반드시 수령한다.

국민연금은 국가가 최종적으로 지급을 보장하기 때문에 국가가 존속하는 한 반드시 지급된다. 설령 적립된 기금이 모두 소진된다 하더라도, 그 해 연금지급에 필요한 재원을 그 해에 걷어 지급하는 부과방식으로 전환해서라도 연금을 지급한다. 우리나라보다 먼저 국민연금과 같은 공적연금제도를 시행한 선진복지국가들도 초기에는 기금을 적립하여 운영하다가 연금제도가 성숙되면서 부과방식으로 변경했다. 현재 전 세계적으로 공적연금제도를 실시하고 있는 나라는 170여 개국에 달하지만, 연금지급을 중단한 예는 한 곳도 없다. 심지어 최악의 경제상황에 직면했던 1980년대 남미국가들과, 1990년대의 옛 공산주의 국가에서도 연금지급을 중단한 사례는 없다.

넷째, 노령연금 이외에도 장애·유족연금 등 다양한 혜택이 포함되어 있다.

국민연금에는 노령연금뿐만 아니라, 장애연금, 유족연금이 포함된다. 장애연금은 가입 중에 발생한 질병이나 부상으로 완치 후에도 장애가 남았을 경우, 장애 정도에 따라 자신과 가족의 생활을 보장하기 위해 장애가 존속하는 한 지급한다. 유족연금은 국민연금에 가입하고 있거나 노령연금 및 장애연금을 받고 있던 사람이 사망하면, 그 사람에 의해 생계를 유지하던 유족에게 가입기간에 따라 기본 연금액의 일정률을 지급하여 유족들의 생활을 돕기 위한 연금제도이다.

다섯째, 물가연동으로 그만큼 연금액에도 차이가 발생한다.

국민연금은 물가가 오르더라도 실질가치가 항상 보장된다. 처음 연금을 지급할 때는 과거 보험료 납부소득에 연도별 재평가율을 적용하여 현재가치로 재평가하여 계산한다. 예를 들어, 1988년도에 100만 원의 소득으로 국민연금에 가입되었다면 이를 2018년 현재가치로 재평가하면 약 606만 원의 소득액으로 인정하여 국민연금을 지급한다. 또 국민연금은 연금을 받기 시작한 이후 매년 4월부터 전년도의 전국소비자물가변동률에 따라 연금액을 조정하여 지급한다.

2) 국민연금의 역사

1960년대 추진된 경제개발계획으로 산업화, 도시화, 핵가족화, 노령화가 빠른 속도로 진행되고, 이로 인해 발생된 사회문제의 해결방안으로 1973년 「국민복지연금법」이 제정·공포되었다. 그러나 1973년 발생한 석유파동의 영향에 의한 경제불황으로 1974년 1월부터 시행 예정이었던 국민연금제도가 무기한 연기되었다. 이후 제6차 경제사회발전 5개년 계획이 실행되고 이 기간 동안 경제가 다시 발전하여 국민부담능력이 크게 향상됨으로써, 국민연금제도 실시를 위한 제반 여건이 성숙되기에 이르렀다.

노동시장 확대와 계속적인 출생률 저하 등으로 국민연금제도에 대한 필요성이 증가되면서, 1986년부터 종전의 국민복지연금제도를 수정·보완하여 1988년 1월부터 국민연금제도를 시행하였다. 이러한 국민연금제도는 기금운용 등 효율적 관리운영을 위해 1987년 9월에 독립기관으로 국민연금공단을 설립하였으며, 우선적으로 10인 이상 사업장에 근무하는 18세 이상 60세 미만의 근로자 및 사업주를 대상으로 실시하였다.

국민연금제도는 1988년 1월부터 상대적으로 관리가 용이한 10인 이상 사업장의 '18세 이상~60세 미만' 근로자 및 사업주를 우선 대상으로 시행하였다. 이후 적용대상 확대라는 일관된 정책목표하에 포괄되는 가입자 수를 늘려 왔다. 1992년 1월 1일 상시근로자 5~9명 사업장의 근로자와 사용자를 가입대상으로 포괄한 것을 기점으로, 1995년 7월 1일 농어촌 지역(군 지역)으로 제도가 확대되었다. 1995년 8월 4일부터는 상시근로자 5명 이상 사업장의 외국인 근로자 및 사용자에게도 제도를 확대 적용하였다. 이후 1999년 4월 1일부터 도시지역으로 확대 적용됨으로써 비로소 '전 국민 연금시대'가 열리게 되었다. 2003년 7월 1일부터는 5인 미만의 영세사업장, 근로자 1인 이상 법인, 전문직종 사업장을 포괄함은 물론, 임시 일용직과 시간제 근로자의 가입자격을 보다 완화함으로써 명실상부한 보편적 노후소득보장제도로 거듭나게 되었다.

이후 2006년 1월 1일 사업장 적용범위 확대를 완료하고 근로자 1인 이상

사업장 전체에서 실시하였다. 2015년 12월 23일에는 전 국민을 대상으로 하는 노후준비 서비스를 시행하였다.

▌표 11-1 국민연금제도의 추진 경과

1973.12	「국민복지연금법」 제정(시행 연기)
1986.12	「국민연금법」 제정
1987.09	국민연금관리공단 설립
1988.01	근로자 10인 이상 사업장 대상 최초 시행
1992.01	근로자 5인 이상 사업장 확대 시행
1995.07	농어촌지역 확대 시행
1999.04	도시지역 확대 시행
2003.07	근로자 1인 이상 법인·전문직종사업장 확대 시행
2006.01	근로자 1인 이상 사업장 전체 확대 시행

자료: 국민연금공단 홈페이지(https://www.nps.or.kr, 2021).

3) 국민연금의 급여

국민연금은 나이가 들거나 장애 또는 사망으로 인해 소득이 감소할 경우 일정한 급여를 지급하여 소득을 보장하는 사회보험으로서 지급받게 되는데, 급여의 종류는 노령연금(분할연금), 장애연금, 유족연금, 반환일시금(이상 「국민연금법」 제49조), 사망일시금 등이 있다.

국민연금 급여의 종류는 다음과 같다.

▌표 11-2 국민연금 급여의 종류

연금 급여(매월 지급)		일시금 급여	
노령연금	• 노후 소득보장을 위한 급여 • 국민연금의 기초가 되는 급여	반환일시금	연금을 받지 못하거나 더 이상 가입할 수 없는 경우, 청산적 성격으로 지급하는 급여
장애연금	장애로 인한 소득감소에 대비한 급여	사망일시금	유족연금 또는 반환일시금을 받지 못할 경우 장제부조적·보상적 성격으로 지급하는 급여
유족연금	가입자(였던 자) 또는 수급권자의 사망으로 인한 유족의 생계보호를 위한 급여		

자료: 국민연금공단 홈페이지(https://www.nps.or.kr, 2021) 재구성.

국민연금 연금수급자 수급금액은 다음과 같다.

▌표 11-3 국민연금 연금수급자 수급금액(급여 종류별/수급기간별)

(2021.5월 기준, 당월, 단위: 백만 원)

	계	노령연금	장애연금	유족연금
계	2,307,241	2,059,459	31,918	215,864
1년 미만	282,036	260,297	2,111	19,628
1년~5년 미만	708,397	641,008	8,394	58,995
5년~10년 미만	553,100	496,290	5,079	51,730
10년~15년 미만	441,822	399,490	5,237	37,095
15년~20년 미만	224,049	190,442	6,788	26,818
20년 이상	97,837	71,931	4,308	21,597

자료: 국민연금공단 홈페이지(https://www.nps.or.kr, 2021).

4) 국민연금의 대상

기본적으로 국내에 거주하는 18세 이상 60세 미만의 국민으로서 「공무원연금법」·「군인연금법」·「사립학교교직원연금법」의 적용을 받지 않는 자를 가입대상으로 한다.

국민연금의 가입 유형과 대상은 다음과 같다.

▌표 11-4 국민연금의 가입 유형과 대상

가입 유형	가입대상
사업장가입자 (법 제8조)	• 국민연금에 가입된 사업장의 18세 이상 60세 미만의 사용자 및 근로자로서 국민연금에 가입된 자 • 1인 이상의 근로자를 사용하는 사업장 또는 주한외국기관으로서 1인 이상의 대한민국 국민인 근로자를 사용하는 사업장에서 근무하는 18세 이상 60세 미만의 사용자와 근로자는 당연히 사업장가입자가 됨.
지역가입자 (법 제9조)	국내에 거주하는 18세 이상 60세 미만의 국민으로서 사업장가입자가 아닌 사람은 당연히 지역가입자가 됨. 다만, 다른 공적연금에서 퇴직연금(일시금), 장애연금을 받는 퇴직연금 등 수급권자, 「국민기초생활보장법」에 의한 수급자 중 생계급여 또는 의료급여 또는 보장시설 수급자, 소득활동에 종사하지 않는 사업장가입자 등의 배우자 및 보험료를 납부한 사실이 없고 소득활동에 종사하지 않는 27세 미만인 자는 지역가입자가 될 수 없음.
임의가입자 (법 제10조)	사업장가입자와 지역가입자가 될 수 없는 사람도 60세 이전에 본인의 희망에 의해 가입신청을 하면 임의가입자가 될 수 있음. 즉, 다른 공적연금에서 퇴직연금(일시금), 장애연금을 받는 퇴직연금 등 수급권자, 「국민기초생활보장법」에 의한 수급자 중 생계급여 또는 의료급여 또는 보장시설 수급자, 소득활동에 종사하지 않는 사업장가입자 등의 배우자 및 보험료를 납부한 사실이 없고 소득활동에 종사하지 않는 27세 미만인 자는 가입을 희망하는 경우 임의가입자가 될 수 있음.
임의계속가입자 (법 제13조)	납부한 국민연금보험료가 있는 가입자 또는 가입자였던 자로서 60세에 달한 자가 가입기간이 부족하여 연금을 받지 못하거나 가입기간을 연장하여 더 많은 연금을 받기를 원할 경우는 65세에 달할 때까지 신청에 의하여 임의계속 가입자가 될 수 있음.

자료: 국민연금공단 홈페이지(https://www.nps.or.kr, 2021).

국민연금 가입자 수는 다음과 같다.

▌표 11-5 국민연금 가입자 수(가입자의 종류별/성별)

(2021.05.31. 기준, 단위: 명)

	계	사업장가입자	지역가입자	임의가입자	임의계속가입자
계	21,999,490	14,382,818	6,688,571	381,157	546,944
남자	12,004,518	8,320,987	3,451,342	57,374	174,815
여자	9,994,972	6,061,831	3,237,229	323,783	372,129

자료: 국민연금공단 홈페이지(https://www.nps.or.kr, 2021).

2. 국민건강보험

1) 국민건강보험의 개념

(1) 국민건강보험의 정의

국민건강보험(national health insurance)은 질병이나 부상으로 인해 발생한 고액의 진료비로 가계에 과도한 부담이 되는 것을 방지하기 위하여, 국민들이 평소에 보험료를 내고 보험자인 국민건강보험공단이 이를 관리·운영하다가 필요 시 보험급여를 제공함으로써, 국민 상호 간 위험을 분담하고 필요한 의료서비스를 받을 수 있도록 하는 사회보장제도이다.

국민건강보험은 사회보험기술을 기초로 하여 질병, 부상, 출산, 사망 등의 사고에 의한 의료를 제공하고 질병의 비용과 건강보호를 집단적으로 부담하는 일을 사회에 위탁함으로써 모든 사람에게 의료혜택을 주어 건강하고 문화적인 생활을 영위하도록 하는 것을 말한다. 즉, 국민건강보험은 사회보험의 기술을 기초로 하여 모든 사람이 건강보험에 강제로 가입하도록 하여 피보험자에게 질병, 부상 등의 사고가 발생한 경우에 요양 또는 요양비를 제공하는 방법이다. 국가가 개입하여 국민건강과 생활의 안정을 도모하고 국민의 의료비용을 사회연대성 원리에 따라 공동체적으로 해결한다.

국민건강보험의 특성은 다음과 같다(양철수 외, 2019: 206).

첫째, 보험가입 및 보험료 납부의 의무가 있다. 보험가입을 기피할 수 있도록 제도화될 경우, 질병위험이 큰 사람만 보험에 가입하여 국민 상호 간 위험분담 및 의료비 공동해결이라는 건강보험제도의 목적을 실현할 수 없기 때문에 일정한 법적 요건이 충족되면 본인의 의사와 관계없이 건강보험 가입이 강제되며, 보험료 납부의무가 부여된다.

둘째, 부담능력에 따른 보험료를 부과한다. 민간보험은 보장의 범위, 질병위험의 정도, 계약의 내용 등에 따라 보험료를 부담하는 데 비해서, 사회보험방식으로 운영되는 국민건강보험은 사회적 연대를 기초로 의료비문제를 해결하는 것을 목적으로 하므로 소득수준 등 보험료부담능력에 따라 보험료를 부과한다.

셋째, 균등한 보장을 한다. 민간보험은 보험료수준과 계약내용에 따라 개인별로 다르게 보장되지만, 사회보험인 국민건강보험은 보험료 부담수준과 관계없이 관계법령에 의하여 균등하게 보험급여가 이루어진다.

2) 국민건강보험의 역사

우리나라 의료보험제도는 1963년 「의료보험법」의 제정으로 처음 시작되었으나, 1976년까지는 몇 군데에서 시범사업으로 시행한 정도에 그쳤다. 1970년대 중반 사회·경제적 상황이 의료보험을 전면적으로 확대 실시할 필요성을 강화시킴으로써 1976년 기존의 「의료보험법」을 전면 개정하여 실시하기에 이르렀다. 1990년대 중반부터 의료보험제도 통합에 대한 논의가 시작되면서, 조합주의 중심의 의료보험체계를 전국 단일체계로 통합하는 것이 조합 간의 재정 불평등과 의료보험료 재분배 효과를 증진할 수 있고, 운영의 효율성을 기할 수 있다는 취지 아래, 1998년에 「국민의료보험법」을 제정하여 1차적으로 공무원 및 사립학교교직원 의료보험과 「의료보험법」 체계 내에 있던 지역의료보험을 통합하고 기존 「의료보험법」 체계하에 있던 직장의료보험은 그

대로 남아 있게 되었다. 이후 1999년 다시 「국민건강보험법」을 제정하여 2000
년 7월부터 시행함으로써 국민의료보험관리공단과 직장의료보험조합(139개)
이 통합되어 국민건강보험공단으로 출범(의료보험 완전통합)하였다. 2001년
7월 5인 미만 사업장 근로자의 직장가입자 편입이 가능해졌다. 2003년 7월
직장재정과 지역재정의 통합으로 실질적인 건강보험의 통합이 이루어졌다.
2011년 1월 4대 사회보험(건강보험, 국민연금, 고용보험, 산재보험)의 징수 통
합이 실시되었다. 2013년 8월 중증질환의 재난적 의료비 지원사업이 실시되었
으며, 2015년 1월 간호·간병 통합 서비스에 대해 보험급여가 적용되었다.
  국민건강보험의 역사는 다음과 같다.

▌표 11-6　국민건강보험의 역사

1963.12	「의료보험법」 제정
1977.07	500인 이상 사업장 의료보험 시행
1979.01	공무원 및 사립학교교직원 의료보험 확대 시행
1981.01	100인 이상 사업장 근로자 의료보험 확대 시행
1988.01	농어촌 지역의료보험 확대 시행
1988.07	5인 이상 사업장 근로자 의료보험 확대 시행
1989.07	도시 지역의료보험 확대 시행
1997.12	「국민의료법」 제정
1998.10	지역의료보험조합과 공·교(공무원·교직원)의료보험관리공단을 통합, 국민의료보험관리공단 출범
1999.02	국민건강보험법 제정
2000.07	국민의료보험관리공단과 직장의료보험조합을 통합하여 국민건강보험공단 출범
2001.07	5인 미만 사업장 근로자 직장가입자 편입

자료: 양승일(2019: 141) 재구성.

3) 국민건강보험의 급여

(1) 보험급여

「국민건강보험법」 제41조에 의해, 가입자 및 피부양자의 질병·부상·출산 등에 대하여 법령이 정하는 바에 의하여 공단이 각종 형태로 실시하는 의료서비스를 말한다. 법령에서 정한 보험급여의 종류에는 진찰·검사, 약제·치료재료의 지급, 처치·수술 기타의 치료, 예방·재활, 입원, 간호, 이송 등이 있다.

(2) 의료급여

국민건강보험공단에서는 「의료급여법」 제33조 및 동법 시행령 제20조에 의거하여 의료급여사업 중 일부 업무를 위탁받아 수행하고 있으며, 위탁업무는 심사평가원의 심사·조정결과에 따른 급여비용의 지급, 전산기기에 의한 수급권자의 자격, 개인별 진료 받은 내용의 관리, 의료급여의 제한에 필요한 실태조사 및 자료수집 등이다.

4) 국민건강보험의 대상

(1) 지역가입자

건강보험료는 지역가입자의 보험료 가입자의 소득, 재산(자동차 포함)을 참작하여 정한 부과요소별 점수를 합산한 보험료부과점수에 점수당 금액을 곱하여 보험료 산정 후 경감률 등을 적용하여 세대 단위로 부과한다. 부과요소로는 소득(사업·이자·배당·연금·근로소득 등), 재산(토지, 주택, 건축물, 선박, 항공기, 전세/전월세 등), 자동차(사용연수 9년 미만의 승용차 중 4,000만 원 이상이거나 배기량 1,600CC 초과 승용차와 그 밖의 승용자동차만 해당) 등이 있다.
① 신생아 출생 시
② 직장가입자의 자격을 상실 시

③ 국가유공자·독립유공자가 지역가입자 적용 신청 시

④ 외국인 등록자 및 재외국민의 경우

⑤ 임의계속가입자

⑥ 국적취득자

⑦ 수급권자에서 제외되었을 때

⑧ 국외 이주자가 영주 귀국 시

(2) 직장가입자

건강보험료는 직장가입자의 소득능력에 따라 부과하는 것이며, 전년도 신고한 보수월액으로 보험료를 부과한 후, 당해 연도 보수총액을 신고 받아 정산하는 방식을 채택하고 있다. 단, 보수월액에 포함된 보수를 제외한 소득(보수 외 소득)이 연간 3,400만 원을 초과하는 직장가입자에게 보수 외 소득을 기준으로 소득월액보험료를 부과한다(2018년 7월 1일 시행).

① 상시 1인 이상의 근로자를 사용하는 사업장에 고용된 근로자와 그 사용자

② 근로자 없는 사업장은 적용대상이 아님

③ 적용 제외 사업장

• 소재지가 일정하지 않은 사업장

• 근로자가 없이 대표자만 있는 개인사업

• 법인 대표자 1인만 있는 사업장

3. 산업재해보상보험

1) 산업재해보상보험의 개념

산업재해보상보험(industrial accident compensation insurance)은 산업사회의 고유한 문제인 업무상 부상과 질병, 장해 또는 사망으로 인한 소득상실을 보전함과 동시에, 요양서비스와 재활서비스를 충분히 제공하여 성공적인 직업복귀를 도모하는 제도이다. 산업재해보상보험(약칭 산재보험)은 대부분

의 국가에서 의료보장제도와 함께 가장 오래된 사회보장제도로 우리나라에서
도 사회보험 중에서 가장 먼저 도입된 제도이다. 「산재보험법」 제1조에 의하
면, "이 법은 산재보험 사업을 시행하여 근로자의 업무상의 재해를 신속하고
공정하게 보상하며, 재해근로자의 재활 및 사회 복귀를 촉진하기 위하여 이에
필요한 보험시설을 설치·운영하고, 재해 예방과 그 밖에 근로자의 복지증진
을 위한 사업을 시행하여 근로자 보호에 이바지하는 것을 목적으로 한다."고
규정되어 있다.

산업재해보상보험제도는 사업장 단위로 적용되는 정부 주도의 강제보험으
로, 보험제도를 통해 근로자 및 그 유족을 보호하고, 사업주 간의 위험을 분
산하는 기능을 가진다. 또한 국민연금, 국민건강보험 등 근로자와 사업주가
보험료를 각각 절반씩 부담하는 다른 사회보험과 달리, 사업주가 보험료를 전
액 부담함으로써 보험료의 납부자와 수혜자가 다르다는 특징을 가진다. 따라
서, 산재보험의 보험자는 정부(근로복지공단)가 되고, 가입자는 사업주, 수급
자는 업무상의 재해근로자가 된다(박진규, 2020: 189–190).

산업재해보상보험제도의 특성은 다음과 같다(박주현, 2021: 363).

첫째, 근로자의 업무상 재해에 대하여 사용자에게는 고의·과실의 유무를
불문하는 무과실책임주의이다.

둘째, 보험사업에 소요되는 재원인 보험료는 원칙적으로 사업주가 전액 부
담한다.

셋째, 산재보험급여는 재해발생에 따른 손해 전체를 보상하는 것이 아니라,
평균임금을 기초로 하는 정률보상방식으로 행한다.

넷째, 자진신고 및 자진납부를 원칙으로 하고 있다.

다섯째, 재해보상과 관련되는 이의신청을 신속히 하기 위하여 심사 및 재심
사청구제도를 운영한다.

여섯째, 다른 사회보험과는 달리 산재보험은 사업장 중심의 관리가 이루어
진다.

2) 산업재해보상보험의 역사

산업재해보상보험제도가 도입되기 이전에는 「근로기준법」에 의해 산업재해의 개별 사용주 책임제도가 있었다. 산업재해보상보험제도는 1963년 「산업재해보상보험법」이 제정되면서 1964년부터 시행되었다. 1995년부터 산재보험 업무를 노동부에서 근로복지공단으로 이관하였고, 1999년 법 개정을 통해 2000년부터 중소기업 사업주, 1인 이상 사업장까지 산재보험 적용이 확대되었다. 2007년 산업재해보상보험의 전부개정을 통해 산재근로자에 대한 의료·재활서비스를 확충하고 산재근로자 및 의료기관의 요양관리 합리화를 꾀하였고, 2012년에는 유족보상연금 수급자격자 범위의 남자 배우자 연령조항을 삭제하여 성별 형평성을 도모하였다.

산업재해보상보험 적용대상자 확대 연혁을 살펴보면, 1964년 산업재해보상보험 도입 시에는 500인 이상 근로자를 사용하는 광업 및 제조업에 적용하였고, 1989년 「근로기준법」 적용을 받는 모든 사업 또는 사업장으로 확대하였다. 1994년 5인 이상 사업장으로 적용대상을 확대하고 2000년부터는 1인 이상 근로자를 사용하는 전 사업으로 확대하였다. 그러나 여전히 「근로기준법」의 적용을 받지 않는 특수형태 근로자는 적용대상에서 제외되어 있었는데, 2008년 4개 특수형태 근로자(골프장 캐디, 학습지 교사, 레미콘 기사, 보험설계사 등)까지 적용대상을 확대하고, 2011년부터는 특수형태 근로자에 업무상 재해 발생 가능성이 높은 택배업 및 퀵서비스 종사자를 포함시켰다. 2016년에는 대출 모집인, 신용카드 모집인, 대리운전 업무하는 사람들을 추가로 인정하였다.

3) 산업재해보상보험의 급여

(1) 업무상 재해의 인정 기준

근로자가 업무상 사고 혹은 업무상 질병 어느 하나에 해당하는 사유로 부상·질병 또는 장해가 발생하거나 사망하면 업무상의 재해로 본다. 다만, 업무와 재해 사이에 상당인과 관계가 없는 경우에는 그러하지 아니하다(「산업재해보상보험법」 제37조).

업무상 사고란 근로자가 근로계약에 따른 업무나 그에 따르는 행위를 하던 중 발생한 사고, 사업주가 제공한 시설물 등을 이용하던 중 그 시설물 등의 결함이나 관리소홀로 발생한 사고, 사업주가 제공한 교통수단이나 그에 준하는 교통수단을 이용하는 등 사업주의 지배관리하에서 출퇴근 중 발생한 사고, 사업주가 주관하거나 사업주의 지시에 따라 참여한 행사나 행사준비 중에 발생한 사고, 휴게시간 중 사업주의 지배관리하에 있다고 볼 수 있는 행위로 발생한 사고, 그 밖에 업무와 관련하여 발생한 사고를 말한다.

업무상 질병은 업무수행 과정에서 물리적 인자, 화학물질, 분진, 병원체, 신체에 부담을 주는 업무 등 근로자의 건강에 장해를 일으킬 수 있는 요인을 취급하거나, 그에 노출되어 발생한 질병, 업무상 부상이 원인이 되어 발생한 질병, 그 밖에 업무와 관련하여 발생한 질병을 말한다.

근로자의 고의·자해행위, 범죄행위 또는 그것이 원인이 되어 발생한 부상·질병·장해 또는 사망은 업무상의 재해로 보지 아니한다. 다만, 그 부상·질병·장해 또는 사망이 정상적인 인식능력 등이 뚜렷하게 저하된 상태에서 한 행위로 발생한 경우로서, 대통령령으로 정하는 사유가 있으면 업무상의 재해로 본다. 업무상 재해의 구체적인 인정 기준은 대통령령으로 정한다.

(2) 급여의 종류

산재보험에서 업무상의 재해를 입은 근로자에게 제공하는 급여는 적용사업장에 종사하는 경우에 한하여 요양급여, 휴업급여, 장해급여, 간병급여, 유족급여, 상병보상연금, 장의비, 직업재활급여가 있다(「산업재해보상보험법」 제36조).

요양급여는 근로자가 업무상의 사유로 부상을 당하거나 질병에 걸린 경우에 그 근로자에게 지급한다.

휴업급여는 업무상 사유로 부상을 당하거나 질병에 걸린 근로자에게 요양으로 취업하지 못한 기간에 대하여 지급히되, 1일당 지급액은 평균임금의 100분의 70에 상당하는 금액으로 한다. 다만, 취업하지 못한 기간이 3일 이내 이면 지급하지 아니한다.

장해급여는 근로자가 업무상의 사유로 부상을 당하거나 질병에 걸려 치유 된 후 신체 등에 장해가 있는 경우에 그 근로자에게 지급한다.

간병급여는 요양급여를 받은 자 중 치유 후 의학적으로 상시 또는 수시로 간병이 필요하여 실제로 간병을 받는 자에게 지급한다.

유족급여는 근로자가 업무상의 사유로 사망한 경우에 유족에게 지급한다.

요양급여를 받는 근로자가 요양을 시작한 지 2년이 지난 날 이후에 특정한 요건에 모두에 해당하는 상태가 계속되면, 휴업급여 대신 상병보상연금을 그 근로자에게 지급한다. 장의비는 근로자가 업무상의 사유로 사망한 경우에 지 급하되, 평균임금의 120일분에 상당하는 금액을 그 장제를 지낸 유족에게 지 급한다. 다만, 장제를 지낼 유족이 없거나 그 밖에 부득이한 사유로 유족이 아닌 자가 장제를 지낸 경우에는 평균임금의 120일분에 상당하는 금액의 범 위에서 실제 드는 비용을 그 장제를 지낸 자에게 지급한다.

직업재활급여는 두 가지가 있는데, 하나는 장해급여 또는 진폐보상연금을 받은 자나 장해급여를 받을 것이 명백한 자로서, 대통령령으로 정하는 자(장 해급여자) 중 취업을 위하여 직업훈련이 필요한 자(훈련대상자)에 대하여 시 행하는 직업훈련에 드는 비용 및 직업훈련수당을 말한다. 다른 하나는 업무상 의 재해가 발생할 당시의 사업에 복귀한 장해급여자에 대하여 사업주가 고용 을 유지하거나, 직장적응훈련 또는 재활운동을 시행하는 경우에 각각 지급하 는 직장복귀지원금, 직장적응훈련비 및 재활운동비를 말한다.

4) 산업재해보상보험의 대상

산업재해보상보험의 대상은 다음과 같다.

(1) 업무상 재해

업무상 재해란 업무상 사고, 업무상 질병, 출퇴근 재해 등의 사유로 부상, 질병, 장해를 당하거나 사망하는 것을 의미한다.

업무상 사고는 근로자가 근로계약에 따른 업무나 행위를 하던 중 발생한 사고, 사업주가 제공한 시설물의 결함이나 관리소홀로 발생한 사고, 사업주가 주관하거나 사업주 지시에 따라 참여한 행사나 행사 준비 중 발생한 사고, 휴게시간 중 사업주 지배 관리하에 있다고 볼 수 있는 행위로 발생한 사고 등을 의미한다.

업무상 질병은 업무수행과정에서 물리적 인자, 화학물질, 분진, 병원체, 신체에 부담을 주는 업무 등 근로자의 건강에 장해를 일으킬 수 있는 요인을 취급하거나, 그에 노출되어 발생한 질병, 업무상 부상이 원인이 되어 발생한 질병 등을 의미한다.

출퇴근 재해는 통상의 출퇴근재해 도입 이전에는 노동자가 회사차나 회사에서 제공한 차량을 이용하던 중 발생한 사고만 산업재해보상이 가능하였으나, 2016년 9월 29일 이후 통상적인 경로와 방법(대중교통과 자가용, 도보 등)을 이용하여 출퇴근하는 중 발생하는 사고('통상의 출퇴근재해')도 산업재해보상이 가능하도록 하는 '통상의 출퇴근재해 산업재해보상제도'가 도입되었다. 이는 사업주가 제공한 교통수단이나 그에 준하는 교통수단을 이용하는 등 출퇴근 중 발생한 사고, 그 밖에 통상적 경로와 방법으로 출퇴근하는 중 발생한 사고를 의미한다. 단, 근로자의 고의·자해행위나 범죄행위 또는 그것이 원인이 되어 발생한 재해는 업무상 재해로 보지 않는다(「산업재해보상보험법」 제37조).

통상의 출퇴근재해 신청 및 보상범위

출퇴근재해 보상제도라고 해서 달리 적용되는 것은 아니다. 사고로 인하여 4일 이상의 요양이 필요한 경우에는 "요양급여신청서"와 "출퇴근재해 발생신고서"를 근로복지공단에 제출하면 된다. 일반적인 산업재해보상과 동일하게 치료에 소요되는 요양급여, 생활보장을 위한 휴업급여 등이 지급될 뿐만 아니라, 자동차보험에는 없는 장해·유족연금, 합병증 관리, 재요양, 재활 서비스 등의 다양한 서비스를 제공한다. 또한 통상의 출퇴근재해는 개별 사업장의 산재보험료율 및 재해율에 영향을 미치지 않으며 산업재해조사표 제출의무도 없으므로 통상의 출퇴근재해 발생 시 부담 없이 산재신청이 가능하다.

출퇴근 시 자가용 및 버스 등 대중교통 이용 중 발생한 사고를 산재로 처리하더라도, 위자료 및 대물보상은 자동차보험으로 청구 가능하며, 동일한 사고로 자동차보험사 등으로부터 산재보험급여와 유사한 손해배상 수령 시 산재보험급여의 지급이 제한될 수 있으므로, 합의금 또는 다른 배상을 수령하였을 경우 공단에 문의하여야 한다. 단, 산재보험급여와 자동차보험의 자기신체사고보험(임의가입) 보상금은 중복보상이 가능하다.

---

(2) 보험가입자

근로자를 사용하는 모든 사업 또는 사업장의 사업주는 당연히 산업재해보상보험의 가입자가 된다. 다만, 위험률, 규모에 따라 적용제외 사업을 정하고 있는데, 이들 사업의 사업주는 공단의 승인을 얻어 산업재해보상보험에 가입할 수 있다. 적용제외 사업으로는 공무원연금법, 군인연금법, 선원법, 어선원 및 어선재해보상보험법, 사립학교교직원연금법에 따라 재해보상이 되는 사업, 총공사금액 2천만 원 미만이거나 연면적이 100제곱미터 이하인 건축물의 건축 공사, 연면적 200제곱미터 이하인 건축물 대수선 공사를 하는 주택건설업자, 공사업자, 정보통신공사업자, 소방시설업자, 문화재수리 업자, 가구 내 고용활동, 상시근로자 수 1인 미만인 사업, 농업, 임업, 어업, 수렵업 중 법인이 아닌 자의 사업으로 상시근로자 수 5명 미만인 사업이 있다. 적용제외사업의 사업주가 가입을 하면 이를 '임의가입자'라고 한다.

당연가입자, 임의가입자 외에 특례가입자를 정하고 있으며, 특례가입자에는 국외사업, 해외파견자, 현장실습생, 중소기업 사업주, 특수형태근로자, 국민기초생활보장수급자등이 있다.

4. 고용보험

1) 고용보험의 개념

고용보험(employment insurance)은 근로자가 실직하였을 경우, 실직근로자의 생활안정을 위해 일정 기간 실업급여를 지급하는 전통적 의미의 실업보험사업과 적극적 노동시장정책인 취업알선을 통한 재취업 촉진과 직업안정 및 고용구조 개선을 위한 고용안정사업, 직업생활 동안 근로자의 직무수행능력을 체계적으로 개발·향상시키기 위한 직업능력개발사업 등을 하나의 체계 내에서 상호 연계하여 실시하는 사회보험제도이다. 즉, 고용보험은 실직자에 대한 생계지원인 소극적·사후적 사회보장제도는 물론 재취업 촉진과 실업의 예방 및 고용안정, 노동시장의 구조개편, 직업훈련의 강화를 위한 적극적·사전적 차원의 종합적인 인력정책의 수단이라고 할 수 있는 것이다(박차상 외, 2020: 195).

2) 고용보험의 역사

고용보험제도는 1993년 12월 「고용보험법」이 제정되고, 1995년 7월부터 30인 이상 사업장을 대상으로 한 실업급여사업과 70인 이상 사업장 대상의 고용안정사업 및 직업능력 개발 사업으로 시작하였다. 이후 외환위기 등 경제난을 겪으면서 빠른 속도로 적용범위가 확대되어 1998년 10월부터는 일부 업종을 제외하고 근로자 1인 이상 고용한 전사업장에 확대 적용되었다. 전국민연금, 전국민의료보험이 제도 도입 이후 12~13년이 걸린 것에 비하면 도입 4년 만에 전체 근로자를 대상으로 하는 고용보험이 마련된 셈이다. 국민연금이나 건강보험이 근로자뿐만 아니라, 전체 국민을 대상으로 하는 데 비해, 고용보험은 근로자들을 대상으로 하는 것이기 때문에 빠른 확대가 가능하기도 하였고, 노동시장 성장에 비해 고용보험 도입이 늦었던 것도 빠른 확대를 가능하게 했던 이유이다. 1998년 1인 이상 상시 근로자 사업장 확대 이후, 2004년부터는 일용근로자 및 시간제근로자(월 60시간, 주 15시간 이상)까지 고용보험 적용 근로자 범위를 확대하였다. 2012년부터는 자영업에게도 고용보험을 적용하였고, 두루누리 사회보험 지원사업의 사회보험료 지원을 통해 영세사업장의 저소득 근로자들 대상 고용보험 적용의 실효성을 강화하였다.

적용대상 확대 이외에도 2001년부터 고용보험을 통해 모성보호급여를 지급하기 시작했고, 2011년부터는 육아기 근로시간 단축제도를 실시하였다. 2016년부터는 실업기간 국민연금 가입기간 지원제도인 실업크레딧 제도를 도입하였다.

고용보험의 역사는 다음과 같다.

▌표 11-7 고용보험의 역사

1993.12.	「고용보험법」 제정
1995.7.	고용보험 시행
1998.10.	1인 이상 전 사업장으로 고용보험 적용 확대
2011.9.	육아기 근로시간 단축 급여제도 시행
2012.1.	자영업자 고용보험 실업급여 혜택 확대
2013.6.	65세 이상(실업급여) 적용
2016.8.	'실업크레딧'제도 도입
2017.8.	중소기업청년추가고용장려금 신설
2018.8.	전자우편(e그린카드)발송 시스템 구축
2020.1.	피보험자 관리 이관(고용부 → 근로복지공단)
2020.6.	긴급고용안정지원금 지급
2021.3.	고용보험 인터넷 서비스 개편

자료: 고용보험 홈페이지(https://www.ei.go.kr, 2021).

3) 고용보험의 급여

고용보험 급여의 종류는 고용안정사업과 직업능력개발사업 그리고 실업급여 등 크게 세 가지로 나누어진다.

(1) 고용안정사업

고용안정사업은 개별적인 보호와 시설지원의 형태로 이루어진다. 개별적인 보호로는 고용조정지원과 지역고용의 촉진, 고령자고용촉진, 건설업고용촉진 등이 있으며, 시설지원은 고용촉진시설에 대한 지원의 형태로 이루어진다. 이밖에 일반적인 고용증진사업으로 고용정보의 제공 및 직업지도가 이루어진다.

(2) 직업능력개발사업

첫째, 직업능력개발 훈련지원으로서 피보험자 등에 대한 직업능력개발의 지원에는 수강장려금의 지원과 실업자재취직훈련이 있다.
둘째, 건설근로자에 대한 직업능력개발지원이 있다.

(3) 실업급여

실업급여의 종류로는 구직급여와 취업촉진수당이 있다. 취업촉진수당으로는 조기 재취직수당, 직업능력개발수당, 광역구직활동비, 이주비 등이 있다. 구직급여는 기본적인 생활보장을 위한 급여이다. 취업촉진수당은 재취업을 위해서 필요한 실제 비용에 대한 지원금으로서의 성격을 갖고 있다.

4) 고용보험의 대상

(1) 적용대상 사업장

고용보험은 근로자를 사용하는 모든 사업 또는 사업장에 적용한다. 고용보험은 적용대상에 따라 일반적인 당연적용사업과 임의가입사업으로 구분한다.

① 당연적용사업장

근로자를 고용하는 모든 사업 또는 사업장의 사업주는 원칙적으로 고용보험의 당연가입대상이다. 다만, 사업장의 규모 등을 고려하여 일부 사업장은 고용보험 당연가입대상에서 제외하고 있다.

② 임의가입사업장

사업의 규모 등으로 고용보험업의 당연가입 대상사업이 아닌 사업의 경우, 근로복지공단의 승인을 얻어 보험에 가입할 수 있다. 이 경우, 사업주는 근로자(적용 제외 근로자 제외) 과반수 이상의 동의를 얻은 사실을 증명하는 서류(고용보험 가입신청서)를 첨부하여야 한다.

(2) 보험가입자

① 피보험자와 고용보험의 가입방식

「고용보험법」의 적용을 받는 보험가입자는 사업주와 근로자이다. 그러나 실제로 다양한 보험급여를 받는 자는 피보험자이다. 피보험자라 함은 당연가입자, 임의가입자, 의제가입자, 일괄적용대상 사업의 규정에 따라 보험에 가입하거나 가입된 것으로 보는 근로자를 말하고, 피보험자는 「고용보험법」이 적용되는 사업에 고용된 날에 피보험자격을 취득한다.

② 당연가입자

「고용보험법」의 적용대상이 되는 사업의 사업주와 근로자는 당연히 보험가입자가 된다.

③ 임의가입자

사업주가 근로자 과반수의 동의 및 근로복지공단의 승인을 얻어 그 사업의 사업주와 근로자가 보험에 가입하는 것을 임의가입자라고 한다.

④ 의제가입

고용보험의 당연가입자가 되는 적용사업이 사업규모의 변동 등으로 인하여 당연가입의 범위에 속하지 아니하게 된 때에는 그 사업주 및 근로자는 그 해당하게 된 날부터 임의가입한 것으로 본다. 그리고 당연가입이 되는 사업의 사업주가 당해 사업 중에 피보험자인 근로자를 고용하지 않은 때에는 그 날부터 1년의 범위 안에서 피보험자인 근로자를 고용하지 아니한 기간 동안에도 보험에 가입한 것으로 본다. 이러한 경우를 '의제가입'이라 부른다.

5. 장기요양보험

1) 장기요양보험의 개념

장기요양보호는 만성적인 신체적·정신적 장애로 인해 일상생활 유지가 곤란한 노인에게 장기간 동안의 사회적 서비스 및 의료적 서비스를 제공하는 것을 말한다. 즉, 고령이나 노인성질병 등으로 인하여 6개월 이상 동안 혼자서 일상생활을 수행하기 어려운 노인 등에게 신체활동 또는 가사 지원 등의 장기요양급여를 사회적 연대원리에 의해 제공하는 사회보험제도이다(양철수 외, 2019: 205-206).

노인장기요양보험(aged person longtermcare insurance)은 치매, 중풍 등으로 거동이 불편한 65세 이상 노인 또는 65세 미만이나 노인성질환을 가진 사람들을 요양시설에 모시거나 집으로 찾아가 돌보는 사회보험정책으로서, 2008년부터 시행되었다. 즉, 고령화사회로 급속하게 진행함에 따라 요양보호가 필요한 노인의 생활자립을 지원함으로써 가족의 부담을 줄여주고, 늘어나는 노인요양비와 의료비문제에 적절하게 대처하고자 도입된 사회보장제도인 것이다.

현대국가는 그 내용이나 정도에 차이가 있으나, 모두 복지국가를 표방하고 있다. 대부분의 국가에서는 경제발전과 보건의료의 발달로 인한 평균수명의 연장, 자녀에 대한 가치관의 변화, 보육 및 교육문제 등으로 출산율이 급격히 저하되어 인구구조의 급속한 고령화문제에 직면하고 있다. 이러한 사회변화에 따른 새로운 복지수요를 충족하기 위한 것이 장기요양보장제도이다. 즉,

노화 등에 따라 거동이 불편한 사람에 대하여 신체활동이나 일상가사활동을 지속적으로 지원해주는 문제가 사회적 이슈로 부각되었기 때문이다. 특히, 고령화의 진전과 함께 핵가족화, 여성의 경제활동참여가 증가하면서 종래 가족의 부담으로 인식되던 장기요양문제가 이제 더 이상 개인이나 가계의 부담으로 머물지 않고, 이에 대한 사회적 · 국가적 책무가 강조되고 있다. 이와 같은 사회환경의 변화와 이에 대처하기 위하여 이미 선진 각국에서는 사회보험방식 및 조세방식으로 그 재원을 마련하여 장기요양보장제도를 도입하여 운영하고 있다.

장기요양보험제도의 목적은 고령이나 노인성 질병 등의 사유로 일상생활을 혼자서 수행하기 어려운 노인 등에게 신체활동 또는 가사활동 지원 등의 장기요양급여를 제공하여, 노후의 건강증진 및 생활안정을 도모하고, 그 가족의 부담을 덜어줌으로써 국민의 삶의 질을 향상하도록 함을 목적으로 시행하는 사회보험제도이다.

우리나라 노인장기요양보험제도는 건강보험제도와는 별개의 제도로 도입 · 운영되고 있는 한편, 제도운영의 효율성을 도모하기 위하여 보험자 및 관리운영기관을 국민건강보험공단으로 일원화하고 있다. 또한 국고지원이 가미된 사회보험방식을 채택하고 있고, 수급대상자에는 65세 미만의 장애인이 제외되어 노인을 중심으로 운영되고 있다.

장기요양보험제도의 주요 특징은 다음과 같다.

첫째, 건강보험제도와 별도 운영한다.

장기요양보험제도를 건강보험제도와 분리 운영하는 경우, 노인 등에 대한 요양 필요성의 부각이 비교적 용이하여 새로운 제도도입에 용이하며, 건강보험재정에 구속되지 않아 장기요양급여 운영, 장기요양제도의 특성을 살릴 수 있도록 「국민건강보험법」과는 별도로 「노인장기요양보험법」을 제정하였다.

둘째, 사회보험방식을 기본으로 한 국고 지원 부가방식을 채택하고 있다.

우리나라 장기요양보장제도는 사회보험방식을 근간으로 일부는 공공부조방식을 가미한 형태로 설계 · 운영되고 있다.

셋째, 보험자 및 관리운영기관의 일원화를 이루고 있다.

우리나라 장기요양보험제도는 이를 관리·운영할 기관을 별도로 설치하지 않고 「국민건강보험법」에 의하여 설립된 기존의 국민건강보험공단을 관리운영기관으로 하고 있다. 이는 도입과 정착을 원활하게 하기 위하여 건강보험과 독립적인 형태로 설계하되, 그 운영에 있어서는 효율성 제고를 위하여 별도로 관리운영기관을 설치하지 않고, 국민건강보험공단이 이를 함께 수행하도록 한 것이다.

넷째, 노인 중심의 급여체계이다.

우리나라 장기요양보험제도는 65세 이상의 노인 또는 65세 미만의 자로서 치매·뇌혈관성 질환 등 노인성질병을 가진 자 중 6개월 이상 혼자서 일상생활을 수행하기 어렵다고 인정되는 자를 그 수급대상자로 하고 있다. 여기에는 65세 미만자의 노인성질병이 없는 일반적인 장애인은 제외되고 있다.

2) 장기요양보험의 역사

2000년 이후 인구 고령화 속도가 빠르게 증가하면서 치매·중풍 등으로 의료서비스보다는 장기요양이 필요한 노인들의 수도 많아짐에 따라 이들을 돌봐야 하는 가족들의 부담도 커졌다. 국민의 정부는 2001년 대통령 경축사에서 노인요양보장제도 도입을 제안하였고, 2002년 16대 대통령선거 공약사항에 포함되었다. 이에 따라, 2003년부터 노인장기요양보험제도 도입을 준비하였고, 2005년부터 2008년까지 3년간의 시범사업을 거쳐 2008년 7월부터 시행되었다. 2010년 장기요양기관의 장에게 장기요양급여 제공자료 기록·관리 의무를 부여하였고, 장기요양등급 3등급으로 시작했던 노인장기요양보험은 2014 년부터 5등급체계로 개편되었다. 2017년부터는 정부가 장기요양요원의 처우개선, 복지증진을 위해 적극적으로 노력하도록 장기요양기본계획에 '장기요양요원의 처우에 관한 사항'을 포함시켰다. 2018년부터는 인지기능 저하로 일상생활에 어려움이 있으나, 신체기능이 양호하여 노인장기요양 등급판정을 받기 어려운 치매환자를 위해 선정기준이 완화된 장기요양 '인지지원등급'을 신설하여 신체기능이 양호한 치매환자도 장기요양 대상자가 될 수 있도록 등급체계를 개편하였다(류연규, 2021: 266).

3) 장기요양보험의 급여

(1) 급여체계

노인장기요양급여에는 재가급여, 시설급여, 특별현금급여가 있다. 재가급여의 종류로는 방문요양, 방문목욕, 방문간호, 주야간보호, 단기보호, 기타 재가급여가 있다.

방문요양은 장기요양요원이 수급자의 가정 등을 방문하여 신체활동 및 가사활동 등을 지원하는 장기요양급여이다.

방문목욕은 장기요양요원이 목욕설비를 갖춘 장비를 이용하여 수급자의 가정 등을 방문하여 목욕을 제공하는 장기요양급여이다.

방문간호는 장기요양요원인 간호사 등이 의사, 한의사 또는 치과의사의 지시서에 따라 수급자의 가정 등을 방문하여 간호, 진료의 보조, 요양에 관한 상담 또는 구강위생 등을 제공하는 장기요양급여이다.

주·야간보호는 수급자를 하루 중 일정한 시간 동안 장기요양기관에 보호하여 신체활동 지원 및 심신기능의 유지·향상을 위한 교육·훈련 등을 제공하는 장기요양급여이다.

단기보호는 수급자를 일정 기간 동안 장기요양기관에 보호하여 신체활동 지원 및 심신기능의 유지·향상을 위한 교육·훈련 등을 제공하는 장기요양급여이다.

기타 재가급여는 수급자의 일상생활·신체활동 지원 및 인지기능의 유지·향상에 필요한 용구를 제공하거나 가정을 방문하여 재활에 관한 지원 등을 제공하는 것이다.

시설급여는 장기요양기관이 운영하는 노인의료복지시설 등에 장기간 동안 입소하여 신체활동 지원 및 심신기능의 유지·향상을 위한 교육·훈련 등을 제공하는 장기요양급여이다.

특별현금급여는 가족요양비, 특례요양비, 요양병원간병비를 제공하는 급여이다. 이 중 현재 시행하고 있는 특별현금급여는 가족요양비로 수급자가 섬 또는 벽지에 거주하거나, 천재지변, 신체·정신 또는 성격 등의 사유로 장기요양급여를 지정된 시설에서 받지 못하고 그 가족 등으로부터 방문요양에 상당하는 장기요양 급여를 받을 때 지급하는 현금급여이다.

사회보험에서 급여형태는 다음과 같다.

▌표 11-8 5대 사회보험의 급여형태

구분	현금급여	현물급여
국민연금	노령연금, 장애연금, 유족연금, 반환일시금, 사망일시금	
건강보험	요양비, 장애인보장구 구입비	요양급여, 건강검진
산업재해보상보험	휴업급여, 장해급여, 상병보상연금, 유족급여	요양급여
고용보험	실업급여(구직급여, 취업촉진수당)	
노인장기요양보험	특별현금급여(가족요양비, 특례요양비, 요양병원간병비)	재가급여(방문요양, 주·야간보호, 방문목욕, 방문간호, 단기보호, 시설급여)

자료: 박차상 외(2020: 168).

(2) 장기요양 인정

장기요양보험 가입자 및 그 피부양자나 의료급여수급권자 누구나 장기요양급여를 받을 수 있는 것은 아니다. 일정한 절차에 따라 장기요양급여를 받을 수 있는 권리(수급권)가 부여되는데, 이를 '장기요양 인정'이라고 한다.

장기요양 인정절차는 먼저 공단에 장기요양 인정신청으로부터 출발하여 공단직원의 방문에 의한 인정조사와 등급판정위원회의 등급판정, 그리고 장기요양 인정서와 표준장기요양이용계획서의 작성 및 송부로 이루어진다.

장기요양 인정의 신청자격은 장기요양보험 가입자 및 그 피부양자 또는 의료급여수급권자 중 65세 이상의 노인 또는 65세 미만인 자로서 노인성질병인 치매, 뇌혈관성 질환, 파킨슨병 등 대통령령으로 정하는 질병을 가진 자에게 있다.

장기요양 인정 및 이용절차는 다음과 같다.

❑ **그림 11-2 장기요양 인정 및 이용절차**

01 장기요양 인정 신청 및 방문조사	02 장기요양 인정 및 장기요양등급판정	03 장기요양 인정서·표준 장기요양이용계획서 송부	04 장기요양급여이용계약 및 장기요양급여 제공
국민건강보험공단	**등급판정위원회**	**국민건강보험공단**	**장기요양기관**

자료: 국민건강보험공단 홈페이지(www.longtermcare.or.kr, 2021) 재구성.

장기요양 인정의 신청은 노인장기요양보험운영센터(전국 공단지사)에서 본인 또는 대리인이 할 수 있으며, 신청방법은 공단 방문, 우편, 팩스, 인터넷 등을 이용한다.

장기요양 인정신청의 종류는 다음과 같다.

▌**표 11-9 장기요양 인정신청의 종류**

종류	신청 사유	신청 시기	제출 서류
인정신청	처음으로 장기요양 인정 신청을 하는 경우	신청자격을 가진 자가 장기요양 급여를 받고자 하는 경우	• 장기요양 인정신청서 • 의사소견서
갱신신청	장기요양 인정 유효기간 종료가 예정된 경우	유효기간 종료 90일 전부터 30일 전	• 장기요양 인정 갱신신청서 • 의사소견서
등급변경 신청	장기요양급여를 받고 있는 동안 신체적·정신적 상태의 변화가 있는 경우	변경사유 발생 시	• 장기요양등급변경신청서 • 의사소견서
급여종류·내용변경 신청	급여종류·내용변경을 희망하는 경우	급여종류·내용변경 사유 발생 시	• 장기요양 급여종류·내용변경신청서 • 사실확인서(제출 필요시)
이의신청	통보받은 장기요양 인정등급에 이의가 있을 경우	처분이 있는 날로부터 90일 이내	• 이의신청서 • 사실 입증서류

자료: 국민건강보험공단 홈페이지(www.longtermcare.or.kr, 2021).

(3) 장기요양급여 이용절차

수급자는 장기요양인정서에 적힌 '장기요양 등급', '장기요양 인정 유효기간'과 '급여종류 및 내용'에 따라 적절한 장기요양기관을 선택하여 급여계약 체결 후 장기요양 급여를 이용할 수 있다.

장기요양급여 이용 절차는 다음과 같다.

❑ 그림 11-3 장기요양급여 이용절차

자료: 국민건강보험공단 홈페이지(www.longtermcare.or.kr, 2021).

(4) 노인의료복지시설

노인복지시설의 종류로 노인의료복지시설을 규정하고 있으며(「노인복지법」 제31조), 노인의료복지시설로는 노인요양시설과 노인요양공동생활가정이 있다(「노인복지법」 제34조).

① 노인요양시설

치매·중풍 등 노인성질환 등으로 심신에 상당한 장애가 발생하여 도움을 필요로 하는 노인을 입소시켜 급식·요양과 그 밖에 일상생활에 필요한 편의를 제공함을 목적으로 하는 시설을 말한다.

② 노인요양공동생활가정

치매·중풍 등 노인성질환 등으로 심신에 상당한 장애가 발생하여 도움을 필요로 하는 노인에게 가정과 같은 주거여건과 급식·요양, 그 밖에 일상생활에 필요한 편의를 제공함을 목적으로 하는 시설을 말한다.

4) 장기요양보험의 대상

건강보험 가입자는 장기요양보험 가입자가 된다(법 제7조 제3항). 이는 건강보험의 적용에서와 같이 법률상 가입이 강제되어 있다. 또한 공공부조의 영역에 속하는 의료급여 수급권자의 경우 건강보험과 장기요양보험의 가입자에서는 제외되지만, 국가 및 지방자치단체의 부담으로 장기요양보험의 적용대상으로 하고 있다(법 제12조).

1. **우리나라 국민연금에 관한 설명으로 옳지 않은 것은?**

   ① 강제가입을 통해 역선택을 방지하고자 한다.
   ② 저소득자에게는 보험료를 지원하기도 한다.
   ③ 급여수준의 실질적 가치를 유지하고자 한다.
   ④ 민간에 위탁·운영하는 것이 일반적이다.
   ⑤ 전 국민을 대상으로 가입대상자를 확대하는 경향이 있다.

2. **우리나라 국민건강보험에 관한 설명으로 옳지 않은 것은?**

   ① 진료비 지불방식으로 행위별 수가제와 포괄수가제가 사용되고 있다.
   ② 가입자는 직장가입자와 지역가입자로 구분된다.
   ③ 공무원 등 특수직역종사자는 가입대상이 아니다.
   ④ 건강보험의 요양급여와 노인장기요양보험의 요양급여는 급여 내용이 다르다.
   ⑤ 질병치료 시 상실된 소득을 보장하는 상병수당은 지급되고 있지 않다.

3. **우리나라 산업재해보상보험에 관한 설명으로 옳은 것은?**

   ① 장해급여는 등급에 따라 연금이나 일시금으로 지급된다.
   ② 업무와 재해 사이의 인과관계와 상관없이 보상한다.
   ③ 산업재해보상보험 급여수급권은 퇴직하면 소멸한다.
   ④ 산업재해보상보험은 보건복지부장관이 관장한다.
   ⑤ 각종 민간 사회단체는 산업재해보상보험의 임의적용사업장으로 분류된다.

4. **우리나라 노인장기요양보험제도에 관한 설명으로 옳은 것은?**

   ① 단기보호는 시설급여에 해당한다.
   ② 가족에게 요양을 받을 때 지원되는 현금급여가 있다.
   ③ 보험료는 건강보험료와 분리하여 징수한다.
   ④ 장기요양인정의 유효기간은 3개월 이상으로 한다.
   ⑤ 보험료율은 보건복지부령으로 정한다.

정답 1. ④ 2. ③ 3. ① 4. ②

CHAPTER 12

공공부조

❖ 학습목표

1. 공공부조의 개념 파악
2. 각 정책별 문제점 및 해결방안 토론
3. 분야별 정책 숙지

❖ 학습내용

1. 국민기초생활보장제도
2. 의료급여
3. 기초연금

❖ 개요

공공부조정책(public assistance policy)은 생활유지능력이 없는 복지기본선 이하의 저소득층 등 선별층에게 보험료 납부를 전제하지 않고, 현금급여 또는 현물급여 등을 제공하여 최저생활을 보장하고 자립을 지원하는 정책을 의미한다. 우리나라에서 공공부조정책의 대표적인 제도는 국민기초생활보장제도라고 할 수 있다. 여기에서는 공공부조를 학습하고자 한다.

공공부조

공공부조정책(public assistance policy)은 생활유지능력이 없는 복지기본선 이하의 저소득층 등 선별층에게 보험료 납부를 전제하지 않고, 현금급여 또는 현물급여 등을 제공하여 최저생활을 보장하고 자립을 지원하는 정책을 의미한다. 원래는 '공적부조'로 명명했으나, 1995년 제정된 「사회보장기본법」에 따라 '공공부조'로 변경되었다.

우리나라에서 공공부조정책의 대표적인 제도는 국민기초생활보장제도라고 할 수 있다. 국민기초생활보장제도의 추진체계는 중앙정부인 보건복지부가 지방자치단체에 지원 및 지시하는 체계이다.

1. 국민기초생활보장제도

1) 국민기초생활보장제도의 개념

국민기초생활보장제도(national basic livelihood security act)는 빈곤층을 대상으로 국민의 최저생활을 보장해주는 제도를 말한다. 기초보장제도라고도 하며, 1999년 9월 보건복지부 주관으로 실시되었다. 이 제도는 개별가구의 소득이 국가가 정한 일정 기준선에 미달하는 빈곤층을 대상으로 생계, 의료, 주거, 교육 등 기초적인 생활을 영위할 수 있도록 현금 또는 현물을 지원하는 복지제도를 지칭한다.

국민기초생활보장제도는 1997년 말 외환위기로 인해 실업과 빈곤문제가 심각했던 상황에서, 빈곤층의 인간다운 삶을 보장하기 위해 시민단체들의 청원과 여야 국회의원들의 공동발의로 1999년 9월 7일 제정되었고, 2000년 10월 1일 시행되었다. 이 제도는 빈곤층에 대한 소득보장을 '사회권'의 하나로 규정하였으며, 근로능력 유무와 무관하게 모든 빈곤층에게 소득보장을 하도록 규정하였으며, 자활사업을 통해 근로연계복지(workfare)를 실시하고 있다는 점에서 한국 사회보장제도에서 매우 상징적인 의미를 갖고 있다.

국민기초생활보장제도는 공공부조제도이며, 그것은 다음의 세 가지 특징을 갖고 있다.

첫째, 보험료 납부 등의 기여(contribution)를 전제하지 않고, 정부가 일반 조세를 통해 그 비용을 부담하는 복지제도이다.

둘째, 자산조사(means-test)를 통해 지원대상을 엄격하게 선정하는 잔여적 복지제도이다.

셋째, 빈곤층의 모든 자구적 노력을 전제로 최종적으로 도움을 호소할 수 있는 복지제도이다. 이 점에서 국민기초생활보장제도는 빈곤층이 호소할 수 있는 최후의 사회안전망이라 불리기도 한다.

2) 국민기초생활보장제도의 역사

1997년 외환위기로 실직자와 노숙자가 증가하고 빈곤계층의 생활안정을 위하여 기본적인 최저생활보장제도에 대한 요구가 높아졌다. 1998년 45개 시민단체 연대회의가 구성되어 입법 청원을 하였으며, 여당과 야당, 정부 등 전국민적 합의를 바탕으로 1999년 9월 7일 「국민기초생활보장법」을 제정하고, 2000년 10월 1일부터 이 제도가 시행되었다. 「국민기초생활보장법」이 제정된 9월 7일은 '사회복지의 날'로 기념하고 있다.

2000년 시행 이후 2003년 소득 기준과 재산 기준의 구분을 소득인정액 기준으로 통합하였고, 2007년 부양의무자 범위를 2촌 이내 직계 혈족에서 1촌 이내 직계혈족으로 축소시켜 대상자 선정 기준을 완화하였다. 2011년에는 수

급자의 가구별 특성을 감안하여 관련 기관의 고용지원서비스를 연계할 수 있
도록 하고, 수급자의 취업활동으로 인하여 해당 가구에 필요하게 된 아동·노
인 등에 대한 사회서비스를 지원하며, 자산형성지원서비스를 실시하였다.

　2015년부터는 맞춤형 급여체계 개편을 하여 급여의 종류별로 수급대상 선
정기준을 달리 정하였고, 최저생계비 대신 최저보장수준을 대상자 선정기준
으로 정하였다. 최저보장수준은 기준 중위소득을 기준으로 정해진다.

　국민기초생활보장제도의 역사는 다음과 같다.

▌표 12-1　국민기초생활보장제도의 역사

1999.9.	「국민기초생활보장법」 제정
1999.9.	별정직 사회복지 전문요원 - 사회복지전담공무원으로 전환(자산조사 등의 시스템 구축 준비)
2000.3	모의적용사업 실시(서울시 강남구 수서동, 경기도 평택시 평택읍 2개 지역)
2000.10	국민기초생활보장제도 실시 · 자활사업 실시
2003.1.	재산의 소득환산제 시행
2004.3.	부양의무자 규정 축소 개정(2005년 7월 1일부터 적용) - 수급권자의 직계혈족 및 그 배우자, 생계를 같이하는 2촌 이내의 혈족
2005.12.	부양의무자 규정 축소 개정(2007년 1월 1일부터 적용) - 수급권자의 직계혈족 및 그 배우자
2014.12.	통합급여체계를 개별급여체계로 전환(2015년 7월 1일 시행) - 선정기준선의 다층회(최저생계비의 단일화 - 급여별 기준 중위소득)

자료: 박진화(2020a: 254).

3) 국민기초생활보장제도의 급여

국민기초생활보장제도의 급여는 다음과 같다.

(1) 생계급여(일반생계급여)

현금급여기준은 최저생계비에서 현물로 지급되는 의료비, 교육비 및 타법 지원액을 감한 금액으로 소득이 없는 수급자가 받을 수 있는 최고액의 현금 급여수준을 말한다.

> **가구별 생계급여액 = 생계급여 선정기준액 − 가구의 소득인정액**

생계급여액은 수급자의 생계를 유지하기 위해 일상생활에 기본적으로 필요한 의복비, 음식물비 및 연료비 등이 포함된 금액이다. 이는 생계급여 선정기준에서 가구의 소득인정액을 차감한 금액으로 기준 중위소득의 30%(2020년 기준)에 해당한다. 생계급여는 금전을 지급하는 것이 원칙이며, 매월 20일에 정기적으로 금융회사 등의 수급자 명의의 지정된 계좌에 입금된다.

(2) 의료급여

의료급여는 수급자에게 질병, 부상, 출산 등의 상황에서 필요한 의료서비스 부담금 일부를 지원한다. 즉, 의료급여는 질병·부상·출산 등으로 도움이 필요한 기초생활보장수급자에게 지급된다. 예컨대, 진찰·검사, 약제·치료재료의 지급, 처치·수술과 그 밖의 치료, 예방·재활, 입원, 간호, 이송과 그 밖의 의료목적 달성을 위한 조치 등이 이에 해당한다.

(3) 주거급여

주거급여는 수급자에게 주거안정에 필요한 임차료, 유지수선비 등을 지급하는 것으로 기준임대료를 상한으로 수급자의 실제 임차료를 지원한다. 즉, 주거급여는 주거 안정이 필요한 기초생활보장수급자에게 지급된다. 주거급여의 최저보장수준은 임차급여의 경우 기준임대료로 하고, 수선유지급여의 경우 경보수, 중보수, 대보수 등 보수범위별 수선비용을 기준금액으로 한다.

(4) 교육급여

교육급여는 고등학생의 경우, 교과서대, 수업료·입학금(학교장이 고지한 금액 전부), 초·중학생의 경우 부교재비(66천원/인·105천원/인), 중·고등학생 학용품비(57천원/인)을 지원한다. 즉, 교육급여는 학교나 시설에 입학해 입학금, 수업료, 학용품비, 그 밖의 수급품 등이 필요한 기초생활보장수급자에게 지급된다. 이는 초등학교·공민학교, 중학교·고등공민학교, 고등학교·고등기술학교, 특수학교, 각종 학교(초등학교·공민학교·중학교·고등공민학교·고등학교·고등기술학교와 비슷한 학교), 학교 형태의 평생교육시설(고등학교 졸업 이하의 학력이 인정되는 시설로 지정한 시설만 해당) 중 어느 하나에 해당하는 학교 또는 시설에 입학 또는 재학하는 사람에게 지급된다.

(5) 해산급여

해산급여는 출산영아 1인당 60만 원을 지급한다. 단, 생계급여, 의료급여, 주거급여 수급자에게만 지원한다. 즉, 해산급여는 생계급여, 주거급여 및 의료급여 중 하나 이상의 급여를 받는 수급자 중 조산을 했거나 분만하기 전후로 조치와 보호가 필요한 기초생활보장수급자에게 지급된다. 해산에 필요한 금품을 지급받으려는 사람은 해산급여지급신청서(전자문서로 된 신청서 포함)를 거주지를 관할하는 특별자치시장·특별자치도지사·시장·군수·구청장에게 제출하면 된다.

(6) 장제급여

장제급여는 사망자 1구당 75만 원을 지급한다. 단, 생계급여, 의료급여, 주거급여 수급자에게만 지원한다. 즉, 장제급여는 생계급여, 주거급여 및 의료급여 중 하나 이상의 급여를 받는 수급자가 사망해 사체의 검안·운반·화장 또는 매장, 그 밖의 장제조치가 필요한 경우에 지급된다. 특별자치시장·특별자치도지사·시장·군수·구청장은 단독가구주의 사망 등 불가피한 경우, 장제를 실시할 수 있는 사람을 지정해 장제급여를 지급할 수 있다.

(7) 자활급여

수급권자의 자활을 돕기 위해 자활에 필요한 금품의 지급 또는 대여, 자활에 필요한 근로능력의 향상 및 기능습득의 지원, 취업알선 등 정보의 제공, 자활을 위한 근로기회의 제공, 자활에 필요한 시설 및 장비의 대여, 창업교육, 기능훈련 및 기술·경영 지도 등 창업지원, 자활에 필요한 자산형성 지원, 그 밖에 자활을 위한 각종 지원 등과 같은 명목으로 지급된다.

국민기초생활보장제도 급여의 기본 원칙은 다음과 같다.

최저생활보장의 원칙은 생활이 어려운 자에게 생계·주거·의료·교육·자활 등 필요한 급여를 행하여 이들의 최저생활을 보장한다는 것이다.

보충급여의 원칙은 생계급여 수급자의 최저보장수준은 생계급여액과 수급자 가구의 소득인정액을 합한 수준이 생계급여 선정기준 이상이 되도록 지원한다는 것이다.

자립지원의 원칙은 근로능력이 있는 생계급여 수급자에게 자활사업에 참여할 것을 조건으로 생계급여를 지급한다는 것이다.

개별성의 원칙은 급여수준을 정함에 있어서 수급권자의 개별적 특수 상황을 최대한 반영한다는 것이다.

가족부양 우선의 원칙은 급여신청자가 부양의무자에 의하여 부양될 수 있는 경우에는 기초생활보장급여에 우선하여 부양의무자에 의한 보호가 먼저 행해져야 한다는 것이다.

타 급여 우선의 원칙은 급여신청자가 다른 법령에 의하여 보호를 받을 수 있는 경우에는 기초생활보장급여에 우선하여 다른 법령에 의한 보호가 먼저 행해져야 한다는 것이다.

4) 국민기초생활보장제도의 대상

국민기초생활보장제도의 대상은 수급권자 가구의 소득인정액이 가구별 최저생계비 이하인 경우, 또는 부양의무자가 없거나, 부양의무자가 있어도 부양

능력이 없거나, 또는 부양을 받을 수 없는 경우를 말한다. 그 내용은 다음과 같다.

- 부양의무자 기준 적용: 생계급여, 의료급여, 주거급여 수급자
- 교육급여수급자는 부양의무자 제도 미적용
- 부양의무자의 범위: 수급신청자와 부모, 아들, 딸, 며느리, 사위
- 배우자가 사망한 사위, 며느리, 계부, 계모는 수급권자의 부양의무자가 아님

2020년도 급여종류별 수급자 선정기준은 다음과 같다.

▌표 12-2 급여종류별 수급자 선정기준(2020)

(단위: 원)

종류	1인가구	2인가구	3인가구	4인가구	5인가구	6인가구	7인가구
생계급여 수급자	527,158	897,594	1,161,173	1,424,752	1,668,331	1,951,910	2,216,915
의료급여 수급자	702,878	1,196,792	1,548,231	1,889,670	2,251,108	2,602,547	2,955,886
주거급여 수급자	790,737	1,346,391	1,741,760	2,137,128	2,532,497	2,927866	3,325,372
교육급여 수급자	878,597	1,495,990	1,935,289	2,374,587	2,813,886	3,253,184	3,694,858

자료: 금융감독원 홈페이지(https://www.fss.or.kr, 2021).

2. 의료급여

1) 의료급여의 개념

의료급여제도(medical care assistance)는 생활이 어려운 사람에게 의료급여를 함으로써 국민보건의 향상과 사회복지의 증진에 이바지함을 목적으로한다(「의료급여법」 제1조). 의료급여제도는 국민건강보험과 함께 우리나라의료보장제도의 한 축이면서 국민기초생활보장제도의 의료급여를 제도화한것이다.

의료급여는 수급권자의 질병·부상·출산 등에 대해 진찰·검사, 약제·치료재료의 지급, 처치·수술과 그 밖의 치료, 예방·재활, 입원, 간호, 이송 등의의료서비스를 제공하는 급여이다. 의료급여는 생활유지 능력이 없거나 생활이 어려운 저소득 국민의 의료문제를 국가가 보장하는 공공부조제도로서 국민건강보험과 함께 국민의료보장의 중요한 수단이 된다. 의료급여는 별도의법률인 「의료급여법」에 따른다. 기존의 의료보호법이 의료급여법으로 개정됨에 따라 국민기초생활보장 수급자는 「의료급여법」에 의해 의료보장을 받게되었다.

헌법 제36조 제3항에서 "모든 국민은 보건에 관하여 국가의 보호를 받는다."라고 규정하고 있어서 국가는 국민의 건강한 권리를 보장할 의무가 있다.이에 국가는 의료와 보건에 관한 관련법을 제정하고, 보건의료정책을 시행하고 있다. 사회복지와 관련된 의료정책은 일반적으로 의료를 공급하는 의사·약사·한의사 등 의료관계자와 병·의원 등과 같은 의료기관이 있으며, 보건소 또는 보건진료소 등과 같은 모든 의료기관과 관련된 보건의료행정체계 그리고 의과대학 등의 의료교육기관과 국민건강보험 등과 같은 의료보험 시스템이 있다.

이러한 의료체계구조 속에서 공공부조정책의 하나인 의료급여정책은 일반적인 사회복지나 의료보험과 관련시켜 '의료보장(medical security)'이라는 용어가 사용되고 있으나, 영국·미국 등의 문헌에서는 '의료보호(medicare)'라는 표현이 자주 사용되고 있다.

의료급여는 의료비의 보장과 의료 그 자체 및 건강의 보장이라는 두 가지 견해로 크게 나눌 수 있는데, 의료비는 질병이나 부상과 관련하여 과도하게 지출될 수 있기 때문에 근로능력의 상실 등을 초래하고, 결국 생활이 빈곤해 지는 악순환을 겪어야 한다(박차상 외, 2020: 251-252).

2) 의료급여의 역사

「의료급여법」의 역사를 거슬러 올라가면 「생활보호법」의 규정으로 포함되어 있던 것이 시행령이 마련되지 않아 시행되지 못하다가, 1979년부터 「의료보호법」의 제정과 함께 시행되었다. 의료보호제도가 빈곤층 대상의 의료보장 제도 역할을 수행하였으나, 진료지역이 정해져 있고 진료기관이 제한되는 등 건강보험에 비해 제약이 많았다.

「의료보호법」은 「국민기초생활보장법」 제정과 더불어 2001년 「의료급여법」으로 명칭과 내용이 전부 개정되어 시행되고 있다. 「의료급여법」으로 전부 개정하면서 의료급여 수급기간 제한을 폐지하였고, 예방·재활에 대하여도 의료급여를 실시하였다. 2003년부터는 본인부담보상금제도를 실시하였고, 2004년에는 2종 의료급여수급권자의 본인부담비율을 20%에서 15%로 인하하였다. 만성질환 및 희귀난치성질환자에 대한 차상위 의료급여특례제도를 실시하였고, 의료급여 본인부담상한제를 실시하였다. 2005년에는 국내에 입양된 18세 미만 아동에 대해 1종 의료급여를 실시하였고, 2011년에는 의료급여 수급권자에 대한 사례관리를 실시하였다. 시·도·시·군·구에 의료급여관리사를 두고 의료급여 사업단을 설치·운영하도록 하였다. 2013년에는 수급권자 인정 절차를 명확히 규정하여 수급자 외에 이재민, 5·18민주화운동 관련자 등이 의료급여수급권자가 되려면 시장·군수·구청장에게 수급권자 인정 신청을 하도록 하였다(류연규, 2021: 295).

의료급여의 역사는 다음과 같다.

■표 12-3 의료급여의 역사

2012.	제18대 대통령 공약으로 기초연금 도입을 발표함.
2013.3.	국민행복연금위원회 구성
2013.9.	정부의 「기초연금법」 제정안 발표
2014.5.	「기초연금법」 제정(「기초노령연금법」 폐지)
2014.7.	「기초연금법」 시행

자료: 박진화(2020a: 281).

3) 의료급여의 급여

(1) 급여의 종류

의료급여 대상자는 모든 질병이나 부상에 대하여 진찰, 처치, 분만, 기타의 치료, 약제 혹은 치료재료의 지급, 의료시설에의 수용, 간호, 이송, 기타 의료 목적 달성을 위한 조치 등의 의료급여를 받도록 하고 있다.

의료급여 1종 수급권자 외래진료 시 본인부담제 시행하는 대신에 매월 건강생활유지비를 지급하고 있다. 의료급여 1종 수급권자도 외래진료 시 치료비와 약값을 부담해야 한다.

그동안 의료급여 1종 수급권자들은 의료기관, 약국 외래방문 시 본인부담금을 내지 않았다. 그러나 이제는 1차 의료기관 이용 시는 1천 원, 2차 의료기관은 1천 5백 원, 3차 의료기관 2천 원을 내야 한다. CT-MRI·PET는 급여비용의 5%를 부담해야 한다. 뿐만 아니라, 약국에서도 처방전 1건당 5백 원을 내야 한다. 다만, 희귀난치성질환자, 18세 미만 아동, 임산부 등의 외래진료와 입원 진료는 종전처럼 본인부담금을 내지 않는다.

본인부담금 기준은 다음과 같다.

▌표 12-4 의료급여 본인부담금 기준

구분		1차(의원)	2차(병원)	3차(지정병원)	약국
1종	입원	없음	없음	없음	–
	외래	1,000원	1,500원	2,000원	500원
2종	입원	10%	10%	10%	–
	외래	1,000원	15%	15%	500원

자료: 금융감독원 홈페이지(https://www.fss.or.kr, 2021).

　보건복지부는 1종 수급권자가 의료기관·약국 외래진료 때 치료비와 약값을 부담하게 됨에 따라 치료비와 약값에 사용할 수 있는 '건강생활유지비'를 지급한다. 매월 지급하는 이 '건강생활유지비'는 치료비와 약값 용도로 사용하게끔 국민건강보험공단에서 수급권자 개인별 가상계좌에 적립할 예정이다. 1종 수급권자는 개인 가상계좌에 입금된 '건강생활유지비'로 의료기관과 약국을 이용해야 한다. 만약 건강생활유지비 잔액이 없거나 모자라면 본인부담금 전부 또는 차액을 현금으로 내야 한다.

　1종 수급권자가 내야 할 본인부담금이 월 2만 원을 넘으면 그 초과금액의 50%를, 5만 원을 넘으면 그 초과금액 전액은 정부가 부담할 예정이다. 반대로, 건강생활유지비가 남으면, 연 1회 정산해 수급권자의 개인별 계좌로 돌려준다.

　같은 질환으로 여러 병·의원을 이용하거나, 중복 투약으로 인해 연간 급여일수 상한(365일)을 초과해 의료급여를 받고자 하는 사람은, 1차 의료급여기관을 정해 본인부담 없이 이용할 수 있는 '선택병·의원제'를 이용해야 한다. '선택병·의원'은 본인부담이 면제되고, 선택병·의원에서 발생한 처방전으로 약국을 이용할 때도 본인부담금을 내지 않는다. 선택병·의원에서 치료할 수 없는 질환일 때는 (진료의뢰서를 발부받아) 다른 의료기관을 이용할 수는 있지만, 이때는 치료비와 약값을 부담해야 한다. '선택병·의원 적용대상자'는 원칙적으로 의원급이나 의료기관 중 한 곳을 선택해 이용해야 한다. 그러나 희귀난치성질환자는 3차 의료기관, 등록장애인 등은 2차 의료기관도 이용할 수 있다.

6개월 이상 치료가 필요한 복합질환자이거나 희귀난지성질환자인 경우는 1차(의원급) 또는 2차(병원, 종합병원) 중 한 곳을 선택병·의원으로 추가 선정해 이용할 수 있다.

(2) 장애인보장구 구입비

등록장애인이 장애인보장구 구입비용을 지급받기 위해서는 본인의 금융기관 계좌번호를 기재한 신청서에 진료담당의사가 발행한 보장구 처방전 및 보장구검수확인서(지체장애인용 지팡이, 목발과 2회 이상 재지급받는 휠체어 및 시각장애인용 흰 지팡이는 제외), 진료기관 또는 보장구 제작(판매)업소에서 발행한 세금계산서를 첨부하여 보장기관에 신청한다. 구입비용은 보장기관에서 장애인의 예금통장 또는 구입처에 직접 입금하여 지급할 수 있으며, 1종의 경우 의료급여기금에서 전액지급하고, 2종은 기금에서 80%, 장애인의료비에서 20%를 지급한다.

(3) 대불금제도

총 진료비 중 본인부담금을 의료급여기금에서 부담하는 것을 대불금제도라고 한다. 대불을 받은 자(그 부양의무자를 포함하며. 대불금상환의무자)는 관련 기관의 규정에 따라 대불금을 그 거주지를 관할하는 시장·군수·구청장에게 상환하여야 한다. 의료급여기금에서 급여비용의 대불을 받은 자는 대불금의 총액에 따라 ① 대불금액이 10만 원 미만은 3회, ② 대불금액이 10만 원 이상 30만 원 미만은 8회, ③ 대불금액이 30만 원 이상인 경우에는 12회의 구분에 따라 3개월마다 같은 액수로 분할하여 상환하여야 한다. 이 경우, 최초의 납입기한은 의료급여비용을 대불한 날부터 3개월이 경과한 달의 말일로 하며, 급여기관은 대불금상환의무자의 경제적 사정을 고려하여 상환기간 및 상환횟수를 달리할 수 있다.

4) 의료급여의 대상

의료급여는 국민기초생활보장제도의 급여 중 하나로 국가의 일반재정으로 조달되는 공공 의료부조제도(public medical assistance)이다. 헌법에 보장된 국민의 인간다운 생활을 할 권리와 건강권을 저소득층과 사회적 기여자들에게 구체화하는 공공부조 프로그램으로 의료급여의 수급자는 다음과 같다(「의료급여법」 제3조).

① 「국민기초생활보장법」에 따른 의료급여 수급자
② 「재해구호법」에 따른 이재민으로서 보건복지부장관이 의료급여가 필요하다고 인정한 사람
③ 「의사상자 등 예우 및 지원에 관한 법률」에 따라 의료급여를 받는 사람
④ 「입양특례법」에 따라 국내에 입양된 18세 미만의 아동
⑤ 「독립유공자예우에 관한 법률」, 「국가유공자 등 예우 및 지원에 관한 법률」 및 「보훈보상대상자 지원에 관한 법률」의 적용을 받고 있는 사람과 그 가족으로서 국가보훈처장이 의료급여가 필요하다고 추천한 사람 중에서 보건복지부장관이 의료급여가 필요하다고 인정한 사람
⑥ 「무형문화재 보전 및 진흥에 관한 법률」에 따라 지정된 국가무형문화재의 보유자(명예보유자를 포함한다)와 그 가족으로서 문화재청장이 의료급여가 필요하다고 추천한 사람 중에서 보건복지부장관이 의료급여가 필요하다고 인정한 사람
⑦ 「북한이탈주민의 보호 및 정착지원에 관한 법률」의 적용을 받고 있는 사람과 그 가족으로서 보건복지부장관이 의료급여가 필요하다고 인정한 사람
⑧ 「5·18민주화운동 관련자 보상 등에 관한 법률」 제8조에 따라 보상금 등을 받은 사람과 그 가족으로서 보건복지부장관이 의료급여가 필요하다고 인정한 사람
⑨ 「노숙인 등의 복지 및 자립지원에 관한 법률」에 따른 노숙인 등으로서 보건복지부장관이 의료급여가 필요하다고 인정한 사람

⑩ 그 밖에 생활유지 능력이 없거나, 생활이 어려운 사람으로서 대통령령으로 정하는 사람

의료급여의 수급권자는 1종 수급권자 및 2종 수급권자로 구분하도록 되어 있다. 의료급여 수급권자 중 1종 수급권자가 아니면 2종 수급권자에 해당한다(의료급여법 시행령 제3조).
수급권자의 기준은 다음과 같다.

▌표 12-5 수급권자의 기준

종별	유형		선정기준	단위
1종 수급 권자	기초생활 수급자	근로능력이 없거나 곤란한 자만으로 구성된 세대		세대
		다음의 어느 하나에 해당하는 자	18세 미만인 자	개인
			65세 미만인 자	
			장애인고용촉진법 및 직업재활법에 따른 중증장애인	
			질병, 부상 또는 그 후유증으로 치료나 요양이 필요한 사람 중에서 근로능력평가를 통하여 시장·군수·구청장이 근로능력이 없다고 판정한 사람	
			임신 중에 있거나 분만 후 6개월 미만의 여자	
			병역의무를 이행 중인 자	
		시설수급자	보장시설 거주자	개인
		중증질환자	중증질환자 결핵질환, 희귀난치성질환 또는 중증질환을 가진 사람	개인
	기타 수급자	이재민	「재해구호법」	개인
		입양아동	「의사상자 등 예우 및 지원에 관한 법률」	가구
		입양아동	국내에 입양된 18세 미만의 아동(「입양특례법」)	개인
		국가유공자	국가보훈처 기준	가구
		국가무형문화재 보유자	「무형문화재 보전 및 진흥에 관한 법률」	가구
		북한이탈주민	북한이탈주민의 보호 및 정착지원에 관한 법률	가구
		5·18 민주화운동 관련자	「5·18 민주화운동 관련자 보상에 관한 법률」	가구
		노숙자	「노숙인 등의 복지 및 자립지원에 관한 법률」	개인
2종 수급 권자	기초생활수급자		근로능력이 있는 세대	가구
	기타		보건복지부장관이 필요하다고 인정하는 자	개인

자료: 이진숙(2019: 304).

3. 기초연금

1) 기초연금의 개념

기초연금(basic pension)제도는 국민연금에 가입하지 못했거나, 가입기간이 짧아 충분한 연금을 받지 못하는 생활이 어려운 노인에게 정기적·안정적인 소득 기반을 제공하여 생활안정을 지원하는 노후소득보장제도이다. 즉, 어르신들의 안정된 노후생활을 돕기 위해 1988년부터 국민연금제도가 시행되었지만 제도가 시행된 지 오래되지 않아 가입하지 못하거나, 가입기간이 짧아 충분한 연금을 받지 못하는 노인들이 많아 「기초연금법」에 근거하여 노인의 소득안정을 위한 제도이다. 국민연금의 최대 개선과제는 재정안정화와 사각지대 해소이다. 전 국민의 국민연금시대라고 하지만 2006년 기준 납부 예외자가 42%에 이르고, 미래의 전체 노인인구 57%가 잠재적 사각지대에 속할 것으로 예상된다. 이러한 사각지대 해소를 위하여 경로연금, 효도연금 등을 지급해 오고 공공부조 확대를 기해왔으나, 그 실효성은 극히 미미하였다. 이런 국민연금 사각지대에 대한 본격적인 해소방안으로 등장한 것이 기초연금이다.

「기초연금법」 제1조에서는 "노인에게 기초연금을 지급하여 안정적인 소득기반을 제공함으로써 노인의 생활안정을 지원하고 복지를 증진함을 목적으로 한다."고 규정되어 있다. 과거 「기초노령연금법」에서는 생활이 어려운 노인을 대상으로 한 선별적 공공부조로 명시하였으나, 「기초연금법」에서는 '생활이 어려운'이라는 용어가 생략됨으로써 보편적 사회보장제도로서의 발전 가능성을 열어 놓았다. 즉, 기초연금은 중하위소득 70% 노인에게 지급하기 때문에 소득인정액 심사를 하는 선별적 요소를 포함하고 있지만, 선별적 제도라기보다는 데모그란트적 급여성격을 가진 준보편적 제도에 가깝다고 할 수 있다. 특히, 기초노령연금에서 나타난 연금과 임시적 공공부조 사이의 애매모호한 정체성은 연금이라는 정체성으로 정리되었다고 평가되고 있다. 따라서, 기초연금은 세대 간 이전(부양)을 담당하는 준보편적 무갹출 연금으로서, 세대 간 계약(intergenerational contract)에 의해 노인 시민들에게 권리로 주어지는 급여의 성격을 갖는다(박진화, 2020a: 279-280).

결론적으로 기초연금제도는 65세 이상의 전체 노인 중 가구의 소득인정액이 선정기준액 이하인 노인에게 매달 일정액의 연금을 지급하는 제도를 말한다. 평생 국가의 발전과 자녀들 양육에 헌신하느라 자신의 노후를 대비할 겨를이 없었던 노인들의 생활안정에 도움을 주도록 마련된 제도이다.

2) 기초연금의 역사

기초연금제도는 2007년 4월 제정 공포된 「기초노령연금법」을 제정하고, 2008년 1월부터 시행해 왔다. 기초연금은 도입과정에서 대상, 급여액, 국민연금과의 형평성 등의 문제로 많은 이해 갈등을 겪었으나, 최종적으로 연금안이 조정되어 2014년 5월 국회를 통과하였으며, 7월 1일부터 시행되었다. 이 제도는 노후소득을 보장하고 생활안정을 지원하기 위해 도입된 제도로, 기존의 기초노령연금을 확대 개편해 나온 정책이다.

기초연금의 도입과정을 이해하기 위해서는 우선, 국민연금 개혁과정과 기초연금의 모체인 기초노령연금에 대해서 살펴볼 필요가 있다.

1988년 1월부터 도입된 국민연금은 급격한 고령화에 따른 기금안정화를 위한 목적으로 급여수준 축소를 내용으로 하는 두 차례의 제도개혁이 이루어졌다. 1998년 12월의 1차 개혁에서는 소득대체율을 70%에서 60%로 낮췄고, 2007년 7월의 2차 개혁에서는 다시 60%에서 50%로 축소하고, 2028년까지 단계적으로 인하하여 최종적으로 40%가 되도록 하였다. 이 과정에서 현세대 노령층 빈곤완화에 기여하고, 국민연금의 사각지대 해소에 기여하는 목적으로 기초노령연금제도가 도입되어 2008년 7월부터 실시되었다(소득중하위 10% 이하의 노인). 이로써 노후보장체제가 국민연금과 기초노령연금의 이원 체제가 되었다. 기초노령연금의 급여수준은 제도 도입 당시 국민연금 A값의 5%(약 9만 원)를 지급하고, 국민연금의 소득대체율이 40%가 되는 2028년까지 단계적으로 A값의 10%가 되도록 하였다.

2012년 18대 대선이 치러지는 과정에서 당시 여당의 박근혜 대통령후보는 모든 노인에게 기초연금 20만 원 지급이라는 보편제 공약을 내걸었다. 당선 후 세대 이해를 대변하는 대표자와 노동자 및 사용자 이해를 대표하는 위원들로 구성된 국민행복연금위원회가 구성(2012년 3~7월)되어 2013년 9월 25일 기초연금법 정부안이 발표되고, 국회와 정부로 구성된 여·야·정협의체는 수차례 논의를 거쳐 2014년 5월 2일 「기초연금법」이 국회에서 통과되어 제정되었다(2014년 7월 1일 시행). 기존의 기초노령연금이 폐지되고 새로이 제정된 기초연금은 보편적으로 모든 노인에게 20만 원을 지급하겠다는 당초 공약인 보편지급과는 달리, 소득중하위 70% 이하의 65세 이상 노인을 대상으로 국민연금 A급여(가입기간에 비례)에 따라 차등지급하되, 국민연금이 30만 원 이하인 노인에게는 A급여와 관계없이 기초연금 20만 원을 지급하도록 했다. 이로써 2014년 6월 기초노령연금으로 99,100원을 받던 노인은 2014년 7월부터 기초연금으로 20만 원을 받게 됨으로써 수령액이 2배로 오르게 되었다.

기초연금제도는 대선공약 파기라는 논란과 함께 국민연금 가입기간과 연계되는 지급구조에 국민연금 가입자들(특히, 임의가입자들)의 반발도 거세었지만, 국민연금 급여가 없거나 30만 원 이하인 저연금자에게는 기초연금 전액을 보장하는 방식으로 만들어졌다.

제도 도입 시 기준연금액은 20만 원으로 설정하고, 매년 물가상승률을 반영하여 인상하도록 하였다. 하지만 우리나라의 노인빈곤율과 노인자살률은 모두 OECD 국가 중 1위이며, 노인의 생활실태는 여전히 어려운 것으로 나타났다. 이에 정부는 현세대 노인들의 빈곤을 완화하고 안정적인 노후소득보장을 강화하고자 기초연금의 기준연금액을 30만 원으로 인상하기로 계획하고, 단계적으로 2018년 9월부터 25만 원으로 올린 후 2021년에는 하위 70% 30만 원으로 인상하였다.

3) 기초연금의 급여

2019년 4월부터 기초연금 수급자 가운데 65세 이상 소득 하위 20%의 기초연금이 월 최대 30만 원으로 인상된다. 다만, 최대 30만 원의 기초연금액은 국민연금 수령액과 배우자 기초연금 수급 여부, 소득인정액 수준 등에 따라 일부 줄어들 수 있다. 정부는 기초연금 지급액을 '2020년 하위 40% 30만 원 → 2021년 하위 70% 30만 원'으로 확대하였다. 한편, 2019년 1월 1일부터 기초연금 지급대상자 선정기준금액이 단독가구 기준 2018년 131만 원에서 2019년 137만 원, 2020년 148만 원, 2021년 169만 원으로 상향조정되고 있다. 부부가구도 2018년 209.6만 원, 2019년 219.2만 원, 2020년 236.8만 원, 2021년 270.4만 원으로 상향 조정되었다.

신청 연령을 살펴보면, 2021년에 만 65세가 되는 경우, 생일이 속한 달의 한 달 전부터 기초연금을 신청할 수 있다. 예를 들어, 생일이 1956년 4월인 노인은 3월 1일부터 기초연금을 신청할 수 있으며, 4월분 급여부터 받게 된다. 기초연금이 도입된 2014년에는 435만 명이던 수급자가 2021년에는 598만 명으로 증가할 것으로 예상되며, 예산도 도입 당시 6.9조 원이었으나, 2021년에는 18.8조 원으로 약 2.7배 증가하였다. 또한, 기초연금 최대 지급액도 도입 시 20만 원에서 2021년 30만 원까지 단계적으로 확대하는 등 노인들의 생활안정에 기여하고 있다.

기초연금 최대 지급액 확대 추이를 살펴보면, 2014년 7월 20만 원 → 2018년 9월 25만 원 → 2019년 4월 소득하위 20% 이하 30만 원 → 2020년 1월 소득하위 40% 이하 30만 원 → 2021년 1월 수급자 전체 30만 원으로 상향조정되었다.

❑ 그림 12-1 기초연금 온라인 배너

자료: 보건복지부 홈페이지(2021).

4) 기초연금의 대상

기초연금은 조세를 기반으로 정부재정지출에 의해 지급되고, 국민연금 가입 여부와 상관없이 모든 65세 이상 노인이 대상이다. 따라서, 조세를 기반으로 하는 기초연금은 사회보험방식의 기존 국민연금과 함께 노인소득보장의 양대축이라고 할 수 있다. 2008년부터 시행된 기초연금은 궁극적으로 '1인 1연금' 형태로 미래의 가족구조 변화에 대응하여 대한민국 국민이면 누구나 노후에 필요한 최소한의 소득을 보장받도록 하는 것이다. 다만, 공무원연금, 사립학교교직원연금, 군인연금, 별정우체국연금 수급권자 및 그 배우자는 원칙적으로 기초연금 수급대상에서 제외된다.

연도별 수급자 및 예산 현황은 다음과 같다.

■ 표 12-6 연도별 수급자 수 및 예산 현황

(단위: 만 명, 조 원)

연도	65세 이상 노인인구 수	기초연금 수급자 수	예산		
			계	국비	지방비
2014	652	435	6.9	5.2	1.7
2015	677	450	10	7.6	2.4
2016	699	458	10.3	7.9	2.4
2017	735	487	10.6	8.1	2.5
2018	764	513	11.8	9.1	2.7
2019	801	535	14.7	11.5	3.2
2020	838	561	16.8	13.2	3.6

자료: 보건복지부: 보도자료(2021.12.30.).

1. 국민기초생활보장제도에 관한 설명으로 옳은 것은?

   ① 자활급여 수급자는 생계급여 대상에서 제외된다.
   ② 생계급여의 선정기준은 의료급여의 선정기준보다 높게 책정된다.
   ③ 근로능력자는 수급대상에서 제외된다.
   ④ 수급자 선정 요건에 부양의무자 유·무가 고려된다.
   ⑤ 수급자의 생활보장은 시·군·구 생활보장위원회에서 행한다.

2. 우리나라의 사회복지정책 중 대상을 빈곤층으로 한정하는 정책이 아닌 것은?

   ① 보육급여   ② 생계급여   ③ 주거급여
   ④ 의료급여   ⑤ 교육급여

3. 국민기초생활보장제도의 특징으로 옳은 것은?

   ① 대상 가구당 행정관리비용이 사회보험보다 저렴하다.
   ② 재원은 기금에 의존한다.
   ③ 재원부담을 하는 자와 수급자가 동일하다.
   ④ 대상 선정에서 부양의무자 존재 여부는 고려되지 않는다.
   ⑤ 선정기준으로 기준 중위소득을 활용한다.

4. 사회보험과 비교할 때 공공부조가 갖는 장점은 무엇인가?

   ① 높은 비용효과성   ② 근로동기의 강화
   ③ 재정 예측의 용이성   ④ 수평적 재분배의 효과
   ⑤ 높은 수급률(take-up rate)

5. 우리나라의 사회보장급여 중에서 공공부조에 해당되는 것은?

   ① 장애연금   ② 장해연금   ③ 장애인연금
   ④ 상병보상연금   ⑤ 노령연금

정답   1. ④ 2. ① 3. ⑤ 4. ① 5. ③

CHAPTER 13

사회서비스

❖ 학습목표
1. 사회서비스의 개념 파악
2. 각 복지정책별 문제점 및 해결방안 토론
3. 분야별 복지정책 숙지

❖ 학습내용
1. 노인복지정책
2. 청소년복지정책
3. 장애인복지정책

❖ 개요
사회서비스는 국가, 지방자치단체 및 민간부문의 도움이 필요한 모든 국민에게 상담, 재활, 직업의 소개 및 지도, 사회복지시설의 이용 등을 제공하여 정상적인 사회생활이 가능하도록 하는 제도를 말한다. 여기에서는 사회서비스를 학습하고자 한다.

사회서비스

사회서비스는 사회보험, 공공부조와 더불어 사회복지정책 영역의 핵심을 이루고 있는 것으로 「사회보장기본법」 제3조 제4항에서는 사회서비스의 구체적 실천영역을 의미하는 사회복지서비스란 "국가, 지방자치단체 및 민간부문의 도움이 필요한 모든 국민에게 상담, 재활, 직업의 소개 및 지도, 사회복지시설의 이용 등을 제공하여 정상적인 사회생활이 가능하도록 하는 제도"로 정의되어 있다. 또한 「사회복지사업법」의 제2조 제6항에서는 "'사회복지서비스'란 국가, 지방자치단체 및 민간부문의 도움을 필요로 하는 모든 국민에게 상담, 재활, 직업 소개 및 지도, 사회복지시설의 이용 등을 제공하여 정상적인 사회생활이 가능하도록 제도적으로 지원하는 것을 말한다."라고 규정되어 있다. 그 내용은 다음과 같다.

1. 노인복지정책

1) 노인복지정책의 개념

(1) 노인문제의 사회문제화

오늘날 인구의 고령화는 인류 최초의 경험으로서 이제는 사회가 노인의 가치에 대한 깊은 성찰을 하지 않으면 안 되는 시점에 와 있다. 하지만 현대사회는 노동력이 저하되는 노인들에 대해 부정적인 인식과 그들에게 불리한 제도를 가지고 있다. 현대사회로 오면서 핵가족화를 비롯한 가족기능의 변화는 노인을 가정 내에서 모시는 것을 더 이상 어렵게 만들었고, 노인에 대한 정부의 획기적 대책도 마련되지 않는 시점에서 노인문제는 심각하게 방치되어 왔다고 할 수 있다. 현재 우리나라에서도 선진국가와 마찬가지로 고령사회(aging society)로 진입함에 따라 노인문제가 갈수록 심각해져 가고 있다. 따라서, 노인문제에 대한 대처방안은 급박한 시점에 이르렀다고 볼 수 있다. 한국사회가 당면하고 있는 심각한 노인문제의 핵심을 해결할 필요성이 절실한 입장이다.

노인문제는 노령에게 수반되는 신체 및 경제적, 사회적 생활상의 곤란이라고 할 수 있다. 노년기에 접어들면서 노동가능시기에 충분한 노후에 대한 준비를 하지 못함으로써 은퇴 또는 퇴직 후 경제적으로 자립하지 못하고, 적절한 건강유지와 영양공급의 부족으로 건강이 악화되며, 다양한 여가활동이나 사회관계를 유지하지 않아 사회관계 단절이나 소외 등을 느끼는 등 의지할 곳이 없어 어려운 생활을 하게 되는 인구층이 많아진다. 이러한 곤란은 인간으로서의 사회생활의 기본적인 욕구가 충족되지 않은 상태를 의미한다.

노인문제는 노인들이 인간다운 삶을 유지하는 데에 필요한 재화나 서비스에 대한 욕구 및 이와 관련된 권리를 자기 자신이나 가족의 노력만으로는 충족시키지 못하여 불만족스러운 상태가 지속되는 현상을 일컫는 것으로, 신체적인 문제로부터 심리·사회적인 문제, 경제적인 문제 등에 이르기까지 매우 복합적인 문제들을 포괄한다. 또한 노인문제는 대다수의 노인에게 공통적으로 나타나는 어려운 문제로, 노인 자신이나 가족의 힘으로 해결할 수 없는 문제를 말한다. 따라서, 노인문제는 개인이나 가족의 문제만이 아닌 사회적인 문제이다. 다시 말해서 노인문제는 노인 개인이나 그 가족의 결함 또는 문제에서 비롯된 것이 아니라, 사회구조의 전반적인 변화에 적절하게 대처하지 못함으로써 나타나는 사회제도와 사회구조에 대한 부적응에서 비롯되는 사회문제라고 할 수 있다.

노인문제를 사회문제로 보아야 할 이유들을 다음 몇 가지 차원으로 말할 수 있다(김보기 외, 2016: 110).

첫째, 인구통계학적 차원이다.

과거 높은 사망률에서도 인류사회가 현재까지 존속할 수 있었던 원인에 대하여 인구통계학적 측면을 살펴보면, 높은 사망률(mortality rate)은 그에 비해 높은 출생률(birth rate)로 대체되어 나타났기 때문이다. 여기에는 평균수명의 노인문제와 노인부양비율 변화에 따른 구조적 인구문제가 있다.

둘째, 역할상실에 따른 심리적·사회적 문제이다.

핵가족화에 의한 역할상실이 사회문제로서 노인문제의 전체 이유로 될 수는 없다. 왜냐하면 현대화 과정에서 전통적인 생산방식에서는 가급적 대단위 가족으로 구성되는 것이 유리했다. 그러나 현대화에 따른 전 분야, 즉 사회·기술·과학 등에 걸쳐 찾아온 변화는 앞선 세대의 기술과 지식 등이 다음 세대에서는 활용되지 못하게 되었을 뿐만 아니라, 같은 세대 사이에서도 오늘날에는 더 이상 통용되지 못하는 상황으로까지 도달하게 되었다. 따라서, 노인들은 사회적 역할을 상실하기에 이르렀다.

셋째, 건강 악화에 따른 노인문제이다. 노인의 건강 악화는 연령이 높아질수록 노후생활에 치명적인 어려움을 초래할 수 있다. 특히, 고령 노인의 건강 악화는 노인이나 가족들에게 커다란 부담감을 줄 수 있으므로 삶의 질에 있어서도 필연적으로 문제가 된다.

(2) 노인복지의 정의

노인복지란 아동, 장애인, 여성 등과 마찬가지로 인생에 있어서, 노년기라는 특정한 생애주기에 있는 인간이 처할 수 있는 생활상의 문제에서 발생되는 노인문제에 대응한 조직적인 활동이다. 또한 노인복지는 주로 공적이고 사회적인 차원에서 노인의 일상생활상에서 겪을 수 있는 문제나 욕구를 해결해 나가는 과정을 포괄적으로 의미한다. 그런 의미에서 민간이나 개인에 의해서 일회적이고 비조직적인 활동으로 이루어지는 영역은 노인복지로 지칭하기는 어렵다. 그러나 민간영역에서도 비영리적이고 공익적인 차원에서 노인들을 대상으로 필요한 자원과 서비스를 제공하는 활동들이 조직적으로 이루어질 수 있다고 보면, 노인복지를 어느 특정 주체의 활동이라는 식으로 제한하는 것도 타당하지 않다. 따라서, 노인복지의 개념은 한마디로 간파하기 어려운 개념이다. 그럼에도 불구하고, 이는 노인복지정책론 전반에 토대가 되는 핵심적인 틀을 제공하는 개념이기도 하다.

(3) 노인복지정책의 정의

노인복지정책은 그 형태와 수준, 실행방식 등 모든 것이 학자에 따라 다양하게 표현된다. 노인복지정책은 노인복지와 정책이 합성된 개념으로 먼저 노인복지의 개념을 살펴보면 노인복지는 노인이 복리적 상태를 유지하도록 하는 사회적 활동으로 사회복지실천의 한 분야이다. 즉, 노인이 인간다운 생활을 영위하면서 자기가 속한 가족과 사회에 적응하고 통합될 수 있도록 필요한 자원과 서비스를 제공하는 데 관련된 공적 및 사적 차원에서의 조직적 제반활동이라고 정의할 수 있다. 또한 노인복지는 모든 노인이 최저수준 이상의 생활을 유지하고, 사회적 욕구충족과 생활상의 문제를 예방 해결하며, 노후생활에 대한 적응과 사회통합을 이루는 데 필요한 급여와 서비스를 제공하는 공공과 민간부문의 조직적이고 전문적인 제반 활동으로 정의할 수 있다.

노인복지는 좁게는 그 대상이 퇴직, 실업, 질병 등 제반 여건으로 인하여 스스로 인간다운 생활을 영위하기 어려운 노인과 그 가족을 대상으로 공공부조, 생활지원 등 구체적 보호나 지원을 위한 서비스 제공이지만, 넓게는 노령화과정에 있는 또는 노후생활을 준비하는 제반 연령집단까지도 포함하는 노인의 생활상의 안정, 의료보장, 직업보장, 주택, 교육, 오락 등 욕구를 충족시키는 제반 사회적 서비스 제공과 실천활동을 포함하는 사회적 정책의 전체라고 할 수 있다. 따라서, 노인복지정책은 모든 노인이 최저수준 이상의 생활을 유지하고, 사회적 욕구충족과 생활상의 문제를 예방하고 해결하며, 노후생활에 대한 적응과 사회통합을 이루는 데 필요한 급여와 서비스를 제공하기 위한 정부나 공공기관의 원칙과 계획으로 정의한다(양정하 외, 2020: 185–186).

그러므로 노인복지정책이란 노인복지를 증진시키려는 사회적·국가적 노력 자체에 강조점을 둔 개념이다. 즉, 노인복지의 주체에 관심을 가진 개념으로서 사회문제이기 때문에 노인문제를 해결하고 예방하려는 노력의 일환으로 정책이란 개념을 사용하고 있는 것이고, 그 구체적인 내용이 노인복지라고 할 수 있다. 여기서 정책이란 일련의 행동지침을 의미하므로 노인복지의 구체적인 행동의 지속적인 측면을 강화하고 있다.

2) 노인복지정책의 역사

노인복지의 역사는 다음과 같다(양정하 외, 2020 ; 양승일, 2019: 202-204).

(1) 제1공화국(1945~1959년)

광복과 미군정시대 그리고 한국전쟁 등 역사적 큰 사건과 정치·경제·사회적 혼란과 함께 빈곤과 실업 등 대규모 사회적 문제가 속출하였으나, 이에 대한 대비책이 없는 상황에서 노인복지뿐만 아니라, 전반적 사회복지의 문제를 외국자선단체에 의존하던 시기다. 1948년 제1공화국출범 후 헌법에 생존권 보장을 명시하였으나, 요보호대상자에 대한 임시방편적 구호에 불과하고, 한국전쟁은 요보호대상자를 급증시켜 피난민, 전쟁고아와 미망인 등에 대한 응급구호사업으로 인해 노인복지사업은 거의 무시되었다.

(2) 박정희 정부(1960~1970년대)

4·19혁명과 5·16군사쿠데타와 같은 급격한 정치적·사회적 변화와 함께 경제개발정책이 국가정책의 핵심이 되었으며, 사회복지에 관한 법률이 하나씩 제정되기 시작한 시기이다. 제3공화국에서는 헌법에 "모든 국민에게 인간다운 생활을 할 권리"를 명시했고, 절대빈곤문제를 해결하기 위해 '경제개발 5개년 계획'을 시행하는 등 경제발전 우선정책을 시행하던 시기이다. 경제성장과 더불어 산업화·도시화·핵가족화 등이 급격하게 진행되었고, 국민의 경제적 생활수준이 향상되었지만, 다양한 사회적 문제가 대두되었으며, 노인인

구의 욕구도 사회문제화하기에 이르렀다.

(3) 전두환 · 노태우 정부(1980년대)

노인의 건강유지와 생활안정을 위한 「노인복지법」이 1981년 6월 5일 제정됨으로써 노인복지제도의 발전을 위한 초석이 마련되었다. 「노인복지법」에 포함된 주요 사업은 경로주간 설정 및 경로사상 앙양, 시 · 군 · 구에 노인복지상담원 배치, 노인복지시설 인가와 운영지원, 건강진단 또는 보건교육 실시, 경로우대제도 등이었다.

1982년 5월 「경로헌장」이 선포되어 노인은 국민의 존경을 받으며, 노후를 안락하게 지내야 할 사람으로 사회적 위치를 명시하였다. 1989년 12월 「노인복지법」 2차 개정을 통해 시설복지 중심의 노인복지에서 지역사회 중심의 재가노인복지사업으로 전환되었다.

(4) 김영삼 · 김대중 정부(1990년대)

1993년 개정 「노인복지법」으로 민간기업체나 개인이 영리를 목적으로 유료노인복지시설을 운영할 수 있는 법적 장치가 마련되었고, 재가노인복지사업을 가정봉사원 파견, 주간보호, 단기보호사업으로 분류하여 서비스를 제공하게 되었다. 1997년 개정 「노인복지법」에서는 노인부양과 공경심 고취를 위해 10월 2일을 '노인의 날', 10월을 '경로의 달'로 제정하고, 1998년 9월부터 전국 보건소에 치매상담신고센터를 운영하게 하였다. 생활보호대상 70세 이상 노인에 한정하여 공공부조로 1991년 최초로 노령수당제도가 도입되었고, 1998년 7월 1일부로 경로연금으로 명칭이 바뀌면서 65세 이상 국민기초생활보장 수급노인과 일반 저소득층 노인까지 대상이 확대되었다. 1997년 IMF 외환위기로 인한 빈곤인구의 증가와 「생활보호법」의 기능적 문제점 등으로 1999년 9월 7일 「국민기초생활보장법」이 제정되어 2000년 10월 1일부터 시행되었다.

(5) 노무현 정부(2000년대) 이후

「노인복지법」은 1981년 제정된 이후 2015년까지 시대적 변화에 따라 43차례의 개정을 거쳐 왔다. 1990년대까지의 「노인복지법」은 주로 저소득계층의 노인을 중심으로 노후생활의 안정과 경로사상 고취, 재가노인복지사업 활성화, 유료노인복지시설의 운영과 관련이 있었다. 2004년 「노인복지법」 개정에서부터 노인의 인권과 노인의 사회참여 등과 관련한 내용이 언급되면서 노인학대의 예방과 대응, 노인의 능력개발을 위한 일자리의 개발과 보급, 재가노인복지시설 기능 확대 등이 이루어졌다. 「노인복지법」과 함께 노인복지의 기반이 되는 「저출산고령사회기본법」이 2005년에 제정되었고, 2006년 12월에 「고령친화산업진흥법」을 제정하여 노인 관련 제품 및 서비스의 품질향상 등 고령친화산업을 체계적으로 육성할 수 있는 법적 기반을 마련하였고, 2007년 3월 「노인장기요양보험법」이 제정되어 2008년 7월부터 시행되고 있다. 이 밖에 심각한 노인빈곤문제를 해결하면서, 미래세대의 부담을 덜어주고 노후에 안정된 혜택을 누릴 수 있도록 하기 위해 2014년 7월부터 기초노령연금제도를 대체한 기초연금제도가 시행되고 있다.

3) 노인문제의 이데올로기

노인문제의 이데올로기는 다음과 같다.

(1) 구조기능주의 이론

구조기능주의 이론에 따르면, 노인들의 역할이 어느 정도 유지되던 과거의 농경사회와는 다르게 현대 산업화 사회, 더 나아가 정보화 사회에 있어서는 노인들의 기능이 사회구조에 뚜렷하게 중요한 역할을 하지 못하기 때문에 노인문제가 초래된다. 이 이론은 세 가지 이론으로, 즉 분리이론과 근대화 이론 및 사회적 교환이론으로 나누어 논의할 수 있다.

첫째, 분리이론은 은퇴이론, 이탈이론, 유리이론 등으로도 불린다. 이 이론은 1960년대 노인문제를 설명하는 최초의 이론으로 나타났다. 박철현(2021: 322)은 "노년기에는 다른 사람들과의 사회적 교류 및 활동의 범위가 축소되는 '분리'의 과정을 거친다."고 말한다. 즉, 이 분리의 과정은 노인이나 사회를 위해서 바람직하고 불가피한 과정이며, 사회와 노인의 점진적인 상호분리과정은 양자 모두에게 기능적이다. 개인의 입장에서 볼 때, 노화에 따라 자신의 능력이 감퇴됨을 인식하고 조용히 죽음에 대비함으로써 사회로부터 분리는 궁극적으로 노인에게 심리적 안정감을 준다. 반면에, 사회의 입장에 보면, 사람은 언젠가 죽음에 이르기 마련이므로 늙어감에 따라 활동범위를 축소시켜야만 노동력의 원활한 교체가 가능해질 수 있으며, 그 결과에 따라 사회체계는 부단한 세대교체 과정 속에서 유지될 수 있는 것이다. 따라서, 이 과정에서 노인문제는 발생한다. 즉, 노년기에 사회적 네트워크의 범위가 줄어드는 자연스러운 현상에 불만을 느끼거나, 줄어든 역할에 만족하지 않고 그 이전의 역할을 원할 때에는 어색한 교환이 일어나게 되기 때문에 노인문제가 발생한다. 또한 네트워크나 역할의 축소는 전체 사회의 생존을 위해 자연스럽고 서로에게 도움이 되는 기능적 과정임에도 불구하고, 기능적으로 적응하지 않을 때 노인문제는 나타난다. 그러나 이러한 이론은 다음과 같은 단점이 나타난다. 정태석 외(2014: 94)는 "파슨즈의 이론이 너무 추상적이며 갈등을 낳는 요인들을 적절하게 다루지 못한다."고 주장한다. 박철현(2021: 323)은 "구조기능주의 이론에 대한 가장 큰 비판은 분리과정의 보편성과 불가피성에 대해 과대평가한 것이다."고 강조한다. 또한 윤경아 외(2014: 65)는 "구조기능주의 이론은 사회에서 벗어나고 싶어 하는 경향이 노년기의 특성일 뿐만 아니라, 개인적인 차원이라는 점을 증명하지 못한다."고 반론한다. 김근홍 외(2013: 254)는 "제도와 구조를 통해 노인들에게 사회적 통합과 상호의존성의 축을 맡을 수 있는 새로운 역할을 마련해 주어야 한다."고 긍정적인 시각을 가지고 있으면서도 "지극히 논리 중심적인 이런 결론이 현실에서 쉽게 받아들여지긴 쉽지 않다."며, "바로 그 점이 이 이론의 장점이면서도 단점이다."라고 말한다. 따라서, 분리이론은 노인이 사회로부터 분리되는 과정에 대해 이론적으로 설명을 충실히 하고 있는데도 불구하고, 노인들이 분리되지 않고 오히려 오랫동안 사회에 잔존하고 싶어 한다는 점을 강조함으로써 그 한계점을 노출시키고 있다.

둘째, 근대화 이론(modernization theory)이란 사회발전과 노인의 지위문제에 관심을 기울인 이론이다. 박철현(2021: 324)에 따르면, 노인의 지위는 근대화의 정도와 반비례한다. 즉, 전통사회에서 노인의 지위는 매우 높았으나, 특정 사회의 산업화가 진행될수록 노인의 지위는 낮아지게 되었다. 윤경아 외(2014: 66)에 따르면, 근대화에 따라 보건의료기술과 생산기술이 발전하고, 도시화가 진전되며, 그리고 교육의 대중화가 이루어짐으로써 노인의 중요성이 상대적으로 떨어짐에 따라 노인의 지위가 낮아지게 되었다. 즉, 전통사회에서 맡았던 자녀교육, 생활에 필요한 노하우와 생산에 필요한 다양한 기술의 전수, 외부 세계와의 통신, 가족의 대표 등의 역할은 산업화된 근대사회에서 다양한 전문기관들이 맡게 되었다. 예를 들어, 후손 교육을 맡는 노인의 역할은 학교 등의 교육제도에서 맡게 되고, 더 이상 노인의 지식만으로는 산업사회에서 중요한 지식이 인정될 수 없었다. 또한 다양한 생산에 필요한 지식교육은 전문화된 교육기관에서 행해졌고, 더 필요할 경우에는 고용한 직장 내에서 이루어짐으로 노인의 지식이 생산현장에서 더 이상 중요한 의미로 존재하지 않게 되었다. 그리고 가족의 형태가 핵가족으로 변하면서 가족을 대표하는 노인이 아니라, 청장년층이 되었으며, 휴대폰, 이메일, SNS 등과 같은 통신기술의 발달은 외부로부터의 통신 영역에서도 오히려 노인들이 그들의 후손들에게 의존해야만 하는 상황이 되었다. 이 이론에 대한 비판으로, 박철현(2021: 325)은 "노인의 빈곤, 소외, 학대 등의 노인문제는 노인이 급격하게 변하는 사회에서 필요로 하는 지식과 기술에 발맞추어 나아가지 못하여 발생하는 것이라는 가정을 갖는다."고 주장한다. 그러므로 이 이론은 산업화를 경험하고 있는 대부분의 사회에서 노인들의 권위가 하락하고 있다는 점에서 노인문제의 해결을 위한 하나의 실마리를 제공해 준다. 그러나 근대화 이론은 덜 산업화된 사회도 현재의 서구사회가 경험하는 노인문제를 경험하게 될 것이라는 수렴의 명제가 문제로 작용한다.

셋째, 사회적 교환이론(social exchange theory)은 노인문제를 유용한 자원의 호혜적인 교환으로 설명하고 있다. 박철현(2021: 325)은 "사회는 개인들 서로에게 이득이 되는 교환을 통해서 지탱되는데, 노인문제가 발생하는 것은 전통사회에서 노인들이 제공했던 자원의 가치가 산업사회에서 저하하여 호혜적인 교환이 되지 않기 때문이다."고 주장한다. 다시 말해서 가치가 저하된 자원을 갖고 노인들이 기존의 교환관계를 유지하기 위해서는 상대방의 의도에 순응하는 비용을 감수할 수밖에 없고, 따라서 낮은 지위 또한 감수하게 된다. 그러나 근대화 이론과는 달리 모든 노인이 동일한 정도의 문제를 겪지 않으며, 특히 사회경제적 지위가 높은 사람의 경우에는 상대적으로 동일한 많은 자원을 소유하며, 따라서 문제를 덜 겪는다. 그러므로 이 이론은 노인문제를 개인의 적응과 그 결과로 나타난다고 주장한다. 이 이론은 근대화 이론의 수렴의 명제에서 탈피하여 개인이 그들의 생애과정에서의 선택과 적응에 따라 상이한 수준의 문제를 경험할 수 있다는 의미라고 볼 수 있다.

결론적으로 구조기능주의의 각 이론들을 종합해 볼 때, 사회구조와 기능이 변화는 좀처럼 쉽게 변할 수 있는 것은 아니며, 오히려 작은 변화들이 누적되어 발생하거나 생산조건의 변화가 가파르고 예측하기 어렵다는 이론인 구조기능주의 시각은, 정보화 시대에 노인문제의 현실적 해결 실마리를 찾아내기는 그리 쉬워 보이지 않는다. 구조기능주의에 대한 비판은 아래의 갈등주의 이론으로 이어진다.

(2) 갈등주의 이론

갈등이론에 대해서 이를 노인문제에 적용한 최일섭 외(2004: 150)는 "노인들이 희소 권력 및 재화에 접근하거나 또는 소유할 기회를 상실할 때 문제가 발생한다. 재산을 통제하지 못하고 가족을 지배할 수 없게 되면서 통솔자로서의 지위를 상실하고 기존의 우월한 사회적 위상도 포기해야 하는 상황이다. 그런데 희소자원을 둘러싼 이런 세대 간의 갈등이 개인적 차원에서 비롯된 게 아니므로 노인문제는 역시 개인의 결함 또는 무능력보다 사회구조와 제도에서 비롯한다."라고 주장한다. 김근홍 외(2013: 254)에 따르면, 문제라는 것 자체가 갈등을 내포하고 있다는 의미이기 때문에 갈등이론으로 문제를 설명할 수 있다는 것은 논리적 귀결로 보인다. 사회에는 항상 어떤 제한된 양의 권력 및 재화를 둘러싼 갈등이 존재되어 있다는 것이 갈등주의 또는 갈등이론의 시각이다. 이에 따르면, 사회변동의 원인 역시 이와 같은 권위를 둘러싼 갈등 안에 있기 때문에 사회의 평화는 제도를 통하여 질서유지가 강제되어야만 가능하다. 그런 점에서 갈등주의 사회문제는 개인차원으로 해결할 수 없기 때문에 사회적 제도 차원으로 해결할 수밖에 없다.

갈등이론은 노인문제에 대해 구조기능주의와는 매우 상이한 시각을 갖는다.

첫째, 분리이론이 노인들이 그들의 일자리로부터 물러나는 것을 설명하는 것이라면, 갈등이론은 노인들이 그들의 일자리로부터 물러나는 것이 자발적으로 이루어지는 것이 아니라 강제적으로 이루어지며, 그것은 노인들이 사회의 지배적인 위치를 점유하는 중장년층의 희소자원을 차지하려는 경쟁에서 말려났기 때문으로 파악한다(박철현, 2021: 326). 다시 말해서 갈등이론에 따르면, 사회는 연령에 따라 지배적인 연령집단과 피지배적인 위치의 연령집단이 존재하고, 이 집단들이 갈등하며, 그 갈등의 결과 소수집단인 노인집단의 가치는 희생된다는 이론이다.

둘째, 구조기능주의 이론은 노인문제를 개인이나 가족단위로 파악한다(박철현, 2021: 327). 다시 말해서 문제를 겪는 노인이나 그의 가족은 빠르게 변화하는 산업사회에서 요구하는 다양한 역할변화와 적응을 잘하지 못한 사람이나 가족들이다. 그러나 갈등이론에 따르면, 노인문제가 더 많은 희소자원을 차지하려는 세대 간 전쟁에서 소수집단인 노인들의 이익이 희생되었기 때문에 발생한다. 따라서, 갈등이론에서 노인문제는 가족이나 자녀에 의존해서 해결하거나 또는 국가가 시혜적 부조를 통해서 해결해야 하는 것이 아니라, 노인집단의 당연한 정치적 요구를 통해서 해결되어야 하는 문제이다. 표갑수(2014: 130)에 따르면, 산업사회가 될수록 노인들은 희소자원을 소유하거나 또는 희소자원에 접근할 가능성을 상실한다. 즉, 노인은 재산을 통제할 수도, 가족을 지배할 수도, 사회에서 주요 지위를 누릴 수도 없게 된다. 이리하여 희소자원을 소유할 수 없게 된 노인이 희소자원을 더 많이 소유한 집단에게 위협이나 괴롭힘을 당하는 문제가 발생할 때 노인문제가 사회문제가 된다는 것이다. 다시 말해서 사회는 희소자원을 더 많이 가진 중년층을 중심으로 하여 조직화되는데 반하여, 노년층이 기존의 희소자원의 분배방식에 불만을 품고 분배방식의 변경을 요구하게 되므로 중년층이 이를 문제화로 인식할 때 비로소 노인문제가 발생된다는 것이다.

갈등주의에 대한 비판을 보면, 정태석 외(2014: 98)는 "노인들의 정치적 결집과 자신들이 문제를 해결하기 위하여 정부에 대해 더 많은 요구를 하게 되면, 노인과 관련된 예산이 증가한다."고 주장한다. 따라서, 수가 많은 노인들이 수가 적은 젊은이들에게 감당하기 힘든 정도의 노인 예산을 통해서 쓰게 되면, 세대 간의 불협화음이 필연적으로 발생한다.

결론적으로 갈등이론에 따르면, 노인문제의 원인발생은 노인이 사회 및 가족생활에서 희소자원을 소유하지 못하거나 많이 소유하지 못하는 데 있다. 그러므로 노인문제는 자본주의 사회에서의 구조적 모순과 결함에 의하여 발생된다.

(3) 상징적 상호작용 이론

노인문제의 원인과 연관지어, 표갑수(2014: 131)는 "상호작용주의 시각에서 볼 때, 사회의 주요 집단이 노인을 늙고 병들고 가난하고 외롭고 의존적이며 쓸모없는 사람으로 볼 때 노인문제가 발생한다."고 주장한다. 그에 따르면, 노인은 전통사회에서는 지혜롭고, 권력과 권위를 갖춘 존경의 대상이 되었지만, 현대산업사회에서는 지혜로운 존재로부터 어리석은 존재로, 유용한 존재로부터 무용한 존재로, 주는 존재로부터 받는 존재로 부정적 의미로 변하고 있다. 노인을 이렇게 부정적으로 이해함으로써 노인 자신도 스스로를 가정과 사회로부터 고립되고 쓸모없는 존재로 낙인찍고 이로써 노인을 더욱더 무능하고 수동적이며 소극적인 존재로 만든다는 것이다. 상징적 상호작용주의 시각에 의하면, 노인문제의 원인은 노인에게 부정적 의미를 부여하여 낙인찍는 것으로부터 발생한다고 할 수 있다. 따라서, 노인문제의 원인은 사회적 낙인에 의해 행동하는 노인 스스로에게도 있지만, 우선적으로는 노인을 낙인찍는 사회제도 및 사회의 일반적 인식이 잘못되어 있다는 데에 문제의 심각성이 있다. 김근홍 외(2013: 266-267)에 따르면, 이 이론에서 노인문제가 나타날 수 있는 것은 노인에 향한 사회적 상징이 부정적인 방향으로 바뀌면서다. 다시 말해서 사회적 주류를 속하던 사람들의 상징이 부정적으로 바뀌면서 문제가 발생한다. 따라서, 구조기능이론에서와 마찬가지로 (일정 정도 갈등이론도 포함하여) 기존 전통사회에서는 노인문제 자체가 있을 수 없었던 것이다. 그 당시 노련하며, 현명하고, 권위가 있었던 노인에 대한 상징적 의미가 이제는 굼뜨며, 어리석고, 짐으로만 여기는 존재로 상징적 의미가 변화되면서 비로소 문제가 되었다. 그렇다면 그것이 바로 사회적 낙인이다. 따라서, 이러한 낙인이 결코 자연적으로 발생하는 것은 아니라 하더라도, 노인 개인으로 본다면 억울함이 많은 것이다. 그러나 안타깝게도 개인적 차원에서는 그 억울함에 대하여 풀 길이 없다. 즉, 상호작용과 상징적 의미가 변화되어야만 문제가 해결되기 때문이다.

김근홍(2013: 266-267)은 "단어 자체의 의미처럼 이 이론에서 보는 사회는 각 개인들 사이에 이루어지는 상호작용에서 출발하는데, 그 상호작용이 이루어지기 위한 전제는 서로 의미가 통하는 의미체계를 공유해야 한다. 언어가 가장 대표적인 의미체계의 예이며, 그 밖에도 흔히 사회화라고 하는 교육과 관습 등도 그러한 의미체계 구축에 결정적인 역할을 하는 기제들이다."라고 주장한다. 따라서, 이러한 상호작용이 통하고 지속될 때에 사회가 유지되며, 상호작용이 통하지 않을 때에 사회문제가 생긴다. 그러나 상호작용이 통하지 않는 경우가 현실에서는 너무나 많다. 상호작용주의 이론에 대해 김근홍(2013: 267)은 "이론에서는 현실에서 낮은 상호작용과 상징적 의미를 바꿀 가능성까지는 제대로 제시하지 못한다."고 비판한다.

결론적으로 상호작용주의적 시각에서는 어떤 것이 사회문제로 고정된다고 보지 않는다. 사회문제는 특정한 집단이 어떤 사회적 현상에 대해 문제로 규정하고, 이를 인식하여 조치가 필요하다고 판단할 때에 비로소 사회문제가 된다는 것이다.

노인문제에 대한 이데올기적 대응방법을 살펴보면 다음과 같다(박철현, 2021: 347).
기능주의이론은 급속한 사회변화에 따라 적절히 자신의 역할변화에 적응하는 데 어려움을 겪거나, 이러한 적응을 재빠르게 하도록 성원에 대해 동기부여를 하지 못하는 사회에서 노인문제가 나타난다고 주장한다. 따라서, 노인문제를 해결하기 위해서는 부적응노인을 재교육시키고, 이들에 대한 공적인 부조를 제공하여 적응을 도와주는 것, 또는 부단히 사회변화에 적응하도록 성원들을 지속적으로 사회화시키는 것 등이 대책으로 제시될 수 있다.
갈등이론은 지배집단의 이익을 실현하기 위해 소수집단인 노인집단의 이해가 희생됨으로써 노인문제가 발생한다고 본다. 따라서, 그 대책은 노인을 정치세력화하여 지배집단(청장년층)으로부터 더 많은 양보를 이끌어내고 이것을 제도적으로 확립하는 것이 있을 수 있다. 이를 위해서는 노인에 대한 일정 비율의 의무고용제 등을 제도화하는 것이 대표적인 정책이 될 수 있다.
상호작용이론의 시각에서 노인문제는 노인에 대한 부정적인 고정관념과 낙인에 의해 노인들이 자신들의 자아 이미지를 문제 있는 것으로 받아들이고 바꿀 때 노인문제는 발생한다. 따라서, 노인이 이러한 자아 이미지를 가지지 않도록 그들을 다른 연령대와 분리하거나 차별하는 관습을 개선하는 것이 그 중요한 대책이 된다. 이를 위해 고용이나 퇴직에서의 연령차별을 철폐하고, 노인을 동일한 조건에서 경쟁하도록 만드는 것이 중요한 대책이 된다.

노인문제의 대응방법은 다음과 같다.

▌표 13-1 노인문제의 대응방법

이론	원인	대책
구조기능 주의 이론	• 급속한 사회변화에 따른 역할변화에 대한 노인의 부적응이나 적응 미숙 • 사회구성원들에 대한 부단한 적응을 위한 동기부여의 미흡	• 부적응 노인에 대한 재교육과 공적 부조 • 사회구성원들이 사회변화에 부단히 적응하도록 성원들을 사회화 또는 통제
갈등주의 이론	• 지배집단의 이익실현을 위함. • 소수집단으로서 노인의 이해관계가 희생됨.	• 노인을 정치세력화하여 더 많은 이익을 얻어내고 이것을 제도화
상호작용 이론	• 노인에 대한 부정적인 고정관념과 낙인으로 인한 부정적 자아개념의 인정	• 노인을 차별하고 분리하는 관행을 지양 • 노인에 대한 오명의 해소 • 적극적 활동을 통해 긍정적인 자아개념의 유지

자료: 박철현(2021: 347) 재구성.

4) 노인복지정책의 내용

노인복지정책의 내용은 다음과 같다.

(1) 소득보장정책

노년기의 경제적 문제는 누구에게나 오는 노화과정 속에서 노동력의 상실, 노동기회의 부족, 강제적인 퇴직제도 등으로 인한 소득상실로 발생하게 된다. 따라서, 각 국가는 노년기의 빈곤을 사회적 위험으로 보고 사회적으로 노후소 득보장에 대한 대책을 마련하고 있다. 노후소득보장이란 노년기에 갖게 되는 노령, 퇴직 등으로 인한 소득 상실의 위험에 대비한 사회적 차원의 대책으로 써, 노인이 빈곤에서 벗어나 인간다운 삶을 유지할 수 있도록 최소한의 소득 을 확보해 주는 활동이다(이해영, 2019: 127).

노인의 적절한 경제적 수입은 최소한의 계속적 생존을 가능하게 할 뿐만 아니라, 여가의 문제, 사회적·심리적 고립과 소외의 문제 등에도 크게 기여할 수 있으며, 나아가 노인의 자존심을 유지시켜 줌으로써, 성공적 노화의 삶을 가능하게 한다. 노인 가운데는 생물학적 노화와 사회적 제약 등으로 수입이 절감되거나 단절되어 최소한의 경제적 수입을 확보하지 못하는 사람들이 많다. 이러한 노인에 대해 현대국가는 사회의 연대책임정신을 발휘하여 최저한의 수입을 보장해 주는 소득보장제도를 마련하고 있다(고재욱 외, 2018: 188).

일반적으로 소득보장정책은 일정 생활수준을 유지할 수 있도록 소득을 보장하는 정책을 말한다. 실업·질병·재해에 의해 수입이 중단될 때, 또는 노령에 의한 퇴직이나 부양자의 사망 등에 의해 수입이 상실될 때, 출생·사망 등에 수반하는 지출이 발생할 때, 일정 생활수준을 유지할 수 있도록 소득을 보장해주는 정책이다. 그 실행방안은 다음과 같다(박종란 외, 2020: 100-101).

첫째, 저소득자에 대하여 보충성의 원리에 입각하여 최저생활수준을 보장하는 공공부조가 있다. 즉, 공공부조는 자산조사에 기준하여 보호·적용하는 선별주의를 취하는 데 대하여, 사회보험의 수급에는 자산조사가 아닌 보편주의 원칙에 입각하고 있다.

둘째, 정형적 급부를 행하는 사회수당(사회부조)이 있다. 사회부조인 아동수당과 자산조사가 없는 무갹출제도가 도입되어 보험의 부조화라고 하는 새로운 움직임이 나타나고 있다.

셋째, 갹출원칙을 기초로 생활안정을 위해 보험사고 발생 시 일정한 급부를 행하는 사회보험이 있다. 사회보험의 급부수준을 둘러싸고 최저보장의 생활유지가 논의되고 있다.

소득보장의 최저선은 무기여의 공공부조제도로 이루어지며, 보장수준은 최저생활비에 입각한 법적 규제형태로 이루어지는데, 이는 국가책임이다. 소득보장의 적정선은 사회보험형태, 무기여로 귀속적 욕구에 따른 수당형태, 법적 규제형태로 이루어지며, 보장수준은 사회경제 조건과 국가와 가족의 역할에 따른 사회적 합의에 의해 결정되고, 책임은 사회공동책임이다. 최저 소득보장수준의 설정은 「생활보호법」에 따라 산정된 최저생활비로 책정되며, 적정 소득보장수준의 설정은 각 대상자 소득수준에 따라 상대적으로 허용한다.

최근 정부는 노인과 근로능력이 떨어지는 취약계층에 대해서, 중증장애인에 대한 부양의무자 기준 적용 제외, 수급자·부양의무자 재산기준 완화 등 소득지원대책을 확대하고 있다(머니투데이, 2019년 5월 16일자).

노후소득보장제도는 현금급여의 지급방식인가 아닌가에 따라 직접적 소득보장제도와 간접적 소득보장제도로 구분할 수 있다. 우리나라에서 실시되고 있는 직접적인 소득보장제도로는 공적연금제도, 기초연금제도 등이 있으며, 공적연금제도는 전 국민을 대상으로 실시된 '국민연금'이 그 대표적인 제도라고 할 수 있다. 이외에 특수직연금으로 공무원연금, 군인연금, 사립학교교직원연금 등이 일찍부터 시행되고 있다. 간접적인 소득보장제도로는 경로우대, 고용증진, 생업 지원, 세제감면제도 등이 있다.

(2) 노인의료보장

노인들에게 건강은 삶의 질과 밀접하게 연결된 중요한 자원이다. 노화와 관련된 신체적·인지적 기능 저하와 만성질환으로 인해 노인들은 다른 연령집단에 비해 더 많은 의료비를 지출하게 된다. 뿐만 아니라, 건강상의 문제로 독립적인 생활이 어려운 노인이 증가하는 것은 이들에 대한 가족의 부양부담을 증가시키게 된다. 노령기의 질병이나 장애로 인한 기능 제한은 노인뿐만 아니라, 가족 전체의 삶의 질에 변화를 초래하고 많은 영향을 미치게 된다. 특히, 노인성 질환인 치매나 뇌졸중 같은 질환을 겪고 있는 노인과 그 가족들은 대부분 장기간에 걸친 간병과 수발, 환자의 인지기능 손상으로 인한 가족관계의 어려움, 비용과 재정적 문제 등으로 인해 노인과 가족 전체에 여러 가지 복합적인 가족문제를 겪기 때문이다(김한식 외, 2019: 94). 따라서, 노인의 의료서비스 이용에 대한 정책적 보장은 소득보장과 함께 고령사회의 중요한 정책 영역이다(모선희 외, 2018: 145).

노인이 되면 신체적·정신적 기능이 쇠퇴하기 때문에 질병발생률이 높을 뿐아니라, 이로 인하여 의료비도 증가하고 있으며, 고령화 속도 또한 빠르게 진행되기 때문에 노인의 의료보장이 필요하다(김한식 외, 2019: 94). 사회계층 간 의료수혜의 불평등이 심화되고, 의료이용도의 소득계층별, 지역별, 성별, 직업별, 연령별 차이가 사회적 불만의 한 원인으로 대두되며, 보건의료서비스가 의·식·주 다음 제4의 기본적 수요로 인식됨에 따라 의료보장제도의 필요성이 나날이 높아지고 있다.

의료보장은 국민 개개인이 신체적·정신적으로 건강한 생활을 유지할 수 있도록 국가가 개입하여 보장해 주는 제도로서 사회적 권리로 인정된다. 의료보장은 국가사회의 경제적 발전 정도에 따라 보장 대상과 수준에 차이가 있지만, 대부분의 국가는 핵심적 사회보장의 프로그램으로 제도화되어 있다. 의료보장 프로그램은 임금노동자의 건강보호를 위하여 시작되었으나, 20세기 중반부터 노인인구의 증가와 퇴직 후의 건강관리문제가 노인문제의 일환으로 대두됨에 따라 선진 산업사회에서부터 노인을 위한 의료보장 프로그램들이 제도화되었다.

의료보장제도는 국민의 건강권을 보호하기 위하여 요구되는 필요한 보건의료서비스를 국가나 사회가 제도적으로 제공하는 것을 말하며, 건강보험, 의료급여, 산재보험을 포괄하고 있다. 따라서, 이 제도는 상대적으로 과다한 재정의 부담을 경감시킬 수 있으며, 국민의 주인의식과 참여의식을 조장할 수 있다(건강보험심사평가원 홈페이지, 2019).

그러므로 노인의료보장은 노화에 따른 신체적 기능쇠퇴와 질병으로 인한 건강상의 문제를 해결하기 위해 국가 차원에서 건강보호에 필요한 의료서비스를 제공함으로써 노인의 삶의 질을 향상시키고자 하는 사회적 노력을 의미한다.

노인의료보장의 필요성은 다음과 같다(박종란 외, 2020: 127-128).

첫째, 건강보호를 위한 의료서비스는 노인의 삶의 질과 수명에 가장 직접적으로 영향을 미치기 때문에 의료보장을 통한 건강보호가 필요하다. 건강은 삶의 질을 좌우하는 주요 요소이며, 가장 소중한 개인의 자원이다. 건강은 개인의 사생활에서는 자신을 유지하고 사회적 생활에는 기대되는 역할을 수행하도록 할 뿐 아니라, 사회심리적인 면에서 자기 자신에 대한 평가를 긍정적으로 향상시킨다. 이러한 의미에서 한 국가가 국민의 건강을 유지하기 위해 국민의 건강보호를 책임지는 것은 국민의 생존권 보장과 직결되는 가장 중요한 국가의 의무이며, 의료보장은 노인을 포함한 국민의 권리로 인정되어야 한다.

둘째, 노인의 예측 불가능한 장래의 건강위험에 대비하기 위해 의료보장이 필요하다. 노인은 다른 연령집단에 비하여 유병률이 2~3배나 높고, 질병 자체가 만성적이고 합병적인 경우가 많아 장기적인 치료와 요양을 요하기 때문에, 다른 연령집단에 비하여 2~3배나 많은 의료비가 드는 것이 일반적이다. 이처럼 노인의 경우, 의료서비스를 받아야 할 필요성이 크게 증가하고, 고액의 진료비가 요구되는 경우가 많다. 수입이 격감되었거나 전무한 상태에서 의료비를 개인적으로 해결하기란 대단히 어렵기 때문에 의료비와 서비스의 편의성 증진을 위한 의료보장은 반드시 필요하다.

셋째, 예측할 수 없는 건강위험에 개인적으로 대비하기란 어렵기 때문에 의료보장이 필요하다. 예측이 불가능할 뿐만 아니라, 의료비가 고액인 경우가 많아서 의료비 부담을 사적·상업적 보험으로 해결하는 것은 경제적 능력이 있는 일부 노인만 가능할 뿐이다. 의료서비스의 필요성이 다른 연령집단에 비해 절실하지만 사적 의료(건강)보험에만 의존하게 하면 일부 노인만 가입하게 되고, 의료비부담의 위험도 가입한 사람에게만 분산되므로 가입자의 보험료 부담이 더욱 커질 가능성이 높다. 이러한 문제점을 개선하기 위해 국가는 전체 인구를 대상으로 하거나, 적어도 노인인구 전체를 대상으로 하는 비용부담체계를 공적인 차원에서 개발할 필요가 있고, 노인의 건강 특성을 고려하여 의료서비스를 제공하는 체계를 마련하는 것이 필요하다.

넷째, 노인의 건강유지를 통해 노인의 사회통합을 증진시키기 위해서 의료보장이 필요하다. 건강유지는 노인 개개인의 생활만족감을 향상시키고 자기가 속해 있는 사회관계망(social network)으로의 통합, 즉 가족집단과 친족, 이웃, 지역사회, 나아가서는 국가사회 전체의 통합을 촉진시킨다. 즉, 건강을 유지하고 향상시키기 위한 의료보장은 노인을 가족과 사회에 사회심리적으로

통합시키는 주요 요인이 된다. 따라서, 사회통합적 의미에서 의료보장의 필요성은 충분히 강조될 수 있다

(3) 노인주거보장

노년기는 사회활동이 줄어들고 일상생활에 있어 대부분의 시간을 주택과 주거지역 내에서 보내기 때문에 주거의 형태와 질의 위치는 노인의 독립성, 안정성, 프라이버시, 사회적 관계 및 활동에의 참여, 노인복지서비스의 접근 등에 영향을 미치며, 나아가서는 노인생활의 전반적 만족도를 향상시킬 수 있는 중요한 요인으로 작용하고 있다.

주거보장이란 개인 자신의 독립성을 유지하면서 안전하고 안락한 일상생활을 유지할 수 있는 공간을 확보하고 유지할 수 있도록 주거의 건설과 공급, 그리고 이에 관련된 서비스를 통하여 지원하여 주는 제반 사회적 노력을 의미한다. 노인은 나이가 들어감에 따라 신체적 기능 저하와 질환의 관리 및 일상생활을 보조할 수 있는 주거환경의 조성이 필요하다. 따라서, 적절한 주거환경은 심리적 만족감과 건강을 유지해 주는 사회복지 측면에서도 매우 중요하다(고명석 외, 2018: 91).

인간의 삶에서 주거는 어떠한 의미를 가지는가? 사람이 살아가기 위해서 예로부터 의식주의 해결을 최우선에 두었듯이, 주거(housing)는 인간다운 문화적 생활 이전에 최소한의 생계를 유지하기 위해 반드시 필요한 인간의 가장 기본적 필요이자 욕구의 하나이다. 주거는 인간에게 가장 필수적인 생활환경이며, 삶의 질을 결정하는 중요한 요인으로 작용한다. 노년기는 사회활동이 줄어들고 일상생활에 있어 대부분의 시간을 주택과 주거지역 내에서 보내기 때문에, 주거의 형태와 질의 위치는 노인의 독립성, 안정성, 프라이버시, 사회적 관계 및 활동에의 참여, 노인복지 서비스의 접근 등에 영향을 미치며, 나아가서는 노인생활의 전반적 만족도를 향상시킬 수 있는 중요한 요인으로 작용하고 있다. 노인은 나이가 들어감에 따라 신체적 기능 저하와 질환의 관리 및 일상생활을 보조할 수 있는 주거환경의 조성이 필요하다. 즉, 적절한 주거

환경은 심리적 만족감과 건강을 유지해 주는 사회복지 측면에서도 매우 중요
하다(고명석 외, 2018: 91).

일반적으로 인간이 살고 있는 장소의 것을 '주거'라 하고, 주거를 다시 '주
택'과 '주택 이외'로 분류하고 있다. 여기서 주택이란 한 채의 건물에서도 집
합주택으로서도 상관이 없지만, 한 개의 세대가 독립하여 생활을 영위할 수
있는 건물을 말한다. '주택 이외'의 주거는 기숙사, 병원, 학교, 공장, 여관 등
에서 '산다'는 것을 목적으로 만들어지는 것이 아니라, 건물에 인간이 살고 있
는 경우를 말한다. 이렇게 정의할 경우, 결국 '주거'는 '주택'의 상위개념이라
고 할 수 있다. 따라서, 주거와 주택은 인간의 생활을 영위하는 공간이다. 주
거생활이라면 거주할 주택의 크기와 구조, 설비시설의 편의성은 물론, 주변환
경의 쾌적성, 교통의 편리성도 살펴야 한다. 또한 가족과 친구, 이웃 또는 사
회적 서비스체계가 잘 갖추어져 있는가 등을 함께 고려해야 한다. 사회적으로
평균수명의 증가, 저출산으로 인한 인구고령화, 노인단독가구의 증가는 노인
주거시설의 확충이라는 시급한 과제를 안겨준다.

고령화시대의 노인을 위한 주거정책은 노인이 적절한 주거공간에 거주하며
필요한 생활 관련 서비스를 제공받을 수 있도록 하는 것에 초점이 맞추어져
야 한다. 따라서, 노인이 보다 독립적이고 자율적이며 심리적으로 안정된 주
거생활을 영위할 수 있도록 경제적 특성에서 큰 편차를 보이는 노인층의 주
거수요에 부응할 수 있는 소득에 따른 노인주거공급 프로그램 개발과 정부
지원체계를 재정비해야 한다(임정문 외, 2020: 127). 우리나라에서 노인을 위한
주거보장정책은 노인부양을 장려하기 위해 부모를 모시는 자녀에 대해 소득
세 공제, 양도소득세 면제, 주택자금 할증 지원, 무주택 노부모 부양자에 대한
주택우선권 부여 등을 지원하고 있으며, 국민기초생활 수급권자를 대상으로
주거급여를 지급하고 있다. 그리고 국민기초생활 수급권자 위주의 양로원, 노
인공동생활가정과 중산층을 위한 노인복지주택의 노인주거복지시설이 있다
(정상수 외, 2018: 256).

결론적으로 주거보장이란 개인 자신의 독립성을 유지하면서 안전하고 안락

한 일상생활을 유지할 수 있는 공간을 확보하고 유지할 수 있도록 주거의 건설과 공급, 그리고 이에 관련된 서비스를 통하여 지원하여 주는 모든 사회적 노력을 의미한다(고명석 외, 2018: 91).

노인주거보장에 관한 필요성은 다음과 같다(박종란 외, 2020: 153-154).

첫째, 노인의 주거환경은 노화가 진행됨에 따르는 신체적 기능의 변화에 따르도록 변화해야 한다. 노화가 진행될수록 기능상의 장애를 보완할 수 있는 주거환경의 구조 및 환경적 조건을 제공하여 삶의 질이 향상되도록 하여야 한다.

둘째, 노인의 주거환경은 소득보장과 연계되어 변화되어야 한다. 노인의 은퇴와 직업기회의 제한으로 나타나는 경제적 빈곤은, 적절한 주택을 확보할 수 없어 주거환경의 악순환과 연결된다. 이에 노인의 주거환경에 사회적인 개입이 필요하며 낮은 비용과 적절한 노인복지 서비스를 제공받을 수 있도록 도와주어야 한다.

셋째, 노인의 주거환경은 사회적 네트워크를 제공해 주어야 한다. 노인의 삶은 이웃과 지역사회 내에서 단절된 사회적 관계로 나타난다. 따라서, 지역사회에서 존경받는 사회적 지위를 유지할 수 있는 주거환경을 제공받을 수 있도록 주거 서비스를 제공해 주어야 한다.

노인주거보장제도의 정책방향은 다음과 같다(고명석 외, 2018: 94-95).

첫째, 주택의 구입이나 임대에는 많은 비용이 일시에 필요하고 개인과 가구의 경제적 능력이 결정적으로 작용하므로, 국가에서 주택의 분양이나 임대에 있어서의 경제적 부담을 줄이거나, 장기적으로 부담을 확산하는 프로그램에는 반드시 저소득층, 특히 저소득층 노인이 우선대상이 되어야 한다.

둘째, 정부는 민간부문으로 하여금 노인을 위한 다양한 형태와 구조의 주택을 공급할 수 있도록 금융지원과 행정지원을 하여야 한다.

셋째, 자선단체, 종교단체 등 비영리단체로 하여금 노인주택을 제공하도록 하고, 이를 위한 금융, 세제지원을 한다.

5) 노인복지정책의 개선방안

노인복지정책의 개선방안은 다음과 같다.

(1) 노인에 대한 인식 전환

한국사회에서 노인은 존경의 대상이었으나, 산업화·도시화·핵가족화가 진전되면서 점차 노인에 대한 지위가 하락하여 노인을 사회적 생산능력이 떨어지고 의존성이 높은, 즉 '젊은 세대의 짐'으로 여기는 부정적 시각이 늘어나고 있다. 이러한 시각 때문에 노인은 더욱 고독하고 소외감마저 느끼고 있다. 인간은 누구나 나이가 들면 노인이 될 수밖에 없고, 노인이 되어 간다는 것은 신체적·생리적·정신적으로 매우 불편하고 불안전한 상태에서 살아가야 한다는 것을 의미한다. 따라서, 노인문제의 해결을 위해서는 노인에 대한 인식 전환이 요구된다. 이를 위해서는 아동에서부터 청소년, 성인에 이르기까지 노인에 대한 교육 및 프로그램이 필요하다. 이런 교육 및 프로그램을 통해 세대 간 분리를 막고 세대 간 통합을 통하여 노인들의 소외, 고독 등을 감소시킬수 있으며, 더불어 세대 간 교류는 노인의 고용, 건강, 고독사, 자살 등과 관련된 문제를 해결하는 밑거름이 될 수 있다. 또한 노인문제의 원인은 개인이나 가족의 결함보다는 사회의 변화 또는 사회의 구조나 제도의 결함에 있다는 것이 확실하다. 그럼에도 불구하고, 국가의 노인문제 해결노력은 아직도 노인 개인과 가족의 노력에 의존하는 데 치우쳐 있다. 노인문제를 보다 근본적으로 해결하기 위해서는 국가의 정책입안자나 정책결정자가 이러한 시각에서 속히 탈피해야 한다.

(2) 노인에 대한 부정적 인식 제거

현대사회에서 노인의 지위는 크게 낮아지고 있다. 이런 현상은 여러 형태의 노인문제를 유발하는 근본적인 원인이 되고 있다. 그러므로 노인문제를 해결하기 위해서는, 노인을 존중하고 노인이 이바지한 점을 인정하는 사회 분위기를 형성할 필요가 있다. 노인 중에는 육체적으로나 정신적으로나 건강한 노인이 많고 고학력과 경제적 여유를 가진 노인도 많다. 그러므로 노인은 모두 가난하고 병들고 역할이 없는 비생산적 인구라든가 의존적 복지수혜대상자로만 여기는 사회의 시각은 바뀌어야 할 것이다. 노년기는 가난과 질병, 소외와 고독의 시대만을 의미하는 것이 아니라, 본인의 준비 노력에 따라 인생의 모험과 도전의 시기가 될 수 있다. 비록 신체적으로는 노쇠과정에 있지만 지적, 정서적, 인격적, 영적 성장과정에 있음을 인식하고 보다 적극적이고 창조적인 삶을 살아가는 생활태도를 정립해야 한다.

(3) 국가와 민간의 상호보완관계 정립

사회복지는 원론적으로 사회구성원의 복지를 사회구성원 전체가 연대책임을 진다는 원칙에 의거하고 있다. 현대사회에서의 연대책임은 구성원이 조세로 연대책임을 분담하는 방법을 취하고 있다. 현대사회에서의 사회복지의 1차적 주체는 개인과 가족이라기보다는 국가이다. 따라서, 국가성원의 기본적이고 공통적인 욕구에 대하여는 국가가 주도적으로 먼저 대응하고 민간은 국가의 노력과 역할을 보완하고 보충하는 역할을 해야 하고 공통적이고 기본적인 욕구를 넘어선 수준 높고 다양한 욕구에 대해서는 민간이 주도적 역할을 하고 국가가 이를 보완 또는 후원하는 노력을 해야 한다. 국가가 국민의 모든 욕구와 문제의 해결에 대하여 보완적 역할의 위치에 머물러 있으려는 태도로는 사회복지는 향상될 수 없을 것이다. 노인복지의 경우에는 소득문제와 의료비용지급과 치료문제 등은 국가가 주도적으로 제도적으로 보장해야 하고 일상생활상의 편의와 심리사회적 문제의 해결을 위해서는 가족의 역할을 보완해 주는 것이 바람직하다.

2. 청소년복지정책

1) 청소년복지정책의 개념

(1) 청소년문제의 사회문제화

청소년기는 자아정체감을 확립하는 과정으로 인간발달의 필수적 시기이다. 이는 인간의 발달에 있어서도 비약적으로 성장하는 가장 중요한 시기이기도 하다. 이러한 성장과정에서 성장통이 발생할 수 있다. 청소년에게는 그 나름의 욕구와 욕망이 있다. 그러나 이를 분출하는 것을 미성숙의 증표인 양 여기는 현재의 사회에서는 청소년들이 고유한 정체성을 갖고 있음을 부정한다. 또 청소년 문화는 종종 잘못된 욕구와 욕망의 분화구로 묘사되기도 한다. 청소년은 감성적으로 예민하고, 아직은 자제력이 부족한 시기이기 때문에 어떠한 유혹이나 비행에 쉽게 빠져들 수 있다. 청소년문제에 대한 이해는 여기에서부터 시작한다. 그것은 바로 청소년이 쉽게 중독될 수 있는 유혹 또는 일탈로서의 비행을 이해하는 것이다(김지미 외, 2016: 209-210).

청소년문제가 어느 사회를 막론하고 심각한 문제로 인식되는 것은 현재의 청소년이 미래사회의 주역으로서 장차 국가의 장래를 결정할 주요한 자원이기 때문이다(김근홍 외, 2013: 187). 오늘날 청소년들은 사회와 가정의 환경이 급격하게 변화함에 따라 더욱 심각한 문제들을 경험하고 있다. 특히, 가족의 변화에 따른 갈등문제는 성장기에 있는 청소년들에게 지대한 영향을 미치고 있다. 전통적으로 가족이 담당해온 역할을 이제 더 이상 가정 내에서 기대할 수 없게 됨에 따라 청소년에 대한 보호와 양육 그리고 교육기능의 위기가 초래되었고, 이에 따른 사회적 책임의 필요성도 증가하고 있다.

청소년문제는 사회문제의 하나로서 청소년이라는 특수한 인구집단과 관련된 문제로, 그 심각성과 해결의 긴급성은 더 말할 나위 없이 중요하다. 청소년문제는 사회구조적 요인과 개인의 주변적 환경 그리고 개인의 성향이 상호작용을 일으켜 발생하는 문제로 보아야 할 것이다(최일섭 외, 2004: 141).

결론적으로 청소년에 대한 왜곡된 이해는 청소년들에게서 발생하는 여러 문제에 대해 근원적인 오해를 하고 있기 때문에, 필연적인 부작용을 야기한다. 따라서, 청소년문제를 이해하기 위해서는 청소년의 관점에서, 청소년의 고유한 주체성을 인정하되 그들이 성장하는 단계에서 발생하는 문제들에 초점을 맞추어야 한다.

(2) 청소년복지의 정의

청소년에 대한 개념은 그 시대의 사회적·문화적·가치적·정치적·경제적 배경에 영향을 받으며, 생물학적·심리학적·문화적·인류학적·사회학적·정치경제적 관점 등에 따라 다양하게 정의될 수 있다. 그렇지만 일반적으로 청소년은 생애주기에서 아동기를 넘어섰지만 성인기에는 도달하지 않은 아동과 성인의 중간에 놓인 연령대의 사람들을 말한다.

청소년복지(youth welfare)는 '청소년'과 '복지'의 합성어로 청소년을 대상으로 하는 사회복지학(social welfare)의 한 분야를 말한다. 청소년복지가 복지의 한 분야로 중요한 의미를 가질 수 있는 것은, 청소년기의 특성이 아동기나 성인기에 나타나는 특성과 다르며, 청소년문제가 가족문제를 넘어 사회문제와 연결되어 있기 때문이다. 따라서, 이러한 청소년문제를 예방·해결하기 위해서는 청소년의 욕구와 문제를 올바르게 이해하고 그에 따른 대책을 마련해야 한다.

청소년복지는 사회복지의 한 분야로서, 청소년의 복지증진을 목적으로 하는 사회적·국가적 접근으로 정의할 수 있다. 사회복지의 한 영역으로 청소년복지는 기본적으로 사회복지의 가치와 이념, 지식, 기술 등의 방법을 공통적으로 적용하고 있으나, 청소년이라는 특정 계층에 초점을 맞춤으로써 다른 분야와 차별성을 갖는다. 청소년복지가 다른 사회복지와 차별화되는 독립된 영역이다. 청소년에 대한 접근은 다른 접근들과 구별되어야 한다는 데에는 상당부분 공감대가 형성되어 있지만, 청소년복지가 독자적인 영역을 구축하지 못한 상황에서는 앞으로 청소년복지의 기초로서 체계적인 정립이 필요하다. 특히, 청소년들이 차지하는 위치와 역할의 중요성, 청소년에 대한 사회적 책임

에 대한 인식이 부각되면서 현대사회에서 청소년들이 처해 있는 상황적 특성
도 고려해야 할 것이다.

(3) 청소년복지정책의 정의

청소년정책은 청소년을 대상으로 하는 국가와 지방자치단체의 행동지침이자
청소년의 삶의 질 보장을 위한 일련의 계획과 절차로서 청소년에게 발생하는
다양한 문제를 해결하기 위한 사회정책이다. 청소년정책의 개념은 국내·외적
으로 다양하게 정의되고 있고, 청소년 관련 정책, 청소년복지정책, 청소년육성
정책으로 혼동되게 사용되고 있다. 하지만 대부분의 청소년복지정책은 청소년
의 문제를 해결하고 이들의 욕구를 충족시키는 것과 청소년의 참여를 강조하
고 있다. 청소년정책의 범주는 청소년 개념과 청소년정책의 정의에 따라 크게
광의의 범주와 협의의 범주로 구분할 수 있다. 우선, 광의의 범주에서 살펴보
면, 국가정책상 여성가족부가 진행하는 청소년복지정책을 말한다. 여기서 중요
한 점은 국가의 청소년정책에 대한 총괄적인 기능이다(이세형, 2020: 230).

청소년복지정책은 국가가 만 9세에서 24세의 청소년층을 대상으로 그들의
기본적인 욕구를 충족시켜주기 위하여 청소년 자신은 물론 그들의 가족까지
원조하고 사회적 환경을 조성함으로써 삶의 질을 개선시키도록 하는 사회적
서비스와 프로그램'이라 할 수 있다. 청소년복지정책에서 바라보는 청소년은
보편적이고, 발달적 측면에서 청소년 '육성', 비행이나 문제청소년으로부터의
'보호'에 초점이 맞추어져 있다. 즉, 기존의 청소년복지는 육성·발달·보호차
원에서의 청소년 개인의 문제나 정책적 지원을 강조하고 있다.

향후 청소년은 아동기의 연장에서 가정을 바탕으로 한 보호와 함께 자아정
체성을 확립하는 데 필요한 사회적 참여의 기회로 확장되어야 하고, 아울러
청소년 후기에 직면하게 될 생애과정에서의 경제사회적 자립에 중점을 둔 정
책 또한 고려되어야 한다(김도영 외, 2020: 81－82).

2) 청소년복지정책의 역사

청소년복지정책의 역사는 다음과 같다(김도영 외, 2020: 29-31).

(1) 1961년 이전

해방 이후부터 1961년 이전까지는 「조선구호령」(1944) 등 일제강점기의 제도를 답습하거나 임시적인 행정지침으로 이루어진 긴급구호의 시기로, 이 시기는 청소년복지의 맹아기에 해당된다. 이 시기는 미군정, 한국전쟁으로 이어지는 빈곤과 혼란의 시기로, 청소년복지는 당시 재정난에 허덕이던 국가로서는 큰 부담이었다. 대부분의 복지서비스 제공은 외원 아동보호수용시설에 의해 요보호아동을 대상으로 이루어졌으며, 18세 미만의 아동들을 위험한 직업과 과중한 노동으로부터 보호하기 위한 「미성년자노동자보호법」(1947)을 제정·시행하였다. 이 시기 청소년복지는 최소한의 보호와 양육에 그치는 응급구호적 단계였다.

(2) 1961~1970년대

1961년에 국가는 「아동복리법」을 제정하여 요보호아동의 복리를 증진하고자 하였다. 또한 끽연과 음주 등 풍속저해행위를 금지하는 「미성년자보호법」(1961)을 제정하여 미성년자의 건강보호와 선도육성을 도모하였다. 이 시기는 1964년 국무총리 소속으로 '청소년보호대책위원회'를 설치하고, '청소년지도, 육성, 보호 및 교정에 관한 종합시책을 수립하고 시행함으로써 국가가 본격적인 청소년대책에 착수하기 시작하였다. 즉, 이 시기의 청소년정책은 일부 문제청소년의 문제에 대한 보호와 단속 위주의 정책을 전개했는데, 이는 1970년대까지 전체적인 청소년정책의 기반을 이룬다. 1970년대 들어서면서 베이비붐 세대인 청소년의 인구가 증가하고, 산업화·현대화와 더불어 청소년문제가 확산됨에 따라 보다 엄격하고 광범위한 청소년지도, 육성, 보호 종합대책에 대한 필요성이 제기된다. 1977년에 국무총리실에 청소년대책위원회가 설치되고, 청소년정책사업이 확대되기 시작한다. 이 시기의 청소년정책의 핵심과제는 일부 문제청소년의 단속, 보호, 선도였으며, 청소년복지는 요구호아동의 복지증진이었다. 이 시기는 청소년복지의 도입기라고 한다. 이 시기부터 아동 앞에는 '요보호', 청소년 앞에는 '문제'라는 수식어가 자리 잡게 되며, 요보호아동에게 제공되는 것은 복지, 문제청소년에게 제공되는 것은 단속, 보호, 선도가 통념화 되었다.

(3) 1980년대

1980년대 들어서서 청소년문제는 일반청소년으로 확대된다. 따라서, 국가는 일반청소년을 대상으로 청소년비행에 대한 사건 예방과 건전 육성 확대, 정서적·문화적 공간 제공, 일반 아동의 복리증진 등에 대한 종합적인 대용의 필요성이 절실해졌다. 1980년대에 이르러 「아동복리법」(1961)이 「아동복지법」(1981)으로 전면 개정되면서 요보호아동 중심의 선별주의에서 보편주의적 아동복지를 추구하게 되었다. 「아동복리법」에서는 요보호아동의 복리보장이 목적이었지만, 「아동복지법」에서는 아동의 건강육성과 복지보장을 목적으로 하게 되었다.

1984년 정부계획으로 '청소년문제 개선 종합대책'이 나오고, 이어서 정부계획 청소년문제에 대한 종합적이고 체계적인 대책으로, 1985년 5월 '청소년문제 개선 종합대책 세부추진계획'이 추진되기 시작하였으며, 「청소년육성법」(1987)의 제정으로 청소년정책의 법적 토대가 마련되었다. 「청소년육성법」에 의해 청소년의 보호, 육성, 선도 및 지원에 관한 사업을 효율적으로 시행하는 것이 가능했으며, 다수 청소년의 여가선용과 활동참여, 환경개선 등이 과제가 되었다. 1980년대 중·후반에 지역사회에는 지역사회복지관이 설립되기 시작하면서 시설보호 중심, 입양 중심, 요보호아동 중심의 사회복지사업이 지역사회 내에 뿌리내리기 시작하면서 청소년들에게 사회복지서비스가 제공되었다. 이 시기 청소년복지정책의 핵심은 청소년육성이었고, 결과적으로 일반청소년의 생활환경을 향상시켜 청소년복지에 기여하였다.

(4) 1990년대

우리나라에서 아동복지와 분리하여 정책적으로 청소년복지라는 단어가 사용되기 시작한 것은 「청소년기본법」(1991)부터이다. 그 이전에 청소년정책에는 청소년복지라는 개념이 없었다. 복지는 「아동복지법」에 근거한 사업으로 생각하여 요보호아동 중심사업으로 이해했을 것으로 보인다. 그러나 1991년 「청소년기본법」에도 청소년복지에 대한 개념을 규정한 조항은 없었다. 단지 제6장 '청소년복지 등'에 국가는 청소년에 대한 정기적 조사를 통하여 복지증진정책의 기초자료로 활용하고, 수련활동 및 교육 등의 시책을 추진함에 있어서 특별한 보호와 지원이 필요한 청소년을 우선적으로 배려해야 한다는 조항을 마련하였다. 점차적으로 보호와 육성 중심이던 청소년정책에 특별지원의 활동형태로 복지가 포함되기 시작하였다.

(5) 2000년대

2000년대 이후는 보편주의에 더하여 글로벌 기준 도입, 진화의 시기로 특징지을 수 있다. 아동학대와 방임에 대한 경책을 강화하도록 「아동복지법」을 전면 개정(2000)하여, 보호대상의 보편화 아유에 대한 국가책임의 강화, 지역사회보호가 외면상의 특징으로 볼 수 있다. 또한 문화관광부의 청소년국과 국무총리 소속 청소년보호위원회로 분리되었던 청소년행정조직을 국무총리 소속의 청소년위원회로 일원화하였다. 이로써 2005년 국가청소년위원회가 출범하면서 청소년육성과 청소년보호로 이원화된 정책과 행정조직이 통합된 것이다. 2005년에 「청소년복지지원법」이 제정되었고, 비로소 「청소년기본법」이 일부 개정되어 청소년복지의 개념에 대해 분명하게 정의하고 있다.

2008년 3월 정부조직 개편으로 아동과 청소년정책의 통합이 추진되면서 청소년정책이 보건복지가족부로 편입된 이후, 2010년 2월 여성가족부로 이관되었다.

(6) 2010년대

2010년 1월 18일 가족 해체 및 다문화가족 등 현안사항에 적극대응하기 위하여 보건복지가족부의 청소년 및 다문화가족을 포함한 가족기능을 여성가족부로 이관하는 내용의 「정부조직법」을 개정하고, 여성부가 여성가족부로 개편되어 지금에 이르렀다. 이 시기에 여성정책의 조정과 종합, 여성의 권익증진 등 지위 향상뿐만 아니라, 가족정책이 일층 강화되었다. 그러면서 청소년정책이 여성·가족정책과 연계발전 전략을 지향하게 되었다. 그러나 여성 및 가족정책의 강화에 비해 상대적으로 청소년정책이 위축되어 그 외연이 축소되었다는 비판도 있다. 2014년 5월 「학교 밖 청소년지원에 관한 법률」이 제정되고, 2015년 5월 동 법률이 시행되면서 학교 밖 청소년을 포괄하여 모든 청소년으로 청소년정책의 대상이 확대되었다. 아울러 이 시기는 해병대 캠프 사고(2013년 7월 18일), 세월호 참사(2014년 4월 16일) 등의 안전사고들로 인해 청소년정책 및 사업에 있어 청소년의 안전이 무엇보다 강조되었다. 특히, 세월호 사건은 우리 사회에 크나큰 반향을 불러일으켰으며, 박근혜 정권의 몰락을 가져왔다.

3) 청소년문제의 이데올로기

청소년문제를 바라보는 이론들은 다음과 같다(구혜영, 2020: 58-59).

(1) 사회해체이론

사회해체이론은 문제행동의 원인을 개인 내부에서 찾는 생물학적·심리학적 이론들과 달리, 비행 발생의 가능성을 환경이나 사회조직 등 외부적 요인에 초점을 두는 사회학적 이론 중 하나이다. 즉, 사회해체, 산업화, 인구이동, 거주지역의 변화, 높은 이동성, 고인구밀도, 슬럼화 등과 같은 고빈도 비행지역 환경의 특징이 또 다른 범죄를 유발한다고 주장한다.

(2) 긴장이론

긴장이론은 사회계층으로 인한 빈곤이나 사회적 기회의 제약으로 인한 개인의 심리적 긴장이나 좌절이 비행을 초래한다는 이론으로, '아노미(anomie)' 이론이 이에 속한다. 이 이론에서는 뒤르켐(Emile Durkheim)이 사회해체로 인한 무규범 혹은 규칙붕괴의 상태를 아노미라고 지칭하며, 규범을 벗어난 행동을 통제할 장치가 와해되는 아노미 현상에서 청소년문제가 비롯된다고 주장하였다.

(3) 사회학습이론

청소년문제의 원인을 규명함에 있어 청소년들이 학습한 가치와 태도에 주목하게 하는 이론이다. 예를 들어, TV 같은 매체나 부모, 교사, 또래집단을 통해서 문제행동의 원인을 찾는다. 이러한 점에서 사회화 과정 이론의 하나로 분류되기도 한다.

(4) 사회통제이론

사회통제이론은 청소년들의 비행을 통제하는 요인이 무엇인가에 관심을 갖고 사람들이 규범을 준수하는 이유를 찾아내고자 하는 데서 출발한다. 그중 개인의 내적 통제요인을 강조한 것이 '봉쇄이론(containment theory)'이며, 가족이나 학교, 친구 등 사회화 기관에 의한 통제를 강조하는 것이 사회유대이론이다. 결국 내·외적 통제요인이 약화되거나 끊어졌을 때 비행을 유발하게 된다는 이론이 사회통제이론이다.

(5) 사회심리학적 이론

여기서는 사회구조보다는 사회환경으로 인한 심리적인 결과에 초점을 둔다. 즉, 사회학적 요인과 심리학적 요인이 결합하여 청소년문제를 일으킨다고 보는 것이다. 부정적 자아개념이 비행을 조장하기도 하고, 어떤 비행은 청소년의 무력감(lack of power)에서 나오며, 혹은 권력을 가지려는 욕망에서 발생한다고도 주장한다.

문제행위를 일으킨 청소년에게 '문제청소년', '비행청소년'과 같은 호칭을 부여하면 이것이 문제행동을 재발시키는 원인이 된다는 관점으로, 낙인이론도 여기에 포함된다. 어떤 비행으로 인해 주변에서 낙인이 찍히면 주변의 기대에 따라 스스로 비행행동을 수행한다는 논리이다.

4) 청소년복지정책의 내용

청소년복지정책은 다음과 같다(양승일, 2019: 199-200).

(1) 청소년상담

청소년상담은 정신적·정서적 불안과 부적응문제를 가지고 있는 위기청소년에게 상담을 제공하는 서비스를 의미한다. 이를 위해 청소년상담 관련 정책연구, 부모교육, 비행청소년 등을 위한 상담서비스 등을 제공하고, 이를 통해 청소년의 고민해결과 자아정체성을 확립하는 것이다.

(2) 청소년보호

청소년보호는 유해업소, 성폭력을 포함한 신체폭력, 청소년 성매매 등 청소년에게 해로운 환경을 차단하여 이를 통해 청소년을 보호하는 서비스를 의미한다. 특히, 가출청소년을 쉼터 등에 보호하고, 이들에게 가정, 학교 등으로 복귀할 수 있는 프로그램을 주입시키는 것도 중요하다.

(3) 청소년교육서비스

청소년교육서비스는 시·도지사 또는 시·군·구청장이 비행·일탈을 저지른 청소년, 일상생활에 적응하지 못하여 가정 또는 학교 외부의 교육적 도움이 필요한 청소년 등에 대하여 청소년 본인, 해당 청소년의 보호자, 청소년이 취학하고 있는 학교장의 신청에 따라 교육적 선도를 실시하는 서비스를 의미한다. 이 경우, 해당 청소년의 보호자 또는 학교장이 선도를 신청할 때에는 청소년 본인의 동의를 받아야 한다. 한편, 중앙정부 및 지방자치단체는 선도 대상 청소년을 개인별로 전담하여 지도하는 선도후견인을 지정할 수 있다.

(4) 청소년건강보장서비스

청소년건강보장서비스는 중앙정부 및 지방자치단체가 청소년의 건강증진 및 체력향상을 위한 질병예방, 건강교육 등의 필요한 시책을 수립하고 시행하는 서비스를 의미한다. 특히, 중앙정부와 지방자치단체는 건강진단 결과를 분석한 후 전문기관에 의뢰하여 피드백 구조를 형성할 수 있다.

5) 청소년복지정책의 개선방안

청소년문제를 해결하기 위해서는 문제해결의 주체, 대상 청소년의 특성을 파악하여 종합적, 체계적, 전문적으로 대처해야 한다. 문제해결의 주체는 국가, 학교, 지역사회의 민간단체, 가정 등으로 구분할 수 있고, 대상 청소년은 가정, 교육, 경제수준 등을 변수로 범주화하는 것이 타당하다. 즉, 정상적인 가정에서 생활하는 청소년과 결손가정의 청소년 또는 시설 수용 청소년 등으로 구체화하여 개별화된 접근방법이 필요하다. 또한 학교청소년과 학교 밖 청소년, 근로청소년 등으로 구별하고, 경제적으로는 상류층, 중간층, 하류층 등의 청소년에 대한 개별적 고려를 할 필요가 있다. 따라서, 청소년문제는 문제의 원인과 형성과정을 총체적으로 파악하여 문제해결 주체의 능력과 규모에 따라 개입할 수 있는 범주를 선택하고, 그 대상이 되는 청소년들의 가정적 배경, 교육상황과 수준, 경제적 수준 등을 고려하여 적절한 대책을 마련해야 할 것이다.

청소년문제를 해결하기 위한 구체적 방안은 다음과 같다.

첫째, 가정에서의 문제해결이다.

무엇보다 청소년들의 자살을 예방하기 위해서는 가족구성원 간의 친밀한 정서적 유대관계가 형성되어야 하며, 상호원활한 의사소통이 이루어져야 하고, 심리적으로 지지해 줄 수 있는 지원체계가 형성되어야 한다. 또한 부모나 가족구성원들이 청소년들을 과잉보호하거나 무관심하지 않아야 하며, 그들에게 생명의 존엄성을 고취시켜주어야 한다. 더불어 가족의 화목하고 모범적인 생활을 통해 청소년이 스스로 안정을 찾고 가족의 한 일원임을 인식할 수 있도록 도와주어야 한다.

둘째, 학교에서의 문제해결이다.

청소년들은 하루 일과의 대부분을 학교에서 보낸다고 해도 과언이 아니다. 학교생활이 행복해지면 상대적으로 청소년들에게 심리적 안정감을 주어 청소년문제를 약화시킬 수가 있다. 문제해결을 위한 구체적 방법을 살펴보면, 인성교육을 강화해야 한다. 청소년문제의 가장 큰 원인은 인성교육의 부재라고 할 수 있다. 창의적인 교육이 필요하다. 창의성 교육을 통해 학생들에게 자신들의 잠재능력을 찾아내고 그 능력을 개발해 낼 수 있는 다양한 교육을 시킬 필요가 있다. 입시 및 성적 위주의 교육을 지양해야 한다. 이 학교에서 스트레스를 받지 않을 수 있도록 하는 환경을 조성해 줄 필요가 있다. 입시 위주 및 성적 위주의 교육은 학생들에게 엄청난 스트레스를 주고 있으며, 이러한 스트레스로 인해 학교폭력이 유발되고 있는 것도 사실이다. 학교교육의 정상화가 이루어져야 한다. 그리고 가장 중요한 것은 이러한 교육을 시키는 주체가 교사이기 때문에 교사의 권한을 강화해주고 교사가 자신의 능력을 최대한 발휘하여 학교폭력 예방교육을 할 수 있도록 학교 분위기가 조성되어야 할 것이다. 따라서, 교사의 역할은 학생의 문제를 조기에 발견하고 감지하여 면담 및 생활지도 등을 통해 사전조치를 취하고, 학생에 대한 이해, 학교폭력 상황 발생 시 문제해결 능력을 강화하고, 지속적인 연수를 통해 학교폭력 유형에 효과적으로 대응하도록 하는 것이다.

셋째, 사회환경적 문제해결방식이다.

유해환경에 대한 정화캠페인이 전개되어야 할 필요가 있다. 사법적 노력도 중요하지만, 주부클럽연합회, 대한어머니회, YMCA, YWCA, 청소년단체 등 각종 사회단체와 연계하여 시민운동 차원에서 유해환경, 즉 불량 만화가게, 불량 비디오가게, 청소년 출입금지된 유흥업소 등을 추방해야 한다. 예컨대,

불량 도서와 불량 만화가게 추방 캠페인, 불량 출판물 고발센터 운영, 음란퇴폐 출판물 추방을 위한 어머니·교사·지역사회 인사 등의 모니터링제도의 운영이 필요하다.

넷째, 다차원적이고 통합적인 접근방안이다.

청소년이 겪는 문제를 유발하는 요인들은 복잡하고 또한 청소년문제들은 서로 연관되는 경우가 많다. 예를 들어, 인터넷 중독으로 인한 청소년 성문제는 청소년 유해환경 개선을 통해 두 가지 문제를 동시에 해결할 수 있고, 그로 인한 비행, 범죄행위까지도 완화할 수 있다. 따라서, 청소년이 가진 욕구를 충족시켜 주기 위해서는 청소년과 관련된 전문가들과 정책결정자들은 다차원적이고 통합적인 접근방식을 취할 필요가 있다.

3. 장애인복지정책

1) 장애인복지정책의 개념

(1) 장애인문제의 사회문제화

현대사회는 인구가 고령화되고 계속해서 건강상태가 좋지 않은 사람의 수가 증가하기 때문에, 장애상태에 놓이는 사람의 비율이 높아지고 있다. 실제로 장애인의 수는 빠르게 증가하고 있다. 그리고 앞으로 인간의 수명과 기술이 더 빠르게 발달할 것으로 예상됨에 따라 장애상태에 있는 사람의 숫자는 계속해서 증가할 가능성이 크다. 즉, 전체 인구 중에서 장애인이 차지하는 비율은 계속해서 증가할 것으로 본다. 하지만 장애에 대한 대책은 모순으로 가득하다. 다시 말해서 장애에 대해서 기본적으로 그 권리를 인정하고 있지만, 차별은 여전히 존재하고 있다. 인간의 삶이 장애와 밀접하게 관련되어 있음에도 불구하고, 장애인은 사회에서 차별을 받는 경우가 많다. 이런 차별은 무의식적이면서도 한편으로는 의식적으로 발생할 수도 있다. 그 결과, 현대사회에서 장애인의 여건은 크게 개선되고 있지만, 가장 취약한 집단에 속해 있다는 사실을 부인하기 어렵다(노병일, 2018: 289).

장애는 개인의 질환과 정서적인 상황, 사회적 태도 및 법체계들을 포함하는 환경적 요인들과 개개인의 인구사회학적 특성들이 영향을 주어 사회활동의 제한 및 참여의 제한을 가져온다. 즉, 장애인은 편견과 차별, 낙인으로 인해 삶의 다양한 영역에서 배제의 문제를 겪고 있다. 장애인으로서의 어려움보다 일상생활에서의 격리나 주변 사람으로부터 소외, 영구적인 낙인으로 인해 더 많은 어려움을 견뎌내야 하는 실정이다.

오늘날 장애는 더 이상 개인의 문제로 이해되지 않으며, 손상이 있는 개인들이 사회에 참여하는 데 직면하는 사회적 장애라는 관점에서 이해되고 있다(Giddens, 2021: 463). 따라서, 현대사회에서 장애인문제는 중요한 사회문제가 되고 있다.

장애인문제를 사회문제로 인식하고 이를 해결하기 위해 사회적 합의를 이끌어내는 데는 매우 어려운 점이 있다. 즉, 기본적으로 장애인을 규정하는 것이 간단하지 않기 때문이다. 또한 부족한 재정문제가 있다. 그러나 사실 그어느 것보다 우선적으로 지적해야 할 이유는, 다름 아니라 장애에 대한 비장애인들의 보편적 관점에 문제가 있다고 볼 수 있다. 비장애인, 다시 말해서 장애가 눈에 띄지 않은 사람들을 위해 그들이 만든 사회이기 때문에, 거기에 맞는 범주에 들지 못하는 사람은 홀대는 물론 차별받으며 심지어는 적대시하는 경향까지 보이고 있는 세계적으로 어디에서나 확인할 수 있는 장애인에 대한 인식이며, 대우 또한 그러하다고 할 수 있다(김근홍, 2013: 338-339).

장애인은 국민의 사람으로서 인권이 존중되어야 하며, 인간다운 생활을 권리가 있다. 다시 말해서 장애인은 건강하고 문화적인 생활을 누릴 동등한 자격이 있다는 말이다. 그렇지만 사회현실은 장애인의 권리인 인간의 기본권을 제한하고 있으며, 불평등과 차별이 존재하고 있는 실정이다. 이에 따라 장애인이 당면한 문제는 사회문제가 되고 있는데, 장애인은 일반 시민과 똑같은 인격체로 대우받으며, 인권과 인간의 존엄성, 인간다운 삶을 보장받아야 한다.

(2) 장애인복지의 정의

장애인복지는 심신의 결함으로 인하여 가정생활, 사회생활에 곤란을 가지게 되는 것을 국가나 민간사회복지기관에서 장애인이 모든 생활에 곤란을 느끼지 않도록 의료적·교육적·직업적·심리적·사회적 제 문제에 걸쳐 원조하는 제도적·정책적 서비스의 조직적 활동과 노력을 말한다. 또한 장애인복지는 생리학상의 문제를 개인의 불행으로 돌리는 일반 사회인의 편견이나, 약자를 더욱 불리하게 하는 경쟁사회의 구조에 대하여 장애인이 생활의 위기를 대처해 나가도록 예방적, 사회 치료적으로 개인하는 시책과 실천행동을 의미한다.

장애인복지는 장애인이 신체적·정신적·사회적 장애를 가진 상태라 하더라도, 인간생명의 존중과 가치가 인정되고 장애인 스스로가 최선의 노력으로 만족한 생활을 해 나가는 것을 이상으로 하며, 이를 위하여 인간 전면 발달의 최적화된 기회를 보장하는 것을 의미한다.

현실적으로 우리 사회에서 장애인복지는 사회복지학의 핵심적인 분야이다. 특히, 장애인에 대한 편견과 차별이 심한 우리나라에서는 사회복지에서 최우선적으로 관심을 가져야 할 분야이기도 하다. 장애인복지가 이루어진다 함은, 장애인의 완전한 사회통합이 이루어지는 것을 의미하는데, 아직도 우리 사회에서는 장애인에 대한 사회적 배제가 심각하다. 최근 서구 복지사회에서는 장애인을 능력이 부족한 사람이 아니라, '다른 재능을 가진 사람'이라는 의미로 받아들이는 추세이다. 장애인이 사회에서 불편함을 느끼고 자유롭지 못한 것은 사회가 그들의 재능을 충분히 발휘할 수 있도록 조건을 만들어 주지 않았기 때문이라는 것이다.

장애인복지의 궁극적 목표는 모든 장애인이 존재해 있는 사회에 평등한 인간으로서 완전한 참여를 이루는 사회통합이다. 즉, 장애인복지가 추구하는 사회통합은 인간성의 회복이며, 사회일원으로서의 권리와 의무에로의 복귀로 지금까지 상실되어 왔던 인간적 삶의 회복이다. 장애인의 사회통합은 장애인이 평등의 기초 위에서 사회의 부분이 되어 장애인이 속한 사회적·문화적 모

든 활동에 참여하는 것으로 장애인복지의 궁극적 목표는 장애인의 '완전한 참
여와 평등'을 달성하는 것이다.

(3) 장애인복지정책의 정의

장애인복지정책은 지체장애, 지적장애 등 심신의 손상으로 인해 사회적 생
활이 곤란한 장애인에게 각종 복지서비스를 제공하여 물리적 장애와 사회적
편견 등을 제거하면서, 장애인이 비장애인과 동등한 삶의 기회를 누릴 수 있
도록 하는 공공부문과 민간부문의 총체적인 정책이다(양승일, 2019: 208).

2) 장애인복지정책의 역사

우리나라는 장애인의 증가와 함께 장애인문제가 부상함에 따라 1981년 「심
신장애자복지법」을 제정하고 정부조직에 장애인복지 전담부서를 설치하였으
며, 장애인과 관련된 각종 법령과 제도를 정비하였다. 그 후 장애인의무고용
제(1990), 「특수교육진통법」 전면 개정(1994), 「장애인·노인·임산부 등의
편의증진에 관한 법률」 제정(1997), 「장애인복지법」 개정(1999), 「장애인의
고용촉진 및 직업재활법」(1999)을 제정함으로써 장애인의 복지확대, 특수교
육강화, 고용촉진 등을 통해 장애인의 완전한 사회참여와 평등의 보장을 장애
인복지정책의 기본 방향으로 삼고 있다.

2012년 1월에는 다문화·국제화 시대에 국내 거주 재외동포 및 외국인의
증가와 외국인장애인 등의 복지욕구 확대 등에 따라 재외동포 및 외국인의
장애인등록을 허용하였다. 또한 장애인복지시설 종사자 등의 신고의무를 장
애인 대상 성범죄에 대한 일반적인 신고의무로 확대하고, 종사자 등에게 성범
죄 예방 및 신고에 대한 교육을 의무화함으로써 장애인의 인권보호를 강화하
는 내용이 포함되었다. 10월 개정에서는 장애인 학대 관련 내용을 강화하여
학대 규정을 신설하였으며, 장애인복지시설의 운영자 및 종사자로 하여금 직
무상 알게 된 장애인학대 사실을 수사기관에 신고하도록 의무화하고, 신고의
무 위반 시 과태료를 부과하는 등 피학대 장애인 구제의 효율성과 피학대 장

애인의 보호를 도모하였다. 그리고 2015년 6월 개정에서는 장애인정책종합계획의 주요 내용, 추진 성과의 평가결과를 매년 국회 소관 상임위원회에 보고하여 논의하도록 함으로써 장애인의 권익과 복지증진 사업의 실효성을 확보하였고, 장애인 학대 예방 및 피해 장애인에 대한 사후관리 등을 담당하는 전문기관의 설치, 피해 장애인과 그 가족에 대한 지원의 강화 등을 통하여 장애인에 대한 보호를 강화하는 한편, 장애인의 인권신장에도 기여하였다.

3) 장애인복지의 기본 원칙

장애인복지의 기본 원칙은 인간으로서의 가치실현이다. 즉, 그들이 속한 사회에서 차별을 받지 않고 인간의 존엄성과 가치를 누리며, 사회구성원이 받는 권리와 기회를 평등하게 받는 것을 의미하는 것이다. 이는 UN의 1971년 정신지체인 권리선언, 1975년 장애인의 권리선언 등과 1979년에 채택된 세계장애인의 해의 행동계획 및 1981년 세계장애인의 해의 주제인 "완전참여와 평등"에도 나타나고 있는 이념이다. 이와 같은 다양한 선언에서 나타나는 장애인복지의 원칙을 종합해 볼 때, 그 내용은 다음과 같다(양정하 외, 2020: 414-417 : 양승일, 2019: 210).

(1) 정상화

정상화(normalization)는 1981년 '세계장애인의 해'를 기점으로 확산된 장애인복지의 이념 중 하나로, 1959년 덴마크의 정신지체인부모회에서 처음으로 사용하게 된 용어이다. 즉, 정신지체인을 대상으로 "정신지체인을 가능한 한 최대로 정상적 생활조건에 가깝게 생존하도록 하는 것"이라고 정의한 「정신지체인법」에서 출발하였으며, 장애인의 시설보호에 대하여 반대하며, 장애인의 생활 방식과 내용도 비장애인의 생활과 같은 정상적 생활을 하도록 강조하는 개념이다. 스칸디나비아반도에서 시작된 정상화의 이념은 북미에 유행하여 1970년대와 1980년대 초반을 거치면서 장애인 재활, 교육, 그리고 복지 측면 등에서 중요성이 더욱 강조되었다.

정상화는 기존의 지배적 서비스 이데올로기에 반대하고, 정상적이고 일상적인 생활의 리듬을 존중할 것을 강조한다. 이 사상의 제창자인 믹켈슨(B. Mikkelsen)은 이의 구현을 위해서 인간생활의 조건을 ① 주거조건, ② 일과, ③ 여가의 세 가지로 나누어서 그 각각의 국면이 어떠해야 하는지를 제시하고 있다. 즉, 주거조건에 있어서 장애아, 정신지체아동의 생활을 정상화하기 위해서는 시설이 아닌 부모의 집에서 가족과 함께 살도록 하는 것이며, 성인 장애인의 경우는 다른 성인과 함께 생활하도록 하고 가능한 한 자립할 수 있는 여건을 조성하는 것이다. 일과에 대해서는 장애아동의 경우, 교육을 받을 권리가 다른 아동과 동등하게 존중되어야 하며, 성인의 경우 능력에 맞는 노동을 할 수 있는 여건이 마련되어야 한다. 또한 여가에 있어서는 다른 사람과 똑같이 여가시설을 이용할 수 있는 기회와 권리가 확보될 필요가 있다.

그러므로 정상화는 장애인도 사회의 다른 구성원과 함께 같은 교육을 받아야 하고, 비장애인과 동일한 작업환경 내에서 일할 수 있어야 하며, 사회구성원의 일반적 활동에 속하는 종교, 여가, 체육활동 등에 적극적으로 참여할 수 있어야 한다.

(2) 사회통합

장애인복지의 기본 원칙은 완전한 사회참여와 평등한 기회를 통한 장애인의 사회통합(social integration)이다. 장애인의 사회통합은 더불어 사는 사회이며, 장애를 갖고 있는 사람이 차별 없이 모든 사회활동에 참여하는 복지사회구현을 의미한다. 사회통합이 더욱 기본적인 가치이념으로 간주되는 이유는 첫째, 장애를 가진 사람은 누구나 인간이라는 기본적 사실과, 둘째, 어느 누구도 장애로부터 자유롭지 않다는 철학에 근거하고 있기 때문이다. 따라서, 장애인의 사회통합은 우리 사회가 추구해야 하는 사회가치의 정당성을 갖는 이외에도 장애인과 비장애인을 포함한 우리 사회의 모든 구성원이 공감하는 목표이기도 하다.

이렇게 장애인복지의 이념에 있어서의 사회통합이란 장애를 가진 사람이 가치 있는 방법에 의해 정상적 지역사회 안에서 인격적 개인으로서 성공적으로 참여하게 하는 것을 의미한다. 즉, 통합화의 과정은 장애인과 비장애인이 모든 기회에 서로 공동협력해갈 가능성을 위한 조건추구를 지향하는 과정을 말한다.

그러므로 이러한 통합화의 과정이 성공적으로 이루어질 때, 모두가 더불어 사는 정상화의 이념이 구현될 수 있다.

(3) 자립

자립은 한자로 '스스로 일어선다'는 의미이며, 또한 자립(independence)은 영어로 의존(dependence)의 반의어로서 타인에 대한 의존 또는 종속에서 벗어나는 것을 의미한다.

자립생활은 우리 삶의 목표를 취하기 위한 간단한 방법으로서, 실천적으로 상식적 방법이다. 자립적인 사람은 자신들의 생활전반을 조정하고 관리하는 것이며, 자신들의 모든 과업을 수행하는 것은 아니다. 자립이란 장애인의 신체적인 것이나 지능적인 능력과 연관되는 것이 아니다. 자립이란 장애인 자신을 스스로 보호하고 관리하기 위하여 아무런 지원 없이 이룰 수 있는 것이 아니다. 장애인이 스스로 필요한 원조와 지원을 다양한 지원체계를 통해 제공받음으로써 장애인의 자립생활이 이루어져 결국 이로 인해 자립이 가능하게 되는 것이다.

이렇게 장애인에게 있어서 자립적 생활은 장애인이 자신의 삶을 스스로 선택하고 조정하고 자신의 삶의 전부를 관리하는 일로서, 장애인이 언제 어디서나 자신이 영위할 수 있는 자유를 누릴 수 있음을 의미한다. 또한 장애인의 자립생활이란 장애인이 스스로 자신의 삶을 선택하고 관리할 수 있도록 필요한 기술과 원조를 제공하는 일이 필수적으로 요구되는 것이다. 다시 말해서 장애인의 자립은 장애인 자신이 가지고 있는 능력을 최대한 활용하여 직업적·경제적으로 자립적 생활을 영위하는 것을 의미한다.

(4) 연대책임

연대책임의 원칙은 장애인복지 서비스정책이 국가·사회·장애인의 연대책임이라는 원칙이다. 즉, 장애인 중에는 자신들의 잘못으로 장애를 갖게 된 사람도 있고, 타율적 변수로 인해 그들에게 책임을 물을 수 없는 경우도 많은데, 양자 모두 제도적 장치가 높은 수준으로 이루어졌다면, 장애인이 되지 않을 수 있는 확률이 높았을 것이다. 따라서, 장애인에 대한 책임은 당사자뿐만 아니라, 국가와 사회가 함께 연대책임을 져야 한다.

4) 장애인복지정책의 내용

장애인복지는 재활의 개념으로 이루어지는 것으로, 장애인의 손상된 능력 회복뿐만 아니라, 잔존능력을 개발하는 것이다. 따라서, 장애인복지는 장애인의 사회복귀뿐만 아니라, 장애인이 계속적으로 직업을 가지고 경제적으로 자립하는 것을 목표로 하고 있다. 그 내용은 다음과 같다(박차상 외, 2020: 329-333).

(1) 소득보장정책

장애인에 대한 소득보장정책은 장애인들이 일상생활을 영위함에 있어서 필요한 소득을 보충시켜 주는 것이다.

① 직접적 소득보장정책

첫째, 사회보험 중 국민연금제도는 특수직역에 종사하지 않는 일반 국민들이 가입기간 중에 산업재해가 아닌 다른 이유로 장애를 입은 경우 지급되는 급여로, 장애일시보상금과 장애연금 두 종류가 있다.

둘째, 공공부조의 경우, 장애인을 위한 공공부조로는 생활보호제도와 장애수당 그리고 장애인 자립자금 대여 등이 있다.

② 간접적 소득보장정책

첫째, 세금감면으로 소득세, 상속세, 자동차 특별소비세, 자동차세 등에 대한 세금감면이나 면세가 있다.

둘째, 세금감면으로 전화요금, 철도 및 도시철도요금, 항공요금, 주차료, 이동통신요금, 고속도로통행료 할인이 있으며, 고궁, 박물관, 공원 등 공공시설 이용요금 면제 및 TV 수신료 면제 혜택이 있다.

(2) 의료복지정책

장애인 의료보장제도는 사회보험 제도인 의료보험과 공공부조제도인 의료보호제도, 저소득장애인에 대한 의료비 지원과 보장구 무료교부사업 등이 있다.

첫째, 의료보험제도는 장애인 본인 또는 가구원이 일정률의 보험료를 납부하고, 의료서비스 이용 시 현물 또는 현금으로 급여를 받는 제도이다.

둘째, 의료보호제도는 국민기초생활수급자로 책정된 장애인에 한하여 의료보호 혜택을 받을 수 있다.

셋째, 장애인 의료비지원제도는 생활이 어려운 저소득장애인의 의료비를 지원함으로써 생계안정을 도모하고 의료보장의 실현을 위한 것이다.

넷째, 보장구 무료교부제도는 1982년부터 생활이 어려운 저소득장애인에게 보장구의 제조, 구매, 수리, 검진 및 적응훈련비를 지원함으로써 이들의 신체적 기능을 보완하고 생활능력을 향상시켜 장애인의 자활·자립을 도모하는 데 목적을 두고 있다.

(3) 고용정책

장애인복지의 궁극적 목표는 모든 장애인은 자기능력을 최대한으로 개발하여 적성에 맞는 직업을 가지고 사회적·경제적 활동에 참여하여 자립을 도모하는 것이다. 여기에는 고용보장과 직업재활(직업훈련)을 들 수 있다.

첫째, 고용보장의 경우, 일반사업장에서 비장애인과 같이 고용되는 일반 고용정책과 그렇지 못한 장애인을 대상으로 하는 보호고용정책으로 나누어 볼 수 있다. 일반고용의 경우, 정부는 1990년 「장애인고용촉진 등에 관한 법률」을 제정하여 상시근로자 300인 이상을 고용하고 있는 사업장에서는 고용인원

의 2% 이상을 장애인으로 고용할 것을 의무화하였으며, 불이행 시에는 의무
고용인원에 미달하는 인원수만큼 고용부담금을 납부하도록 하였다. 보호고용
의 경우, 일반 기업체에 취업하기 어려운 중증장애인을 위한 보호고용제도는
1986년 장애인복지시설의 자립작업장 설치운영계획에 의해 본격화되었으며,
장애인근로시설과 장애인수용시설에 주로 부설되어 있는 보호작업장이 있다.

둘째, 직업훈련의 경우, 장애인 고용을 촉진하기 위해서 가장 필요한 정책
으로는 장애인에 대한 교육, 훈련 및 자격제도가 있다. 장애인에 대한 직업훈
련은 국가와 지방자치단체의 고용촉진훈련과정, 일반 직업훈련원, 특수학교,
장애인복지시설, 장애인전문 직업훈련원 등에서 실시하고 있다.

(4) 생활환경정책

장애인의 생활환경정책으로 장애인의 이동권과 건물접근권 및 정보통신권
을 들 수 있다. 이동권 및 건물접근권의 경우, 정부는 1997년 「장애인, 노인,
임산부 등의 편의증진 보장에 관한 법률」을 제정·공포하여 장애인 등이 생
활을 영위함에 있어서 다른 사람의 도움 없이 안전하고 편리하게 시설 및 설
비를 이용하고 정보에 접근하도록 보장하고 있다.

장애인 정보통신권은 1995년 정부가 발표한 「정보화촉진기본계획」에서 장
애인을 위한 정보 시스템 개발 및 정보이용 혜택을 부여하는 것도 선언적 차
원에서 밝히고 있다. 장애인과 관련된 정보복지를 보면, 컴퓨터 통신 이용요
금 50% 청각장애인을 위한 단말기 보급과 재활정보센터 운영을 들 수 있다.

(5) 재가복지 서비스

정부에서는 장애인이 집에서 생활하면서 치료와 교육, 직업훈련서비스 등
을 받을 수 있도록 통원 가능한 이용시설을 설치, 운영하는 것을 지원하고 있
다. 현재 장애인종합복지관 및 복지관 부설로 설치된 재가복지봉사센터와 주
간 및 단기보호시설 등이 있다. 그리고 가정에서 보호하기 어려운 장애인을
지역사회의 소규모 주거시설에서 생활지도교사의 도움을 받아 사회적 자립을

수행하는 그룹 홈이 운영되고 있다.

5) 장애인복지정책의 개선방안

분야별 개선방안은 다음과 같다.

(1) 보건의료 및 건강 지원

장애인의 보건의료 및 건강특성을 살펴본 결과, 장애유형에 따라 건강과 질환상태, 입원과 외래진료, 건강관리 등의 양상이 다르다는 점이 특징이라 할 수 있어 기본적으로는 장애특성에 맞는 맞춤형 접근이 필요하다. 예를 들어, 정기적 진료나 진료 받는 목적에 있어서 신체 외부와 내부 장애, 정신적 장애 간에 차이가 있어 재활을 목적으로 하는 경우와 건강유지와 관리를 목적으로 하는 등 차이가 있으므로 장애특성을 고려한 보건의료 및 건강관리 방안을 고려하여야 한다.

건강검진과 관련해서는 일반 국민의 건강검진 수진율이 증가하는 반면, 장애인의 수진율이 낮은 점은 개선을 필요로 하며, 원하는 때 병원에 가지 못하는 이유에 있어서도 교통편의나 경제적 어려움, 의사소통의 어려움을 고려하여 적절한 지원이 필요하다고 하겠다. 이동이 어려운 뇌병변장애인의 경우에는 방문검진과 진료를 확충하고, 발달장애나 청각장애인의 경우에는 의사소통을 도와줄 도우미를 배치하거나, 치과진료와 같은 비용의 어려움 때문에 적절한 치료를 받지 못하는 경우에는 비용지원을 통해 검진기회를 늘려야 할 것이다.

장애인의 경우, 만성질환인 고혈압과 당뇨병 유병률은 일반 국민에 비해 높은 편이므로 이들 질환을 예방하고 조기에 발견하여 관리하기 위한 대책이 필요하며, 장애인의 특성상 추락을 비롯한 각종 사고 경험률도 높아 안전관리와 함께 사고를 예방할 수 있는 시설의 확충과 개선도 요구되고 있다. 또한 많은 장애인들이 재활전문병원과 방문진료의 필요성을 지적하고 있는데, 장애특성을 고려한 맞춤형 진료가 가능하도록 전문병원이나 방문진료 서비스를 확충할 필요가 있다.

재활치료(발달재활) 서비스는 바우처제도를 통해 그동안 지원대상이 지속적으로 확충되면서 장애아동 가족의 경제적 부담은 다소 줄어든 것으로 나타났고, 제도에 대한 사회적 인식도 제고되었으므로 앞으로는 재활서비스 인력양성을 포함한 재활서비스의 체계화에 노력을 집중할 필요가 있다.

건강관리 측면에서 장애인이 주로 활동하는 주택가 공원 등 근린시설에 대한 운동시설과 편의시설을 확대할 필요가 있고, 건강관리에 대한 정보부족을 해소하기 위한 보다 적극적인 교육과 홍보가 필요하다. 또한 비장애인에 비해 스트레스 경험률과 자살생각률이 매우 높은 편이므로 이들의 스트레스 예방이나 우울증 해소를 위한 심리적 지원체계의 마련이 필요하다.

(2) 일상생활 지원

사회적 구성물(social construct)로서 장애의 한 가지 차원은 기능제약이다. 장애인의 경우, 의학적 손상으로 인해 일상생활 및 사회생활에서 다양한 기능제약을 경험하게 된다. 장애인 내부에서도 장애유형에 따라 기능제약의 양상이 다르게 나타나고 있음을 볼 때, 이러한 장애특성을 고려한 일상생활 지원서비스의 고도화가 이루어질 필요가 있다. 구체적으로 타 장애유형에 비해 상대적으로 기본적 일상생활동작(ADL) 및 수단적 일상생활(IADL) 등의 영역에서 기능수준이 취약한 것으로 파악된 지적·자폐성 장애인이 장애인활동지원제도 이용에 있어 기능수준에 비례한 서비스 제공량을 할당받고 있는지에 대한 세심한 검토와 그에 따른 합리적 방안 수립이 필요하며, 또한 현재 장애인의 연령에 따라 인정등급 심사, 서비스 제공량 및 서비스 제공방식 등이 다르게 적용되어 서비스의 단절 등 서비스 이용에 불편을 경험하고 있는 장애인구가 적지 않다는 점에서 장애인활동지원제도와 노인장기요양보험 간의 효과적인 연계 방안 수립 또는 제도 통합과 같은 본질적인 논의가 있어야 할 것으로 판단된다.

(3) 장애인 보조기구 지원

장애인 보조기구 사용 현황 및 수요, 장애인 보조기구 구입 지원제도 수혜 여부, 장애인 보조기구 제도개선방안 등 다양한 항목에 걸친 조사 결과 등을 종합해 볼 때, 정책적 시사점은 다음과 같다.

첫째, 장애인의 열악한 경제상태를 고려할 때, 장애인 보조기구의 보급 확대와 관련하여 가장 중요한 역할을 담당해야 할 공적 급여사업 중에서 지급 대상 품목과 지급액 측면에서 가장 핵심적인 지위를 점하고 있는 건강보험을 중심으로 다양한 공적 급여 간 역할을 분담하여 장애인 보조기구 공급을 지속적으로 확대해야 할 것이다.

둘째, 장애인 보조기구 지원제도와 관련한 개선사항 항목에서 나타난 결과를 볼 때, 장애인 보조기구 구입여건을 개선하기 위해서는 권역별 장애인 보조기구센터를 중심으로 장애인복지관, 장애인단체, 자립생활센터 등 파편적으로 구성되어 있는 장애인 보조기구 전달체계를 네트워크에 기반한 장애인 보조기구 상담, 평가, 교육, 구입 지원 및 사후 관리 등의 통합적 서비스 제공이 가능한 전달체계로의 개편과 함께 건강보험(의료급여) 등 공적 급여의 지원수준을 더욱 확대해야 할 필요가 있다.

셋째, 일상생활에서 많이 사용하고 있는 정보통신기기 사용률로 파악해 본 장애인의 정보화 수준 역시 비장애인과 현격하게 차이가 있음을 확인할 수 있다. 가장 보편적인 정보통신기기인 스마트폰의 경우, 사용률이 급증하고 있으나, 여전히 비장애인과 상당한 격차를 보이고 있고, 기능의 복잡함으로 인한 사용상의 어려움 및 비용부담으로 인해 정보통신기기를 활용하지 못하고 있는 장애인도 적지 않다는 점에서, 모바일 기기 중심의 정보화 교육, 기기 보급 및 사용료 감면 등 장애인의 정보 격차 해소를 위한 다양한 정책적 노력이 지속되어야 할 것이다.

(4) 취업 및 창업 등 직업활동 지원

국가에서 장애인 직업재활을 위해 가장 먼저 해야 할 일에 대해서는 '직업능력 개발', 취업정보 제공, 장애인에 대한 인식개선 활동, 임금보조 등의 항목이 꼽히고 있다. 장애유형별로는 지적장애의 경우, '직업능력 개발'과 '장애인에 대한 인식개선 활동' 등을 우선적으로 지원할 필요가 있고, 지체장애는 취업정보 제공, 직업능력개발, 임금보조 등을 국가가 장애인 직업재활을 위해 먼저 해야 할 주요 과제로 꼽히고 있으며, 관련 정부정책도 장애특성에 따라 전문적으로 수립되어야 한다.

(5) 사회 및 문화여가활동 지원

장애인의 사회생활은 대부분 장애인 혼자서 외출할 수 있으나, 전체 장애인의 15% 정도의 장애인은 혼자서 외출할 수 없는 정도로 중증이거나, 누군가의 돌봄과 지원이 필요한 것으로 판단된다. 외출 목적이 주로 통학, 통근 등이 다수이나, 특정장애인(심장, 신장) 등 장애인은 병원방문 목적이 주요 목적으로 나타났다.

외출도우미가 필요한 경우, 지체·뇌병변 장애인의 경우 휠체어 사용 등으로 인해 대중교통수단의 이용의 어려움, 이동의 불편을 도와줄 도우미가 필요하고, 시청각·언어장애인의 경우에는 의사소통이나 길안내 등이 필요하며, 자폐성장애인과 지적장애인은 외출 시 보호자의 역할을 담당할 외출도우미가 필요한 것으로 나타났다. 이는 장애유형별로 외출 시 도움의 방식을 차별화할 것으로 의미하고 있다.

장애인의 문화여가생활과 관련하여, 문화예술적인 감수성과 민감성이 개인의 경쟁력뿐만 아니라, 국가경쟁력이 되고 있는 상황에서, 우리 사회의 가장 문화소외계층에 해당되는 장애인에게 맞는 문화복지 서비스 확대는 시급한 과제라고 생각된다.

(6) 결혼생활·여성장애인 지원

장애인의 가족생활과 관련하여, 장애인은 고령화되어 가고, 그들의 자녀들 또한 중·장년기로 접어들어 장애인 가족 전체가 고령화 되어 가고 있음을 알 수 있다. 또한 한 가정에 장애인 부모와 장애자녀가 함께 살고 있는 가정, 즉 한 가정에 1인 이상의 장애인이 함께 살고 있는 가정의 수가 늘어나고 있는 추세이다.

향후 장애인을 위한 사회복지서비스를 몇 가지 차원에서 고려해야 할 것이다.

첫째, 장애인들의 욕구가 가장 높은 경제적 지원을 비롯하여, 삶의 질을 높이기 위한 실질적인 지원대책이 필요하다.

둘째, 장애인의 신체적 제약과 불편함을 고려하여 차별화된 서비스가 마련되어야 할 것이다. 향후 장애인복지를 계획함에 이처럼 장애인의 장애유형, 장애인 당사자의 연령, 자녀유무, 자녀의 장애유무, 자녀의 수, 자녀의 연령, 자녀양육의 조력자 유무, 배우자의 유무, 배우자의 장애유무, 등 장애인 자신의 장애특성 외에도 장애인이 속한 가족이나 지역사회의 특성에 따라 이들이 겪는 어려움이나 사회복지서비스 욕구도 달라질 것이다. 따라서, 이들의 개별적인 특성을 고려하여 차별화된 지원제도가 마련되어야 할 것이다.

셋째, 여성장애인의 경우에는 지금까지 가사노동과 자녀의 주 양육자로서의 역할을 수행할 때, 자신들의 장애로 인해 물리적 제한과 기능의 부족, 사회적 관계의 부족, 경제적 어려움 등을 경험하고 있다. 또한 자녀양육에 있어 부모의 역할은 건강 및 안전, 훈육 및 생활지도, 성장발달을 위한 활동 등을 포함하며, 이는 집 안팎에서 이루어지는 광범위한 활동들로 구성된다.

그러므로 장애여성들이 자신의 장애로 인한 가사 및 자녀돌봄 수행에 있어서 어려움을 극복하고, 이를 통해 보다 긍정적인 경험을 할 수 있도록 하기 위해서는 공공 영역에서의 사회적 지원이 중요하다.

(7) 주거

장애인의 집의 소유형태를 보면, 일부 장애유형의 주거 불안정이 우려된다. 뇌전증장애, 정신장애 및 안면장애는 자가 또는 전세의 비율이 낮고 월세의 비율이 상당히 높은 것으로 나타났다. 또한 월세 금액도 전반적으로 높아져서 장애인의 주거비 부담이 상당히 커졌다. 이에 따라, 장애인을 위한 주거복지 사업에서는 무엇보다도 대상자를 확대하기 위한 예산 확보가 중요하다고 할 수 있다. 특히, 공공(국민)임대, 기존주택 전세임대사업이나 저소득층 월세지 원 시 만족도가 높다는 점을 고려하여 이들 정책의 지원대상자를 확대하려는 노력이 필요하다. 공공임대주택은 장애인의 주거비 부담을 완화시킬 수 있을 뿐 아니라, 주거의 질을 높이는데 크게 기여할 수 있다.

결론적으로 장애를 인식하는 문제는 장애인 개개인에게 있는 것이 아니라, 국가와 사회구성원이 함께 장애인문제를 인식하고 사회복지서비스 제공을 위한 환경개선을 어떻게 만들어 낼 것인가에서부터 출발해야 하며, 공동체적 맥락에서 장애인이 보편적인 사회적 역할을 수행하기 위한 서비스전달체계의 구축이 필요하다. 이는 장애인문제 해결의 장이 중앙정부를 비롯한 지역사회에 있고, 장애의 환경개선을 위해서는 이를 지원하는 다양한 형태의 서비스전달체계를 갖추고 있어야 함을 뜻한다. 또한 장애인이 삶의 과정에서 자신의 의사로 선택권과 자기결정권을 가지고 사회생활을 영위할 권리가 있음을 인정해야 한다. 따라서, 장애인들이 사회문제 해결의 차원에서 사회에 자발적으로 참여하여 능력에 걸맞은 역할을 수행할 수 있도록 제도적으로 뒷받침되어야 하며, 사회적 약자로서 사회구성원들로부터 보호받아야 한다.

1. **사회복지서비스와 다른 공공서비스들과의 차별성을 설명한 것으로 옳지 않은 것은?**

   ① 사회복지서비스는 주로 이차분배에 관여한다.
   ② 사회복지서비스는 사람들의 욕구를 직접적으로 충족하려는 경향이 있다.
   ③ 사회복지서비스는 개별적 욕구를 충족시키고자 한다.
   ④ 사회복지서비스에서의 교환은 쌍방적이며, 급여에 대한 대가를 반드시 지불해야 하는 이전관계이다.
   ⑤ 사회복지서비스는 사람들의 욕구를 주로 공식적 기구나 제도를 통해 충족한다.

2. **사회서비스에 관한 설명으로 옳은 것은?**

   ① 사회복지기관의 운영을 지원하는 서비스이다.
   ② 이윤추구를 일차적 목적으로 한다.
   ③ 사회적 욕구 충족에 초점을 둔다.
   ④ 사회서비스 대상자의 노동시장 참여를 강조하지 않는다.
   ⑤ 사회서비스의 수요자보다 공급자 지원을 증가시켰다.

3. **인구학적 기준에 따른 사회수당에 관한 설명으로 옳지 않은 것은?**

   ① 운영효율성이 높다.
   ② 사회통합에 기여할 수 있다.
   ③ 낙인문제가 발생하지 않는다.
   ④ 사회적 적절성 가치실현 정도가 높다.
   ⑤ 공공부조에 비해 근로동기 감소효과가 적다.

4. **노동시장 관련 및 사회복지정책에 관한 설명으로 옳지 않은 것은?**

   ① 계약기간이 1년 미만인 근로자는 비정규직 근로자이다.
   ② 고용보험 구직급여는 대기기간 중에는 지급되지 않는다.
   ③ 경제활동인구는 만 14세 이상의 취업자와 실업자를 모두 포함한다.
   ④ 현행 경제활동인구 조사에서 조사대상 기간 1주일 동안 수입을 목적으로 1시간 이상 일한 사람은 취업자이다.
   ⑤ 노동시장 신규진입 또는 전직으로 인한 일시적 무직상태를 마찰적 실업이라 한다.

정답 1. ④ 2. ③ 3. ④ 4. ③

참고문헌

1. 국내자료

강희갑 외(2019). 『사회복지정책론』. 경기: 양성원.

고광신 외(2017). 『사회복지정책론』. 서울: 동문사.

고명석 외(2018). 『노인복지론』. 서울: 동문사.

고세훈(2000). 『복지국가의 이해』. 서울: 고려대학교출판부.

고세훈(2011). 『영국정치와 국가복지』. 고려대학교출판부.

고수현 외(2016). 『사회복지정책론』. 경기: 양성원.

고재욱 외(2018). 『노인복지론』. 파주. 경기: 양서원.

구인회 외(2019). 『사회복지정책론』. 경기: 나남.

구혜영(2020). 『청소년복지론』. 서울: 신정.

국민호(2012). 『발전국가, 복지국가 그리고 신자유주의』. 광주: 전남대학교출판부.

권봉 외(2018). 『사회복지개론』. 파주. 경기: 수양재.

김근홍 외(2013). 『사회문제론』. 서울: 신정.

김기원(2020). 『사회복지정책론』. 서울: 학지사.

김도영 외(2020). 『청소년복지론』. 서울: 학지사

김보기 외(2014). 『유아리더십론』. 경기: 한국선교연합회.

김보기 외(2014). 『사회복지정책과 이데올로기』. 경기: 한국선교연합회.

김보기 외(2016). 『최신 사회문제론』. 경기: 양서원.

김보기 외(2017a). 『인간행동과 사회환경』. 경기: 양서원.

김보기 외(2017b). 『상담이론과 실제』. 경기: 양서원.

김보기 외(2017c). 『인간행동이해를 위한 심리학』. 경기: 양서원.

김보기 외(2019a). 『사회복지실천론』. 경기: 양성원.

김보기 외(2019b). 『인간행동과 사회환경』. 경기: 양성원.

김보기 외(2020, 2022). 『사회복지와 문화다양성』. 서울: 동문사.

김보기 외(2021a). 『가족상담 및 가족치료』. 서울: 조은.

김보기 외(2021b). 『사회복지실천기술론』. 서울: 정원.

김보기 외(2022). 『사회복지정책론』. 서울: 박영스토리.

김보기 외(2022). 『복지국가론』. 서울: 동문사.

김보기 외(2022). 『빈곤론』. 서울: 동문사.

김보기 외(2022). 『인간행동이해를 위한 심리학』. 서울: 박영스토리.

김상균(2004). 『현대사회와 사회정책』. 서울: 서울대학교출판부.

김성이(2006). 『사회복지의 발달과 사상』. 이화여자대학교출판부.

김수목 외(2021). 『사회복지행정론』. 서울: 조은.

김수행(1986). 『정치경제학원론』. 서울: 한길사.

김영철 외(2021). 『정신건강론』. 서울: 조은.

김영화 외(2020). 『서회정의실현을 위한 사회복지정책론』. 경기: 공동체.

김윤재 외(2020). 『사회복지정책론』. 경기: 정민사.

김윤태 외(2016). 『복지와 사상』. 경기: 정민사.

김태성 외(2004). 『사회복지정책론』. 경기: 나남.

김태성 외(2010, 2019). 『복지국가론』. 경기: 나남.

김태진(2012). 『사회복지의 역사와 사상』. 대구: 대구대학교출판부.

김한식 외(2019). 『노인복지론』. 경기: 정민사.

노기남 외(2021). 『사회복지정책론』. 서울: 동문사.

노병일(2018). 『사회문제론』. 경기: 양서원.

노병일(2019). 『사회복지정책론』. 경기: 공동체.

노병일(2020). 『사회보장론』. 경기: 공동체.

류연규(2021). 『사회복지정책론』. 서울: 신정.

모선희 외(2018). 『현대노인복지론』. 서울: 학지사.

박경일(2020). 『사회복지정책론』. 경기: 공동체.

박광준(2013). 『사회복지의 사상과 역사』. 경기: 양서원.

박병현(2015). 『사회복지정책론』. 경기: 정민사.

박병현(2021). 『사회복지정책의 논쟁적 이슈』. 경기: 양서원.

박원진 외(2018). 『지역사회복지론』. 파주. 경기: 수양재.

박종란 외(2020). 『노인복지론』. 서울: 교학도서.

박종란 외(2021). 『사회복지현장실습』. 서울: 정원.

박주현(2021). 『사회복지정책론』. 서울: 어가.

박진화(2020). 『사회복지역사』. 경기: 정민사.

박진화(2020). 『사회복지역사』. 경기: 정민사.

박진화(2020a). 『사회보장론』. 경기: 공동체.

박차상 외(2016). 『사회복지정책론』. 경기: 양성원.

박차상 외(2016). 『사회복지정책론』. 경기: 양성원.

박철현 외(2021). 『사회문제론』. 서울: 박영사.

생각의마을 외(2021). 『2020 에쎕 사회복지정책론』. 경기: 공동체.

서보준 외(2018). 『사회복지정책론』. 경기: 지식공동체.

서보준 외(2018). 『사회복지정책론』. 경기: 지식공동체.

손병덕(2012). 『교회사회복지실천』. 서울: 대한예수교장로회총회.

손병덕(2020). 『사회복지정책론』. 서울: 학지사

송형철 외(2018). 『발달심리학』. 파주. 경기: 양성원.

신기원 외(2020). 『사회복지정책론』. 서울: 창지사.

신복기 외(2020). 『사회복지행정론』. 서울: 공동체.

심상오(2021). 『사회복지정책론』. 서울: 연암사.

심상용 외(2021). 『사회복지역사』. 서울: 학지사

양승일(2019). 『사회복지정책론』. 경기: 양서원.

양정하 외(2020). 『사회복지정책론』. 경기: 양서원.

양철수 외(2018). 『인간발달』. 파주. 경기: 양성원.

양철수 외(2019). 『노인복지론』. 파주. 경기: 수양재.

양철수 외(2020). 『사회복지와 문화다양성』. 서울: 교학도서.

염일열 외(2020). 『사회복지정책론』. 경기: 정민사.

오세영(2021). 『사회복지정책론』. 서울: 신정.

원석조(2019). 『사회복지발달사』. 경기: 공동체.

원석조(2020). 『사회복지정책론』. 경기: 공동체.

윤경아 외(2014). 『현대노인복지론』. 서울: 학지사.

이근식(2009). 『신자유주의: 하이에크, 프리드먼, 뷰캐넌』. 서울: 기파랑.

이성기(2020). 『사회보장론』. 경기: 공동체.

이세형(2020). 『청소년복지론』. 경기: 양성원.

이정서(2018). 『사회복지정책론』. 경기: 양서원.

이정자(2022). 『사회복지개론』. 서울: 조은.

이준영(2019). 『사회복지행정론』. 학지사: 서울.

이진숙 (2019). 『사회복지정책론』. 경기: 양성원.

이해영(2019). 『노인복지론』. 서울: 창지사.

임정문 외(2020a). 『노인복지론』. 서울: 동문사.

임정문 외(2020). 『사회복지정책론』. 서울: 동문사.

장갑수 외(2019). 『사회복지역사』. 경기: 양성원.

장혜령 외(2021). 『사회복지조사론』. 서울: 조은.

전해황 외(2021). 『사회복지행정론』. 파주. 경기: 양서원.

정상수 외(2018). 『노인복지론』. 파주. 경기: 정민사.

정서영 외(2018). 『상담심리학』. 파주. 경기: 양성원.

정서영 외(2020). 『상담이론과 실제』. 서울: 하나의학사.

정영숙 외(2019). 『사회복지정책론』. 경기: 지식공동체.

정진화(2020). 『복지국가: 이론, 사례, 정책』. 서울: 명인문화사.

정태석 외(2014). 『사회학』. 서울: 한울아카데미.

정혜령 외(2021). 『사회복지조사론』. 서울: 조은.

조성은 외(2019). 『한국 사회보장제도의 역사적 변화 과정과 미래 발전 방향』. 세종: 한국보건사회
    연구원.

조성철 외(2014). 『복지국가 위기론』. 경기: 한국선교연합회.

조영구 외(2016). 『사회복지정책론』. 경기: 정민사.

조추용 외(2021). 『사회복지정책론』. 서울: 신정.

주성수(2017). 『복지국가와 복지정책』. 서울: 명인문화사.

최세영 외(2020). 『청소년복지론』. 서울: 어가.

최일섭 · 최성재(2000). 『사회문제와 사회복지』. 서울: 나남.

최일섭 · 최성재(2014). 『고령화사회의 노인복지학』. 서울: 서울대학교출판부.

최혜지 외(2008). 『사회복지사상』. 서울: 학지사.

표갑수(2014). 『사회문제와 사회복지』. 서울: 나남.

한신애 외(2018). 『사회복지행정론』. 파주. 경기: 수양재.

현외성(2009). 『사회복지정책론』. 경기: 양서원.

현외성(2018). 『현대사회보장론』. 서울: 동문사.

현외성(2019). 『사회복지정책강론』. 경기: 양서원.

홍봉수(2020). 『사회복지정책론』. 경기: 공동체.

2. 외국자료

Abel—Smith, B.(1994). The Beveridge Report: Its origins and outcomes. In *Beveridge and Social Security: An International Retrospective*. edited by J. Hills, J. Ditch, and H. Glennerster. Oxford, UK: Oxford University Press.

Abel—Smith, B.(2015). Social security: Government program. http://global. britannica.com/ topic/social—security—government—program.

Alcock, P.(1997). *Understanding Poverty* (2nd ed). London: Macmillan.

Baker, J(1979). Social Conscience and Social Policy. *Journal of Social Policy*. VoL 8, No. 2. : 177—206.

Balswick, J. O., & Morland, J. K.(1990). *Social problems*. Grand Rapids. MI: Baker Pub Group.

Barry, N.(1989). Does Society Exist?: Case for Socialism After Thatcher. *Fabian pamphlets*. Fabian Society.

Barry, N.(1999). *Welfare*. Maidenhead: Open University Press. Fabian Society.

Berlin, I.(1969). Two Concepts of Liberty. in I. Berlin(ed.) *Four Essays on Liberty*. NY: Oxford University Press, 118—172.

Berlin, I.(2002). *Liberty: Incorporating Four Essays on Liberty* (2nd Edition). Oxford University Press.

Briggs, Asa(1961). The Welfare State in Historical Perspective. *European Journal of Sociology*, 2 : 221—258.

Callinicos, A.(2001). *Against the Third Way: An Anti—Capitalist Critique* (1st edition). Polity.

Callinicos, A.(2007). *Social Theory: A Historical Introduction* (2nd edition). Polity.

Callinicos, A.(2007). *The Revolutionary Ideas of Karl Marx* (Kindle Edition). Haymarket Books.

Chu, K., & S. Gupta(1998). Social Safety Net. IMF.

Collier, D., & Messick, R. E.(1975). Prerequisites versus diffusion; Testing alternative explanations of social security adoption. *American Political Science Review*, 69(1) : 299—315.

Crosland, Anthony(2006). *The Future of Socialism*. Constable & Robinson Ltd.

De Beauvoir, S.(1949, 2011). *The Second Sex*. Vintage.

DiNitto, D. M.(2000). *Social Welfare: Politics and Policy* (7th ed.). Pearson.

Ditch, J.(1998, 1999). Income protection and social security. In *The Student's Companion to Social Policy*. edited by P. Alcock, A. Erskine, and M. May. Oxford. UK: Blackwell.

Esping—Andersen, G. et al.(2002). *Why We Need a New Welfare State*. Oxford University Press.

Esping—Andersen, G., & W. Korpi(1984). Social policy as class politics in Post—War capitalism: Scandinavia, Austria, and Germany. In J. H. Goldthorpe (ed.). *Order and Conflict in Contemporary Capitalism*. Oxford University Press.

Esping—Andersen, G., & W. Korpi(1987). From Poor Relief to Institutional Welfare States: The Development of Scandinavian Social Policy. *International Journal of Sociology*, 16.

Esping—Andersen, G. et al.(1976). Modes of class structure and the capitalist state. *Kapitalistate*, 186—220.

Esping—Andersen, G.(1985, 2017). *Politics against Markets*.: The Social Democratic Road to Power (Reprint edition). Princeton University Press.

Esping—Andersen, G.(1990). *The Three Worlds of Welfare Capitalism* (1st edition Kindle

Edition). Polity Press.

Esping—Andersen, G.(1996). *After the golden age: Welfare state dilemmas in a global economy*. In G. Esping—Andersen (ed.). Welfare States in Transition. Sage, 1—30.

Esping—Andersen, G.(1999). *Social Foundations of Postindustrial Economies* (1st Edition). Oxford University Press.

Esping—Andersen, G., & Regini, M.(ed.)(2001). *Why Deregulate Labour Markets?* (1st Edition, Kindle Edition). Oxford University Press.

Evans, M. and Piachaud, D.(1996). Social security in Britain: The challenge of needs versus costs. In *Challenges to Social Security: An International Exploration*. edited by J. Midgley and M. B. Tracy. Westport, CT: Auburn.

Evans, P. B. et al.(ed.)(1985). *Bring the State Back In*. Cambridge University Press.

Eyles, J. and Donovan, J.(1990). *The Social Effects of Health Policy*. Hant, UK: Avebury.

Fahs, B.(2011). Ti—Grace Atkinson and the legacy of radical feminism. *Feminist Studies*, 37(3) : 561—590.

Featherstone, B.(2006). Rethinking family support in the current policy context. *British Journal of Social Work*, 36(5) : 5—19.

Fitzpatrick, Tony(2001, 2011). *Welfare Theory*. Palgrave Macmillian.

Freeden, M.(2003). *Ideology: A Very Short Introduction*. New York: OUP Oxford.

Friedman, M., & Friedman, R.(1980, 1990). *Free to Choose: A Personal Statement* (1st edition). Harcourt.

Friedman, M.(2002, 2020) *Capitalism and Freedom* (First Edition, Kindle Edition). University of Chicago Press.

Friedman, M.(2017). *Price Theory* (1st edition, Kindle Edition). Routledge.

Furniss, N. and T. Tilton.(1977, 1979). *The Case for the Welfare State: From social security to social equality*. Bloomington: India Univ. Press.

Garland, D.(2016). *The Welfare State: A Very Short Introduction* (1st edition). Oxford University Press.

Gates, B. L.(1980). *Social Program Administration: The Implementation of Social Policy*. Englewood Cliff. NJ: Prentice—Hall.

George V. and Wilding, P.(1984). *Impact of Social Policy*. London: Routledge and Kegan Paul.

George, V and Wilding, P.(1985, 2013). *Ideology and Social Welfare*, Routledge.

George, V. and Wilding, P.(1994). *Globalisation and Human Welfare* (2002nd Edition, Kindle Edition). Red Globe Press.

George, V. and Wilding, P.(1993, 1994). *Welfare and Ideology* (Revised edition). Hertfordshire. UK: Harvester Wheatsheaf.

George, V.(2018). Social *Security: Beveridge and After* (1st Edition, Kindle Edition). Routledge.

Giddens, A.(1988, 2008). *The Third Way: The Renewal of Social Democracy*. Cambridge: Polity Press.

Giddens, A.(1991). T*he Consequences of Modernity* (1st Edition Polity Press). Stanford University Press.

Giddens, A.(2000, 2013). *The Third Way and its Critics* (1st Edition, Kindle Edition). Polity Press.

Giddens, A.(2001). *The Global Third Way Debate*. Cambridge: Polity Press.

Giddens, A.(2013a). *Social Theory and Modern Sociology* (1st Edition, Kindle Edition). Polity Press.

Giddens, A.(2021a). *Essential Concepts in Sociology* (3rd Edition, Kindle Edition). Polity Press.

Giddens, A.(2021). *Sociology* (9th edition). Polity Press.

Gil, D.(1992). *Unravelling Social Policy: Theory, Analysis, and Political Action towards Social Equality* (Subsequent edition). Cambridge. Mass.: Schenkman Publishing Company.

Gilbert, N. and Specht, H.(1974, 1998). *Dimensions of Social Welfare Policy*. Englewood.

Gilbert, N. and Terrell, P.(2014), *Dimensions of Social Welfare Policy*. Pearson.

Gilbert, N.(1983). *Capitalism and the Welfare State: Dilemmas of Social Benevolence*. New Haven: Yale University Press.

Gilbert, N.(2004). *Transformation of the Welfare State: The Silent Surrender of Public Responsibility*. Oxford: Oxford University Press.

Goldthorpe, J. H.(1980). *The Political Economy of Inflation*. Harvard University Press.

Gough, Ian(1979). *Political Economy of the Welfare State*. Palgrave Macmillan.

Hall, M. P.(1952, 2013). *The Social Services of Modern England* (1st Edition, Kindle). Routledge.

Hay, C.(1999). *The Political Economy of New Labor*. Manchester University Press.

Hayek, F. A.(2013). *The Road to Serfdom*. Create Space Independent Publishing Platform.

Hayek, F. A.(1978). *Law, Legislation and Liberty, Volume 2: The Mirage of Social Justice*. University of Chicago Press.

Hewitt, M.(1992). *Welfare, Ideology, and Need: Developing Perspectives on the Welfare State*. Harvester Wheatsheaf.

Heywood, A.(1992, 2021). *Political Ideologies: An Introduction* (7th ed.). Red Globe Press.

Higgins, J.(1981). *States of Welfare: Comparative analysis in social policy*. Oxford: Basil Blackwell & Martin Robertson.

International Labor Organization(1952, 2020). *Social Security* (Minimum Standards) Convention. http://ilolex.ilo.ch: 1567.

International Labor Organization(1984). *Into the Twenty−First Century: The Development of Social Security*. Geneva: ILO.

International Labor Organization(2000). Social Protection, Societies under Strain. *World of Work* No. 36.

International Labor Organization(2008). *Setting Social Security Standards in a Global Society*. Geneva, Switzerland: International Labor Office.

International Labor Organization(2014). *World Social Protection Report 2014/15: Building Economic Recovery, Inclusive Development and Social Justice*. Geneva, Switzerland: ILO.

International Labor Organization(2017). *World Social Protection Report 2017−19: Universal social protection to achieve the Sustainable Development Goals*. Geneva, Switzerland: ILO.

International Labor Organization(2020). *Social protection*. https://www.ilo.org /global/topics/ social−v.issa.int/aiss/Topics/security/lang−en/index.htm.

International Social Security Association(2008). *Social security financing*. Social−security−financing#.

International Social Security Association(2015). *Annual Review*. Geneva, Switzerland: ISSA.

International Social Security Association(2016). *'Stepping it up' for gender equality: Social security's vital role*. https://vussa. int/resources.

International Social Security Association(2020a). *Social security: A fundamental human right*. https://ww 1 .issa.im/U nderstanding%20social%20security.

International Social Security Association(2020b). *Coronavirus−Social security responses*. https://

wwl.issa.int/coronavirus.

Issac, J.(2001). The Road (Not?) Taken: Anthony Giddens, the Third Way, and the Future of Social Democracy. *Dissent*, 48(2) : 61−70.

Janowitz, M.(1976). *Social Control of the Welfare State*. New York: Elsevier.

Jansson, B.(1984). *Theory and Practice of Social Welfare Policy: Analysis, Processes and Current Issues*. California: Wadsworth Publishing Company.

Johnson, D.(2015). *Social Welfare: Politics and Public Policy* (8th Edition). Pearson.

Jones, C.(1985). *Patterns of Social Policy*. London: Tavistock Publications.

Kahn, A.(1979). *Social Policy and Social Services*. New York: Random House.

Kavanagh, D.(1987). *Thatcherism and British Politics: The End of Consensus?* (1st ed.). Oxford: Oxford Univ. Press.

Keynes, J. M.(1936, 2018). *The General Theory of Employment, Interest, and Money* (Kindle Edition).

Klein, K.(1980). The Welfare State: a Self−Inflicated Crisis. *Political Quarterly*. vol. 51.

Kolberg, J. E.(2019). *The Study of Welfare State Regimes* (1st Edition, Kindle Edition). Routledge.

Leon, P. Baradat, L. P. & Phillips, J. A.(2019). *Political Ideologies: Their Origins and Impact* (13th Edition). Routledge.

Lowe, R.(1993). *The Welfare State in Britain since 1945*. London: Palgrave Macmillan.

Mackintosh, J. P.(1978). *Has Social Democracy Failed in Britain? Political Quarterly*. vol. 49.

Marx, K.(1867, 2017). *Capital (Volume 1: A Critique of Political Economy)* (Kindle Edition). Digireads.com Publishing.

Marshall, T. H.(1963). *Sociology at The Crossroads and other Essays*. London: Heinemann.

Marshall, T. H., & Bottomore, T(1962, 1950). *Citizenship and Social Class*. Pluto Press.

Midgley, J., & Tracy, M. B.(1996). Challenges facing social security In *Challenges to Social Security: An International Exploration*. Praeger.

Millar, J.(ed.)(2004, 2018). Social security: Means and ends. In *Understanding Social Security: Issues for Policy and Practice*. (3rd edition). Bristol, UK: Policy Press.

Mishra, M.(1977, 1981). *Society and Social Policy: Theories and Practice of Welfare* (2nd ed.). London: Macmillan. Policy Press; 3rd edition.

Mishra, M.(2003. Globalization and Social Security Expansion in East Asia. in Weiss, L. (ed.). *States in the Global Economy: Bring the Domestic Institutions Back In*. Cambridge: Cambridge University Press.

Mishra, M. and Asher, M. G.(2000). *Welfare Capitalism in Southeast Asia: Social Security, Health and Education Policies*. Basingstoke: Macmillan.

Mishra, M.(2004). *Social Policy in East and Southeast Asia: Education, Health, Housing, and Income Maintenance*. London: Routledge.

Mishra. R.(1984). *The Welfare State in Crisis: Social Thought and Social Change*. Sussex: Wheatsheaf Books.

Muraskin, W.(1975). *Regulating the Poor: review article. Contemporary Sociology: A Journal of Review*, Vol. 4, No. 6.

O'Connor, J.(1973, 2001, 2017). *The Fiscal Crisis of the State* (1st Edition, Kindle Edition). Routledge.

Okun, A. M.(1975, 2015). *Equity and Efficiency: The Big Tradeoff*. Washington, D. C.:

Brookings Institute.

Pampel, F. C. and Williamson, J. B.(1989, 1992). *Age, Class, Politics, and the Welfare State*. Cambridge: Cambridge Univ. Press.

Parker. J.(1975). *Social Policy and Citizenship*. Palgrave Macmillan.

Parker. J.(1989). *Women and Welfare: Ten Victorian Women in Public Social Service*. Palgrave Macmillan.

Parker. J.(1998). *Citizenship, Work and Welfare: Searching for the Good Society*. Palgrave Macmillan.

Parsons, T.(1962). *Toward a General Theory of Action*. New York: Harper and Row.

Pavard, F.(1979). Social Security Financing through the Contribution Method. *International Social Security Review*. Year XXXII. No. 4.

Pease, E. R.(2008, 2012). *The History of the Fabian Society: The Origins of English Socialism*. Red and Black Publishers.

Perlman, H. H.(1957, 1965). *Social Casework: A Problem−Solving Process−A Fresh, Unifying Approach to Casework Practice*. University Of Chicago Press.

Pierson, C.(2007). *Beyond the Welfare State: The New Political Economy of Welfare* (3rd ed). University Park, PA: Pennsylvania State University Press.

Pieters, D.(1994). *Introduction into the Basic Principles of Social Security* (1st edition) Springer.

Pieters, D.(2006). *Social Security: An Introduction to the Basic Principles* (2nd ed). Hague. The Netherlands: Kluwer Law International.

Pinker, R.(1986). Social welfare in Japan and Britain: A comparative view, formal and informal aspects of welfare. In Comparing *Welfare States and Their Futures*. edited by E. Oyen. Hants, UK: Grower.

Pinker, R.(1974). Social Policy and Social Justice. *Journal of Social Policy*, 3(1).

Piven, F. F., & Cloward, R. A.(1971, 1993). *Regulating the Poor: The Functions of Public Welfare* (Updated ed. edition). Vintage.

Popper, K(1962, 2002) *Conjectures and Refutations: The Growth of Scientific Knowledge* (2nd Edition). Routledge.

Rawls, J. B.(1971, 1999). *A Theory of Justice* (2nd Edition) Belknap Press.

Saville, J.(1957−1958). *The Welfare State: an historical approach. New Reasoner*, 3(25).

Shaw, G. B. et al.(1911, 2018). *Fabian Essays in Socialism*. Boston: The Ball Publishing co.

Skocpol, T.(1980). Political response to capitalist crisis: Neo−marxist theories of the state and the case of the New Deal. *Politics and Society*, 10 : 155−201.

Skocpol, T., & E. Amenta(1986). States and social policies. *Annual Review of Sociology*, 12 : 131−157.

Smith, A.(1776, 2021). *The Wealth of Nations*. Independently published.

Stelzer, I.(1998). Third way, Old Way. *The Spectator*, 19 : 16−18.

Taylor, G.(2007). *Ideology and Social Welfare* (Kindle Edition). Palgrave Macmillian.

Temple, W.(1941). *Citizen and Churchman* (2nd Edition). London: Eyre And Spottiswoode.

Temple, W.(1950). *christianity and social order* (Third edition). Harmondsworth etc.: Penguin.

Titmuss. R. M.(1960). *The Irresponsible Society*. Fabian Society.

Titmuss. R. M.(1967). *Choice and "The Welfare State"*. Fabian Society.

Titmuss. R. M.(1968). *Commitment to Welfare*. Pantheon Books.

Titmuss. R. M.(1974). *Social Policy: An introduction*. London: George Allen & Unwin.

Titmuss. R. M.(1950, 1976). *Problems of Social Policy*. Greenwood Pub Group.

Titmuss. R. M.(2018). *Birth Poverty and Wealth—a Study of Infant Mortality*. Palala Press.

Titmuss. R. M.(2019). *The Gift Relationship: From Human Blood to Social Policy* (First edition). Policy Press.

Townsend, P.(1979). *Poverty in the United Kingdom: A survey of household resources and standards of living*. Harmonds Worth, Penguin.

Wagner, A.(1891). *Über soziale Finanz und Steuerpolitik, Archiv Für Soziale Gesetzgebung und Statistik Bd*. IV.

Walker, R.(2004). *Social Security And Welfare: Concepts And Comparisons* (Kindle Edition). Open University Press.

Walker, R.(20014). *The Shame of Poverty* (Kindle Edition). OUP Oxford.

Webb, A. L. and Sieve, J. E. B.(1971). *Income Redistribution and the Welfare State*. London: Bell and Sons.

Wempe, B.(2017) T.H. Green's *Theory of Positive Freedom* (3rd edition). Imprint Academic.

Wilensky, H. L. and Lebeaux, C. N.(1959, 1965). *Industrial Society and Social Welfare*. New York: Free Press.

Wilensky, H. L. et al.(1985). *Comparative Social Policy: Theories, Methods, Findings*. Berkeley. Institute of International Studies. Univ. of California.

Wilensky, H. L.(1958). *Industrial society and social welfare: The impact of industrialization on the supply and organization of social welfare services in the United States*. Russell Sage Foundation.

Wilensky, H. L.(1975). *The Welfare State and Equality: Structural and Ideological Roots of Public Expenditure*. Berkeley. Univ. of California Press.

Wilensky, H. L.(1983). "Political Legitimacy and Consensus: Missing Variables in the Assessment of Social Policy" in Spiro, S. E. and Yuchtman—Yaar, E. eds. *Evaluating the Welfare State: Social and Political Perspectives*. New York: Academic Press.

Wilensky, H. L.(2002). *Rich Democracies: Political Economy, Public Policy, and Performance* (First edition). University of California Press.

Wilensky, H. L.(2012). *American Political Economy in Global Perspective*. Cambridge University Press.

Wills, E.(1992). Radical feminism and feminist radicalism. *Duke University Press Social Text*, 9/10 : 91−118.

Wolfenden, J.(1978). *The Future of Voluntary Organization*. London: Croom Helm.

Wong, B.(2008). Historical Lessons about Contemporary Social Welfare: Chinese Puzzles and Global Challenges. *BWPI Working Paper 58*. The Univ. of Manchester. Brooks Word Poverty Institute.

Wong, J.(2005). *Healthy Democracies: Welfare Politics in Korea and Taiwan* (1st edition). Ithaca. New York: Cornell University Press.

Wong, L.(1998). *Marginalization and Social Welfare in China* (1st Edition, Kindle Edition). London: Routledge.

Wong, L.(2008). Hong Kong's Welfare Model Reconsidered: What Model? What Traits? And What Functions? *EASP 5th Conference, Welfare Reform in East Asia: Meeting the Needs of Social Change, Economic Competitiveness and Social Justice.* National Taiwan University, Taipei, Taiwan. http://www.welfareasia.org/5thconference/papers/Wong

Young, P.(2000). *Mastering social welfare* (4th Edition). Red Globe Press.

Zald, M.(1965). S*ocial Welfare Institution: A Sociological Reader* (1st edition). New York: John Wiley & Sons.

Zastrow, C.(2000). *Introduction to social work and social welfare: Empowering People* (10th Edition). Brooks Cole.

3. 기타

고용보험 홈페이지(2021): https://www.ei.go.kr

국민연금공단(2021). 「국민연금 공표통계(2021년 5월말 기준)」.

국민연금공단 홈페이지(2021): https://www.nps.or.kr

국민건강보험공단 홈페이지(2021): https://www.longtermcare.or.kr.

금융감독원 홈페이지(2021): https://www.fss.or.kr

통계청(2021). 「2021 고령자통계」.

보건복지부·보건사회연구원(2020). 「2020년도 노인실태조사」.

찾아보기

인명색인

사항색인

공저자 약력

김보기
성균관대학교 신문방송학과 학부, 석사, 박사과정(일반이론 전공)
서울기독대 대학원 신학과 박사(조직신학 전공, Ph.D)
서울기독대 대학원 사회복지학과 박사(정책론 전공, Ph.D)
한국사회복지실천정책학회 회장 / 한국상담복지학회 회장
서울기독대학교 교수 / 대한신학대학원대학교 교수
국제문화대학원대학교 교수 / 순복음대학원대학교 교수
<저서> 심리학, 상담이론과 실제, 사회복지실천론, 인간행동과 사회환경, 사회문제론
　　　 사회복지와 문화다양성, 가족상담 및 가족치료, 사회복지실천기술론, 유아리더십론
　　　 사회복지정책과 이데올로기, 사회복지정책론, 복지국가론, 복지국가정론론, 복지국가사상
　　　 빈곤론, 복지국가위기론, 한국복지국가 무엇이 문제인가?(근간)

윤진순
국민대학교 대학원 사회복지학과 석사
칼빈대학교 사회복지대학원 사회복지학과
　　박사
칼빈대학교 대학원 겸임교수
<저서> 사회복지정책론

이상원
사회복지학 박사
국민대학교 행정대학원 사회복지학 전공
칼빈대학교 대학원 겸임교수
한국원격평생교육원 교수
서정대학교 사회복지학부 겸임교수
<저서> 사회복지정책론

이순주
전북대학교 독어독문학과 학사
서울미디어대학원대학교 미디어한국어교육
　　전공 석사
순복음대학원대학교 사회복지학과 박사과정
한국사회복지실천정책학회 교수
한국복지상담학회 책임연구위원
<저서> 인간과 사회환경, 사회복지정책론
　　　 사회복지현장실습

이척희
성균관대학교 무역대학원 지역경제학과 석사
호서대학교 대학원 사회복지학과 박사
서울사회복지대학원대학교 지도교수
동성화학산업 대표
MBC아카데미 사회복지학과 교수
<저서> 노인복지론, 사회복지개론
　　　 사회복지실천론, 사회복지행정론
　　　 상담심리학, 사회복지정책론 외 다수

정정자
순복음대학원대학교 사회복지학과 석사
　　(M.S.W)
순복음대학원대학교 사회복지학과 박사
　　(Ph.D)
Good TV 방송설교 강사 / 순복음 영산
　　신학원 이사, 교수
크리스탈순복음교회 담임목사
한국사회복지실천정책학회 교수
한국복지상담학회 책임연구위원
<저서> 사회복지정책론

사회복지정책론

초판발행   2022년 1월 1일

지은이   김보기 · 윤진순 · 이상원 · 이순주 · 이척희 · 정정자
펴낸이   노 현

편 집   조보나
기획/마케팅   조정빈
표지디자인   이수빈
제 작   고철민 · 조영환

펴낸곳   ㈜ 피와이메이트
               서울특별시 금천구 가산디지털2로 53 한라시그마밸리 210호(가산동)
               등록 2014. 2. 12. 제2018-000080호
전 화   02)733-6771
f a x   02)736-4818
e-mail   pys@pybook.co.kr
homepage   www.pybook.co.kr
ISBN   979-11-6519-224-2   93330

* 파본은 구입하신 곳에서 교환해 드립니다. 본서의 무단복제행위를 금합니다.
* 저자와 협의하여 인지첩부를 생략합니다.

정 가   25,000원

박영스토리는 박영사와 함께하는 브랜드입니다.